货币经济学基础

（第四版）

Modeling Monetary Economies (Fourth Edition)

[美] 布鲁斯·坎普　斯科特·弗里曼　约瑟夫·哈斯拉赫 / 著
(Bruce Champ, Scott Freeman, Joseph Haslag)

张庆元　张靖佳　刘　阳　袁梦怡　等 / 译
张靖佳　刘澜飚 / 校

CAMBRIDGE　中国金融出版社

责任编辑：王效端　张菊香
责任校对：张志文
责任印制：陈晓川

图书在版编目（CIP）数据

货币经济学基础：第四版/（美）布鲁斯·坎普（Bruce Champ），（美）斯科特·弗里曼（Scott Freeman），（美）约瑟夫·哈斯拉赫（Joseph Haslag）著；张庆元等译．—4 版．—北京：中国金融出版社，2019. 12
书名原文：Modeling Monetary Economies（Fourth Edition）
ISBN 978－7－5220－0256－9

Ⅰ．①货…　Ⅱ．①布…②斯…③约…④张　Ⅲ．①货币主义　Ⅳ．①F091. 353

中国版本图书馆 CIP 数据核字（2019）第 217889 号

货币经济学基础：第四版
Huobi Jingjixue Jichu：Di Si Ban
出版
发行　中国金融出版社
社址　北京市丰台区益泽路 2 号
市场开发部　（010）63266347，63805472，63439533（传真）
网 上 书 店　http://www. chinafph. com
（010）63286832，63365686（传真）
读者服务部　（010）66070833，62568380
邮编　100071
经销　新华书店
印刷　北京市松源印刷有限公司
尺寸　185 毫米×260 毫米
印张　21. 5
字数　440 千
版次　2019 年 12 月第 4 版
印次　2019 年 12 月第 1 次印刷
定价　69. 00 元
ISBN 978－7－5220－0256－9
如出现印装错误本社负责调换　联系电话（010）63263947

序　　言

货币经济学这个学科分支试图解释人与人之间如何进行交换的问题，比如人们为什么愿意用一些有价值的东西来换取一张五颜六色的纸，我们希望给出令人信服的答案。

本书面向本科层面建立了代际交叠的经济学模型，在这些模型中货币充当了交易的媒介，此外货币也可以扩展参与者生命周期的可行集。我们的目的是希望给本科同学提供一个分析问题的工具，希望通过这样的分析方法开启一扇门，同学们可以在此基础上将模型进行扩展和深化，使其更加接近现实。从本书第一版出版到目前的第四版，已经过去了二十余年，如今这些模型已经有了很多中高级层次的拓展，同学们在学完本书后能够比较容易地转换到高级模型。本书这些简单而优雅的模型回答了最为基本的货币经济学问题，例如：货币是如何促进交易的？什么样的东西可以作为货币？是什么造成了通货膨胀？通胀的成本又是什么？

本书的讲授遵循以下的学界共识，即货币经济学需要建立在微观经济学的基础之上。目前经济学家们在解释宏观经济现象时，都认为其本质是理性人在有限的预算里为了改进福利所作出选择的集中外在展现。在宏观中引入微观经济基础的好处是使宏观经济现象更容易理解，我们可以将一些抽象的经济过程和表现（如 GDP 和通胀等）与理性的个体行为联系起来，而后者是每个人都有切身体会的。同时，在分析具体问题时引入微观基础，也就引入了非常有力的工具，包括无差异曲线、预算线等。最后，微观和宏观经济的结合也使得经济学兼具系统性和包容性，从此没有各说各话、互不兼容的微观经济学和宏观经济学，而只有经济学。

在本书第一版出版的时候，货币经济学的传统教学往往容易陷入一堆体制和机制的细节中，似乎货币经济学就只是一些需要死记硬背、一成不变的事实，然而当今世界经济和金融领域的高速变化证明上述观点是错误的。由于未来的现象和制度与大家在教室中所学到的可能会非常不同，因此本科同学们需要学会的是一种分析的思路和方法，用以应对现实世界中千变万化的货币现象和制度安排。教授大家分析方法，即所谓的授人以鱼不如授人以渔，是大学教育和通识教育的核心，而讲授分析方法就要让学生从简明、清晰且具有内在一致性的模型开始学习。通过这样的训练，我们可以揭示模型假设与模型的经济结果之间存在的关联，并将其应用于分析某个事件背景下或政府目标政策改变时产生的结果。

为了实现上述目标，本书从最简单的基础代际交叠模型开始，分析了货币经济学最基本的问题，包括人们为何会对纸币这种内在价值为零的纸张有需求，以及通货膨胀的成本等。当然，这个简单模型并不能将货币经济学的所有问题都囊括其中，因此在后续的章节中本书试图找出基础模型中遗漏了哪些现实经济的特征，并将这些特征逐步引入模型中，由此便可以分析更为复杂的问题。我们相信，通过这种循序渐进的方法可以一步一步地建立起一个完整且便于大家理解的货币经济学分析框架。

按照从易到难的顺序，本书共分为三个部分。第Ⅰ部分独立地考察货币，包括纸币的需求、纸币和实物货币的比较、通货膨胀以及交换比率。第Ⅱ部分加入了资本，研究了货币与其他资产的关系、将资产转换为纸币的银行类中介机构以及中央银行的各种制度安排。第Ⅲ部分我们着重考察货币在储蓄、投资、产出以及非货币政府债务方面的作用。

本书是为本科学生所写，对数学的要求仅限于基础的图表和代数，并不涉及微积分等工具。本书也可以作为研究生的货币理论启蒙读本，但大部分章节还是针对本科层次，因此我们没有将一些要求较高的内容纳入，比如非稳定均衡（nonstationary equilibria）等，而是尽可能用统一而简洁的模型框架讨论一些基础问题。一些较难懂的内容我们将其放到了附录里，大家可以自行选择跳过或者作为补充。

本书的参考文献提供了研究方法和技巧的原始出处，由于有些文献比较难，我们尽量选择适合本科生和一般读者阅读的文献，并将其用星号标识。如果实在没有适合本科生的参考文献，我们也列出了一些学术文章和综述，但没有覆盖特别高深和前沿的文献，只将其作为研究生和高年级本科生深入研究的起点。

在内容的取舍上我们也斟酌再三。我们并不想把货币经济学的所有相关主题和观点都包罗进来做成一本百科全书，而是希望把重点放在与货币有关的问题上，如银行（而非广义的金融）以及政府债务（而非广义的宏观经济学）。本书选取的模型都是建立在理性经济人假设和特定经济环境的基础上，并且都能够在代际交叠模型的基本框架下展开。在我们看来，入选本书的内容应该容易驾驭、有内在一致性和统一性，同时还应该广为人知、简单易懂，方便授课老师在本书基础之上做更多扩展。

在第四版中，我们新增了2007年金融危机的内容。本次金融危机是自大萧条以来金融机构经历过的最大规模失败，流动性和突然撤资在本次危机中扮演了重要角色，而货币经济学模型正好可以帮助我们理解金融危机。更重要的，根据第一原则建立起模型之后，我们可以考察当类似事件发生时采取何种政策才是有效的。第四版中还增加了大量数据和图表，扩充了练习部分的内容。

此外，我们还将原来的第1章分为了两章，这样做的好处是学生更容易理解货币作为支付手段是如何克服现实世界中的记录保存摩擦的。为此，我们单独用一章来说明在交易记录可以被完美地保存下来的世界中，货币并不是必需的。需要注意的是，如果历史交易记录的保存没有成本，就需要有相应的代际间信用安排。

许多人都对本书的出版作出了贡献。Neil Wallace 对我们再三强调微观经济学理论在货币经济学中是多么重要，对此我们非常感激。还有很多人对本书提出了非常有用的建议、批评和鼓励，他们是 David Andolfatto、Leonardo Auernheimer、Robin Bade、Richard Barnett、Douglas Dacy、Siveri Foresi、Greg Hess、Christian Gilles、Paul Gomme、Dennis Jansen、Kam Liu、Mike Loewy、Finn Kydland、Antoine Martin、Helen O'Keefe、John O'Keefe、David Laidler、Michael Parkin、Dan Peled、Pedro Gomis – Porqueras、Guillaume Rocheteau、Steve Russell、Tom Sargent、Pierre Silos、Bruce Smith、Ken Stewart、Dick Tresch、Francois Velde、Paula Hernandez – Verme、Warren Weber 以及 Steve Williamson。此外，Rebecca Whitworth、Sumittra Ganguli、Nicholas Pretnar、Lucas Nathe 和 Dean Crader 对本书第四版有很大的帮助。最后，我们要感谢来自波士顿大学、加州大学圣芭芭拉分校、西安大略大学、福特汉姆大学、德州大学奥斯汀分校、南卫理公会大学、密西根州立大学以及密苏里大学哥伦比亚分校的学生们对本书的支持。

布鲁斯·坎普（Bruce Champ）
斯科特·弗里曼（Scott Freeman）
约瑟夫·哈斯拉赫（Joseph Haslag）

目　　录

第Ⅰ部分　货币

第Ⅱ部分　银行

第Ⅲ部分 政府债务

第 I 部分

货　币

第1章　无货币交换：记录保存规则

1.1　本章概览

本章的目标是建立一个经济模型，在这个模型中交换使人们的境况变得更好。模型需要描述四个方面的事实：（1）客观环境。包括经济的持续期、参与者的构成、参与者的生命周期、经济中生产的商品、人们之间信息交流的方式等。（2）人们获取商品的渠道。比如人们在生命周期中所获得的禀赋，或者具备的商品生产技术。（3）人们对商品的喜好。人们能够在不同的商品中进行比较和选择。（4）人们行动的规则。该规则使经济中商品的供给等于需求。这四个方面的条件满足后，我们的经济模型就构造起来了。

本书要采用这个经济模型来讲述为什么人们会愿意持有印有名人肖像的各色纸张并赋予其价值，而这些印有名人肖像的各色纸张我们称为法定货币。在引入法定货币之前，我们先从信息完全公开的经济模型谈起，即在该经济中会保存所有的记录。

本章有两个目标。第一，先建立起学习货币经济学的基本分析框架。为了分析人们在自利的动机下如何与他人交换，有必要建立起一个经济模型。在本书中我们只需要学习一个框架——代际交叠经济——就可以分析货币经济学的许多不同问题。第二，用这个经济模型来分析没有货币存在时的情况。我们的目标是展示当经济中没有货币时交换是如何发生的，此时最关键的条件是所有历史交换都可以保存下来。只有在之前的所有记录都完整保存的情况下，人们才愿意付出商品。记录的存在告诉我们哪些人值得信任并可以与之交换，而哪些人应该回避，这样的交换是有效的。那就让我们开始吧。

1.2　学习伊始

本书我们将要通过构建一系列反映现实货币经济特征的经济模型来学习货币经济学，这些模型可视为复杂经济社会的简化。一个经济模型包括了以下因素：人们生活的客观环境，生产商品和服务的技术，人们的禀赋和需求以及求解问题的方法，由此得到的解也被称作均衡。经济模型的好处在于可以捕捉决定人们行为的关键因素，并能够预测重要经济变量，如产出、价格、政府收入以及公共福利等是如何随着货币政策变化而变化的。我们首先从一个信息完全的经济模型开始分析，并假设可以无成本地记录经济中的每一项交换。人们交换的前提是双方都能从交换中获利，因此交换成本或门槛至关重要。首先我们要尽可能多地从这个简单模型中学习，然后再试问这个模型在充分反映现实方面还有哪些不足。特别地，如果我们希望用这个模型来解释为什么现实中人们愿意持有纸币，那么前面的理想模型还缺少了哪些因素。纵观本书，我们都是通过不断往模型中加入其缺乏的特征来完善它。

本书我们主要聚焦代际交叠模型。自保罗·萨缪尔森于1958年提出代际交叠模型以来，该模型已经被广泛地应用于货币政策和宏观经济政策的探讨。模型的优点包括：

- 代际交叠模型很容易求解。它们既可以用于分析非常复杂的问题，同时模型均衡也易于刻画和求解，并且模型预测结果可以用简单的二维图形来展示。
- 代际交叠模型采用了简洁优雅的框架来引入货币。在代际交叠模型中，货币极大地促进和方便了人们之间的交换，如果没有货币很多交换都无法进行。
- 代际交叠模型是动态的。模型可以说明未来预期事件的发生将如何影响人们现在的行为。这点与静态模型形成了鲜明对比，静态模型中人们的行为只会受当前事件的影响。

本章从一个最简单的代际交叠模型开始，随着本书的深入，我们将陆续扩展这个基本模型，并通过这些扩展分析大量我们感兴趣的话题。

其他的经济模型也同样具备上述讨论的三个特征，但我们的目的不是覆盖所有的其他模型，而更多的是根据主题进行选择的。建立了基本的模型框架后，我们引入的扩展内容是与研究的问题紧密相关的。聚焦于代际交叠模型时，我们可以体会到模型本身的灵活性，并且在同样具备那三个特征的其他经济模型上也可能会显示出类似的灵活性，并覆盖到同样广泛的话题上。

因此，让我们从基本的代际交叠模型开始吧。

1.3 环境

你将会很快看到为何我们称之为代际交叠模型。在基础的代际交叠模型中，时间被划分为间隔相等的区间，我们称之为时期。简而言之，我们将最开始的间隔称为第1时期，接下来是第2时期，以此类推。必要时，我们用符号 t 来表示时期。在这个经济体中，人们不会永久生存，事实上，他们的生命存在两个时期。任何出生在第1时期的人将会生存于第1时期和第2时期，出生在第2时期的人将会生存于第2时期和第3时期，以此类推①。一般来说，对于出生在 t 时期的人（$t \geqslant 1$），在时期 t 称为青年人，

① 换句话说，在时期 t 的老年人的数目就是出生在时期 $t-1$ 的青年人的数目。

而在时期 $t+1$ 称为老年人。假设在每一个时期 t（$t \geqslant 1$），有 N_t 个人出生。注意我们是将时间作为下标。例如，N_2 是表示在第 2 个时期出生的人数。在第 1，2，3，…时期出生的人我们称作经济中的将来代。注意到，在第 1 时期中有 N_0 个初始年老代的人。

接下来，我们描述生存在每一期的人口数目。在每个时期 t（$t \geqslant 1$），我们的经济体中有 N_t 个刚刚出生的青年人和 N_{t-1} 个老年人。正是因为两代人共同生存，模型的名字才取之为代际交叠。例如，在第 t 时期，有 N_{t-1} 个老年人和 N_t 个青年人。每一期，两代人总是在彼此交叠。

为了简化起见，我们假设在整个经济模型中只存在一种商品，并假设它不能从一个时期贮存到下一时期。在这个最简单的部门中，每个人都可以在自己生命的第 1 个时期获得一笔可消费商品的禀赋（endowment），每人禀赋的总量记为 y，并且每人在自己生命的第 2 个时期都不能获得禀赋。这样的禀赋模式用图 1.1 表示。

代 \ 时期		1	2	3	4	5	6	7
初始年老代	0	0						
将来代	1	y	0					
	2		y	0				
	3			y	0			
	4				y	0		
	5					y	0	
							…	…

注：在每个时期 t，第 t 代出生。每个人的生命有两个时期。在他年轻时和年老时分别获得 y 单位与 0 单位商品的禀赋。在每一个给定的时期中，有年轻的和年老的两代人。代际交叠模型的名字就是从这个代际结构得来的。

图 1.1　禀赋模式

当然，你也许认为这种简化无法帮助我们理解现实经济中种类繁多的可获商品和服务。但是，它可以很容易地将劳动力纳入经济体中。假设人们在青年时期被赋予一单位劳动时间，那么人们可以利用这一单位时间从事生产活动，通过技术使劳动力转化为可消费商品。现在，我们可以将这种禀赋解释为劳动能力的禀赋，即工作的能力。通过使用这种劳动能力，也即通过工作，个人能够真正地获得 y 单位的商品进行消费。更具体地说，假设一个经济体只存在唯一的可消费商品——椰子。青年们可以爬椰子树，收获可食用的坚果，但是老年人无法爬树。你可以想象青年们将会收获坚果，并贮藏起来，但不幸的是，坚果容易腐坏，在老年人能够吃到贮藏的坚果之前就坏掉了。

1.4 偏好

个人消费此经济模型中唯一的商品并获得了满足，或者用经济学的术语来说，获得了效用。

1.4.1 将来代

在代际交叠模型中，将来代的人可以同时在年轻和年老时消费。每个人的效用就取决于在年轻时和年老时个人消费的组合。我们对个人的消费偏好做了四个假设。前两个假设使得我们可以给每个消费组合分配一个连续型数值。后两个假设描绘了青年人在年轻和年老时消费偏好的图像。基于给每个消费组合分配的连续型数值，图像对于求解个人一生消费决策问题提供了很好的工具。

这里，使用些符号将会很有帮助。我们将在时期 t 出生的人于生命的第一时期内消费的商品数量记为 $c_{1,t}$，类似地，用 $c_{2,t+1}$ 表示这个人在生命的第二时期消费的商品数量。值得注意的是，$c_{2,t+1}$ 是在时期 t 出生的人发生在 $t+1$ 期的消费，此时这个人应是年老的。因为下面的讨论中，时期 t 并不是关键，因此我们只简单地将以上第 1 和第 2 时期的消费简记为 c_1 和 c_2。这里，使用（c_1^a,c_2^a）代表一生消费的一个组合，即为消费组合（消费束）A，类似地，使用（c_1^b,c_2^b）代表消费组合（消费束）B。

假设 1（完备性） 当面临两种消费束时，个人会对两种陈述产生有效回答，所谓的有效回答是要么为真，要么为假，这两种陈述分别是：（1）我从消费束 A 中获得的满足至少和从消费束 B 中获得的一样多；（2）我从消费束 B 中获得的满足至少和从消费束 A 中获得的一样多。

对于这两个陈述的回答（真还是假）会告诉我们什么呢？如果一个人说陈述 1 为真，陈述 2 为假，那么我能判断出这个人从消费束 A 上获取的满足感比消费束 B 要更多；如果一个人说陈述 1 为假，陈述 2 为真，那么我能判断出这个人从消费束 B 上获取的满足感比消费束 A 要更多；如果一个人说陈述 1 和陈述 2 都为真，那么我能判断出这个人从消费束 A 上获取的满足感和消费束 B 一样多。因此，对于从任何两种消费束中获得满足感，假设 1 给出了完备的描述，这里有三种选择：更偏好于消费束 A 而不是 B；更偏好于消费束 B 而不是 A；消费束 A 与 B 无差别。

假设 2 偏好是可传递的。

为了解释这一假设，我们创造出第三个消费束，即消费束 D，符号表示为（c_1^d，c_2^d）。可传递性其实是为了保证连续性的一种假定。我们让一个人针对消费束 A、B、D，提供陈述 1 和陈述 2 的有效回答。假设他更偏好于消费束 A 而不是 B，更偏好于消费束 B 而不是 D，那么我们确信满足假设 2 的人会更偏好于消费束 A 而不是 D。

在假设 1 和假设 2 的基础上，我们定义一种关系，给每个消费束分配一个数值，并且数值大小与人们根据对陈述 1 和陈述 2 的有效回答得到的偏好排序保持一致。换言之，如果更偏好于消费束 A 而不是 B，那么分配给消费束 A 的数值，也就是它的效用，要大于分配给消费束 B 的数值。如果一个人对消费束 A 和 B 无差别，那么分配给它们的数值应该大小相等。这种给消费束赋值的关系，称为效用函数（utility function）。

假设 3（多比少好） 假设消费束 A 和 B 构造为 $c_1^a = c_1^b$ 并且 $c_2^a > c_2^b$，也就是说这个人在比较两种消费束，这两种消费束在年轻时候可消费商品数量相等，但是在年老时候，消费束 A 的可消费商品比消费束 B 的多，那么根据假设 3，这个人就会更偏好于消费束 A，而不是 B。

假设 4（边际效用递减） 这个假设的作用是将消费束之间的关系（效用函数）加入曲度。在所有因素都考虑进去后你将会发现为何这很有用。总之，假设 3 和假设 4 的简单概述就是，每额外增加一单位（商品），你会变得更满足，但是随着商品数量的增加，满足感的增加值会越来越小。图 1.2 用图像的形式展示了假设 3 和假设 4 的含义，它描绘了在年轻时期，每额外增加一单位（商品），效用数值的变化。在以前的经济学课堂上，应该记得，边际效用被定义为在其他条件一定下，消费两种不同数量商品获得的效用之差。例如，假设你在年老时期持有同样数量的消费品，记为 $\overline{c_2}$，边际效用就是消费 c_1^a 与 c_1^b 的效用值之差（$c_1^a > c_1^b$）。图 1.2 告诉我们两件事：第一，效用函数的斜率为正，说明在年轻时期，消费更多商品会增大效用；第二，斜率是递减的，告诉我们，在年轻时期，消费更多商品带来的效用增量是越来越小的。

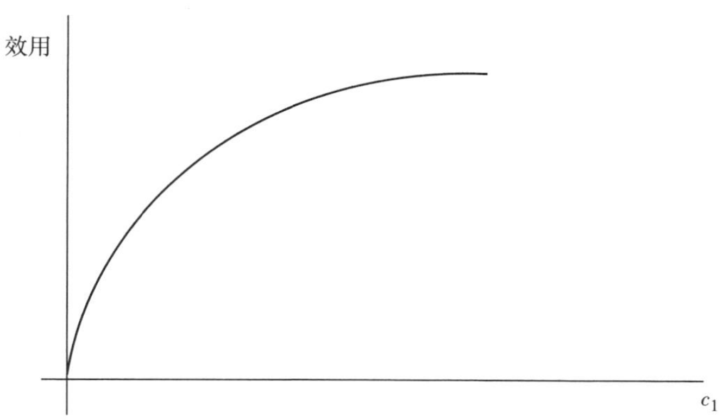

注：第一，效用函数的斜率为正，说明在年轻时期，消费更多商品会增大效用，多比少好；第二，随着 c_1 增加，斜率趋于平缓，而边际效用递减的含义就是，随着消费的商品数量增多，边际效用收益是下降的。

图 1.2 假设 3 和假设 4 含义的图像展示

根据以上四个假设，我们可以给每个消费束分配一个数值。效用函数就是一个人对于所有消费束偏好的数学表达。用图表来描述个体的偏好会显得非常直观，下面我们就通过无差异曲线（indifference curve）来分析个体的偏好。一条无差异曲线连接了所有使个体得到相同效用的消费束。换句话说，如果让我们的青年选择无差异曲线上任意的消费束，他会对陈述假设1和假设2都回答是（为真）。图1.3画出了一条典型的无差异曲线。

为了说明无差异曲线，假设我们给一个人以下的消费束进行选择：

- 在消费束A点，个体可以在年轻时消费3个单位的商品并在年老时消费6个单位的商品。我们将此约束记为 $c_1=3$，$c_2=6$。
- 在消费束B点，个体可以在年轻时消费5个单位的商品并在年老时消费4个单位的商品。我们将此约束记为 $c_1=5$，$c_2=4$。

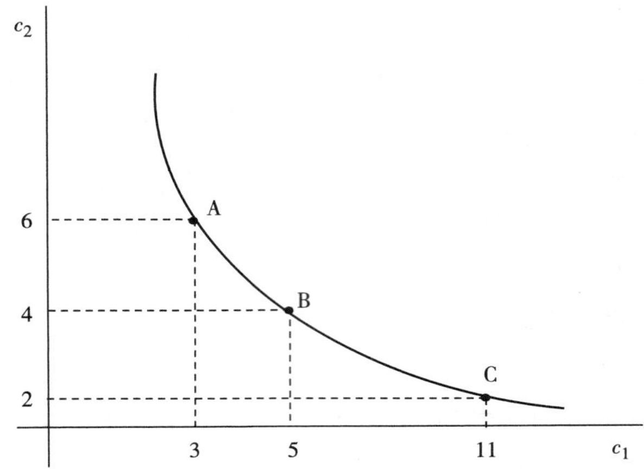

注：个体的偏好通过无差异曲线表示。这样的图形描绘了典型个体的无差异曲线。在无差异曲线上的任何一点，效用都是常数。这里，A、B、C三点对于个体来说都是无差别的。

图1.3　无差异曲线

根据以上四个假设，这个人已经通过效用函数给这两个消费束分配了数值。在这条无差异曲线上我们标出了上例的A点和B点。我们还标出了第三个点C，它的消费束是 $c_1=11$ 以及 $c_2=2$。因为C和A、B都在同一条无差异曲线上，因此个体在C点与在A点和B点得到相同的效用。

下面我们来看无差异曲线的特征。第一个特征是从左至右曲线变得越来越平坦，这正好体现了假设4。值得注意的是，无差异曲线的斜率被称为边际替代率，因此，无差异曲线的曲度也被称为满足边际替代率递减（diminishing marginal rate of substitution）的假设，递减的边际效用可以解释这条特性。为了说明这个假定，从 $c_1=3$，$c_2=6$ 的A点开始。如果我们将个体第二个时期的消费减少2个单位，无差异曲线告诉我们，为了使个体的效用保持不变，我们必须在第一个时期补偿他2个单位的消费。这时个体处于无差异曲线上的B点。现在如果我们继续将个体在第二个时期的消费减少2个单位，为了保持无差异性，必须在第一时期给他增加6个单位的消费。也就是说，如果我们持续减少个体第二个时期的消费，则必须通过第一个时期不断增长的消费增量来补偿他。这使得我们有这样的直觉，那就是个体越来越不愿意放弃他们越来越少的东西。

以食品和衣服为例。如果一个人有很多衣服但只有很少的一点食品，那么他就愿意为了额外增加一单位食品而放弃大量的衣服；相反，他只愿意放弃非常少的一点食品来换取额外一单位的衣服。

边际替代率递减的假定就是由无差异曲线向右和向下变得越来越平坦这一特性得到体现。

我们还可以假定无差异曲线在趋向于纵轴时变得无限陡峭，而当趋向于横轴时变得非常平坦，然而曲线并不与坐标轴相交。这个可以被合理地解释为，在任何一个时期完全没有商品可消费意味着可怕的饥饿，这时即使有很少的一点消费品都是更好的，这也就是假设 3。

我们要记住的是，无差异曲线在（c_1,c_2）空间上是密集的。这就是说，任意选出第一和第二时期的一个消费组合，总有一条无差异曲线经过这一点。为了避免杂乱，我们通常只画出几条无差异曲线。图中的一组无差异曲线常被称为无差异曲线图（indifference map）。图 1.4 表示了符合我们假定的无差异曲线图。

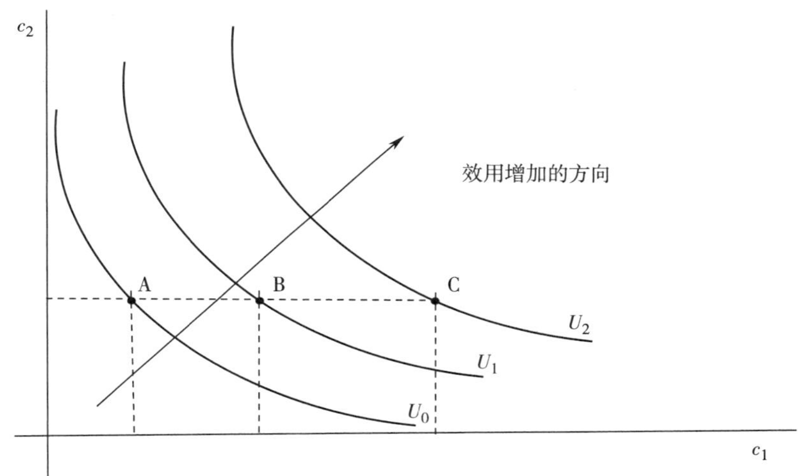

注：无差异曲线图由一组无差异曲线构成。当一个时期下的消费总量确定时，个体总是偏好在另一个时期有更多的消费。因此，个体更偏好 C 而不是 B，更偏好 B 而不是 A。效用是沿着箭头的方向增加的。

图 1.4　无差异曲线图

注意，在图中，效用是沿着箭头所指的方向增加的。我们是如何得知的呢？比较 A，B 和 C 点，每一个消费束都在第二时期给予个体相同数量的消费。然而，从 A 点移动到 B 点，再移至 C 点，个体在第一时期得到了越来越多的消费。于是，个体更偏好 B 而不是 A；同样，个体更偏好 C 而不是 A 或 B，这也就是假设 2。

我们常常将无差异曲线图与表示高度的等高线图进行类比。在无差异曲线图里，每条曲线代表了相同效用水平的点；在一个等高线图里，每一条曲线都表示有相同高度的海拔。扩展一下这个类比，如果我们沿着东北方向穿过这组无差异曲线，我们就会走到更高的坡地上。也就是说，效用将会增加。事实上，无差异曲线图和等高线图一样，都仅仅是将三维的概念简单地通过二维的图形表示出来。这里的三维分别是指生命第一时期的消费、第二时期的消费以及效用。

另一个重要的概念是个体偏好的可传递性，即如果个体偏好于 B 而不是 A，并且偏好于 C 而不是 B，那么他必定偏好于 C 而不是 A。用图形来表示，就是这些无差异曲线不相交。如果它们相交，必定违反传递性以及假设 2（见图 1.5）。在图 1.5 中，两条无差异曲线相交于 A 点。我们知道无差异曲线代表了给予个体相同效用的消费束，也就是说，图 1.5 中的 A 点和 B 点所代表的偏好是无差别的，因为它们是在同一条无差异曲线 U_0上。同样地，无差异曲线 U_1上的 A 和 C 点所代表的偏好也是无差别的。于是，我们认为个体对这三个消费束都是无差别的。然而，如果我们比较消费束 B 和 C，就会发现它们第二期的消费总量是相等的，然而 C 点在第一期的消费是大于 B 点的。根据假设 3，个体必定偏好于 C 而不是 B。这就和我们之前得到这三点无差异的结论相矛盾。于是，无差异曲线不可能相交，否则就与我们关于偏好的假定相矛盾。

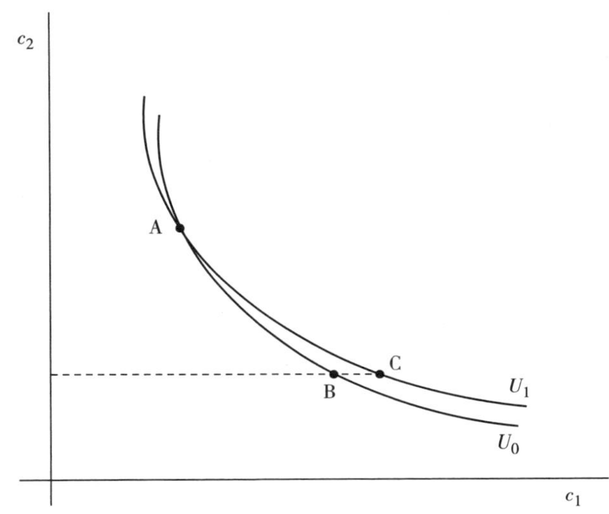

注：根据关于偏好的第三个假定，如果这些无差异曲线代表了个体的偏好，那么个体更偏好于消费束 C 而不是 B。因为消费束 C 在第一期的消费大于消费束 B，而二者在第二期的消费是相等的。然而由无差异曲线的性质，个体必定认为 A、B、C 三个消费束是无差异的，这就产生了矛盾。我们的假设条件排除了无差异曲线相交的可能。

图 1.5　无差异曲线不相交

1.4.2　初始年老代

初始年老代个体的偏好比将来代个体的偏好更容易描述。初始年老代的个体只在初始时期生存并消费，因此他们会在这一时期尽可能多地消费。

1.4.3 永续经济

你可能会质疑在客观环境中时间怎么会永不停止，事实上，永续确实扮演了一个重要的经济角色。因为青年人有商品而老年人没有，代际之间的交换可能会使得个体的一生福利更高。我们将在后面的章节中证明这一点是正确的。在这个模型的经济体中，青年人与老年人的会面是一种一次性交换，因此，任何互利的交换需要一个永不停止的未来。如果这个经济体有一个已知的结束日期，那么在最后一期出生的青年人是不会和老年人进行交换的。原因很简单，青年人得不到回报，而这也使得他们放弃了所持有的商品。此时，让我们往回看一期。在倒数第二期出生的青年人知道没有在下一期（也即最后一期）出生的青年人愿意与他们交换商品，所以他们也不愿意和老年人交换商品，因为他们清楚最后一期不会有交换发生了。同样的决策问题摆在了在倒数第三期出生的人面前，他们知道在倒数第二期没有青年人会和他们交换，所以他们在倒数第三期也不会和老年人交换。运用逆向归纳法，一步一步往回推，我们可以看到在每一期，青年人和老年人都不会交换。

虽然这可能只是一种技术手段，但是永续经济体确实保证了一次性见面在未来都可以展开交换。

1.5 经济问题描述

经济中的将来代面临以下这个简单的问题，他们想要得到他们手中并不拥有的商品。假设这些商品是不可存贮的，即他们只能在年轻时获得消费品，但是他们又想在年轻和年老时都有商品进行消费。这样一来，他们必须找到一个方法使得他们可以在年老时消费，然后决定他们在生命的这两个时期里分别消费多少。

我们下面将依次用两种方法来解决这个经济问题。第一种被称为中央计划的解决办法，即假设有一个全知的、仁慈的计划者能够配置经济中的资源使得人们可以在年轻和年老时都有消费品。① 第二种被称为非中央计划的解决办法，即我们允许个体通过使用货币来进行交换。我们将比较这两种解决方法，并且想要知道，哪种方法会带给个体更高的效用。答案有助于我们对货币在参与代际转移中的经济作用有一个最初的印象。

1.5.1 可行配置

假设我们就是这个中央计划者，我们对整个经济有完备的知识和完全的控制。我

① 没有人会相信有这样的一个仁慈的中心计划者存在。在所有人中再分配商品成本非常高昂。经济学家们用中心计划者来帮助理解在经济模型中怎样的分配才是有效的。在最好的环境下，我们通过将非集中式经济体中的均衡结果与虚构的中心计划者所选择的有效配置展开对比，来评估经济体运行的好坏。

们的任务是，为每一时刻在经济中生存的青年人和老年人配置现有的商品。

作为一个中央计划者，我们进行配置的限制条件是什么呢？一个简单的限制是，在任何给定的时期，我们除了现有经济中可利用的商品，没有更多的商品可以进行配置。回想一下，在时期 t，只有青年人具有消费品的禀赋，且有 N_t 个青年人。我们有

$$(\text{消费品总量})_t = N_t y \tag{1.1}$$

为了社会公平起见，假定所有时期 t 出生的人的生命时期消费配置是相同的（$c_{1,t}$，$c_{2,t+1}$），在这种情形下，时期 t 的青年人可以消费的商品总量是

$$(\text{青年人消费总量})_t = N_t c_{1,t} \tag{1.2}$$

同时，t 时期老年人的消费总量是

$$(\text{老年人消费总量})_t = N_{t-1} c_{2,t} \tag{1.3}$$

我们要确信自己是不是弄清楚了这些标记的含义。回忆之前所述，时期 t 的老年人出生在时期 $t-1$，而在时期 $t-1$ 有 N_{t-1} 个人出生。另外，$c_{2,t}$ 表示的是时期 $t-1$ 出生的人在第二阶段（时期 t）的消费。于是，在时期 t 所有老年人消费的商品总量为 $N_{t-1}c_{2,t}$。

青年人和老年人消费的商品总量就是式 1.2 和式 1.3 之和。我们现在要考虑作为中央计划者面临的条件限制：青年人和老年人消费的商品总量不能超过可利用的消费品总量（式 1.1）。也就是说：

$$N_t c_{1,t} + N_{t-1} c_{2,t} \leqslant N_t y \tag{1.4}$$

为了简单起见，我们假设人口总量是一个常数，即任何时期 t，$N_t = N$。在这种情况下，我们将式 1.4 重写为

$$N c_{1,t} + N c_{2,t} \leqslant N y$$

两边同时除以 N，我们得到中央计划者所面临的人均形式的条件限制：

$$c_{1,t} + c_{2,t} \leqslant y \tag{1.5}$$

目前我们考虑的都是稳定配置（stationary allocation）。① 稳定配置是指给每一代人同样的生命时期消费模式。也即在稳定配置中，对每个时期 $t = 1, 2, 3, \cdots$，$c_{1,t} = c_1$，$c_{2,t} = c_2$。这里必须注意的是，稳定配置并没有要求 $c_1 = c_2$。在一个稳定配置中，人均消费的限制条件变为

$$c_1 + c_2 \leqslant y \tag{1.6}$$

这是一个 c_1 和 c_2 简单线性不等式，我们用图 1.6 将其表示出来。

图中三角形界内的部分是稳定的、可行的、人均的配置，我们将这个三角形的区域称为可行集（feasible set）。可行集边界上的粗线称为可行集边界（feasible set line）。可行集边界是不等式 1.6 取等号时的情形。

① Azariadas（1981）、Cass 和 Shell（1983）已研究过非稳定均衡。

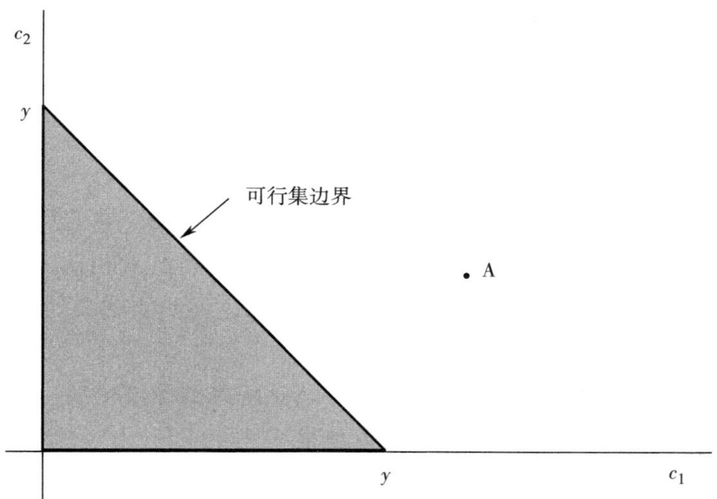

注：图中的三角形部分为可行集，它代表了在经济中给定的可利用资源下所有可行的配置集合。在可行集之外的点，如 A 点，是经济中给定资源条件下不可能达到的配置点。

图 1.6 可行集

1.5.2 黄金规则配置

如果我们现在将一组典型个体的无差异曲线加到图 1.6 上，则我们能得出将来代在可行的稳定配置下的偏好，见图 1.7。

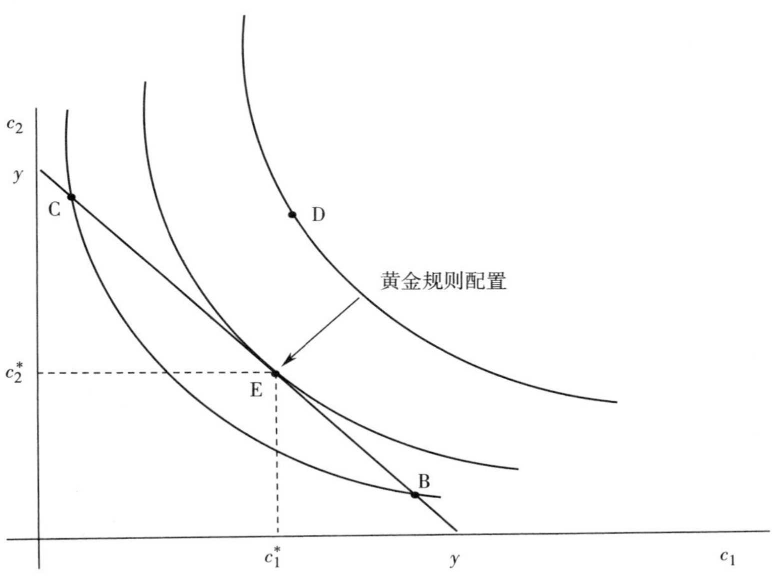

注：黄金规则配置是在稳定且可行的商品配置中使得将来代的福利最大化的配置。它在可行集边界与一条无差异曲线的切点达到（点 E）。这是可行集能达到的最高的无差异曲线。图上画出的黄金规则配置 E 给人们年老时分配的商品多于年轻时的商品（$c_2^* > c_1^*$），但并非一定要这样画，这个切点也可以画在 $c_2^* < c_1^*$ 的另外一点。

图 1.7 黄金规则配置

中央计划者的目标决定了他选择何种可行配置。一个理性的、仁慈的目标是使得将来代的效用最大化，这个目标我们称为黄金规则（golden rule）。图 1.7 中的黄金规则用 E 点来表示，在这一点个体的商品消费组合是（c_1^*，c_2^*）。这个 c_1 和 c_2 的组合给了个体在其整个生命时期最大可能的效用水平。注意到黄金规则是出现在可行集边界与一条无差异曲线唯一的切点处，可行集里的其他任何点获得的效用都比这一点低。例如 B 点和 C 点由于在可行集边界上，因此也是可行的。然而，它们所在的无差异曲线代表的效用水平要比 E 点所在的无差异曲线低。而 D 点和 E 点相比，虽然个体更偏好 D 点，但 D 却是不可行的，因为经济中的禀赋不足以达到 D 点代表的配置水平。

1.5.2.1 初始年老代

在权衡任何政策的效果时，很重要的一点是要考虑到经济中所有参与者的福利水平——包括初始年老代。尽管黄金规则配置已最大化将来代的效用，但它并没有最大化初始年老代的效用。我们知道，初始年老代的效用仅仅取决于在他们生命的第二阶段即年老时消费的商品总量。于是初始年老代的目标是在 1 时期（他们生命的唯一时期）消费尽可能多的商品（你也可以这样想，初始年老代也生活在 0 时期，然而，因为这个时期是过去的，不能被中央计划者控制。因为我们假设对经济的控制是从 1 时期开始的）。如果中央计划者的目标是最大化初始年老代的福利，就要给他们尽可能多的消费品。这样的目标可以在图 1.7 的可行集边界在纵轴上的截距点达到（$c_1 = 0$，$c_2 = y$），这一点是给个体年老时分配 y 单位的消费商品（包括初始年老代），而年轻时不分配消费品。

令人们在年轻时不消费的稳定配置不能最大化将来代的效用，因为他们更偏好于年轻和年老时都可以消费的更加均衡的组合（c_1^*，c_2^*）。当经济学家面对初始年老代与将来代的利益冲突时，就不能只选择其一。然而，事实上是有无限多的将来代，而仅有一个初始年老代，因而本书将注意力主要放在黄金规则上。

1.6 非中央计划的解决方案

在前面一节中，我们找到了最大化将来代效用的可行配置。然而，为了达到这个配置，在每一个时期，中央计划者必须从每个年轻人那里拿走 c_2^* 的商品总量并将其分配给每个老年人。这样一个再分配的实现要求中央计划者能够无成本地在两代之间重新配置禀赋。此外，为了决定 c_1^* 和 c_2^*，中央计划者还必须准确地知道这些个体的效用函数。

这些都要求这个中央计划者具有很高的能力和智慧。这就使我们要问，有没有什么方法可以让我们通过一个非中央计划的方法达到这个最优配置。例如，我们是否可以让个体通过互惠的交换来达到经济中的最优配置。换句话说，我们是否可以让市场代替中央计划者来做这个工作？

在回答这个问题之前，我们需要定义一些本书中常用的术语。首先，我们要讨论的是竞争均衡的概念。一个竞争均衡（competitive equilibrium）有如下性质：

1. 每个个体与其他个体之间有相互受益的交换。
2. 个体的行为对价格（或交换比率）没有影响。
3. 在所有的市场上供给等于需求，也就是说市场是出清的。

在某种意义上，竞争均衡的定义是在告诉我们如何求解均衡价格和均衡数量。每个人会在自己的预算约束下最大化生命时期总福利，从而决定是否与他人进行交换。在竞争均衡的定义中，人们不会联合起来制定价格，也就是不存在勾结。每个人将价格视为给定的，并在此基础上最大化生命周期效用，从而选择自己在年轻和年老时的商品消费数量。这也使得生命周期消费商品数量是价格的函数，而竞争均衡的定义也告诉了我们均衡价格如何确定，即使商品需求等于供给的价格。

假设经济体中不存在摩擦，每个青年人可以观察到每个老年人在其年轻时候的交换情况。因为没有资料来查看这些交换历史，所以保存记录是一种比较好的办法。因为青年人拥有商品但是老年人没有，所以关键的问题是互利的交换是否可以维持下去。换言之，在完全保存记录时，在青年人和老年人之间会发生何种交换。

1.6.1 记录保存下的均衡

现在，让我们来看一个人如何决定在年轻和年老时期的商品消费数量。为了回答这个问题，我们首先要对个人的抉择建立约束条件，这也是为什么个人不能在年轻和年老时期享受无尽的商品。对于个人，他受到的约束条件是不能消费超过实际拥有数量的商品，而对于整个社会来说也是如此。这里，我们将个人消费所受到的约束限制称为他的预算约束（budget constraints）。在这一章节，我们将交换视为发生在一个市场中。不幸的是，在人们之间不存在互利互惠的交换机会。事实上，如果一个青年人放弃消费一些商品，给予老年人使用，从而收到这份（商品）转移的记录。于是，在下一期（刚才那个青年人成为了老年人），他就会拥有一份因年轻时期的商品转移而得来的回赠记录，且大家有目共睹。那么这份记录会在此人年老时为他带来任何消费品吗?① 眼下，我们假设在一个人的整个生命时期内会有一系列的交换发生，从而求解竞争均衡。

在年轻时，每个人有 y 单位商品的禀赋，他可以决定是将其立刻消费掉还是转移给老年人。在完全保存记录的情况下，任何向老年人的商品转移都会被清点清楚。在时期 t，转移给一个老年人的商品数量记为 $\boldsymbol{\Phi}_t$ 。因此，我们可以写下一个人在其生命的第一阶段面临的预算约束如下：

$$c_{1,t} + \boldsymbol{\Phi}_t \leq y \tag{1.7}$$

式 1.7 的左边是个人对商品的使用总量（包括消费以及转移），而式子的右边代表

① 这条记录并不是一个像欠条一样的真实之物。举例来说，欠条的含义是今天亨利从查尔斯这里得到了商品，日后亨利需要归还给查尔斯，但是在代际交叠模型中，亨利不可能在未来遇见查尔斯，因为查尔斯已经死亡。

商品的来源（个人的禀赋）。

步入老年以后，人们无法收到禀赋。因此，老年只能通过接受商品转移来获得消费品。这就意味着在生命的第二阶段面临的预算约束为

$$c_{2,t+1} \leqslant \Phi_{t+1}^{R} \tag{1.8}$$

在这里，Φ_{t+1}^{R} 代表此人年老时通过接受转移得到的商品数量。要注意的是，在年轻时，人们可以自由决定转移给老年人多少商品，而转移给老年人的商品数量被视为给定的，这就是为什么我们需要两种不同的符号来表示。在这个经济模型中，Φ_t 是每个青年人决定的，而 Φ_{t+1}^{R} 是跳出个体生命时期消费决策以外的。我们将在下一章节处理这个问题。但是现在，主要是把记录视为对青年人放弃消费的商品数量的度量。在这些青年人步入老年后，他们可以使用这份记录，就仿佛是在用它交换以换取消费品。因此，完整地保存记录给不可能见面的两代人提供了联系。

假设一个人在年轻时付出 Φ_t 单位商品，以便于在年老时获得 Φ_{t+1}^{R} 单位商品。基于此假设，此人在年轻时候转移出去的商品数量与他在年老时接收到的商品数量之间的关系可以用一个等式来表达，即将 $t+1$ 时期的商品转换为同等价值的 t 时期商品。我们将此处的转换率记为 x_{t+1}，也就是人们可以用一单位的 $t+1$ 时期的商品换取的 t 时期商品的数量。用公式来表示的话，就是 $\Phi_t\, x_{t+1} = \Phi_{t+1}^{R}$。基于此转换率以及市场假设，我们将式 1.8 重写为

$$c_{2,t+1} \leqslant x_{t+1}\, \Phi_t \tag{1.9}$$

我们创造了一个人在年轻时候转移出去的商品数量与他在年老时接收到的商品数量之间的关联。每个人都得接受给定的价格（转换率）x_{t+1}。这种方式使得我们可以写下每个青年的一生预算约束。根据定义，对于所有时期 t 来说，$x_{t+1} > 0$，所以我们可以重写老年人的预算约束为 $\Phi_t \geqslant (c_{2,t+1})/(x_{t+1})$，并将其替换到生命的第一阶段的预算约束（式 1.7）中，可得到

$$c_{1,t} + \frac{c_{2,t+1}}{x_{t+1}} \leqslant y \tag{1.10}$$

式 1.10 表达了一个人在其可承担范围内生命两阶段的不同消费组合。换言之，这是个人的一生预算约束。

我们可以用图形描述此预算约束，见图 1.8。我们可以很容易地计算出预算约束的截距，具体如下。

式 1.10 取等号时，构成了预算约束线。如果一个人在生命的第二时期没有进行消费（$c_{2,t+1}=0$），那么根据预算约束可知 $c_{1,t} = y$，这就是预算约束的水平截距。另一方面，如果一个人在生命的第一时期没有进行消费（$c_{1,t} = 0$），于是全部禀赋 y 都提供给老年人，根据预算约束可知 $(c_{2,t+1})/(x_{t+1}) = y$ 或者说 $c_{2,t+1} = y\, x_{t+1}$，这就是预算约束的垂直截距。

我们注意到，x_{t+1} 可以看作付出的（真实）回报率，因为它代表了一单位的 t 时期商品（年轻时赠予老年人的商品）可以换取的 $t+1$ 时期商品（年老时获得的商品）的数量。

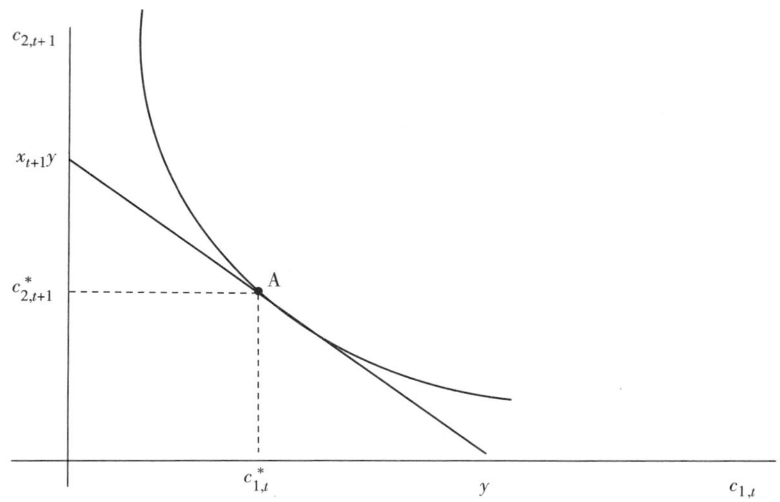

注：在点 A，一个人在给定一生预算约束下最大化自己的效用，达到了完整保存记录时的均衡点。点 A 是无差异曲线和一生预算约束线的切点。转换率决定了预算约束线的斜率。

图 1.8　在完整保存记录时的消费组合选择

在给定货币回报率 x_{t+1} 时，我们可以发现人们会选择（$c^*_{1,t}$，$c^*_{2,t+1}$）组合来最大化他们的效用。这个点已在图 1.8 中展示出来（点 A）。它是预算约束上触及最高的无差异曲线的点，且一定发生在预算约束与无差异曲线的切点上。①

1.6.2　转换率的确定

我们如何确定转换率呢？这一章节中，我们假设商品转移市场是出清的，即商品转移的供给等于需求。此经济体中，转换率在两种交换中发挥作用。一个人年轻时放弃当期消费而将商品转移给老年人，在记录保存系统中有相应的记账，并在其步入老年后，凭借此记录获得商品。

首先，我们研究代际间转换率相同时会发生什么。这个假设是合理的，因为每代人都面临着同样的问题：禀赋、偏好、人口，这些对于每一代都是一样的。若每一代人的行为是一样的，也就是说，对于每个时期 t，每个人具有同样的消费模式，即选择 $c_{1,t} = c_1$，$c_{2,t+1} = c_2$，我们称这种均衡为稳定均衡（stationary equilibria）。可以注意到，因为每个人面临不同的环境（取决于是青年人还是老年人），我们不要求在稳定均衡中 $c_1 = c_2$。人们可能会选择在年轻时消费的比年老时更多，反之亦可。最终，人们选择的年轻和年老时的消费组合取决于自身偏好和转换率。

① 在非中央计划的经济体中，还可以有其他的方式构建信用体系，类似于本模型中老年人拿着他们的记录向青年人换取商品。例如，可以构建一种社会规范，对于不参与交换的人不允许进行消费。在我们的经济模型中，主要的区别在于，我们不是在强加给人们社会规范，而是通过历史记录开展市场贸易。

假设在模型中人们对未来的预期是理性的。在非随机环境中，也就是不存在惊喜，理性预期（rational expectations）意味着人们对未来变量的预期值等同于它们在未来的真实值。在这种特例下，我们称这些人拥有完全预期，也就是说这些人在对重要经济变量（可以影响到消费决策的变量）的预测上分毫不差。在我们的模型中，这种假设意味着在时期 t 出生的人可以完全预测下一期的转换率，即 x_{t+1}，或者说此人对转换率的预期值会准确实现。这个假定对于我们的经济模型是可信的，因为偏好和环境都是不变的，因而是可以被完全预见的；而对于一个有随机冲击的经济，这个假定就不那么可信了。

为了体现完全预期假设的重要性，考虑在非随机经济体中的另一种情况——人们对转换率的预期相比真实值不是过高就是过低。于是，这些对转换率错误预期的人们就无法实现效用最大化的商品转移。所以，他们有动机去计算转换率未来的真实值。

现在，让我们遵循稳定均衡以及完全预期的假设去寻找转换率的均衡时间路径。在完全竞争市场，商品的均衡价格是使得商品的供给等于需求的价格，这同样可应用于货币均衡价格的决定。

商品转移的供给量就是每个青年人提供的商品数量，也就是青年人的禀赋中没有被当期消费掉的部分 $y - c_{1,t}$。因此，在时期 t，经济体中商品转移的供给总量是 $N_t(y - c_{1,t})$。

商品转移的需求总量，以青年人消费的商品为单位进行度量，是 $N_{t-1}\,x_t\,\Phi_{t-1}$。这意味着商品转移的需求总量就是时期 t 时老年人数量与他们在年轻时转移的商品价值的乘积。令供给与需求相等，得到

$$N_{t-1}\,x_t\,\Phi_{t-1} = N_t(y - c_{1,t}) \tag{1.11}$$

这也意味着：

$$x_t = \frac{N_t(y - c_{1,t})}{N_{t-1}\,\Phi_{t-1}} \tag{1.12}$$

这说明转换率是 t 时期商品转移的供给总量与 $t-1$ 时期转移的商品数量的比值。因为 $\Phi_{t-1} = y - c_{1,t-1}$，式 1. 12 可以重写为

$$x_t = \frac{N_t(y - c_{1,t})}{N_{t-1}(y - c_{1,t-1})} \tag{1.13}$$

为了简化计算，在求解稳定均衡解时，假设在每一时期 t，都有 $c_{1,t} = c_1$，$c_{2,t} = c_2$。因为每一代人具有相同的禀赋、偏好，并且对未来的禀赋和偏好的期望也相同，所以寻求稳定均衡是十分合理的。在进行约分处理后，式 1. 13 变为

$$x_t = \frac{N_t}{N_{t-1}} \tag{1.14}$$

因为我们假设每一期人口数量是常数（$N_{t+1} = N_t$），式 1. 14 可以进一步约分为

$$x_t = 1 \tag{1.15}$$

也就是说，转换率的值为 1。

在保存记录的稳定均衡中，转换率是一个常数（数值为 1）。面临相同转换率的人会选择相同的商品消费和转移数量，这也就是稳定均衡。

根据 $x_t = 1$，以及在保存记录的稳定均衡时预算约束为 $c_1 + \frac{c_2}{x_t} = y$，可以得到 $c_1 + c_2 = y$。预算约束线变成如图 1.9 所示。

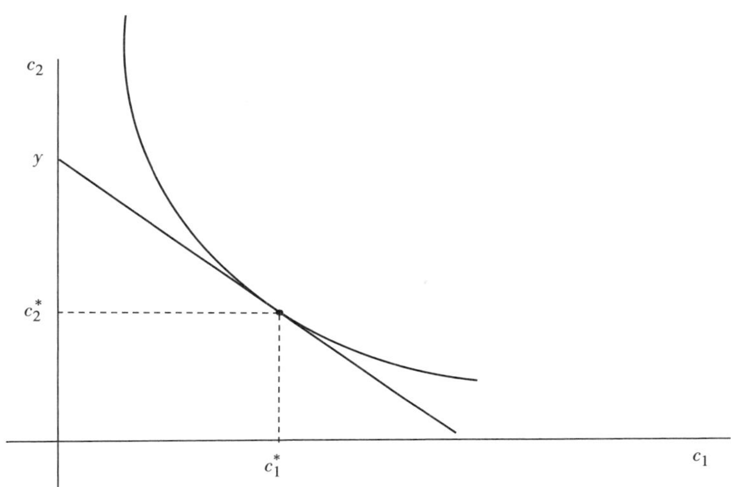

注：在完全保存记录时转换率是 1，意味着图中的一生预算约束。

图 1.9　在人口数量不变时个体的消费组合选择

要清楚的是，保存记录的稳定均衡可能不是唯一的均衡，可能存在其他更复杂的非稳定均衡。但是，在本书中我们只关注稳定均衡，因为从这些易于学习的案例中就可以学到很多。

1.6.3　博弈规则与实施

在非中央计划的解决办法中，上述机制是在竞争市场环境下运行的。为了描述这个均衡，我们假设青年人会在记录保存系统留下标记。记录保存系统可以无成本地保存青年人向老年人转移的商品数量信息。通过这种方法，青年人在步入老年后，可以凭借记录换取商品。

在这一章节，我们放宽竞争市场机制假设。假设下一期青年人的行为给定时，这一期的青年人可以展开博弈。在这种方式下，不再需要老年人与青年人发生实物交换。在给定下一期青年人的行为后，这一期的青年人会采取行动（与老年人进行交换），然后等待。如果你熟悉囚徒困境博弈，你将会明白在此博弈规则下人们的最优反应。当每个人按其最优反应采取行动时，他们都没有单方偏离最优反应的动机，这时就存在一个纳什均衡。

所以，这一章节，我们主要关注在完全保存记录时青年人的最优反应。为了简化，我们假设只存在两种反应的情况：青年人可以选择不向老年人转移任何商品或者转移 $\Phi = c_2^*$。青年们具体采取何种行为取决于下一期对他们的补偿。例如，如果青年人认为下一期的青年人会选择 $\Phi^R = c_2^*$ 的行动，那么本期的青年人会选择向老年人转移商品作为最优反应。事实上，如果他们作出了其他选择，那么他们的一生福利只会变得更低。①

那么，完全保存记录在此博弈中扮演了怎样的角色？这里，完全保存记录实际是让青年人承担责任的技术手段。因为无法隐瞒一个人在年轻时候的行为，所以每一代人的行为可以被无成本地证实。现在假设经济体中存在摩擦，无法保证记录被完全保存。这时，假设有一个青年人决定不向老年人转移商品，而将来代由于无法观测此人的行为，就会减少商品转移的概率。通过完全保存记录制度，将来代可以惩罚那些不参与代际间商品转移的人。现在，通过个体的效用函数，我们知道人们倾向于在年老时也进行商品消费。因此，记录的完全保存扮演了一种契约的角色，也就是如果在年轻时候参与了商品转移，那么年老时也可以收到转移过来的商品。通过这种方式，这场博弈要求人们按最优反应进行行动，让人们明白如果年轻时不转移商品会受到惩罚，即年老时收不到商品。

因此，青年人通过社会核算体系承担责任。这些记录如果显示你在年轻时参与过商品转移，那么年老时就可以获得商品。如果你没有参与，每个人都可以无成本地看到记录，而你在年老时也不会收到商品。这里，无成本地完全保存记录是与经济体无摩擦相一致的，这也意味着可以无阻碍地实现代际平滑转移过程。而完全保存记录意味着不需要额外力量实现代际间的商品转移。

1.7 记录保存的均衡是否符合黄金规则？

我们可以看到记录保存使得老年消费成为可能，提升了（若没有记录保存就无法开展交换的）人们的福利。我们希望，在此经济模型中，人们的福利不单单是得到提升，而且是最大限度的提升。因此，这里不禁提问，记录保存的均衡结果是否是商品的最佳分配方案，尤其是，它是否能最大化将来代的效用？换言之，记录保存的均衡是否符合黄金规则？

将图 1.9 中的预算约束与图 1.7 中的可行集边界进行对比，可以发现，它们是相同的。记录保存的均衡结果对应的消费组合选择与我们之前通过中央计划者最大化将来代效用得到的稳定配置是一样的。这意味着，记录保存的稳定均衡是符合黄金规则的。引入非中央计划的交换方法以及完全保存记录不仅使个人的效用达到最大化，而且在本例中也达到了社会整体效用的最大化。但这不是一定发生的，因为预算集和可行集

---

① 在这个模型中，由于时间的分隔，人们不能直接进行交换。同样地，如果他们被不同的空间所分隔，他们也将不能进行交换，这就是 Robert Townsend（1980）提出的模型。

是在回答不同的经济问题，预算集是对个体的约束，而可行集是对社会整体的约束。

初始年老代在记录保存的均衡结果中的福利水平是要高于自给自足时的。在记录保存的均衡中，每个初始年老代会收到 Φ^{R} 单位的消费品，意味着他们具有正的消费水平；而在自给自足的均衡中，他们的消费水平为0。自然地，他们在记录保存的均衡结果中的福利水平是更高的。

因为本书主要关注记录保存的稳定均衡，所以有必要总结一下这种均衡的特征。记录保存的稳定均衡消费组合满足以下两点基本特征：

- 给定预算约束下，该消费组合使得个人效用达到最高水平，它位于无差异曲线与个人预算集的切点处。
- 该消费组合位于可行集边界上，且可行集边界代表所有可行的人均消费配置。

1.8 本章小结

在代际交叠经济模型中，每个人的一生中会发生两次一次性会面。他们年轻时，会遇到老年人，到了下一期，他们成为了老年人，又会遇到新的青年人。每次会面都可能发生交换。关键问题是青年人有商品但老年人没有，那为什么青年愿意放弃当期消费，转而把商品给那些他不会再见到的人身上去呢?

在可以无成本保存记录的经济体中，交换历史记录激励青年人与老年人进行交换。记录下来你提供给老年人的商品数量，从而，其他人（如下一期的青年人）可以看到你是否参与了交换。关键之处在于这里存在惩罚机制：没有与老年人发生交换的青年人是不会有交换记录的。每一代人都会比较哪种选择（提供商品还是不提供商品）带来的一生福利更高。因为年轻时放弃当期消费对当代人和将来代都是最佳选择，从而人们得以在年轻和年老时都有商品可消费。无成本地保存记录使得惩罚机制得以顺利实施，因而创造了这种规则使得青年人和老年人之间的一次性会面交换永远地延续下去。

1.9 练习

1.1 考虑一个人口不变的经济体，每个人在年轻时有 y_1 的禀赋并且在年老时有 y_2 的禀赋。假定 y_2 足够小以至于每人都想在生命的第二时期消费多于 y_2 的商品。要注意在这个新的假定下得到的等式和图形可能和以前不同。

a. 应用式 1.1 到式 1.6 的步骤来找出可行集。

b. 假定同一代的所有个体的待遇是相同的，画出稳定的人均可行配置集。画一条位置任意但形状正确的无差异曲线，并指出最大化将来代效用的配置。

1.2 假设一个人面临两种消费束：消费束 A 包括年轻和年老时分别消费 6、12 单位商品（$c_1 = 6, c_2 = 12$），消费束 B 包括年轻和年老时分别消费 4、10 单位商品

（$c_1=4$，$c_2=10$）。那么此人会偏好于哪种消费束？又是根据哪条偏好假设得到的结论？

1.3　考虑一个经济体，人口增长规则为 $N_t = 1.1 N_{t-1}$。此外，假设青年人的禀赋随着时间而增长，$y_t = 1.05 y_{t-1}$，而老年人没有禀赋。并且假设根据青年人的个人偏好，他们会选择当期消费一半的禀赋，$c_{1,t} = 0.5 y_t$。请计算年轻时转移的商品会以何种比率转换成年老时收到的商品，即此经济体中的转换率。

1.4　考虑两个经济体，分别记为 A 和 B。在每个经济体中，令每个人（可生存两个时期）在年轻时具有 20 单位商品的禀赋，而年老时没有禀赋。在经济体 A 中，每个青年人选择当期消费 10 单位商品，在经济体 B 中，每个青年人选择当期消费 8 单位商品。不管是在哪个经济体中，青年人都是根据最大化一生福利来作出选择。

a. 根据上述信息，能够推断出有关于当代以及将来代的福利水平的任何结论吗？特别是，是否能推断出哪代人的福利水平更高？

b. 根据对经济体 A 和 B 的描述，能够推断出有关于初始年老代福利水平的任何结论吗？

1.5　假设一个人对于年轻和年老时消费商品的边际效用不变，而并非边际效用递减。

a. 画出边际效用不变的偏好对应的无差异曲线。

b. 如果一个人在年轻时的边际效用高于年老时的边际效用，这将对其生命时期的均衡消费组合产生怎样的影响？

c. 如果一个人在年老时的边际效用高于年轻时的边际效用，又会产生怎样的影响？

第 2 章　一个简单的货币模型

2.1　本章概览

现在我们已经知道了，没有货币时人们是如何实现一次性交换（共发生两次）的。接下来，我们向模型中加入摩擦，进而引入有价值的法定货币。其中，最主要的摩擦是记录保存有成本。假设记录保存的成本特别高，那么青年人会谎报自己与老年人交换过以便年老时可以获得商品。存在谎报意味着没有对不参与交换的青年人进行惩罚。那么在这样一个存在摩擦的经济体中，人们应该做什么呢？

本章的目标有三个：第一，证明在非中央计划经济的唯一均衡中，青年人与老年人之间不会有交换发生。我们称这种不发生交换的均衡为自给自足（autarky）。换言之，老年人想要使用他们年轻时候通过交换赚得的信用记录，但是没有办法证实老年人确实曾在年轻时参与过交换，所以人们无法获得信用安排。意料之中的是，自给自足不是有效的均衡。第二，将有价值的法定货币作为政府试图解决摩擦的政策工具。第三，证明在货币存量不变的经济体中稳定均衡是有效的。

因此，本章的首要目标是创造一种摩擦，并将其纳入代际交叠模型中。像之前所做的那样，我们将均衡数量与中央计划者为当代及将来代所选择的商品配置相比较，发现在使用有价值的法定货币的经济体中，即使缺乏完整的社会记录并且存在摩擦带来的外部性，均衡数量依旧是有效的。因为货币经济中的均衡和完全保存记录中的均衡实质是一样的，也就是说货币就是记录。①

2.2　环境

为了使货币模型尽可能地简化，需要识别出货币经济具有哪些基本特征。

① 记录是一种重要的交换工具。为了解释其重要性，可以讲一个故事，这里有两个人承诺每周六晚上都和对方共进晚餐。但由于没有人记得该轮到谁做饭，所以他们让一块石头作为记录工具。拥有石头的人需要去做饭，而在晚饭结束后另一个人拿走那块石头。

货币需求不同于在其他经济体中研究的商品需求。人们对商品的需求来自消费时带来的效用，但是人们对货币的需求在于货币可以帮助人们获得想要消费的商品。通过这种方式，货币成为一种交换媒介，使得商品交换更加便捷。

由于上述区别的存在，货币需求模型具有特殊的两个特征。第一，交换之间一定存在某种摩擦，使得人们在没有货币时无法直接获得他们想要的商品。从第 1 章的主要信息中，可以发现人们倾向于在整个生命周期中平滑消费。如果不存在摩擦，他们可以通过社会记录系统实现平滑消费，例如，安迪在年轻时向老年人转移商品，那么下一期，新的青年人会确认这一记录并向安迪提供商品。此外，那份记录也会记载转移水平，其决定了年轻时的转移量和年老时的接收量。社会记录是必要的，因为交换的参与双方在其生命时期内只会见一次面。① 所以若没有社会记录又会发生什么呢？为了更具体地描述，我们让 Ψ_t 代表 t 时期的社会记录保存成本。假设 $\Psi_t > N_t y$，所以完全保存记录在这个经济体中不可行。这时，没有交换记录，但又想实现交换，那么是否有其他方法可以帮助实现交换呢？

第二，假设模型开始引入法定货币来解决社会记录缺失问题。若真的允许持有货币，那一定会有人愿意持有货币到下一时期。这是肯定的，因为货币只要没有被花掉，就是一种在一段时间内（即使时间很短）持有的资产。代际交叠模型允许人们年轻时获得货币，年老时花掉货币。

经济模型的客观环境与之前第 1 章所研究的没有保存记录的模型是一样的：每一时期都有青年人出生；除了初始年老代（只生存于经济体第一个时期的人），每个人都生存两个时期；此经济体只存在唯一的不可储存的消费品；每个青年人都会有商品禀赋；每个青年人都希望在年轻和年老时可以进行消费。

2.3 经济问题描述

经济中的将来代面临以下这个简单的问题，他们想要得到他们手中并不拥有的商品。假设这些商品是不可存贮的，即他们只能在年轻时获得消费品，但是他们又想在年轻和年老时都有商品进行消费。这样一来，他们必须找到一个方法使得他们可以在年老时消费，然后决定他们在生命的这两个时期里分别消费多少。

我们下面将依次用两种方法来解决这个经济问题。第一种被称为中央计划的解决办法，即假设有一个全知的、仁慈的计划者能够配置经济中的资源使得人们可以在年轻和年老时都有消费品。第二种被称为非中央计划的解决办法，即我们允许个体通过使用货币来进行交换。我们将要比较这两种解决方法，并且想要知道，哪种方法会带

---

① 所谓的社会记录中的社会是经过修正的。我们不研究存在记录缺失的人。社会记录（或者说是信用）最重要的一点是所有可能交换的双方都可以观测到。就个体而言，你不是一个记录缺失的人，但你无法追踪每个人的交换历史，尤其是他们违约的时候。

给个体更高的效用。答案会帮助我们对货币的经济作用有一个最初的印象。

2.3.1 可行配置

想象一下，我们就是那个全能的中央计划者，全面控制着这个经济体。在第 1 章中我们研究过这种情况，并提醒大家，黄金规则配置在本章的比较中会有用处。假定人口不变时，黄金规则配置具体展示见图 2.1。

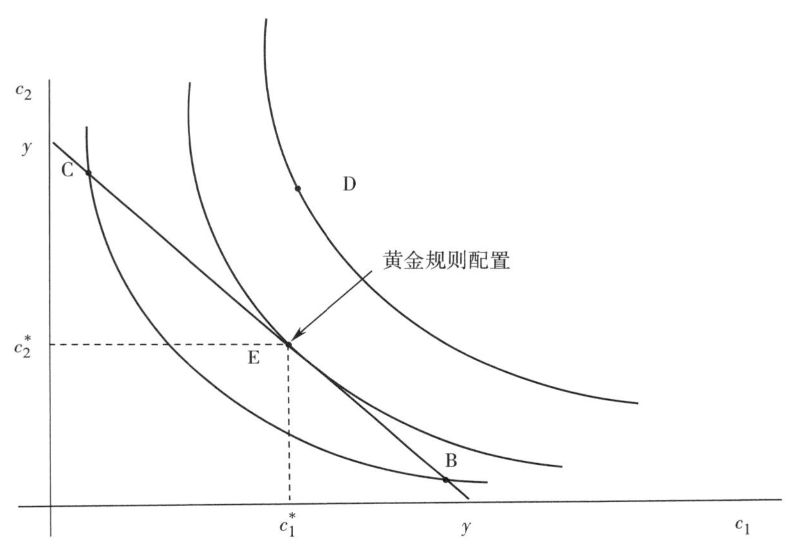

注：黄金规则配置是在稳定且可行的商品配置中使得将来代的福利最大化的配置。它在可行集边界与一条无差异曲线的切点达到（点 E）。这是可行集能达到的最高的无差异曲线。图中的黄金规则配置 E 给人们年轻时分配的商品多于年老时的商品（$c_1^* > c_2^*$），但并非一定要这样画，这个切点也可以画在 $c_1^* < c_2^*$ 的另外一点。

图 2.1 黄金规则配置

根据不同的目标，中央计划者选择不同的可行配置。一种合理并且仁慈的目标是最大化将来代的效用，也就是黄金规则（golden rule）。图 2.1 中的黄金规则用 E 点来表示，在这一点个体的商品消费组合是（c_1^*，c_2^*）。这个 c_1 和 c_2 的组合给了个体在其整个生命时期最高的可行效用水平。

那么如果中央计划者的目标是最大化初始年老代的效用呢？在此目标下，中央计划者会分配给老年人 y 单位商品，而不分配给青年人。这样的稳定均衡不能最大化将来代的效用。因为所有生存于两期的人们更偏好于年轻和年老时都可以进行消费的均衡组合（c_1^*，c_2^*）。在面对初始年老代与将来代的利益冲突时，经济学家不能只选择其一。然而，读者会发现，事实上是有无限多的将来代，而仅有一个初始年老代，因而，主观上本书将注意力主要放在黄金规则上。

2.4 非中央计划的解决方案

在前面一节中，我们找到了最大化将来代效用的可行配置。然而，为了达到这个配置，在每一个时期，中央计划者必须从每个年轻人那里拿走 c_2^* 的商品总量并将其分配给每个老年人。这样一个再分配的实现要求中央计划者能够无成本地在两代之间重新配置禀赋。此外，为了决定 c_1^* 和 c_2^*，中央计划者还必须准确知道这些个体的效用函数。

这些都要求中央计划者具有很高的能力和智慧。这不禁令我们发问，有没有什么途径可以让我们通过一个非集中式的方法达到这个最优配置。例如，我们是否可以让个体通过互惠的交换来达到经济中的最优配置。换句话说，我们是否可以让市场代替中央计划者来做这个工作?

假设一个经济体无法完全保存记录，那么我们将向其引入竞争均衡概念。在使用货币达到最优配置之前，我们先考虑没有贮存价值（也就是货币）时的均衡结果。

2.4.1 无货币时的均衡

在代际交叠模型中，考虑没有货币时的竞争均衡的特点。之前讲过，每个人在年轻时有一定的商品禀赋，而年老时没有禀赋。如果他们放弃年轻时的一些禀赋并以此来交换年老时消费的商品，他们的效用就会增加。在没有全能的中央计划者时，可否通过经济中个体之间的交换来得到这个结果呢?

这样的交换是不可能的。参见图 1.1，它描绘了禀赋模式，即每个人在年轻时有商品禀赋，而年老时没有禀赋。一个时期 t 出生的青年人在当期可能与两种类型的人进行交换——同期的其他青年人或上一代的老年人。然而，对于这个青年人来说，与其他青年人交换不会给他带来任何益处，因为他们和他一样，年老时都没有商品可消费；而他与老年人交换也是没用的，因为老年人虽然想要这个青年人手中的商品，但是年轻人想要的东西老年人却没有（因为老年人在下一时期已经死亡）。$t+1$ 时期消费品是来自 $t+1$ 时期出生的人，然而，在时期 t 这些人还没有出生，因此不可能和 t 时期拥有商品的青年人进行交换。代际交叠模型中的无法交换现象被称为双方需求的不吻合（absence of double coincidence of wants）。这个词汇最早是 19 世纪的一位名叫杰文斯（W. S. Jevons，1875）的经济学家为了阐述货币的必要性而提出的。每一代人都想要下一代人手中的商品，但是他们自己手中却没有下一代人想要的商品。

这个均衡结果被称为自给自足（autarkic）——个体和其他人之间没有任何经济往来。因为不能进行互利的交换，个人只能在年轻时消费掉所有的禀赋而在年老时什么也不消费。在这个自给自足的均衡里，效用是很低的。不管是对将来代还是初始年老代，这样的消费束几乎比任何其他消费束都更糟糕。一个将来代的人更喜欢为了年老时可以消费而放弃年轻时的一些禀赋；初始年老代的人也希望在他们年老时进行消费。

图 2. 2 描绘了在既没有保存记录又没有货币时，经济体中的自给自足均衡结果。在自给自足均衡中，所有人只能在年轻时消费掉所有的禀赋而在年老时什么也无法消费。在观察自给自足均衡结果时，我们就可以看到存在摩擦的保存记录是如何产生不良影响的。青年人不会单方面给老年人免费提供商品，而每个老年人可以说自己在年轻时提供过商品。可以说，社会记录缺失阻碍了青年人证实老年人是否参与过交换。因而，这样的一次性见面不会发生交换，因为青年人没有能证明年轻时提供商品的记录，在他们年老时也接收不到商品转移。

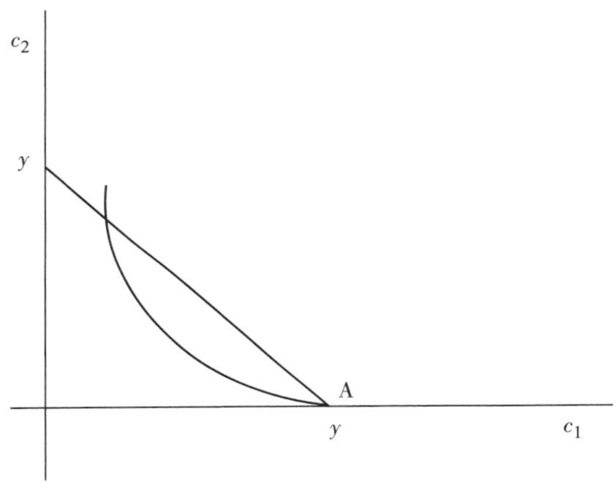

注：它位于无差异曲线与预算约束线在横轴的交点处（点 A）。在自给自足均衡中，所有人只能在年轻时消费掉所有的禀赋而在年老时什么也无法消费。

图 2. 2 自给自足均衡

2. 4. 2 有货币时的均衡

为了在不合情理的自给自足均衡中寻找一个出路，打开交换的大门，现在将法定货币引入我们的简单经济体中。法定货币（fiat money）是一种近似无生产成本的商品，本身并不能用于消费或生产，也不能作为任何消费或者生产的保证。

在我们的模型中，假定政府可以无成本地生产法定货币，而除了政府以外其他任何人不能生产或伪造。人们可以无成本地从一个时期保存（持有）法定货币直到下一个时期，并可以无成本地交换。这些具有政府特殊标记的纸张就充当了法定货币。

因为个体不能直接从持有或消费货币中得到效用，所以法定货币的价值仅体现在个体能够通过货币交换到他们想要消费的商品。

货币均衡（monetary equilibrium）是指存在有价值的法定货币供给下的竞争均衡。我们说的有价值是指法定货币可以用来交换消费品。为了使法定货币有价值，必须限制它的供给，并且必须保证它是不可能被伪造的，或伪造成本非常之高。显然，如果每个人都可以无成本地印制货币，它的供给会很快地接近于无穷大，使得每一单位货币的价值趋近于零。

在开始分析货币经济之前，假定在经济中有固定的法定货币存量 M，且是完全可细分的，并且每一个初始年老代的人都持有等量的货币 M/N。

法定货币的存在打开了交换的大门。一个青年人可以向老年人卖出一部分他拥有的商品禀赋从而获得法定货币，将这些货币持有至下一时期，然后用这些货币与此时的青年人交换商品。

2.5 法定货币需求的决定

当然，只有当法定货币有价值时，这种新的交换才可能发生，即当人们愿意放弃当前的一些消费品并用来交换法定货币时，交换才会发生，反之亦然。因为法定货币无固有价值，它的价值就取决于人们怎样看待它将来的价值——在将来它可以被用来交换商品从而增加个体的效用。

如果法定货币被认为在下一时期是无价值的，那么法定货币在这一时期也将没有价值。于是没有人愿意放弃消费品用来换取它，因为这样做相当于将自己的东西白白送人。

推广这个逻辑，可以断言，如果人们可以确定法定货币在将来的任意时刻 T 都是无价值的，那么它在今天也是没有价值的。为了进一步解释，我们先看 T－1 时刻的法定货币的价值，也就是说，在已知 T 时刻货币无价值时，在 T－1 时刻我们愿意用多少商品来换取货币。很显然，答案是在 T－1 时刻我们不愿意放弃任何商品来换取货币。换言之，法定货币在时刻 T－1 是无价值的。那么，在时刻 T－2 它的价值又是什么呢？类似地，我们可以发现它在 T－2 时刻也是无价值的。用这种方法倒推，我们将看到如果法定货币在将来的任一点上被认为是无价值的，那么在今天也是无价值的。

现在我们考虑一个更有趣的均衡，此时货币在所有将来时期都有正的价值。我们定义 $\boldsymbol{v}_t$ 为 1 单位法定货币（1 美元）以商品形式表现出的价值，也就是某人为了获得 1 美元而必须放弃的商品数量。它也是消费品用美元来表示的价格的倒数 p_t。例如，一个香蕉价值 20 美分，则 $p_t=1/5$ 美元，而 1 美元的价值 $\boldsymbol{v}_t$ 是 5 个香蕉。因为我们的经济体中只存在一种商品，因此商品价格 p_t 可以被看作此经济体的价格水平。

2.5.1 个体预算约束

现在我们来考察个体是怎样决定需要多少货币的（假定法定货币在将来有正的价值）。为了回答这个问题，我们必须先建立对个体选择的约束——也就是为何他不能在年轻和年老时享受无限的消费品。施加在个体上的约束是他不能放弃多于他自身拥有的商品，而对整个社会来说也是如此。我们称对个体消费的限制为他的预算约束

(budget constraints)。

在生命的第一时期，个体拥有 y 单位商品的禀赋。他可以对这些商品作出两种处理——消费它们，或者卖掉它们换取货币。需要注意的是将来代的人不会生来就有法定货币。为了获取法定货币，个体必须进行交换。如果将个体在时期 t 需要的美元总量记为 m_t（通过出售消费品获取），那么为了换取货币需出售的商品总量是 $v_t m_t$ 。因此，我们可以写出个体在其生命的第一时期面临的预算约束为

$$c_{1,t} + v_t m_t \leqslant y \tag{2.1}$$

式 2.1 的左端是个体对商品的总使用量（用于消费和获取货币），其右端是商品的总来源（个体的禀赋）。

个体在生命的第二时期没有禀赋，因此，当年老时，他只有通过花费前一时期获取的货币来换取商品进行消费。在他生命的第二时期（$t+1$ 时期），这些货币可以购买 $v_{t+1} m_t$ 单位的消费品，并且这些消费品只用于第二时期的消费。这表明个体在其生命的第二时期面临的预算约束是

$$c_{2,t+1} \leqslant v_{t+1} m_t \tag{2.2}$$

根据定义，在货币均衡中，对所有时期 t，都有 $v_t > 0$ 。于是，可以将式 2.2 重写为 $m_t \geqslant (c_{2,t+1})/(v_{t+1})$ ，将其代入第一时期的预算约束式 2.1，可得

$$c_{1,t} + \frac{v_t\, c_{2,t+1}}{v_{t+1}} \leqslant y \tag{2.3}$$

或

$$c_{1,t} + \left[\frac{v_t}{v_{t+1}}\right] c_{2,t+1} \leqslant y \tag{2.4}$$

式 2.4 表达了个体在生命的第一和第二时期可获得的不同消费组合，换言之，是个体一生的预算约束（lifetime budget constraint）。

我们可以用图形来表示此预算约束，见图 2.2。我们可以证明此预算线的截距项如图 2.2 所示。这条预算线代表了式 2.4 取等号时的情况。如果生命的第二时期不消费商品（$c_{2,t+1} = 0$），那么根据预算约束可知 $c_{1,t} = y$ ，这就是预算线的水平截距项。另一方面，如果在生命的第一时期不消费（$c_{1,t} = 0$），那么所有的禀赋 y 都用来购买货币，根据预算约束可知 $[(v_t)/(v_{t+1})]\, c_{2,t+1} = y$ 或者 $c_{2,t+1} = [(v_{t+1})/(v_t)]y$ ，这表示的是预算线的垂直截距项。

注意，$(v_{t+1})/(v_t)$ 可以视为（实际的）法定货币回报率（rate of return of fiat money），因为它表示的是在时期 t 卖出 1 单位商品所得的货币在时期 $t+1$ 时能购买多少商品。

在给定的货币回报率下，$(v_{t+1})/(v_t)$ ，我们会发现个体为最大化自身效用会选择消费组合（$c^*_{1,t}, c^*_{2,t+1}$），见图 2.3。它是预算线能触到的最高水平的无差异曲线，且必定是预算线和无差异曲线的切点。

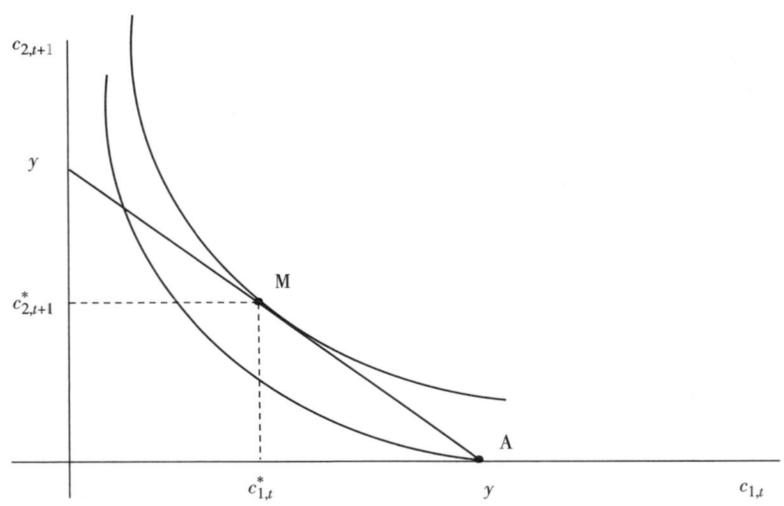

注：在点 M（货币均衡点），个体在给定一生预算约束下达到了最大效用。点 M 是无差异曲线与个体一生预算线的切点。货币回报率决定了预算线的斜率。

图 2.3　完全保存记录下的消费选择

2.5.2　法定货币回报率的决定

我们是如何决定无固有价值的法定货币回报率呢？个体对于 t 时期的 1 单位法定货币的价值认同 v_t，取决于其在 $t+1$ 时期的价值 v_{t+1}。依此类推，$t+1$ 时期的 1 单位法定货币的价值取决于 $t+2$ 时期的货币价值 v_{t+2}。可以看到，法定货币在任意时刻的价值取决于对将来期望值的无穷链。这种无穷性不是由我们模型的任何特性造成的，而是由法定货币的性质决定的，因为法定货币没有固有价值，它的价值取决于人们怎样看待它将来的价值。

不管人们认为货币的将来价值如何，一个合理的基准是每一代人的观点是一样的。这是可信的，因为在我们的模型中，每一代人都面临同样的问题：同样的禀赋、偏好，且每一代有同样多的人口。如果每一代对将来的预期也是一样的，那么每一时期的个体的行为也应该是一样的，即对每一时期 t，消费选择都是 $c_{1,t} = c_1$，$c_{2,t} = c_2$。我们称这样的均衡为稳定均衡（stationary equilibria）。注意到个体面临着不同环境（取决于年轻时还是年老时），在稳定均衡中，c_1 一般不等于 c_2。人们可以选择在年轻时消费更多或在年老时消费更多。事实上，生命中第一和第二时期的消费组合取决于人们的偏好以及货币回报率。

我们还假定经济中的个体能够对将来进行理性预期。在不受冲击的非随机经济中，理性预期（rational expectations）是指个体对未来变量的期望等于这些未来变量的实际值。在这种特殊情况下，人们是具有完全预见性（perfect foresight）的。在完全预见下，个体对重要经济变量（可以影响决策）的预测没有任何差错。在我们的模型中，这个假定表明在时期 t 出生的个体能够完全地预测货币在下一时期的价值 v_{t+1} ，而且此期望值正好被实现。这个假定对于我们的经济模型是可信的，因为偏好和环境都是不变的，因而是可以被完全预见的；而对于一个有随机冲击的经济，这个假定就不那么可信了。

为了体现完全预见的重要性，考虑非随机经济体中的其他情况——个体总是对货币价值期望过高或者过低。对货币未来价值的错误预期导致个体选择的货币均衡不能使其效用最大化，这会激励他们去计算真实发生的货币价值。

现在我们将稳定均衡和完全预见假设纳入模型中，来寻求货币价值的均衡时间路径。在完全竞争市场中，物品的价格（或价值）是由物品的供给和需求相等时的价格决定的。这个规律可以应用于任何商品价格的决定，也同样适用于货币价格（价值）的决定。

每一个体对法定货币的需求等于他为了得到货币而卖出的商品总量，也就是他在年轻时没有消费的那部分商品禀赋，$y - c_{1,t}$ 。于是，在时期 t，经济体中所有个体对货币的总需求是 $N_t(y - c_{1,t})$ 。

用商品衡量的法定货币的总供给是美元数量与每单位美元价值的乘积，$v_t M_t$ 。因为供给和需求要相等，可得

$$v_t M_t = N_t(y - c_{1,t}) \tag{2.5}$$

意味着

$$v_t = \frac{N_t(y - c_{1,t})}{M_t} \tag{2.6}$$

式 2.6 表明每单位法定货币的价值是由法定货币的实际需求与美元总量的比值来确定的。同样，在时期 $t+1$，有

$$v_{t+1} = \frac{N_{t+1}(y - c_{1,t+1})}{M_{t+1}} \tag{2.7}$$

利用式 2.6 和式 2.7，可得

$$\frac{v_{t+1}}{v_t} = \frac{\dfrac{N_{t+1}(y - c_{1,t+1})}{M_{t+1}}}{\dfrac{N_t(y - c_{1,t})}{M_t}} \tag{2.8}$$

为了简化计算，我们寻求稳定均衡解，即对所有时期 t，$c_{1,t} = c_1$ 和 $c_{2,t} = c_2$ 。因为所有代都有同样的禀赋和偏好，并且对未来的禀赋和偏好的期望也相同，这就使得寻求稳定均衡解变得十分合理。接下来，约分后，式 2.8 变为

$$\frac{v_{t+1}}{v_t} = \frac{\dfrac{N_{t+1}(y - c_1)}{M_{t+1}}}{\dfrac{N_t(y - c_1)}{M_t}} = \frac{\dfrac{N_{t+1}}{M_{t+1}}}{\dfrac{N_t}{M_t}} \tag{2.9}$$

因为假定人口是常数 $N_{t+1} = N_t$ ，并且货币供给也是常数 $M_{t+1} = M_t$ ，将式 2.9 的这

些项消去以后，得到

$$\frac{v_{t+1}}{v_t} = 1 \text{ 或 } v_{t+1} = v_t \tag{2.10}$$

式 2.10 说明货币价值是一个常数。因为消费品的价格 p_t 是货币价值的倒数，因此 p_t 也是常数。

注意到法定货币回报率在稳定均衡中是常数（值为 1）。在不同时期，面临相同回报率的人会选择同样的消费模式与货币均衡，即为稳定均衡。因此，稳定均衡是内部一致的。

利用等式 $(v_{t+1})/(v_t) = 1$ 以及之前所述的，在稳定的货币均衡中预算线 $c_1 + [(v_t)/(v_{t+1})]c_2 = y$，我们可以得到 $c_1 + c_2 = y$。预算线见图 2.3 所绘。

需要清楚的是稳定均衡可能不是唯一的货币均衡，也可能存在其他更复杂的非稳定均衡。然而在本书中主要研究稳定均衡，因为从这些简单易懂的模型中能学到很多东西。

2.5.3 货币数量论

对于货币数量论（quantity theory of money）最简单的解释是，经济体中的价格水平与货币数量成正比。我们要检验在基本的代际交叠模型中，这个理论是否成立。

回忆式 2.6，可以发现货币价值是由下式决定的

$$v_t = \frac{N_t(y - c_{1,t})}{M_t}$$

在固定人口和法定货币存量的稳定均衡中，此式可简化为

$$v_t = \frac{N(y - c_1)}{M} \tag{2.11}$$

正如我们所见，在这个简单经济体中货币价值是常数，这从式 2.11 可以很明显地看出，因为等式的右端没有表示时间的下标。

因为价格水平是货币价值的倒数（$p_t = 1/v_t$），于是可以写出价格水平的表达式为

$$p_t = \frac{1}{v_t} = \frac{M}{N(y - c_1)} \tag{2.12}$$

这说明在我们的模型中，价格水平与法定货币存量 M 是成正比的。例如，假设经济体中法定货币的初始存量 M 增加一倍并在此后保持不变（这被称为货币存量的一次性永久增长，once – and – for – all increase），式 2.12 告诉我们每一时期的价格水平也会是原来的 2 倍。这表明我们的模型与货币数量论本质上是一致的。

2.5.4 货币中性

在这个货币均衡中，法定货币存量的名义规模 M（用美元表示）对消费或货币需

求（$y-c_1$）的实际值（用商品表示）没有任何影响。从图 2.2 和图 2.3 可以看出，个体对消费和实际货币均衡的选择并不依赖于美元数量而是依赖于货币回报率。这个货币回报率不受货币存量常数大小的影响（注意，在式 2.10 中货币存量一项被抵消掉了）。货币均衡的这个性质被称为货币中性（neutrality of money）。

2.5.5 法定货币的作用

将赋有价值的法定货币引入简单的代际交叠模型会提高经济中所有个体的福利。在图 2.3 中，点 M 所在的无差异曲线比点 A 的更高，为什么会这样呢？我们所做的仅仅是将一些无固有价值的纸张引入到经济体中，这怎么会提高福利呢？其实我们之前已经有过提示。在没有法定货币时，人们不能通过交换得到他们想要的商品 c_2，因为他们没有这些商品的所有者（下一代）想要的商品。然而在引入法定货币后，人们能够自由交换商品，而不受双方需求吻合的限制。人们卖掉他们拥有的部分商品换取货币，然后用这些货币去购买他们需要的商品。因此，在这个经济模型中，法定货币充当了交易媒介。它并不能被消费也没有生产出任何消费品，但它是有价值的，因为它帮助人们得到了他们原本不能得到的商品。

在某种程度上，第二时期的消费品是一种市场商品，因为个体必须通过交换才能得到它；相反地，第一时期的消费品是非市场商品，因为个体已经拥有第一时期的消费品而无需为它交换。可以说，法定货币为个体购买市场商品提供了渠道。

2.6 该货币均衡是否符合黄金规则?

我们已经知道法定货币可以为生命的第二时期提供消费，从而提高原本不能进行交换的个体的福利。如果我们想要使经济中个体的处境不仅仅是变得更好，而是尽可能地成为最好，这就不禁要问，货币均衡结果是否是商品的最佳可行配置。特别是，我们刚刚找到的稳定均衡是否最大化将来代的福利，即是否符合黄金规则?

将图 2.3 的预算线与图 2.1 的可行集边界进行比较，可以看出它们是相同的。货币均衡中的消费选择与中央计划者为最大化将来代效用而选择的稳定配置是完全一样的，这表明了稳定货币均衡符合黄金规则。法定货币的引入不仅使得将来代通过交换增加了自身效用，也使得他们达到了最高水平的可行效用。不过情况不一定总是这样，预算集和可行集是在回答不同经济问题。预算集描述的是对个体的约束，而可行集描述的是对社会整体的约束，以后我们会发现这两种约束不相同以及货币均衡不符合黄金规则的案例。

初始年老代在货币均衡中的福利水平会比在自给自足的均衡中要更高。在货币均衡中，初始年老代的人会得到 $v_1m_0=(v_1M)/N$ 单位的消费品，这些商品是他们用初始持有的货币与第一时期的青年人交换来的，这意味着他们的消费将是正值；而在自给自足的均衡中，他们的消费是零。所以，他们在货币均衡中的处境当然是更好的。

本书主要研究稳定的货币均衡，所以有必要总结一下这种均衡的特征。货币均衡中的稳定消费组合需满足以下两条基本的性质：

- 在给定个体预算集的情况下，此消费组合提供了最高的效用水平，且位于无差异曲线与个体预算集的切点。
- 此消费组合在可行集边界上，可行集边界代表的是所有可行的人均配置。

研究了法定货币在均衡中如何被赋予价值后，我们可以回看一下，纵观大局。货币解决了人们在生命周期内面临的一次性交换的难题。在代际交叠模型中，每个人都有两次与其他代的人进行交换的机会。图 2.4 描绘了当前代与将来代的在他们生命周期内的一次性见面，在这两次见面中货币作为价值储藏工具。在人们进行代际交换时，货币虽然没有固有价值，但其有限供给使得它像一个占位符——作为价值储藏工具。青年人愿意放弃一部分禀赋，获得货币，因为他们知道可以在下一期用货币交换商品。图 2.4 中，即使安从没见过比尔，但他愿意从他手中获得法定货币，是因为这张纸片代表着未来的商品。安知道未来的法定货币供给和未来价值，所以在向下一期的查理提供货币时，就会购买到他希望在年老时消费的商品数量。在无尽循环的一次性见面中，查理接受了安的货币，因为他知道在他年老时也会有人接受这些货币。

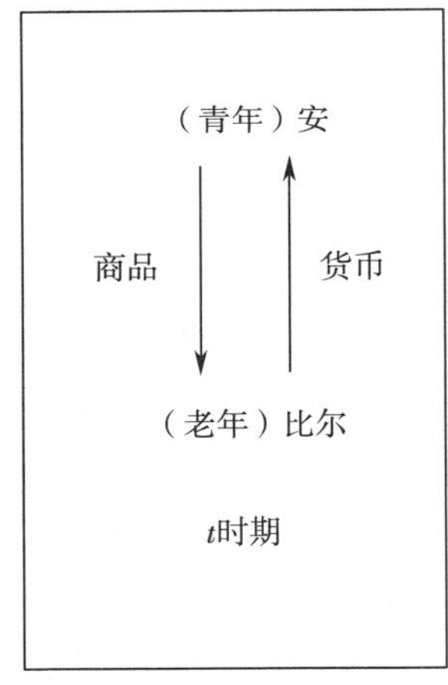

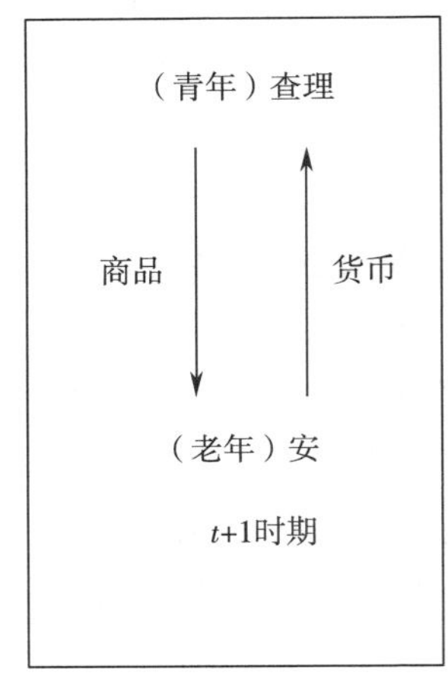

注：左边的图中，展示了在时期 t 青年安与老年比尔之间的一次性见面。在这次见面中，安以一部分的禀赋换取了货币。右边的图中，展示了在时期 $t+1$ 老年安与青年查理之间的一次性见面。在这次见面中，安用货币换取了商品。这种模式描绘了当前代与将来代的人们之间的一次性见面。

图 2.4　引入有价值的法定货币后的一次性见面

2.7　经济增长下的货币均衡

在前面的模型中，我们发现货币价值为常数时达到了最大化将来代福利的均衡。但事情总是这样的吗？货币价值发生变化时是否还能最大化将来代的效用？为了回答这些问题，我们现在要让模型变得稍微复杂一点——允许经济增长。所以现在开始假定人口是持续增加的，这也意味着经济中可获得的消费品总量是增加的。在货币均衡中，人口增长假定也意味着对法定货币的需求是增加的。

现在假定，对任意 t 时期，经济体中人口按照 $N_t = nN_{t-1}$ 增长，其中 n 是大于 1 的常数。换言之，任意时期出生的人数都是前一时期出生人数的 n 倍。例如，如果 $n = 1.05$，那么每一代出生的人数都有 5% 的增长。这里 5% 是人口的净增长率（net rate），而 $n = 1.05$ 是人口的总增长率（gross rate）。总增长率等于净增长率加 1。你可以试着做一下例 2.1 来测验自己对人口增长率的理解。

例 2.1 假设经济中的初始老年代有 100 人（$N_0 = 100$），在每个时期 t 出生的人数依照 $N_t = nN_{t-1}$ 增长，这里 $n = 1.2$。据此分别计算在时期 1 和时期 2 时生存的青年人和老年人的数目。总人口增长率等于多少？

2.7.1 人口增长下的可行集

与以前一样，首先考虑有一个全能的中央计划者，由他来决定给每一代分配多少可获得的商品。我们将在稍后考虑货币均衡的情况。正如之前讨论的，t 时期可用来分配的商品总量是 $N_t y$。假定同一代人有相同的消费选择，则在 t 时期消费总量包括青年人消费量（$N_t\, c_{1,t}$）和老年人消费量（$N_{t-1}\, c_{2,t}$）。接下来考虑稳定均衡的情况，此时 $c_{1,t} = c_1$，$c_{2,t} = c_2$。可行配置的预算约束与之前一样：

$$N_t\, c_1 + N_{t-1}\, c_2 \leqslant N_t y \tag{2.13}$$

在考虑人口为常数的情况时（$N_t = N_{t-1}$），之前的表达式中 N 这一项是被抵消了的。这里虽然不能将 N 消去，但可以通过在式 2.13 的两边同时除以 N_t 来简化：

$$\left[\frac{N_t}{N_t}\right]c_1 + \left[\frac{N_{t-1}}{N_t}\right]c_2 \leqslant \left[\frac{N_t}{N_t}\right]y \tag{2.14}$$

如果将条件 $N_t = n\, N_{t-1}$ 代入，则上面的表达式简化为

$$c_1 + \left[\frac{N_{t-1}}{n\, N_{t-1}}\right]c_2 \leqslant y$$

或

$$c_1 + \left[\frac{1}{n}\right]c_2 \leqslant y \tag{2.15}$$

我们可以很容易地用图形表示这个约束，见图 2.5。我们将证明截距项问题留在了本章结尾处。

注意，如果两个坐标轴的单位长度取的一样，那么由于 $n > 1$，垂直截距应该比水平截距离原点的距离更远。为什么此时的垂直截距比人口为常数情况下的要大呢？这是由于当人口增长时，有 n 个青年人为一个老年人提供消费品。于是，如果将所有青年人的禀赋平均分给老年人，那么每个老年人将获得 ny 单位的商品。对中央计划者来说，为老年人提供消费要简单一些，因为他们的人数相对于年轻人要少。

如果在图中的可行配置边界上加上典型个体的无差异曲线，就可以找到最大化将

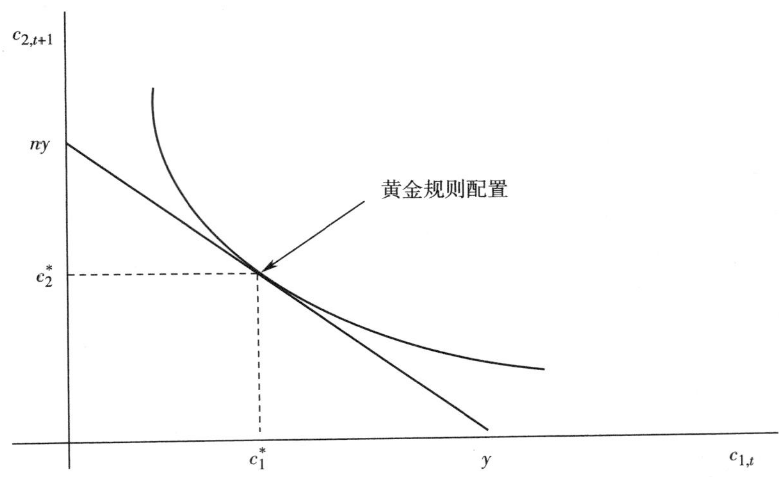

注：当人口增长率为 n 时，可行集边界的水平截距为 y，垂直截距为 ny。与之前一样，黄金规则配置是由可行集边界与无差异曲线的切点决定的。

图 2.5　人口增长下的黄金规则

来代效用的稳定配置。与之前一样，这个配置总是位于可行配置边界与无差异曲线的切点上。在图 2.5 中我们用点（c_1^*，c_2^*）来表示。如果中央计划者按照此 c_1 与 c_2 的组合向将来代的成员分配商品，则将来代的效用就会达到最大。

2.7.2　人口增长下的预算约束

现在，我们已经得到了将来代的最优配置，下面来探讨稳定货币均衡的情况。与之前一样，我们将取消中央计划者，并将法定货币引入经济体中。我们仍然要求市场是出清的，即货币的总需求必须等于总供给。这个条件意味着：

$$v_t = \frac{N_t(y - c_1)}{M_t} \tag{2.16}$$

注意到式 2.16 右侧的分子是对法定货币的实际总需求，而分母是法定货币的总存量。这个等式告诉我们，任何时期法定货币的价值都是由其需求以及供给决定的。法定货币的实际需求越高，其价值越高；而法定货币的供给越多，其价值越低。

如果我们将式 2.16 往前移动一个时期，可以得到 $t+1$ 时期法定货币价值的表达式：

$$v_{t+1} = \frac{N_{t+1}(y - c_1)}{M_{t+1}} \tag{2.17}$$

现在我们考察货币回报率 $(v_{t+1})/(v_t)$，有

$$\frac{v_{t+1}}{v_t} = \frac{\dfrac{N_{t+1}(y - c_1)}{M_{t+1}}}{\dfrac{N_t(y - c_1)}{M_t}} = \frac{\dfrac{N_{t+1}}{M_{t+1}}}{\dfrac{N_t}{M_t}} \tag{2.18}$$

如果假定货币供应为常数，那么 M 项将抵消掉。之前，由于人口也是常数，N 也被约去了。然而，当人口增长时，$N_t = nN_{t-1}$，于是式 2.18 变为

$$\frac{v_{t+1}}{v_t} = \frac{N_{t+1}}{N_t} = \frac{nN_t}{N_t} = n \tag{2.19}$$

货币的回报率等于人口增长率 n。因为 $n > 1$，因此货币的价值是持续增加的。这也表明消费品价格是持续降低的。之前所述的人口不变的例子仅仅是模型的一个特例，在人口不变的情况下，n 等于 1，因而货币回报率也等于 1。

现在回忆一下个体的一生预算约束（式 2.4），可以得到

$$c_1 + \left[\frac{v_t}{v_{t+1}}\right]c_2 \leqslant y \Rightarrow c_1 + \left[\frac{1}{n}\right]c_2 \leqslant y \tag{2.20}$$

此预算约束与中央计划者面临的约束（式 2.15）一样，因此，将来代在给定预算集下的最优配置必定符合黄金规则，也是将来代可行集中的最优配置。这说明一个全能全知的慈善中央计划者并不比个体按照自身预算集采取行动做得更好。

可以看到我们的分析同样适用于人口递减的经济体，此时 $n < 1$。在这种情况下，货币价值是递减的，同时价格水平是上升的。然而之前的分析方法仍然适用，在稳定的法定货币存量下，货币均衡仍然会达到黄金规则。

2.8 本章小结

在这一章里，我们介绍了最基本的代际交叠模型。可以发现，法定货币，这些没有固有价值的纸张，可以作为个体得到他们并不拥有的商品的支付手段，从而具有了价值。此外，我们还看到，将法定货币固定存量引入经济体，可以使将来代在给定的资源下获得最高的效用水平。

到现在为止，我们研究的都是影响货币需求的因素。可以发现，在一个增长的经济体中，货币需求是递增的，这时，法定货币固定存量使得人们达到黄金规则。同时，我们也对货币供给增长对经济的影响产生了兴趣。在第 4 章我们将把注意力转向货币存量增长的情况。在此之前，在第 3 章中，我们要考虑法定货币的两种替代交换方式——物物交换和实物货币交换。

2.9 练习

2.1 考虑一个人口为常数的经济体，$N = 100$。每个人在年轻时有 $y = 20$ 单位的消费品禀赋，在年老时没有禀赋。

a. 此经济体中的可行集表达式是什么？画出可行集的坐标图。画出无差异曲线，标出使将来代效用最大化的 c_1 和 c_2 的稳定消费组合。

b. 考察货币均衡，写出典型个体在生命的第一和第二时期消费的预算约束，并将

它们合起来得到一生预算约束。

c. 假设初始年老代有 $M=400$ 单位法定货币的禀赋，在任意时期 t，货币市场出清的条件是什么？在此条件下，确定法定货币的实际回报率。

练习的后半部分，假设个体偏好持有价值为 $\frac{y}{1+\frac{v_t}{v_{t+1}}}$ 单位商品的货币（本章的附录已证明，法定货币需求是来自效用函数 $\left[c_{1,t}\right]^{1/2}+\left[c_{2,t+1}\right]^{1/2}$）。

d. t 时期的货币价值 v_t 是多少？利用关于偏好的假设以及你对 c 小题的答案，找出准确的数值解。这时消费品价格 p_t 是多少？

e. 如果人口增长，法定货币的回报率会怎样变化？法定货币的实际需求会如何变化？初始时期每单位货币的价值，以及初始年老代的效用又将如何变化？解释你的答案。（提示：按这些问题提出的顺序回答。）

f. 假设初始年老代被赋予 800 单位法定货币的禀赋，这时 d 小题的答案是什么？在拥有更多货币禀赋时，初始年老代的福利水平是否更高？

2.2 考虑两个经济体 A 和 B。两个经济体中的人口，货币供给量以及禀赋都是相同的。这两个经济体中，每期出生的青年人数目都是常数 N，法定货币供给量也都是常数 M，并且每个人在年轻时都拥有 y 单位的消费品禀赋而年老时没有禀赋。两个经济体的唯一差别是偏好的不同。其他条件相同的情况下，经济体 A 中的个体更偏好于在生命的第一时期消费；而经济体 B 中的个体偏好于在生命的第二时期消费。我们仍然保持稳定性假设。特别地，两个经济体中的一生预算约束与典型个体的无差异曲线已在下图画出。

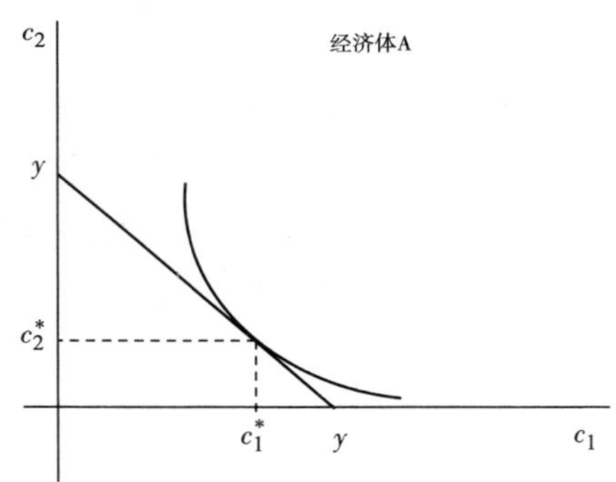

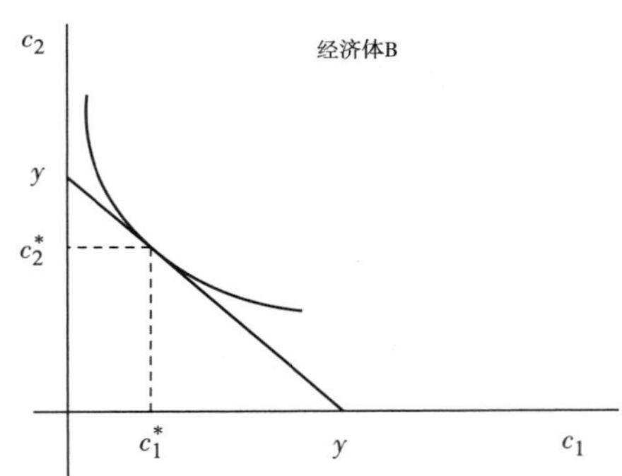

a. 两个经济体中法定货币回报率有差别吗？如果有，哪个经济体有更高的法定货币回报率？对你的答案作一个直观的解释。

b. 两个经济体中货币价值有差别吗？如果有，哪个经济体有更高的货币价值？对你的答案作一个直观的解释。

2.3 考虑一个人口在增长的经济体，每个人在年轻时有 y_1 的禀赋并且在年老时有

y_2的禀赋。假定y_2足够小以至于每人都想在生命的第二时期消费多于y_2的商品。要注意在这个新的假定下得到的等式和图形可能和之前得到的不尽相同。

a. 找出可行集。

b. 假定同一代的所有个体的待遇是相同的，画出稳定的人均可行配置集。画一条位置任意但形状正确的无差异曲线，并指出最大化将来代效用的配置。

c. 现在考虑货币均衡，找出代表货币市场需求和供给相等的表达式。

d. 假设存在稳定的货币均衡，且货币供给是常数。用 c 题的等式求出 v_{t+1}/v_t。

e. 在此货币均衡中画出个体的预算集。这个货币均衡是否最大化了将来代的效用？请说明。

2.4 在这一章里，我们通过增长的人口来建立增长型的经济模型。我们也可以通过禀赋的持续增长得到一个增长型经济。假设每期出生的青年人数目是常数 N，法定货币存量也是常数 M。在时期 t 出生的青年人在年轻时拥有 y_t 单位的消费品禀赋而年老时没有禀赋。个体的禀赋是不断增加的，即有 $y_t = \alpha y_{t-1}$，$\alpha > 1$。为了简单起见，假定在每个时期 t，个体愿意持有的实际货币余额是他们禀赋的一半，即 $v_t m_t = y_t/2$。

a. 写出典型个体在生命的第一和第二时期的消费约束。将它们合起来得到一生预算约束。

b. 写出任意时期 t 下的货币市场出清的表达式。用这个式子求出在货币均衡中的法定货币实际回报率。解释货币价值在不同时期的演变路径。

2.5 假设人口以 n 的固定比率增长，证明在此经济模型中可行集边界的水平截距为 y，垂直截距为 ny。

2.6 以下四种情况，请告诉我度量单位，也就是价格，两种商品交换的比率（换言之，写出分子和分母）。

a. $v_t m_t$

b. M_t

c. v_t

d. p_t

2.10 附录：运用微积分

运用简单的微积分知识，我们可以从特定的效用函数中推出货币需求的数学表达式。在正文部分，我们只是通过假定货币需求函数来解释货币均衡；在附录里，我们将阐明，通过满足基本偏好假设的效用函数可以推导出货币需求函数。这个附录也是为解决具体的货币均衡提供一个方法，按照类似的步骤，基于本章的简单模型或后续章节中更为复杂的经济模型，水平较高的学生可以自己建立模型并解决其中的问题。

如果你不具备微积分的知识，可以跳过这个附录。它并不是后续章节的必备知识。

在时期 t 出生的青年人面临的问题是最大化其生命每个时期的消费效用，

$U(c_{1,t},c_{2,t+1})$。假定在此后的讨论中此函数都是连续的。个体的预算约束是

$$c_{1,t}+v_t m_t \leqslant y \tag{2.21}$$

$$c_{2,t+1} \leqslant v_{t+1} m_t \tag{2.22}$$

我们想要求解青年人对法定货币的实际需求 $v_t m_t$，即 q_t。现在我们将个人的预算约束（取等号时求解）写为

$$c_{1,t}+q_t \leqslant y \tag{2.23}$$

$$c_{2,t+1} \leqslant v_{t+1} m_t = \frac{v_{t+1}}{v_t}[v_t m_t] = \frac{v_{t+1}}{v_t}[q_t] \tag{2.24}$$

如果我们将以上的预算约束替代效用函数中的 $c_{1,t}$ 和 $c_{2,t+1}$，可以将效用函数写为含有 q_t 的形式：

$$U\left(y-q_t,\frac{v_{t+1}}{v_t}[q_t]\right) \tag{2.25}$$

如果将效用作为 q_t 的函数在图上画出，可以得到如图 2.6 所示的单峰函数（单峰是由边际替代率递减假设决定的）。在 q_t^* 处达到了最大效用，这时效用函数的斜率为零。

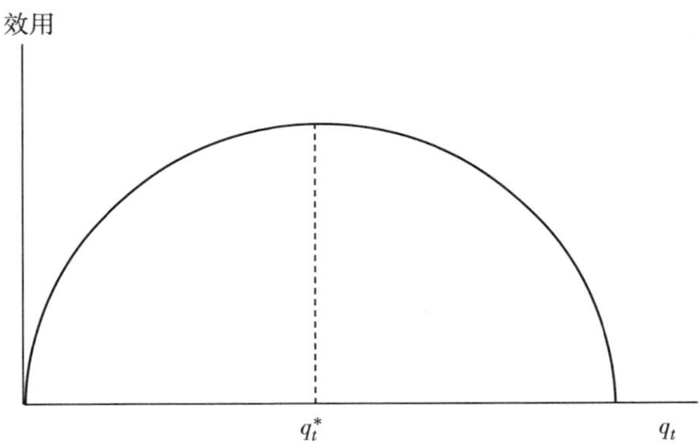

注：个体的效用可以表示为实际法定货币持有量的函数。当实际法定货币持有量为 q_t^* 时，个体效用达到最大。

图 2.6　效用作为个体对法定货币的实际需求的函数

一个函数的导数是它的斜率。于是，关于 q_t 的效用最大值是在 $U\left(y-q_t,\frac{v_{t+1}}{v_t}[q_t]\right)$ 对 q_t 的导数等于零时达到。用 U_i 表示效用函数对 c_i 的导数，那么使得效用最大的货币需求 q_t^* 定义为

$$\frac{\partial U\left(y-q_t,\frac{v_{t+1}}{v_t}[q_t]\right)}{\partial q_t}=0$$

$$\Rightarrow -U_1\left(y-q_t^*,\frac{v_{t+1}}{v_t}[q_t^*]\right)+\left[\frac{v_{t+1}}{v_t}\right]U_2\left(y-q_t^*,\frac{v_{t+1}}{v_t}[q_t^*]\right)=0$$

$$\Rightarrow \frac{U_1\left(y - q_t^*, \frac{v_{t+1}}{v_t}[q_t^*]\right)}{U_2\left(y - q_t^*, \frac{v_{t+1}}{v_t}[q_t^*]\right)} = \frac{v_{t+1}}{v_t} \tag{2.26}$$

式 2.26 表明，当第一时期消费与第二时期消费之间的边际替代率等于货币回报率时，货币需求会使效用最大化。

边际替代率 U_1/U_2 是生命中两个时期边际效用的比率，它等于，在给定 q_t 时，无差异曲线在消费组合（$c_{1,t}$，$c_{2,t+1}$）处的斜率乘以 -1。因为预算集的斜率是法定货币回报率乘以 -1，因此式 2.26 是一种数学表达，解释了在无差异曲线与预算边界线相切时个体效用达到最大。

2.10.1 一个例子

假设效用函数为 $\left(c_{1,t}\right)^{1/2} + \left(c_{2,t+1}\right)^{1/2}$。如果用预算约束来代替 $c_{1,t}$ 和 $c_{2,t+1}$，可以得到用 q_t 表示的效用函数：

$$\left(y - q_t\right)^{1/2} + \left(\frac{v_{t+1}}{v_t}[q_t]\right)^{1/2} \tag{2.27}$$

将式 2.27 对 q_t 求导并令导数等于零：

$$-\frac{1}{2}\left(y - q_t^*\right)^{-1/2} + \frac{1}{2}\left(\frac{v_{t+1}}{v_t}\right)^{1/2}\left[q_t^*\right]^{-1/2} = 0 \tag{2.28}$$

现在解出 q_t^*（首先，将第一项移到等式的右边然后将两边平方）。你会发现这是在练习 2.1 中出现过的货币需求函数

$$q_t^* = \frac{y}{1 + \frac{v_t}{v_{t+1}}} \tag{2.29}$$

2.11 附录练习

2.7 假设效用函数为 $\ln(c_{1,t}) + \beta\ln(c_{2,t+1})$。这里 $\ln(c)$ 是 c 的自然对数，它的导数是 $1/c$。系数 β 是一个正数。

a. 证明实际货币余额为 $q_t^* = \frac{\beta y}{1 + \beta}$。

b. 推导出一生消费模式 $c_{1,t}^*$ 和 $c_{2,t+1}^*$ 的表达式。

c. 当 β 增大时，对实际货币余额和一生消费模式有什么影响？对系数 β 作一个直观解释。

第 3 章　物物交换与实物货币

3.1　本章概览

在本章，我们将拓展最基本的代际交叠模型，因此开始检验其他的支付工具。我们知道不同代的人可以通过法定货币进行交换，那如果同代人间存在交换的话，会发生什么呢？这里，我们引入多种可消费商品，所以同代人之间存在交换的理由。同代人进行交换时的摩擦指的是每次见面的成本，又称搜寻成本。交换要想发生，双方的需求需要吻合：我拥有你想要的，你拥有我想要的。第一次对比，我们需要检验货币和物物交换哪一个是成本最低的交换方式。在多种商品的经济体中，即使消费品可以被储藏，使用货币方式的一生搜寻成本还是会比物物交换方式的更低。因为货币是广为接受的交易媒介，所以在青年人（拥有商品）和老年人（拥有货币）的会面中，青年人可以获得他们想要的，从而降低了搜寻成本。在双方需求吻合问题中，彼此双方恰好拥有对方想要的商品的概率太低了，因为经济体中存在种类繁多的商品。然而，引入货币后，双方需求吻合问题要求我想要你拥有的商品，而我拥有货币，只要你肯接受货币，我们就可以成功交换。

第二个对比，是法定货币与实物货币间的比较。人类历史上曾经主要依赖于实物货币——真实的贵金属或是代表一定份量贵金属的法定货币——作为支付工具。这里很容易理解为什么我们不想使用具有固有价值的商品作为支付工具。我们知道，货币价值需要大于商品本身的固有价值，但是实际上使用无固有价值的法定货币是更好的选择，因为人们更喜欢用没有固有价值的东西作为交换工具，来换取具有固有价值的商品。

3.2　物物交换与实物货币

交换解决了错配的问题，通常情况是，人们生产出某些商品，却想消费其他类型的商品。在第 2 章，我们针对这个问题建立了模型，即人们只在年轻时拥有商品但在年老时也想进行消费。由于这个模型十分简单，我们将其作为基础，从而建立更复杂的模型。

在基础模型中，只能使用法定货币而没有其他选择——法定货币被用于交换，是因为人们没有其他方式进行交换。此模型的每一时期都只存在一种商品，所以用商品来交换商品的可能就被排除掉了。在本章中，我们将考虑两种在历史上很重要的交易方式——直接的物物交换以及实物货币交换。在法定货币体系下，商品用来交换法定货币，但是在物物交换和实物货币的经济体中，商品是直接交换商品的。而后两种交易方式的区别在于：在直接物物交换的经济体中，个体用他拥有的商品去换取他需要的商品；在实物货币的经济体中，个体用他拥有的商品去换回某种商品，然而这种商品并不是用于消费，而是用来交换他需要的商品。

下面，我们要比较使用法定货币与使用上面介绍的两种交易方式的经济模型。第一个模型说明为什么直接物物交换的成本是高于货币交换（先用商品交换货币，然后用货币交换商品）的。在第二个模型中，实物商品（而不是一些纸张）作为货币，人们先换取自己不消费的商品，是为了稍后用这些商品去交换他们需要消费的商品。接下来，我们将比较使用实物货币与使用法定货币的经济体，并决定人们更偏好于哪一种。

3.3 物物交换模型

如果我们看一下原始经济，就会发现那是典型的物物交换经济。物物交换经济（barter economy）是指，人们直接用自己拥有的商品去换取自己想要消费的商品。在物物交换经济中，没有特定的商品来作为交易媒介。在经济规模较小、商品不多的经济体中，物物交换不会暴露出太多问题；但是当经济体中开始生产种类更多的商品并且越来越专业化时，物物交换就变得越发没有效率。这是因为物物交换经济要求双方需求的吻合（double coincidence of wants）。在物物交换经济中，如果想要成功地进行交换，你想要与之交换的那个人不仅要有你需要的商品，并且他也正好需要你手中的商品。这样一来，效率的低下是显而易见的，因为要花大量的时间去寻找可以与之交换的人。现在我们看一个模型，它可以说明当存在多种商品时，使用法定货币的好处是可以使交换变得简单易行。① 考虑如第 2 章所讲的代际交叠经济模型，不过现在假设其中有 J 种不同商品。每个人在年轻时拥有其中一种商品的禀赋，y 单位，而在年老时没有禀赋，并且得到每种商品禀赋的年轻人的数目相同。当人们年轻时，他们愿意消费自己的禀赋商品，而当他们年老时希望消费不同于自己禀赋的另一种商品。但是青年人不知道当他们老了以后想要消费哪一种商品。

假设法定货币存量是固定的，共 M 单位，且可以无成本贮藏。在第 1 个时期，这

① 这个模型是 Freeman (1989) 提出的。进一步可以参见 Kiyotaki 和 Wright (1989) 与 Maeda (1991) 提出的其他有趣模型，关于存在多种商品时使用货币的模型。

些法定货币存量是被初始年老代持有的。为了允许法定货币的替代物存在，我们假定这些商品可以无成本地贮存。

假设人们生活在许多空间隔离的孤岛上，且同一个小岛上的人们有同样的禀赋和偏好。因此，同一孤岛上的青年人将拥有同一种商品禀赋。例如，在孤岛 1 上的青年人有商品 1 的禀赋，在孤岛 2 上的青年人有商品 2 的禀赋……同一岛上的人处于老年时，他们都希望消费同一种商品，且是不同于自身禀赋的其他种类商品。

当某个岛上的人们想要与别人进行交换时，必须作为一个小组出发到一个交换区里，在这里他们随机地与也想交换的其他岛的小组进行匹配。当两个岛的人相遇时，他们将向对方展示己方所携带的商品以及己方所需要的商品。如果两组都愿意交换，那么就完成交换并各自回家；如果并不是双方都愿意交换，双方就分开，分别去与其他岛上的人进行匹配。我们假定寻找交换伙伴的人可以选择在青年人群或是老年人群中进行搜寻。

接下来，定义交换成本。每次当某个岛的小组与另一个岛的小组进行匹配时，小组中的每个成员都会损失 α 单位的效用，这代表了寻求一个合适的交易伙伴遇到的麻烦。

现在，让我们来看一些交易方式，通过这些方式，人们可以得到他们需要的商品。我们的目的是回答以下问题：哪种支付工具的期望成本最低？那就是我们选择的最佳偏好的支付方式。

3.3.1 物物交换

人们想得到他们所需商品的最直接的办法是，贮存一部分禀赋，当年老时用这些贮存的商品去交换需要消费的商品。回忆之前的假设，在他们年老之前他们不知道自己年老时会需要消费哪种商品。① 只有当他们知道自己想要什么时，才可以出去寻找交换机会。

现在我们来考虑在任意给定的匹配尝试下，某些人遇到另一个人，他拥有前者想要的商品并且正好需要前者拥有的商品的概率。图 3.1 表示的是当商品种类 $J=3$ 时，某人拥有的商品禀赋以及他想要消费的商品的所有可能组合，我们将这三种商品标为 a，b，c。图 3.1 中的 * 代表禀赋和需求的可能组合。如果允许人们年老时的需求正是自身禀赋的商品类型，将会有 $J^2=9$ 种可能的组合。因为不允许人们年老时的需求是自身禀赋的商品类型，三种组合是被排除了的，因此有 $J^2-J=6$ 种可能的组合。假设每一次相遇，每一组人会等概率地遇见这些可能组合中的一种，那么在一次给定的匹配尝试下，找到一个交易伙伴使得他有你想要的商品而他也正好需要你的商品的概率就是 $1/(J^2-J)$。如果有许多种商品（J 很大时），$1/(J^2-J)$ 就是一个很小的数。例如，如果有 100 种商品，在某次一定的相遇中成功交换的概率仅为 $1/(10\,000-100)=1/(9\,900)$。

① 人们不会在年轻时进行物物交换，因为他们并不知道自己年老之后要消费哪种商品。

禀赋 所需商品	a	b	c
a		*	*
b	*		*
c	*	*	

注：当年老时，个人不想消费与自己的禀赋同类型的商品，只有那些打 * 的禀赋与需求商品的组合才是可能发生交换的。

图 3.1 禀赋与所需商品

找到拥有你所需商品的人，而他也正好想要你拥有的商品，这个概率很小，这也是杰文斯的双方需求不吻合的很好说明。在达到双方需求吻合之前，平均要尝试 $J^2 - J$ 次，即任意一次尝试下成功的概率的倒数。[①] 给定每次搜寻匹配时花费 α 单位的效用，则在物物交换下平均搜寻成本是 $\alpha(J^2 - J)$。

这里不再是之前所假定的一次性见面，而是允许多次见面。在这种设置下，一个人最好是选择等待，进入老年后再进行见面，因为之前根本不知道想要什么类型的商品。因此，青年人间的交换不仅有成本，而且没有任何预期的收益。图 3.2 展示了大卫（老年）和其他三个老年人（艾琳、弗兰克、格雷斯）的随机匹配结果。如果大卫被匹配到艾琳，不会有交换发生，因为没有人想要对方手中的商品。如果大卫被匹配到弗兰克，大卫会拒绝交换，即使弗兰克想要大卫手中的商品。如果大卫被匹配到格雷斯，物物交换会发生，因为双方都想要对方手中的商品。总之，物物交换意味着老年人会持续被匹配或是搜寻直到双方需求相吻合。通过假设商品可以被储存，占优策略是只有老年人间彼此交易，不存在代际交换。

3.3.2 货币交换

另一种可能的交易方式是使用法定货币作为交易媒介。假设青年人将自己的商品卖给老年人并得到法定货币，然后当他们变老时，使用这些法定货币去买自己需要的商品。

在这种交易方式下，人们在一生中要寻找并交换两次。但是通过这种货币交换，人们的一生搜寻成本均值会降低。在单次尝试下，一个青年人碰见正好需要他的商品

---

① 学过统计学的同学可以发现，在一次成功之前需要进行的尝试次数符合几何分布。几何分布中一次成功之前的平均失败次数是每一次试验失败的概率［这里等于 $1 - 1/(J^2 - J)$］除以一次试验下成功的概率［$1/(J^2 - J)$］。于是在本书中，一次成功之前平均的失败次数为

$$\frac{1 - \frac{1}{J^2 - J}}{\frac{1}{J^2 - J}} = \left[1 - \frac{1}{J^2 - J}\right](J^2 - J) = (J^2 - J) - 1$$

因为这是一次成功之前的平均失败次数，因而下一次匹配时就会成功。于是平均需要的尝试次数（包括最后成功的一次）为 $J^2 - J$。不过我们这个问题中的一次成功之前的尝试次数只是近似于几何分布，因为当其他一些人已经找到自己的匹配对象以后，搜寻到自己的匹配对象的概率会增大。不过当寻找匹配的人非常多时，这个差别是很小的。

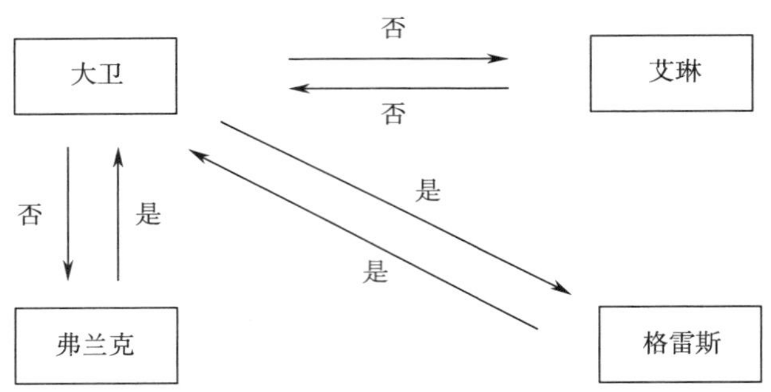

注：图中展示了在物物交换经济中，大卫可能发生的三次匹配。图中每个人都是老年人。箭头指向的是拥有某种商品的人。是或否指的是此人是否想要对方手中的商品。与弗兰克匹配时，只有单方需求吻合，因为大卫不想要弗兰克的商品，但弗兰克想要大卫的商品；与艾琳匹配时，没有人想要对方的商品；与格雷斯匹配时，双方需求吻合，因为双方都想要对方手中的商品。

图 3.2　直接物物交换匹配与双方需求吻合

的老年人的概率是 $1/J$。年轻人需要的只是法定货币，而不关心他碰到的老年人是何种类型的，因为所有的老年人携带的都是年轻人想要的东西——法定货币。换言之，双方需求吻合的要求现在只需要老年人想要青年人手中商品就可以了，因为货币是广为接受的交易媒介。于是，在一次特定的尝试下匹配成功的概率是 $1/J$，这个概率大于物物交换下成功匹配的概率 $1/(J^2 - J)$。因为在物物交换下，交换双方都会关心对方携带的是何种商品。引入法定货币后，一次成功的交换平均要进行 J 次搜寻。[①] 因为每个人生命中要进行两次这样的交换——分别发生在他年轻和年老时——则使用货币时他一生的平均搜寻成本为 $2\alpha J$。

在引入货币的经济体中，青年人与老年人发生交换。不再是单纯贮藏商品，青年人选择放弃一些禀赋以获取货币，就如同第 2 章所讲。这依旧是双方需求吻合问题，不过货币是广为接受的，意味着拥有货币的人总是可以提供其他人想要的。所以，只要拥有货币的老年人遇到了拥有他想要的商品的青年人，交换就会发生。

在图 3.3 中，我们可以看到货币如何影响成功交换的次数。在此例中，大卫是青年人，艾琳、弗兰克、格雷斯是老年人。弗兰克和格雷斯都想去消费大卫持有的商品，就如同物物交换的设置（艾琳不想要大卫拥有的商品）。与直接的物物交换相比较，货币经济中会发生两次成功交换，因为弗兰克和格雷斯可以用货币换取大卫的商品。因而，可以发现，相对于直接的物物交换，货币提升了成功交换的次数。

最后，我们感兴趣于货币经济中的平均搜寻成本是否低于直接物物交换经济中的。

---

① 与上一条注释类似，我们可以计算出这个几何分布的平均值（一次成功之前的失败次数）是

$$\frac{\text{失败的概率}}{\text{成功的概率}} = \frac{1-\frac{1}{J}}{\frac{1}{J}} = \left(1-\frac{1}{J}\right)J = J-1。$$

于是，平均来说，第一次搜寻成功发生在第 J 次尝试。

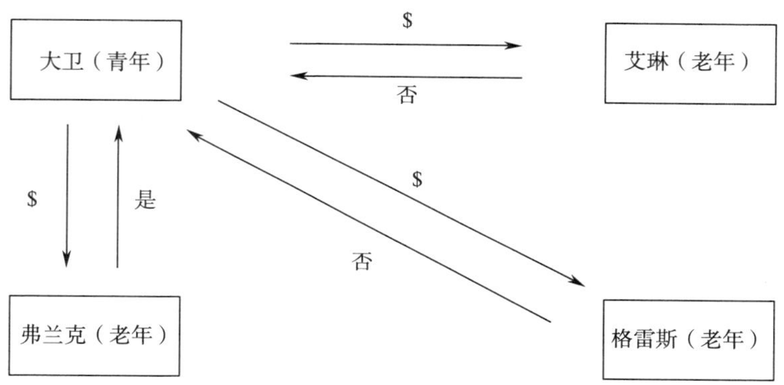

注：图中展示了在货币交换经济中，大卫可能发生的三次匹配。本例中，大卫是青年人，其他三个人都是老年人。箭头指向的是拥有某种商品的人。是或否，指的是此人是否想要对方手中的商品。在每次匹配时，老年人带来的货币，用带有“$”标示的箭头表示。此处，存在两次成功交换，弗兰克与格雷斯都想要大卫的商品，但是艾琳那里就无法成功交换。

图3.3 货币经济下的匹配

货币使得成功交换发生得更加频繁。当经济体中的商品种类足够多时，平均搜寻成本在货币经济中是更低的。为了进一步说明，我们比较物物交换下的搜寻成本 $[\alpha(J^2 - J)]$ 与使用货币时的搜寻成本（$2\alpha J$）的大小。我们发现只要下述条件成立，物物交换的搜寻成本就会大于使用货币的搜寻成本：

$$\alpha(J^2 - J) > 2\alpha J \Leftrightarrow J > 3$$

如果存在多于3种的商品（$J>3$），使用货币时的一生平均搜寻成本就比物物交换下的更低。虽然使用货币时人们必须进行两次交换，但平均的搜寻成本仍然相对较低（$J>3$ 时），因为人们不需要一直搜寻到双方需求相吻合为止。在年轻时找一个愿意用货币购买自身拥有的商品禀赋的老年人，并在年老时找一个拥有自己所需商品并愿意将其换成货币的年轻人，这种交易方式要相对容易一些。货币有用的关键是每个人在交易中都接受货币，而在物物交换中，人们只愿意接受自己所需要的商品。

我们注意到，使用货币时搜寻成本的优势会随着经济变得复杂而增加。图3.4画出了不同种类商品下用物物交换和用货币交换的搜寻成本。当商品的种类 J 增大时，物物交换的搜寻成本 $[\alpha(J^2 - J)]$ 比使用货币的搜寻成本 $(2\alpha J)$ 增加得更快。在物物交换下，找到一个拥有你所需要的商品并需要你拥有的商品的人变得越来越困难。如果在一个原始村庄的经济中只有两种可交换的商品：山羊和长矛，那么一个牧羊人要找一个饥饿的制作长矛的人交换不会花太多时间。与此对照的是，在复杂的现代经济中，一个饥饿的经济学家可能要花费很多周折才能找到一个正好想听货币经济学课程的餐馆老板。

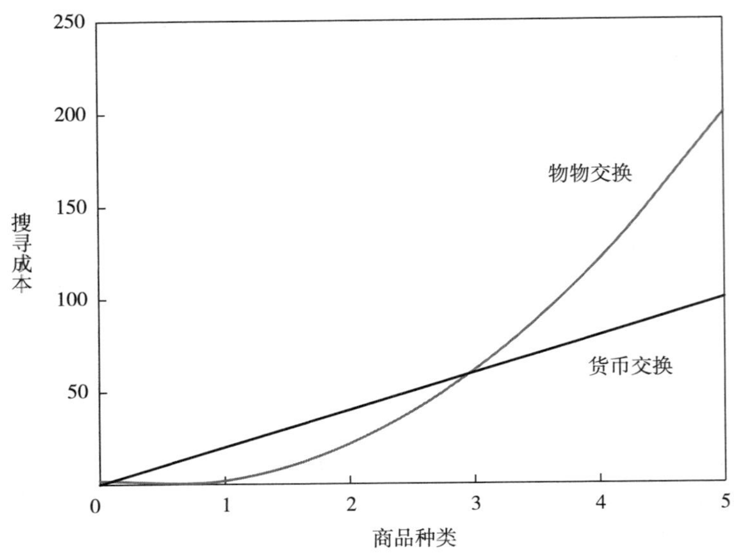

注：如果经济中的商品种类小于3，则物物交换的搜寻成本期望值会比使用法定货币时更低；当商品种类多于3时，使用法定货币的搜寻成本期望值比物物交换下的更低。随着商品种类的增长，物物交换下的搜寻成本是以指数形式增长的。

图3.4　物物交换和使用货币下的搜寻成本

3.4　什么可以充当货币？

在我们的货币模型和物物交换的模型中，没有要求交易媒介必须是法定货币，某种商品也可以作为交易媒介。可以注意到，随着经济的发展和生产的商品种类日益繁多，物物交换时的搜寻成本以指数形式增长。随着需求和商品种类的扩充，个人可能开始接受本来不想消费的商品，如果他确信有朝一日这个商品可以换取他真正想消费的商品。一旦经济体中的绝大部分人都开始接受这种特殊的商品，物物交换经济实质上就变成了货币经济——更确切地说，实物货币经济。一个经常被引用的现代实物货币的例子是二战中在被关押的犯人中流通的香烟。[①] 由于缺乏任何的政府货币，即使不抽烟的犯人也开始接受香烟来进行交换，因为他们知道香烟可以用来贿赂卫兵，或用来交换自己需要的商品。这个例子说明货币是一个不依赖于政府而存在的自然经济现象。

人们广泛接受的用来支付的商品被称为商品货币。更准确地说，实物货币（commodity money）是一种作为交易媒介的具有固有价值的商品（至少有一部分人通过直接消费这种商品可以获得效用）。实物货币是与法定货币相对的，后者没有固有价值。

---

① 这个例子是由Radford（1945）在“The Economic Organization of a P. O. W Camp”中向经济学家们提出的，这篇非技术性的文章读来十分有趣。

在人类的历史长河中，使用法定货币只占据了很少的时段，大部分经济体中使用一些有价值的商品作为他们的交易媒介，或是使用保证可兑换为某种有价值的商品的纸币。

哪种商品会成为交易媒介呢？实物货币或者法定货币作为交易媒介的优势在于它们各自的交易成本。

3.4.1 交换成本

货币交换包括两次交换——商品交换货币，然后货币交换商品，而物物交换只需要一次交换。如果货币在交易时需要成本，那么它降低搜寻成本的优势可能会被第二次交易的成本抵消。

为了更清晰地说明，假定每人每次在换回商品时都会有 λ 单位效用的交易成本。这可视为人们检验换回来的商品的数量和质量时的麻烦，或者将这些商品从一个岛运到另一个岛的运输成本。令 λ 表示每个人使用商品进行交易的成本，令 λ_m 表示使用货币进行交易的成本，无论接受商品还是货币都会导致交易成本的产生。

物物交换下人们的一生交易成本等于 λ，因为每个人一生中只进行一次交换。记住物物交换经济中人们只在年老时进行交换，年轻时的消费来自自身禀赋。与之对比，货币交换的交易成本等于 $\lambda_m + \lambda$，因为人们在年轻时换回的是货币而年老时换回的是商品。表3.1总结了使用货币和物物交换的平均交易成本。

表3.1　物物交换与货币交换下的搜寻成本和交易成本

交换方式	搜寻成本	交易成本	总成本
物物交换	$\alpha(J^2 - J)$	λ	$\alpha(J^2 - J) + \lambda$
货币交换	$2\alpha J$	$\lambda + \lambda_m$	$2\alpha J + \lambda + \lambda_m$

注：交易成本包括确认买方得到他们想要的商品的成本，这就是 λ 的含义。此外，接受货币的人们必须检验货币不是伪造的，花费成本 λ_m。而人们的目标是使用总成本最低的支付工具。

当货币的交易成本 λ_m 为零时，物物交换和货币交换有相同的一生交易成本。此时货币交换是优于物物交换的，因为货币交换有较低的搜寻成本（当 $J>3$ 时）。然而货币是有交易成本的，它相对于物物交换在搜寻成本上的优势，可能会被第二次交换的交易成本所抵消。

这样一来，人们愿意使用一些易于交换的货币。什么使得交换更容易呢？它必须是易于识别和度量的。而法定货币就具有这些性质，因此法定货币的交易成本 λ_m 趋近于零。

然而，实物货币体系中的交易成本通常不等于零，实际上可能会很高。例如，早期的实物货币是将贵重金属铸成块状，称为金或银条（bullion）。① 人们接受这些贵金属条作为对商品和服务的支付。一个用商品换取金条的商人不得不检验这些金属的质

① 例如，巴比伦人在大约公元前2000年的时候开始使用银条（silver bullion）作为货币。

量，并且还要有精确的度量工具来确定金属的重量。这个检验货币质量的过程是有成本的。在我们的模型中，使用金条作为货币的交易成本 λ_m 会比使用法定货币要高得多。这样一来，金属作为货币至少会部分地抵消它所降低的搜寻成本。

为了降低实物货币的交易成本，政府很快地参与进来，它们担当了检验金属的职责，并将这些金属印上标记。于是金属被铸成规则的形状（铸币），并被印上表示价值的标记。[①] 印在铸币表面的价值被称为铸币的面值（face value）。

3.5 实物货币模型

在这个经济体中黄金有两种可能的用途——消费和交换。这会产生两种可能的均衡——一种是将黄金只用于交换而不消费，另一种是黄金用于消费。让我们先看第一个均衡。

为回答这个问题，需要修正我们的经济模型，令其存在两种消费品。就如同第 1 章所述，假设存在一种不可贮藏的消费品。此外，黄金可以在每期被消费或者用作货币。我们假定消费品是不可贮藏的，但是黄金可以被贮藏。人们在年轻时具有不可贮藏的消费品禀赋。[②] 在每个时期，青年人会消费一部分禀赋并将余下的部分购买黄金。这样黄金就可以交换生命第二时期的消费品。在我们的定义下，用于购买黄金的消费品总量记为 $v_t^g m_t^g$，这意味着每个人在生命第一时期面临的预算约束是

$$c_{1,t} + v_t^g m_t^g \leqslant y \tag{3.1}$$

当每个人年老时，他会将持有的黄金去交换消费品。因此，每个人在生命第二时期面临的预算约束是

$$c_{2,t+1} \leqslant v_{t+1}^g m_t^g \tag{3.2}$$

将式 3.2 代入式 3.1，我们得到出生在时期 t 的个体的一生预算约束：

$$c_{1,t} + \left[\frac{v_t^g}{v_{t+1}^g}\right] c_{2,t+1} \leqslant y \tag{3.3}$$

我们知道在每一时期黄金市场都是出清的，且每期的黄金供给量都是固定的 M^g。由式 3.1 和式 3.2 可知在时期 t，每个青年人对黄金的需求是

$$m_t^g = \frac{y - c_{1,t}}{v_t^g} \tag{3.4}$$

于是，对黄金的总需求是 $[N(y - c_{1,t})/v_t^g]$。令黄金的总供给等于总需求，我们得到

① 希罗多德（Herodotus）将铸币的起源归于公元前 8 世纪的吕底亚王国，但是有证据显示早在此前印度就已存在铸币。

② 你也许会问老年人持有的黄金会发生什么？如果它被用作货币，可以作为转移给青年人的支付工具；如果被用作消费品，老年人会享受消费它带来的效用。如果老年人死亡，我们假定它会被一次性分配给下一期的青年人。

$$M_t^g = \frac{N(y - c_{1,t})}{v_t^g} \Rightarrow v_t^g = \frac{N(y - c_{1,t})}{M_t^g} \tag{3.5}$$

与往常一样，我们将讨论稳定均衡时的情况，即对任意的 t，有 $c_{1,t} = c_1$ 和 $c_{2,t+1} = c_2$。在这种情况下，我们发现每期的黄金价值是

$$v^g = \frac{N(y - c_1)}{M^g} \tag{3.6}$$

可以看到，稳定均衡中的黄金价值是一个常数。这表明在每个时期黄金的回报率都是1（因为对任意 t 都有 $v_{t+1}^g / v_t^g = 1$）。

在此均衡中我们假定黄金是不被消费的，所有初始的黄金存量都充当交易媒介。因为这代表了理性人的行为，因此没有哪个人有动机去消费黄金。那么什么条件可以保证不会消费黄金呢？如果黄金用于交换商品能带给个体更多的效用，他们就不会选择消费黄金。这时，1单位黄金的交换价值会超过它的固有价值 $\tilde{v}$。换言之，必须满足下式：

$$v^g = \frac{N(y - c_1)}{M^g} > \tilde{v} \tag{3.7}$$

这里，1单位黄金用于交换，会带给个体 v_t^g 单位的消费品，从而产生一定的效用；如果人们消费1单位黄金，将会得到消费 $\tilde{v}$ 单位商品产生的效用。很明显，如果 $v_t^g > \tilde{v}$，则从交换黄金中得到的效用会高于消费黄金得到的效用。这意味着个体会选择将黄金用于交换，即利用黄金作为交易媒介。

3.5.1 黄金的消费

还有一种情况值得我们注意。假设黄金的交换价值小于 $\tilde{v}$，即

$$v^g = \frac{N(y - c_1)}{M^g} < \tilde{v} \tag{3.8}$$

在这种情况下，初始年老代将选择将黄金用于消费而不是交换，这时他们卖出黄金获得消费品的效用会低于直接消费黄金的固有价值得到的效用。

那么他们会将所有的黄金都用于消费吗？当他们消费黄金时，经济体中黄金总存量开始减少。从式3.6可以看出，黄金价格会开始上涨，只要黄金的价格是低于 $\tilde{v}$ 的，这个过程就会一直持续下去。最后，黄金价格必定上涨到固有价值的水平。这时，黄金不再会被用于消费而是用于交换，我们将回到第一种讨论的情况。如果将作为货币使用的黄金总量（不被用于消费的部分）记为 M^{g*}，它是由下面的式子决定的：

$$v_t^g = \frac{N(y - c_1)}{M^{g*}} = \tilde{v} \Rightarrow M^{g*} = \frac{N(y - c_1)}{\tilde{v}} \tag{3.9}$$

作为货币使用的黄金等于初始的黄金存量减去个人消费需求的数量。确切地说，

黄金作为交易媒介的实际价值（用消费品来表示）$\tilde{v}M^{g*}$，恰好等于 $N(y-c_1)$，初始年老代所消费的黄金总量是 $M^g - M^{g*}$。

因为实物货币可以用来消费，因此实物货币的货币数量论与法定货币下的可能会有所不同。回想货币数量论的内容，如果两个经济体其他条件都相同，只是其中一个经济体的货币存量是另一个的两倍，那么货币存量大的经济体的价格水平也将是另一个的两倍（而其货币价值将是另一个的一半），价格由货币存量决定。现在考虑两个经济体，其中一个的黄金存量是另一个的两倍，其他经济条件都相同。如果黄金仅仅是充当实物货币而从不用于消费，那么黄金存量较大的经济的价格水平也会是另一经济的两倍，正如法定货币的情形。但如果在两个国家，黄金在其交换价值小于固有价值之前都可以用于消费，那么黄金存量大的经济会一直消费黄金直到黄金的交换价值等于其固有价值。通过黄金的消费，两个经济中作为货币的黄金总量将相等。黄金的固有价值是其交换价值的最低阈值，可避免名义价格水平的上涨。如果我们考虑两个经济中的初始黄金存量，货币数量论是不成立的，因为拥有较大初始黄金存量的经济的价格水平不会达到较小黄金存量的经济的两倍之高。然而，如果我们考虑两个经济中作为货币使用的黄金存量，货币数量论是成立的，但此时成立的原因是作为货币使用的黄金存量由价格水平决定，而不是价格水平由黄金存量决定。

我们可以发现，黄金作为交易媒介或实物货币时，其价格会大于或等于固有价值。这是货币体系的一般特征，包括实物货币体系，即货币的交换价值可能超过其固有价值。这一点根据第 1 章的结论是毫无疑问的。在第 1 章的货币均衡中，可以看到，虽然法定货币的固有价值为零，但它仍然有价值。像黄金一样，使用法定货币作为交易媒介时，它们的价格也可能会超过其固有价值。货币——无论是法定货币还是实物货币——可能会拥有超过其固有价值的价值，因为它提供了一种交换所需商品（c_2）的手段，否则就不能得到自己需要的商品。

因为使用商品作为货币会增加它的价值，因此在经济体中用什么充当交易媒介也说明了财富的分布情况。例如，如果有一个 $v_t^g > \tilde{v}$ 的实物货币体系被一个法定货币体系所取代，那么黄金的价格会下降到它的固有价值 $\tilde{v}$。因此，黄金（或其他可能的实物货币）的所有者对他们的经济体中使用的交易媒介就非常关心。

3.5.2 实物货币的低效性

经济学家们常常说：实物货币是低效的。[①] 这个论断是什么意思？随着本章的深入，我们可以洞察此论断的含义。将本章阐述的经济体与第 2 章的法定货币经济体作一个比较，在第 2 章里，我们考虑的是人口和货币供给不变下的货币均衡。因此，那里的经济环境与本章所讲的实物货币经济环境是相似的。

---

① 见例子，Friedman（1960）。

回忆实物货币经济中支配个体选择的一生预算约束（稳定均衡下的式 3.3）：

$$c_1 + \left[\frac{v_t^g}{v_{t+1}^g}\right] c_2 \leqslant y \tag{3.10}$$

我们发现在这个经济中，不同时期的黄金价格是常数。这表明黄金回报率是 $1(v_{t+1}^g / v_t^g = 1)$。将这个结果代入式 3.10，得到

$$c_1 + c_2 \leqslant y \tag{3.11}$$

这代表了将来代的可行预算集。式 3.11 说明实物货币经济中的预算集与法定货币经济中的是一样的，所以提供给将来代的个体选择范围也是相同的。假定这两个经济体的人具有相同的偏好，可以预期到个体会选择同样的消费组合（c_1^*, c_2^*）。对将来代来说，实物货币体系不比法定货币体系好（或者差）。所有在实物货币经济中允许的消费组合在法定货币经济中也是可行的。用将来代的观点来看，实物货币经济的低效性还没有表现出来。

然而对初始年老代来说，当实物货币经济转变为法定货币充当交易媒介的经济时，他们的处境会得到改善。初始年老代用他们持有的法定货币去购买一些消费品，而他们用法定货币能够购买的消费品总量与实物货币体系下能够购买的总量是相等的。此外，他们还可以消费所持有的黄金，因为这样能带给他们更高的效用。很明显地，法定货币体系下初始年老代的消费和效用要高于实物货币体系，并且所有的这些都是在不减少将来代福利的情况下达到的。

直观地讲，在实物货币体系下，那些具有固有价值的资源仅仅被作为一种交易媒介而丧失了自身的使用价值。而法定货币体系用一种无固有价值的资源提供了同样的服务。在黄金作为交易媒介的情况下，这些本可以用来制造珠宝或者航空设备的贵金属，现在由于要充当货币而不能达到这些目的。从这个角度来说，实物货币体系是低效的。一个法定货币体系允许同样的交换方式，同时它可以将货币商品解放出来用于非货币的目的。

3.6 本章小结

本章的主要目的是对物物交换、使用实物货币交换以及使用法定货币交换的效率进行比较。鉴于物物交换和实物货币在历史上的重要性，因此分析起来也较为有趣。

我们发现当经济体中的商品种类较多时，物物交换的搜寻成本超过了使用货币的搜寻成本。直观地说，货币解决了物物交换固有的双方需求吻合问题，从而为交易提供了方便。随着商品种类的增加，使用货币的搜寻成本优势是随之扩大的。

需要记住的是，无论是法定货币还是实物货币，货币相对于物物交换的搜寻成本优势都是成立的。但是搜寻成本只是成本的一部分，使用货币的交换次数（用商品交换货币然后用货币交换商品）是物物交换时（商品交换商品）的两倍。于是，使用货币的交易成本可能会高于物物交换的交易成本，这会抵消一部分使用货币时的搜寻成

本优势。为了最小化交易成本，要求交易媒介应该是易于识别和度量的。

本章的最后一部分，我们比较了两种货币体系——实物货币体系和法定货币体系——下的社会福利情况。这里，假定二者有同样的搜寻成本和交易成本。我们发现，实物货币体系将这些可以消费并带来效用的商品作为交易媒介，是不必要的。当社会转为法定货币体系时，会解放这些商品用于个人消费，从而提高社会福利。

3.7 练习

3.1 考虑如本章所讲的法定货币/物物交换体系。假设商品的种类 J 是 100，每一次寻找交易伙伴要花去个体 2 单位的效用。

a. 两个分隔的小岛上的人们在一次给定的相遇下成功地进行物物交换的概率是多少？

b. 对于一个严格按照物物交换行动的个体，他一生中的平均搜寻成本是多少？

c. 对于使用法定货币进行交换的个体，他一生中的平均搜寻成本是多少？

现在我们考虑交易成本。假设在交换中检验换来的商品质量要花费 4 单位效用，而检验换来的货币真伪要花费 1 单位效用。

d. 在物物交换下每人的总交易成本是多少？

e. 在使用货币时每人的总交易成本是多少？

3.2 考虑如本章描述的实物货币经济模型，并给定以下特点：每一代有 100 个同质的人，每人在年轻时拥有 10 单位的消费品禀赋而在年老时没有禀赋。为了简单起见，我们假定不管回报率是多少，每个年轻人愿意持有的货币余额都是其禀赋的一半。初始年老代拥有 100 单位的黄金总量。假设对于个体来说，消费 1 单位黄金和 2 单位消费品是无差异的。

a. 假设初始年老代选择将黄金卖出得到消费品而不是消费这些黄金，写出表示黄金的供给和需求相等的表达式。用这个表达式求出每人购买的黄金数量 m_t^g，以及黄金的价格 v_t^g。

b. 在此黄金价格下，初始年老代会选择消费他们持有的黄金吗？

c. 当初始的黄金总存量是 800 时，初始年老代会选择消费他们的黄金吗？当初始年老代消费了部分黄金后，黄金价格以及黄金存量分别是多少？将你的答案与对问题 a 的答案作比较，货币数量论是否成立？

d. 假设在时期 t^* 开采的黄金会使黄金存量从 100 增加到 200 单位。假定政府将这些新开采的黄金全部用来买面包，而不是给它的公民。求出在 t^*-1 和 t^* 时期的黄金价格，以及 t^*-1 时期的黄金回报率。

3.3 考虑如本章所讲的法定货币/物物交换体系。假设商品的种类 J 是 4，每一次寻找交易伙伴要花去个体 3 单位的效用。此外，假定商品的交换成本是 2 单位的效用。货币的交换成本 λ_m 的最大值是多少，从而使得引入货币后的一生期望效用至少大于物物交换时的一生期望效用？

3.4* （附加题）假设黄金的消费带给人们递减的边际效用，并且黄金的开采量是无限制的，开采时的边际成本为固定的 x 单位非黄金消费品。

a. 在均衡条件下，黄金的交换价值会超过 x 吗？请说明原因。使用更多的黄金作为货币对黄金消费以及黄金开采有什么影响？

b. 假设随着开采数量的增加，边际开采成本也增加，这时使用更多的黄金作为货币对黄金消费以及黄金开采有什么影响？

3.5* （附加题）仍然是练习3.2描述的经济模型，但现在假设有第二种可贮存的商品——白银，白银与黄金一样易于交换和储存。假设初始年老代拥有50单位的白银储量，此后，白银总量不再增加。对个体来说，消费1单位白银和1单位消费品是无差异的，令 v_t^s 表示1单位白银的交换价值。

a. 求出当黄金和白银都可以充当货币时的市场出清条件。当黄金和白银仅仅用于充当货币（不被消费），并且 $v_t^s = 1.5, \cdots, v_t^s = 2$ 时，能否达到均衡？在每种情形下，运用市场出清条件找出相应均衡下黄金的交换价值。v_t^s 的取值范围为多少时，存在黄金和白银都仅用于充当货币（不被消费）的均衡？

b. 如果政府通过了禁止以黄金充当货币的法令，白银的价值会怎样变化？

c. 如果初始年老代中的某一个人拥有全部的白银，那么这个人会希望仅将黄金作为货币，还是仅将白银作为货币，还是将黄金和白银都作为货币使用？请说明理由。

d. 如果初始年老代的每个人都拥有1/2单位的白银和2单位的黄金，他们会希望仅将黄金作为货币，还是仅将白银作为货币，还是将黄金和白银都作为货币？请说明理由。

第4章　通货膨胀

4.1　本章概览

到目前为止，我们已经阐述了法定货币作为交易媒介，与物物交换经济相比可以降低交易成本，与商品货币经济相比可以释放社会资源。在第2章，我们聚焦于货币需求，接下来，可以考虑货币供给的变化是如何影响经济决策的。

在本章，我们将学到，法定货币存量增长代表着政府财政收入。我们将政府通过发行货币控制的资源价值称为铸币税（seigniorage）。政府财政收入正是人们上交的税收，从纳税人角度看，财政收入可视为通胀税（inflation tax）。因此，我们需要确认政府如何支配财政收入。换言之，个体会面临一生的预算约束，政府也是如此。我们关注于分析政府政策如何影响人们的福利水平。此外，我们还会检验不同货币增长率下的财政收入含义。

4.2　通货膨胀

无论是第2章的单一商品模型，还是第3章的更为复杂的多商品模型中，我们都可以看到货币的作用。[①] 可以证实这两个模型都包含了本章主题——通货膨胀——以及后续章节主题。如果两个模型对同一个主题有同样的结论，那么我们总是偏向于使用较简单的模型。因此，我们将第2章的单一商品模型作为本章及后续章节的模型框架。

我们有充足的理由去检验法定货币供给的变化是如何影响经济决策的。图4.1描绘了1985年至2015年的基础货币总量——非银行的公众持有的货币与商业银行总准备金之和。在我们的经济模型中，使用基础货币作为法定货币供给的度量。基础货币是由政府发行的。自从2008年后，基础货币量急剧增长。即使回看1985年至2007年，你可以看到基础货币量随时间而变

① 见Freeman（1989）。

化。这处异常观测使我们有充分的动力去分析法定货币供给的变化是如何影响经济决策的。

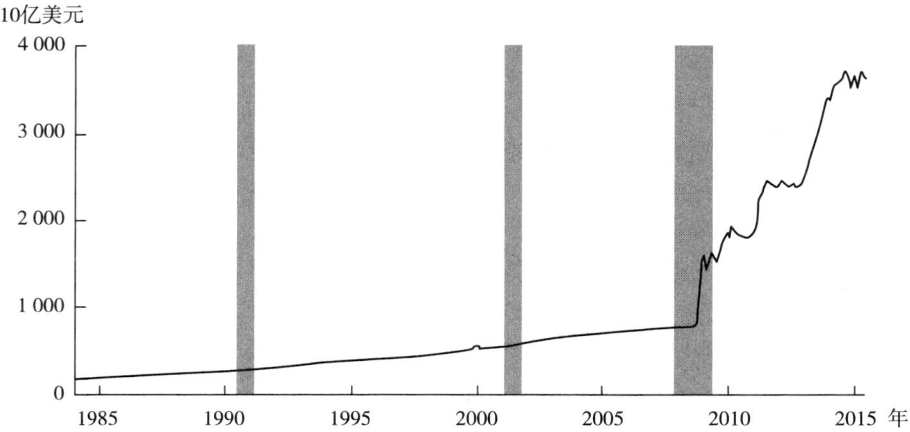

注：此图描绘了 1985 年至 2015 年的基础货币总量。衰退期已用深灰色阴影条形标出。在此种度量方式下，法定货币量不是固定不变的。

资料来源：美联储。

图 4.1　货币供给随时间的变化

我们从一个简化后的经济模型版本开始分析，这里货币是唯一的价值贮藏工具。通过这种方式，我们可以看到货币增长率是如何影响年轻和年老时的消费选择、福利水平、货币需求的。

4.3　法定货币供给的增长

现在我们来研究法定货币供给增长带来的影响，首先我们考虑最简单的代际交叠模型，假定人口为常数以及消费品不可贮存时货币供给增长的影响。与第 2 章不同的是，本章的经济模型中没有商品货币。

假定在每个时期 t，货币供给增长遵循下式：

$$M_t = zM_{t-1} \tag{4.1}$$

且货币供给的总增长率 z 大于 1。这意味着在每期，会印制新的法定货币：

$$M_t - M_{t-1} = M_t - \frac{M_t}{z} = \left(1 - \frac{1}{z}\right)M_t \tag{4.2}$$

这些货币被引入经济中，在每个时期 t 通过一次性补贴（转移支付）的方式给予每个老年人价值 a_t 单位的消费品，即

$$N_{t-1}a_t = \left(1 - \frac{1}{z}\right)v_t M_t$$

或

$$a_t = \frac{\left(1 - \frac{1}{z}\right)v_t M_t}{N_{t-1}} \tag{4.3}$$

为了确定 a_t，我们将新增的货币乘以货币价值得到新增货币的实际价值，然后除以被分配给新增货币的老年人总数，得到每个老年人拥有的新增货币的价值。

式 4.3 是政府预算约束（government budget constraint）的第一个例子，它是分析政府政策时最基本的均衡条件。政府预算约束是指政府（与个体类似）的支出不能大于收入。在这里，政府的支出是它对老年人的补贴，而它的收入是新印发的法定货币。

这些补贴是一次性支付的，因而我们能够单独研究货币供给增长的影响。如果对任何个体给予（或征收）的总量不依赖于这个特定个体的决策，就称补贴（或税收）是一次性的（lump－sum），这种补贴向公众转移了新增货币。通过这种方式，我们保证了货币存量的增长不会使公众的资源转移到政府，而稍后在本章我们会再来考虑资源从公众转移到政府的情况。

我们首先关注个人的预算约束。年轻时人们收到 y 单位商品禀赋，这些资源要么用于年轻时的消费，要么用于换取货币余额，所以有

$$c_{1,t} + v_t m_t \leq y \tag{4.4}$$

年老时，每个人有货币余额在 $t+1$ 期的价值加上政府提供的一次性转移（价值 a_{t+1} 单位的消费品）。

$$c_{2,t+1} \leq v_{t+1} m_t + a_{t+1} \tag{4.5}$$

通过式 4.5 解出 m_t 后，将其代入式 4.3，得到一生预算约束

$$c_{1,t} + \frac{v_t}{v_{t+1}} c_{2,t+1} \leq y + \frac{v_t}{v_{t+1}} a_{t+1} \tag{4.6}$$

货币市场中货币的供给与需求相等的表达式为

$$v_t M_t = N_t(y - c_{1,t}) \tag{4.7}$$

利用稳定均衡条件①，我们可以解出 v_t

$$v_t = \frac{N_t(y - c_1)}{M_t} \tag{4.8}$$

于是法定货币的回报率为

$$\frac{v_{t+1}}{v_t} = \frac{\dfrac{N_{t+1}(y - c_1)}{M_{t+1}}}{\dfrac{N_t(y - c_1)}{M_t}} = \frac{M_t}{M_{t+1}} = \frac{M_t}{z M_t} = \frac{1}{z} \tag{4.9}$$

因为人口是常数，因此式 4.9 中 N 的那项被消去了。

从式 4.9 可以看出，当 $z>1$ 时，货币价值是逐渐降低的。并且，z 的值越大，货币的回报率越低。换句话说，货币供给的增长导致了通货膨胀，以美元为例，意味着要用更多的美元买到同样数量的商品。回忆等式 $p_t = 1/v_t$，并分析价格水平的变化，可以很容易得出通货膨胀的结论。我们可以观察下一时期的价格水平与当期的价格水平的比率（这个比率称为总通货膨胀率，gross inflation rate），并利用式 4.9 得

① 附录中的式 4.32 已证明，稳定均衡实质上相当于补贴 a 是常数的情形。

$$\frac{p_{t+1}}{p_t}=\frac{\frac{1}{v_{t+1}}}{\frac{1}{v_t}}=\frac{v_t}{v_{t+1}}=z \tag{4.10}$$

$$\Rightarrow p_{t+1}=z\,p_t \tag{4.11}$$

当 $z>1$ 时，式 4.11 说明价格水平与法定货币存量同比率增长。例如，如果 $z=1.05$，则价格水平的净增长率与法定货币存量的净增长率都等于 5%。于是，价格水平与法定货币存量的规模是成正比的，这正符合货币数量论。

4.3.1 货币增长下的预算集

我们发现在式 4.9 中法定货币的回报率（v_{t+1}/v_t）在稳定均衡中的数值为 $1/z$。将它代入一生的预算集（式 4.6），得

$$c_1+z\,c_2\leqslant y+za \tag{4.12}$$

图 4.2 中，通货膨胀下的预算集与典型无差异曲线画在了一起，并标出了货币均衡点（c_1^*,c_2^*）。注意通货膨胀（$z>1$ 时）从两个方面改变了预算集。首先，预算边界线变得更平坦，这说明为了在年老时得到 1 单位商品，个人必须在年轻时比没有通货膨胀的情况下放弃更多的商品，实质上反映的是，随着新的货币发行，货币回报率变低了；其次，预算边界线在水平轴的截距是 $y+za$ 而不是 y，因为个人现在的收入包括禀赋和补贴两个部分。①

常识告诉我们，为了提供补贴，不拥有商品的政府只能从私人公众那里获取商品（如通过税收）来增加自己的收入，从而完成对个人的补贴。而增发货币似乎是一种不需征税就可以提高收入的方式。事实果真如此吗？政府可以用空气或便宜的纸制造出货币，但是政府补贴的实际价值必定要来自某个地方。可行集是不会因政府增发无固有价值的纸张而魔术般地扩张，因为经济体中的商品总量固定于禀赋总量（N_ty），因此老年人获得的补贴只能来自他们自己，或者是其他人遭受的损失。

当政府扩大法定货币存量的时候，谁遭受了损失呢？当政府扩大法定货币存量时，私人手中持有的货币会贬值。新增货币与原有货币存在竞争关系，并且都被用来从年轻人那里购买商品，从而降低了所有货币的价值。原有货币持有者遭受的这种损失，可视为是他们为持有货币所纳的税。

请注意，这种由于货币存量的扩张导致了价值损失的"税"，与货币持有量是成正比的，即持有的货币越多，从通货膨胀中遭受的损失越大，也就是说，货币存量的扩张降低了法定货币回报率。为了减少在这种税下的货币暴露风险，个体可以减少对货

① 注意预算线从 $c_1=y$ 到 $c_1=y+za$（截距）的部分是用虚线表示的。当人们在年轻时的消费大于 y 时（$c_1>y$），他们就没有货币余额而且还要从别人那里借债，并答应在他们年老时用所得的补贴去还债。尽管任何人都可以选择这样做，但当每个人都这么想时，就没有人愿意借给别人了，因此这个选择不会真正地被采用。我们在这里为了完整性提到此选择，而以后当我们提到预算等式和预算线的时候将忽略它。

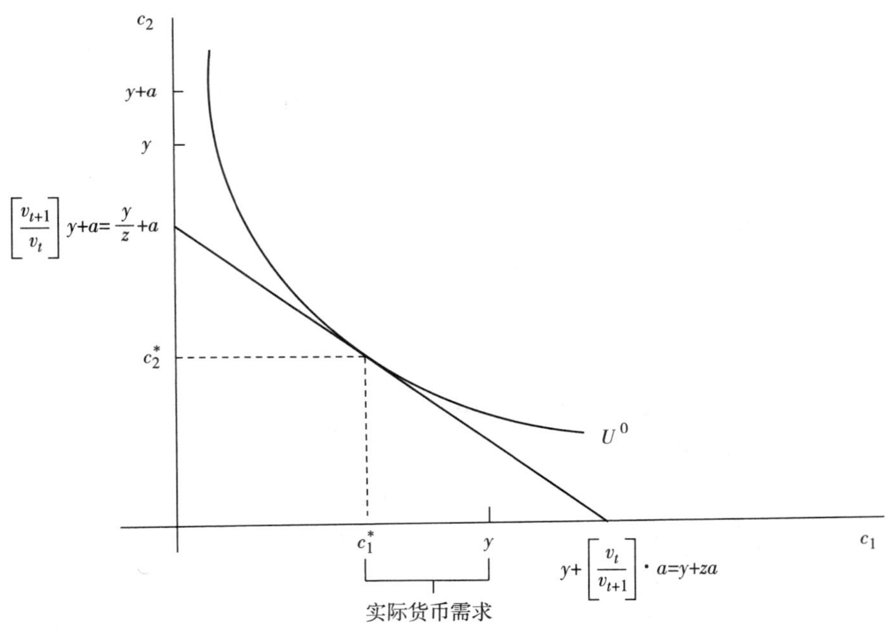

注：图中的一生预算线代表着下面的情况：法定货币存量以比率 z 增长，并且新印发的法定货币被一次性转移支付给老年人。个体会选择预算线与无差异曲线 U^0 相切的消费束。青年人的实际货币需求如图所示。

图 4.2 货币供给增长时的均衡

币的使用。这样一来，通货膨胀使得人们减少了对货币的使用，降低了持有货币的愿望。

4.3.2 通货膨胀的低效性

我们接下来探讨最优货币存量扩张问题，为了辨别通货膨胀下的均衡是否最优，我们需要将它与其他可能的情况进行比较。如第 2 章所讲，我们要将预算集与可行集进行比较，前者是指货币均衡中个体可能的消费选择，而后者是指整个经济体中可行的消费配置。如果预算集与可行集一致，如第 2 章所讲，则可以在该货币均衡下达到黄金规则配置。

政府扩张法定货币存量对经济体的可行集应该是没有影响，仅仅发行更多的纸张不会改变青年人和老年人之间商品存量的可行配置。因此可行集正是我们在第 1 章式 1.4至式 1.6 中讲过的

$$N_t c_{1,t} + N_{t-1} c_{2,t} \leqslant N_t y$$

当人口为常数，并且是稳定配置时，简化为

$$Nc_1 + Nc_2 \leqslant Ny$$

或

$$c_1 + c_2 \leqslant y$$

为了比较货币均衡与可行配置，我们将可行集边界加入到图 4.2 画出的货币均衡中，得到图 4.3。[①] 在这个图上，粗线表示可行集边界，细线表示预算边界线。可行集边界从纵轴的 y 点出发，与预算线交于（c_1^*，c_2^*），如图 4.2 所示。如果（c_1^*，c_2^*）落在可行集的内部，表示某人将丢弃自己的商品，这与个体追求效用最大化是矛盾的；如果（c_1^*，c_2^*）落在可行集之外，表示人们消费的商品多于持有的商品，而这是不可能的。因此，均衡的消费组合（c_1^*，c_2^*）必定落在可行集的边界上，也就是说，可行集边界经过点（c_1^*，c_2^*）。

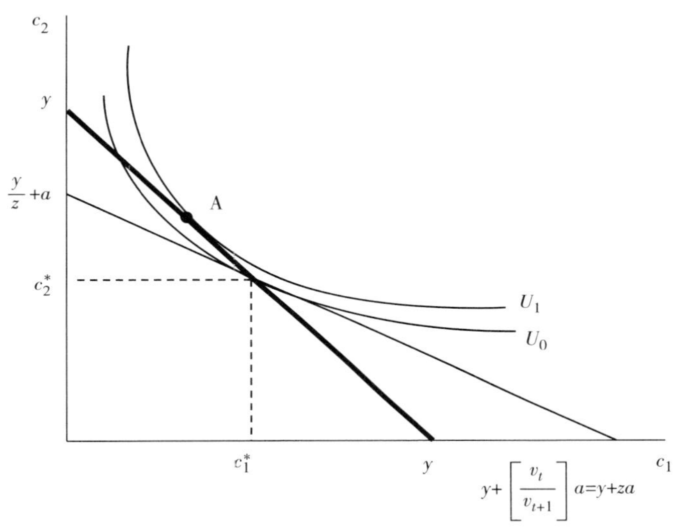

注：比较预算线（细线）和可行集边界（粗线），可以发现有通货膨胀存在时的货币均衡是福利水平较低的，也就是说，通货膨胀是无效率的。不管是对将来代还是初始年老代，点 A 都比货币均衡（c_1^*，c_2^*）提供了更高的效用水平。点 A 是可行的，但在有通货膨胀的货币均衡中是达不到的，因为它落在预算集之外。只有在货币存量为常数的货币均衡中才能达到 A 点。

图 4.3 通货膨胀的无效率性

在考察图 4.3 时，可以回忆之前所讲内容，因为（c_1^*，c_2^*）代表了预算集的最高效用水平，因此消费组合（c_1^*，c_2^*）位于某条无差异曲线（图 4.3 中的 U_0）与预算线的切点上。

我们还注意到，预算线斜率的绝对值是 $1/z$，而可行集边界斜率的绝对值是 1。给定 $1/z<1$，预算线比可行集边界更平缓。因为可行集边界是以（与预算线）不同的斜率穿过（c_1^*，c_2^*）的，因此它不可能与无差异曲线 U_0 相切而只能与之相交。这告诉我们，在可行集里存在着一些点，它们为将来代提供的效用比货币均衡点（c_1^*，c_2^*）要高。例如无差异曲线 U_1 上的 A 点。

---

① 这个图以及通货膨胀无效率性的证明引自 Wallace（1980）。

将来代更偏好 A 点而不是（c_1^*，c_2^*），因为 A 点位于更高的无差异曲线上。并且，由于 A 点的第二时期消费高于（c_1^*，c_2^*）点的，所以初始年老代在 A 点与（c_1^*，c_2^*）之间也会更偏好 A 点。

既然将来代更偏好 A 点，而不是（c_1^*，c_2^*），那为什么将来代不选择 A 点呢？答案是 A 点不在他们的预算集内。对将来代来说，法定货币回报率太低以至于他们不能达到 A 点的消费水平。如果个体以 A 点的第一时期消费量进行消费，则他们持有的货币就过少以至于不能负担 A 点的第二时期消费水平。这是法定货币回报率过低造成的。于是，在货币扩张政策下，将来代能够作出的最好选择就是其预算线与无差异曲线的切点（c_1^*，c_2^*）。

回忆第 1 章所讲的（图 1.8），当没有货币增发时，预算集与可行集是一样的。因为如果没有货币存量的扩张，即 $z=1$，$a=0$ 时，根据图 4.3，此时的预算集与可行集是一样的。因此当法定货币存量固定时，个体可以自由地选择 A 点，也就是将来代的最优可行配置。由此可以看出，将来代更偏好于没有货币供给扩张下的货币均衡。

图 4.3 揭示了货币存量扩张时的福利成本。虽然由货币扩张带来的通货膨胀并没有毁坏任何商品，个体仍然可以在可行集边界上进行消费，但是他们的消费组合 c_1 和 c_2 与没有通货膨胀的情况下是不同的。这时他们会选择消费较少的 c_2 而消费较多的 c_1，因为 c_2 是需要用法定货币来购买的，而法定货币的回报率变低了，此时人们需要用更多的 c_1 换取法定货币。换言之，对货币征税导致了将来代把他们的货币需求（$y-c_1$）降低到低于有效均衡时的水平。并且，对货币需求的下降也减少了初始年老代持有的初始货币的价值，从而降低了它的效用。

我们在解释这个模型时应该小心，字面上的解释会使我们得出如下结论：通货膨胀的代价就是使得人们在年轻时消费过剩而在年老时消费不足。

那么，通货膨胀的代价到底是什么呢？人们由于法定货币回报率过低而不必要地减少了需要使用货币的商品的消费。在我们的模型中，c_2 代表了一种市场商品，得到它必须使用货币；而 c_1 是一种非市场商品，得到它无须使用货币（现实生活中非市场商品的一个例子是闲暇）。

为了更好地理解，可以如下解释这个模型：假定生命第一时期的禀赋是时间，它可以被分成闲暇和劳动的任意组合。闲暇是立即被消费的那部分时间禀赋，即我们曾用 c_1 表示的部分。每单位的劳动可以生产出 1 单位商品，而生产出的商品可以卖给老年人从而得到法定货币，于是这个工人在其生命的第二时期就可以花钱了。在这种解释里，关键的经济决策不是个人决定为退休时储蓄多少，而是决定在一周中工作多久从而得到在周末花费的货币。

在这种解释方式下，通货膨胀的代价是什么？通货膨胀抑制了人们对市场商品 c_2 的消费，同时使人们更加愿意消费闲暇 c_1，即不用货币就可以得到的商品。由于通货膨胀降低了对货币的使用，因此也减少了用来交换货币的劳动供给。这样一来，通货膨胀除了影响消费选择，还可能会影响总产出。

更一般地说，通货膨胀使得人们减少了使用货币进行交易所带来的好处。虽然在经济模型或现实经济中，货币对其持有者提供了各种好处，但通货膨胀会减少福利，使人们面临到底持有多少货币的重要决策。[①]

4.3.3 经济增长下的黄金规则货币政策

在本章之前的讨论中，我们都假设人口为常数。接下来我们将讨论，当允许人口增长时，本章的结果会有什么变化。通过对该条件的修改，我们可以分析法定货币的供给和需求同时改变时的经济体。

首先考虑基本代际交叠模型，假设消费品不能贮存并且经济在每个时期 t 以 $N_t = nN_{t-1}$ 增长，这里 n 是大于 1 的常数。令 $M_t = zM_{t-1}$，且货币存量的增长是通过给 $t+1$ 时期的每个老年人 a_{t+1} 单位商品的这种一次性转移支付达到的。除了允许人口增长外，我们现在建立的模型和之前讨论中的一样。在这个经济体中法定货币回报率是多少呢?

如果我们令 t 和 $t+1$ 时期下货币的供给等于需求，像以前得到式 2.19 与式 4.9 一样，我们可以得出货币实际回报率的表达式：

$$\frac{v_{t+1}}{v_t} = \frac{\dfrac{N_{t+1}(y-c_1)}{M_{t+1}}}{\dfrac{N_t(y-c_1)}{M_t}} = \frac{\dfrac{N_{t+1}}{M_{t+1}}}{\dfrac{N_t}{M_t}} = \frac{N_{t+1}}{N_t}\frac{M_t}{M_{t+1}} = \frac{nN_t}{N_t}\frac{M_t}{zM_t} = \frac{n}{z} \tag{4.13}$$

与以前一样，我们仍假定存在稳定均衡，$a_{t+1} = a$，$c_{1,t} = c_1$，且对所有 t 均成立。而其他项的消去是利用了法定货币存量与人口数量随时间变化的假定。

因为我们的讨论限于稳定均衡的情况，即每期每个人的货币需求是相同的，引起模型中货币总需求改变的只有人口的增长。

这个经济体中的预算边界线与式 4.6 是相同的：

$$c_{1,t} + \left[\frac{v_t}{v_{t+1}}\right]c_{2,t+1} \leqslant y + \left[\frac{v_t}{v_{t+1}}\right]a_{t+1} \tag{4.14}$$

利用 $v_t/v_{t+1} = z/n$ 以及稳定均衡的条件，有

$$c_1 + \left[\frac{z}{n}\right]c_2 \leqslant y + \left[\frac{z}{n}\right]a_t \tag{4.15}$$

同样地，我们要将预算集与可行集进行比较。由于增发货币不会改变可行集，所以可行集仍是

$$N_tc_{1,t} + N_{t-1}c_{2,t} \leqslant N_ty \tag{4.16}$$

在人口增长和稳定配置条件下简化为

$$c_1 + \left[\frac{1}{n}\right]c_2 \leqslant y \tag{4.17}$$

可以再次看出货币存量的扩张不会改变可行集（不论 z 或 a 都没有在式 4.17 中出现)。

---

① 首次正规地讨论通货膨胀的福利成本的文献是 Bailey (1956)。较新的综述参见 Abel (1987)。

为了比较货币均衡与可行集，我们将二者同时画出（粗线代表可行集）。利用以前的知识我们知道，预算集上的最大效用点（图 4.4 中的 B 点）必落在可行集的边界上。

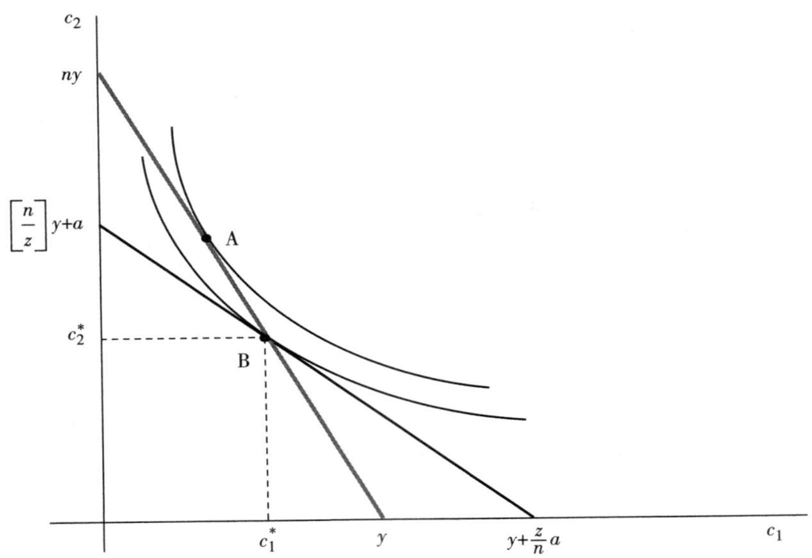

注：当法定货币存量和人口分别以 z、n 比率增长时，货币均衡结果用 B 点表示。货币均衡是低效的，因为无法达到 A 点代表的配置，而人们更偏好 A 点而不是货币均衡点。

图 4.4　人口增长且货币扩张下的均衡

在图 4.4 中，我们看到许多可行集上的点（如 A 点）对将来代以及初始年老代提供的效用都比货币均衡点（B 点）要高。A 点位于较高的无差异曲线上，说明将来代更偏好它；同时，它也提供了更多的 c_2，意味着初始年老代也更偏好 A 点。

由于货币存量的扩张（$z>1$）将预算集的斜率由 n 改变至 n/z，使得预算集不再与可行集一样。这表示预算集不会再给个人提供所有可行配置。从图 4.4 中可以看出，虽然配置 A 是可行的，并且个体对 A 的偏好高于对配置 B 的偏好，但是在现有的个人预算集里 A 是不能达到的。人们不能选择配置 A，是因为货币存量的扩张使得法定货币回报率低于 n，相当于对人们持有的货币征税。个人为了努力达到配置 A 而持有更多的货币，到头来会发现他达到的不是 A 而是预算线上比 A 低的某一点。他们不能达到 A 是因为他们持有的货币越多，在增发货币后的价值损失也越大。

4.3.4　固定价格水平下的政府政策

在上面分析的情况中，人口以比率 n 增长，表明经济中的总禀赋也以同样的比率增长。我们在第 2 章已经看到，当经济增长而货币存量固定时，每单位货币的价值是持续增长的。许多经济学家建议，如果经济是增长的，那么应该让货币供给也以同样的比率增长，以保持货币价值的稳定。[①] 让我们分两步来考察这个政策建议：首先，我们要问按什么比率增发货币会维持价格的稳定；其次，我们要问，这种政策是否会提升个体的福利水平。

从式 4.13 我们看到，为了保持货币价值（价格水平）为常数，法定货币存量的增长率 z 必须等于货币需求的增长率，即人口增长率 n。一般来说，当货币存量与货币需求同比率增长时，货币价值保持稳定。

剩下的问题是，将货币存量按货币需求增长的比率同步增长，是否是人们想要的呢（这种政策是否会使人们处境更好）？为了回答这个问题，我们必须将 $z = n$ 时的货币均衡与 $n > 1$ 时的可行集进行比较。当 z 等于 n 时，稳定货币均衡条件下一生预算集（式 4.15）变成

$$c_1 + c_2 \leqslant y + a$$

将此预算集与可行集（仍由式 4.17 给出）一起在图 4.5 中画出。可以看到，人们更偏好于许多其他的点，如 A 点，而不是货币均衡点（用 B 点表示）。A 点是可行的，并且不管是将来代还是初始年老代，他们都更偏好于 A 点而不是 B 点。将来代更偏好于 A 点，因为它位于更高的无差异曲线上；初始年老代偏好于 A 点是因为它代表了更多的第二时期消费。

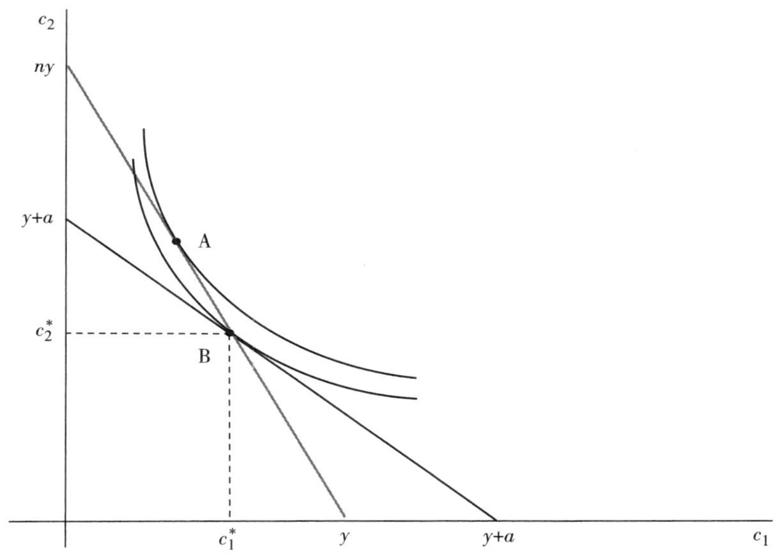

注：当政府将货币供给的增长率与经济的增长率保持一致时，即 $z = n$，货币均衡在 B 点出现。此时的货币均衡是低效的，因为大家都更偏好于 A 点这种可行配置。

图 4.5 政府固定价格水平时的货币均衡

① 值得注意的是，Friedman（1960）、Friedman（1969）在“The Optimum Quantity of Money”中不再支持这个观点。

那么令 z 等于 n 的政策，到底问题出在哪里呢？当价格水平固定时，个体的预算集的斜率为 -1。这告诉消费者，如果今天少消费 1 单位商品，他在下一时期就会多得到 1 单位商品，也就是说，每期商品是等价供给的。然而，这并不是经济体的真正状态，因为经济体是增长的，因此当每一代青年人都少消费 1 单位商品，那么每一代老年人就会额外得到 n 单位商品。也就是，经济体将未被青年人消费的每单位商品，转而向老年人提供 n 单位商品。因此，可行集的斜率为 $-n$。

如果价格为常数，则上述信息（经济体将未被青年人消费的每单位商品，转而向老年人提供 n 单位商品），不是通过预算集传递的。因为货币的回报率是 1，人们看见的是在年轻时放弃 1 单位商品，那么年老时只得到 1 单位商品。因此，与最优可行配置 A 相比，货币均衡 B 点时人们会在年轻时消费更多的商品而年老时消费更少的商品。

那么，我们怎样才能将老年人可以获得更多商品的信息传达给个体呢？个体面临的预算集与可行集必须相同。在第 2 章可以看到，当没有法定货币存量的扩张时，预算集和可行集是相同的（有关公式见式 2.15 和式 2.20）。当没有法定货币存量的改变时，法定货币回报率是 n，它向人们反映了经济增长的真实状况：青年人每减少一单位商品消费，老年人可以多消费 n 单位商品。这时，预算集等于可行集，人们选择在其预算约束下的最高效用消费组合，同时也是可行集上最高效用的点。因此，不管经济的增长率是多少，黄金规则货币政策会维持固定的法定货币存量。而那种提议货币供给增长率应等于经济增长率（这里 $z=n$）的政策，尽管保持了价格水平是常数，但它并没有最大化将来代的效用。

4.4 为政府购买融资

在前面章节中，我们发现政府可以无成本地发行法定货币，而这些法定货币的价值是由公众决定的。这表明政府如果需要提高财政收入以用于商品购买，那么可以采用增发法定货币的办法。这种将货币发行作为收入来源的方法被称为铸币税（seigniorage）。让我们考察一下这种政策作用之下的福利情况。

令 $M_t = zM_{t-1}$，且对每个时期 t 都成立，这里 z 是一个大于 1 的常数。这表明在每个时期都增发以下单位的法定货币：

$$M_t - M_{t-1} = (z-1)M_{t-1} = \left(1-\frac{1}{z}\right)M_t \tag{4.18}$$

这个货币扩张率在每一时期为政府融资的商品数量是

$$G_t = \left[1-\frac{1}{z}\right]v_t M_t \tag{4.19}$$

它表明政府从每个老年人那里购买商品的数量是 g（常数）$= G_t / N_{t-1}$。式 4.19 是增发货币的收入用于为政府购买商品时的政府预算约束（与此对照的政府收入用于转移支付的情况已研究过）。

我们假定政府使用铸币税收入来购买商品，不会对个体的消费选择造成影响。我们可以认为，政府支出是为了对外救助或防御支出，它们是必须的或者说人们愿意看到的，但不会对 c_1 和 c_2 的选择有直接影响。简单地说，我们可以设想政府仅仅是将这些购买的商品倒入了海里。这样的假设便于我们研究政府为获得收入而产生的影响，并且隔离了政府购买带来的影响。

个体面临的问题与没有补贴（转移支付）时一样，其预算线也仍是式 2.4 中的 $c_{1,t} + [\frac{v_t}{v_{t+1}}] c_{2,t+1} \leqslant y$ 。

我们再次利用货币市场供给和需求相等的条件 $v_t M_t = N_t(y - c_{1,t})$（式 2.5），以及稳定均衡的假设，得到 v_t：

$$v_t = \frac{N_t(y - c_1)}{M_t} \tag{4.20}$$

现在，假设人口是常数（对任意时期 t, $N_t = N$ 都成立），那么有

$$\frac{v_{t+1}}{v_t} = \frac{\frac{N_{t+1}(y - c_1)}{M_{t+1}}}{\frac{N_t(y - c_1)}{M_t}} = \frac{M_t}{M_{t+1}} = \frac{1}{z} \tag{4.21}$$

注意到，货币供给在每期都以相同的比率增长，因此我们再次考虑稳定均衡解（$c_{1,t} = c_1$，且对所有 t 均成立）。约分后可以发现，如果经济不增长，那么货币扩张会使货币价值降低。换句话说，货币增发导致了通货膨胀，因为不断增加的货币数目代表的是同等数量的商品。

给定法定货币回报率，$1/z$，则个体一生预算约束变为

$$c_1 + z\, c_2 \leqslant y \tag{4.22}$$

图 4.6 中，将该预算集与任意的无差异曲线画在一起，并标出了货币均衡点（c_1^*, c_2^*）。可以看到货币增长率为 z 时带来的两方面影响。与之前一样，首先是预算线的斜率变得更平坦，这表明在通货膨胀时个体必须放弃更多的 c_1 才能得到 c_2，因为此时货币回报率较低。其次，现在的预算集收缩了，它位于没有通货膨胀时的预算集内部。这是因为，由货币存量扩张得到的商品现在不是作为补贴（转移支付）返还给个人了，而是被政府使用了。

4.4.1 通货膨胀税有效吗?

同之前一样，为了讨论货币均衡是否最优，我们需要找到可行集，来检验是否存在一种可行配置，人们更偏好于它而不是货币均衡（c_1^*, c_2^*）。为了找到这样的可行集，我们需要找到可用商品资源总量，并要求其应超过商品使用总量。然而，现在必须将政府使用的商品包括进来，这样我们就可以比较相同的政府购买水平 G_t 下个体的效用情况。于是，稳定配置时的可行集为

$$N_t c_1 + N_{t-1} c_2 + G_t \leqslant N_t y \tag{4.23}$$

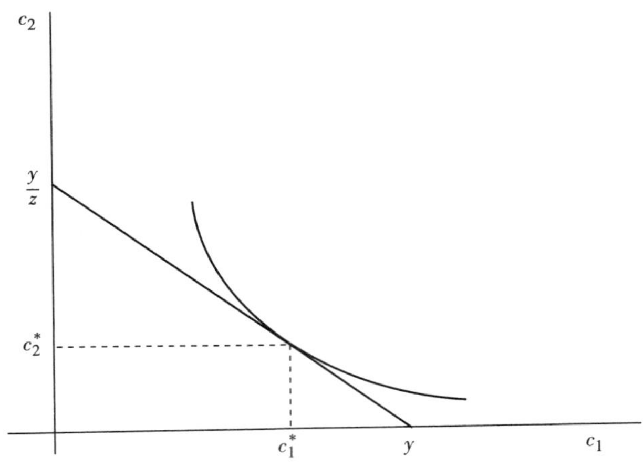

注：货币均衡为图中的（c_1^*，c_2^*）。货币增长率决定了预算线的斜率。可以看到预算线的水平截距为 y 是因为不再有转移支付。

图 4.6　铸币税收入被用于政府购买时的货币均衡

两边同时除以 N_t，可得到人均的形式：

$$c_1 + \frac{N_{t-1}}{N_t}c_2 + \frac{G_t}{N_t} \leqslant y \tag{4.24}$$

$$\Rightarrow c_1 + \frac{c_2}{n} + g \leqslant y$$

当 $N_t = N$ 时（人口为常数，于是 $n = 1$），有

$$c_1 + c_2 + g \leqslant y \tag{4.25}$$

由式 4.25 可以看出，新的可行集与水平轴交于 $c_1 = y - g$，并且货币均衡（c_1^*，c_2^*）位于可行集边界线上，因为政府取走它的份额后，没有消费者会选择白白丢弃商品。

我们可以利用这一信息给图 4.6 加上可行集，如图 4.7。因为无差异曲线与预算线相切时的斜率为 $-1/z$，所以如果 $z \neq 1$，那么可行集边界［在（c_1^*，c_2^*）点处的斜率为 -1］必定与这条无差异曲线相交。这表明相比于预算集，可行集可以接触到更高的无差异曲线。因此，如图 4.7 中，从（c_1^*，c_2^*）移动到点 A，将会对当代青年人以及将来代都有利。同时，由于这个移动增加了第二时期的消费 c_2，所以它也对初始年老代有利。这样的话，此例中的货币均衡就不是最优的，因为点 A 会令每个人的境况变得更好。

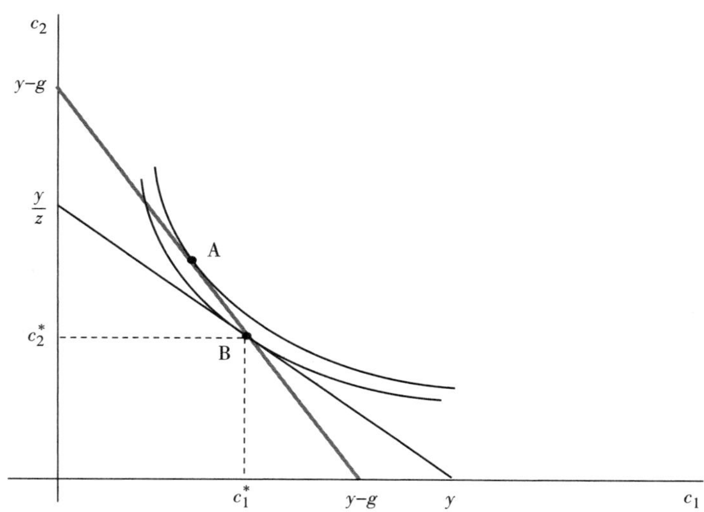

注：当政府将铸币税收入作为政府购买的融资渠道时，货币均衡（c_1^*，c_2^*）是低效的，也不是人们最偏好的选择。因为存在很多可行的消费组合，如点 A，提供了同样水平的政府收入，而且人们也更偏好这些点。

图 4.7 通胀税造成的扭曲

4.4.2 不扭曲预算集的税收

我们能否得到一种货币均衡的预算集，使得它能反映可行集从而达到点 A 呢？答案是能。考虑从每个老年人那里征收固定的 τ 单位商品的税，我们称这样的税为一次性税收（a lump－sum tax），因为支付给政府的商品数量不受个体决策的影响。此时人们在年轻和年老时的预算约束为

$$c_{1,t} + v_t m_t = y \quad 以及 \quad c_{2,t+1} = v_{t+1} m_t - \tau \tag{4.26}$$

或合写为

$$c_{1,t} + \left[\frac{v_t}{v_{t+1}}\right] c_{2,t+1} = y - \left[\frac{v_t}{v_{t+1}}\right]\tau \tag{4.27}$$

如果政府购买总量来自一次性税收（$\tau = g$），那么货币供给可以保持不变。与之前类似，当人口（货币需求）与货币存量固定不变时，稳定均衡中的货币回报率（v_{t+1}/v_t）会等于1（请你分析下在例4.1 中人口增长时的情况）。当 $\tau = g$ 以及 $z = 1$ 时的预算集是

$$c_1 + c_2 = y - g \tag{4.28}$$

它等于人均形式的可行集。因此，将来代选择的最高效用水平的可行配置（点 A）也落在预算集上，并且是个体可以达到的。通过一次性税收，政府在没有扭曲预算集的情况下，提高了他们想获得的收入，即政府没有导致人们为了避免通货膨胀暗含的

对货币征税而减少他们持有的货币。此外，实施一次性税收时的货币需求比通过通货膨胀方式时的要更大，意味着初始年老代拥有的货币余额的实际价值会更大，这代表着初始年老代福利的提升。

从前面的分析中可以看到，作为收入方式，增发货币要劣于一次性税收。实际上，对任何经济活动征税（除非这项活动是不受社会欢迎的），都会劣于一次性税收，这是由于降低了人们从事这项活动的积极性。我们没有在现实世界中看到一次性税收（可能由于社会想让富人比穷人付出更多），铸币税也许只是不完美世界中众多不完美税收方法之一。

用增发货币来提高收入的一个明显优势是它的易操作性。它不需要大量的财会人员或者警察，唯一的管理成本就是印刷成本。而只需要很低的成本就可以生产出一张面值 1 美元或者 1 000 美元的钞票。这也许可以解释为什么一些较贫穷的国家会采取大量增发货币的办法，这是因为他们缺乏实施所得税制度所需的信息基础设施。

铸币税的负担落在那些持有现金的人身上，虽然人们都用现金来购买商品，但是在美国，大部分现金是被非居民以及从事非法活动的人所持有，这些人不希望他们的交易被别人注意到。① 铸币税可能是对这些人群征税的好方法。②

铸币税作为一种政府收入来源，它的使用情况在不同国家是不同的。③ 对大多数处于正常时期的发达国家来说，铸币税对政府收入的贡献非常小。在美国，从 1948 年到 1989 年，平均来看，铸币税占联邦政府总收入小于 2%，占 GNP 约为 0.3%。另一方面，费舍尔（Fischer，1982）发现，一些高通货膨胀的国家严重依赖于铸币税，例如阿根廷、乌拉圭、智利和巴西等。在 1960 年到 1975 年，阿根廷政府的铸币税大约占政府收入的 46%，GDP 的 6.2%。图 4.8 提供了一些国家的铸币税收入占政府总收入的百分比数据。

一个极端的例子是德国在 20 世纪 20 年代的恶性通货膨胀。在第一次世界大战以后，为了筹集对法国占领下的鲁尔地区的工人补贴以及其他政府支出，德国开始大量印刷货币。结果是，最终铸币税收入占了其 GNP 的 10%～15%。④

例 4.1 令 $N_t = nN_{t-1}$，$M_t = zM_{t-1}$，且对任意时期 t 均成立，z 和 n 都大于 1。每期增发的货币用于政府从每个老年人那里购买 g 单位的商品。证明货币均衡没有最大化将来代的效用。提示：按照刚刚所讲例子的步骤来做。解释为什么可行集边界经过货币均衡 (c_1^*, c_2^*) 点，不要求严格的证明。

---

① 参见 Avery、Elliehausen 和 Kennickell（1987）。

② 铸币税的案例参见 Aiyagari（1990）。

③ 关于各国铸币税带来的财政收入的较好统计，参见 Fischer（1982）。美国关于铸币税的统计资料参见 Barro（1982）。

④ Barro（1982）。

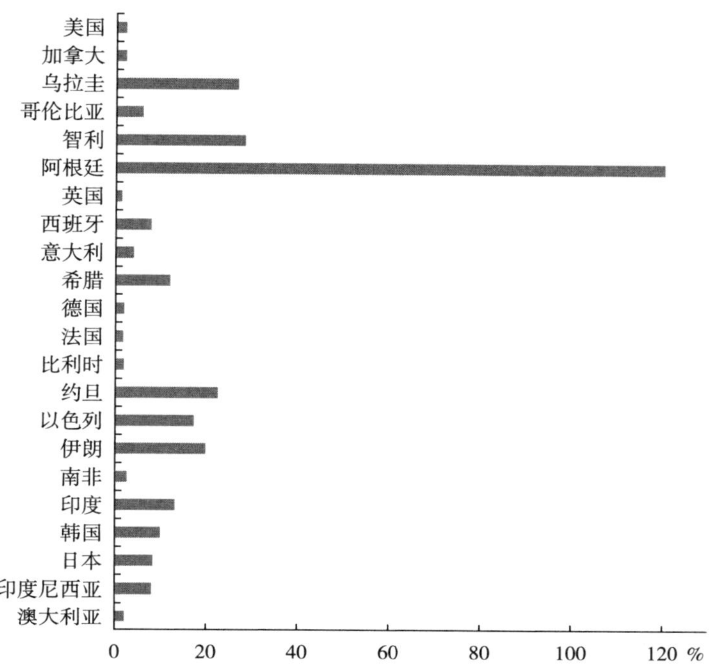

注：在不同国家，政府收入来源对铸币税的依赖情况差异较大。铸币税不仅在世界不同国家间差异很大，即使在同一国家内也有很大的不同。

资料来源：国际货币基金组织，《国际金融统计》，表 14a（基础货币表）与表 81（政府名义财政收入表）。

图 4.8 铸币税收入占政府总收入的百分比

4.5 铸币税的局限性

铸币税是否代表着政府收入的无限来源呢？政府能否只通过发行足够多的货币来支付所有的费用，而不用麻烦地直接征税呢？尽管政府可以发行任何数量的美元，但这些美元的价值是随着政府增发法定货币而缩减的。因此，实际商品形式的政府收入受限于法定货币存量的实际价值。

为了证实这点，回忆在时期 t 从铸币税得到的实际政府收入为

$$(M_t - M_{t-1})\, v_t = \left[1 - \frac{1}{z}\right] v_t M_t \tag{4.29}$$

式 4.29 中 $v_t M_t$ 项代表了法定货币存量的实际价值。因为这部分是要被征税的，我们可以将这部分认为是铸币税的税基（tax base）。$1 - 1/z$ 项代表的是法定货币存量的实际价值占政府收入的比率，我们可以认为它是铸币税的税率（tax rate）。

假定当货币增长率 z 增加时，法定货币存量的实际价值 $v_t M_t$ 保持不变，这也是在假定无论通货膨胀率如何，人们会愿意持有同样水平的实际货币余额。在这样的情况下，实际的铸币税收入会一直以 z 比率增长，但它是有界的。当 z 趋于无穷时，铸币税

税率趋向于 $1-(1/\infty)=1$，所有货币余额的实际价值 $v_t M_t$ 都由政府获得。但这个数量是有限的，它受限于货币供给和需求相等时的理想货币余额实际价值（式 2.5）：

$$v_t M_t = N_t[y - c_{1,t}] \tag{4.30}$$

而实际上对于铸币税收入的实际价值还有一个更严格的限制。假设政府支出固定额度是来源于一次性税收和铸币税的某种组合。当通货膨胀率提高时，每个人会减少持有的实际货币额（$y-c_{1,t}$），以减少商品损失（通过通货膨胀转移到了政府手中）。

为了说明货币需求的降低，我们首先考察当固定的政府购买是通过一次性税收和铸币税的组合而筹集时的预算集（练习 4.6 中要求找出这个预算集）。图 4.9 画出了筹集等量的政府收入的两种备选政策下的预算集和货币均衡。政策 A：所有的收入都是由一次性税收筹集的（$\tau=g, z=1$）；政策 B：有一部分收入是来自货币供给的扩张（$z>1$）。它表现了铸币税的税基 $N_t(y-c_1^*)$ 是怎样随着货币增长率 z 的增长而下降的。货币需求下降也减少了货币余额的实际价值，进而降低了政府印发货币的实际价值。

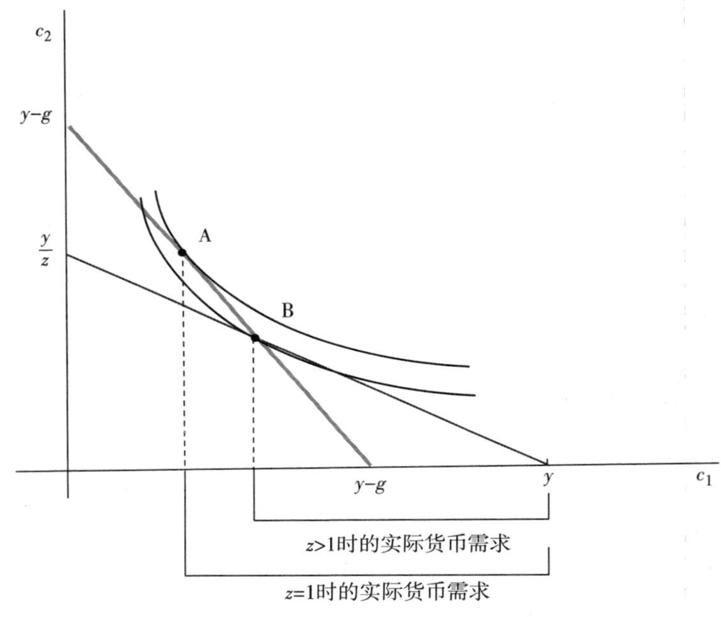

注：政策 B 下的货币均衡是指通过增发法定货币来为政府购买融资的情况，政策 A 下的货币均衡是指不是通过铸币税融资的情况，因为此时货币存量是固定的。可以发现，相对于政策 A，政策 B 下的实际货币需求更低。这表明了货币增长率提高时，铸币税税基是下降的。

图 4.9　不同货币增长率下的铸币税收入

从 Sargent（1986a）研究的一战后的恶性通货膨胀数据中，可以看出法定货币增长率对实际货币需求的影响。

例如，奥地利在 20 世纪 20 年代初期，为了弥补政府赤字，曾以极高比率印发法定货币。流通中的奥地利钞票在 1922 年的 7 月到 8 月增长了 70%。这样高速增长的货币发行导致了年通货膨胀率接近 10 000%。如图 4.10 所示，这段时期的数据表明了实际货币余额具有随着通货膨胀率的提高而下降的趋势。

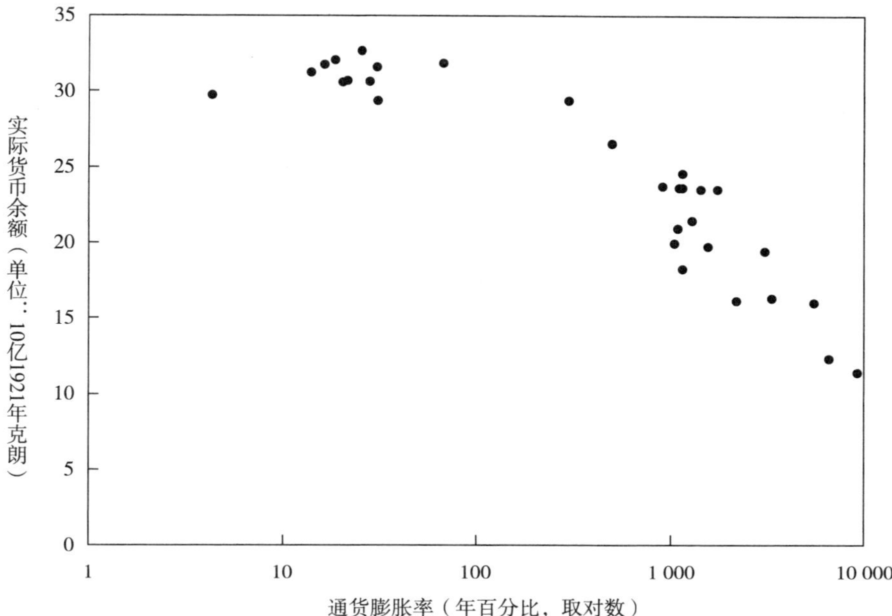

注：在 20 世纪 20 年代的恶性通货膨胀时期，实际货币余额随着通货膨胀率的提高而降低。

资料来源：Sargent（1986a，表 3.2 和表 3.3，pp. 49 和 51），计算采用的是 Young（1925）的数据。

图 4.10　奥地利的恶性通货膨胀时期的实际货币余额

从图 4.11 可以看到，给定政府购买的水平，对铸币税收入的实际价值有更严格的限制。因为货币增长率的提高，减少了人们对货币的使用，也降低了货币需求 $(y-c_1)$。这样的话，不断增长的货币发行速度在提高铸币税税率的同时，也缩减了铸币税的税基。这说明如果政府使货币存量膨胀得太快，它带来的实际收入要少于以较低的货币增长率带来的收入。尽管收入函数的精确形状依赖于个体的效用函数以及其他影响法定货币需求的因素，但是收入函数的一般形状类似于图 4.11 画出的曲线。①

恶性通货膨胀是政府提供增发货币筹集财政收入的极端情况。虽然没有如此惊人，美国在 2007 年金融危机后也开始大幅增发货币。最大规模的增发货币发生在 2013 年，当时美联储公布发行 10.43 亿美元基础货币。2013 财政年度显示，美国联邦政府的财政总收入为 27.75 亿美元。因此，在 2013 年 37.6% 的财政收入来自增发货币，纵观历史记录，这是一个很高的比例。尽管大量增发货币，但通货膨胀率没有显著增加，这需要更多的经济学知识来帮我们解释原因，你可以等到第 11 章有关货币数量论失效内容时再研究。

税率和税收之间的这种关系听上去也许很熟悉，拉弗曲线（Laffer curve）内容中

① 参见 Bailey（1956）。

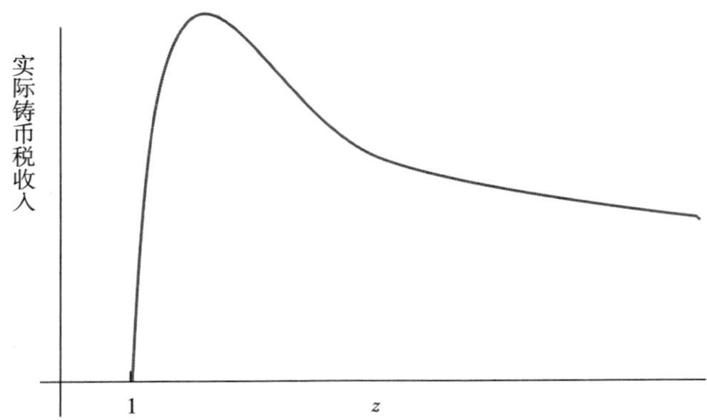

注：当政府将货币增长率提高时，起初铸币税收入是增加的，因为铸币税税率增长的速度超过铸币税税基下降的速度。最终如图所示，铸币税税基下降的速度超过铸币税税率增长的速度，导致铸币税收入随之下降。这就是货币拉弗曲线（monetary Laffer curve）。

图 4.11　铸币税收入与法定货币供给增长率

的所得税税率与所得税收入之间也有类似的关系。[①] 政府可以通过降低所得税税率来增加税收的理论，与政府可以通过降低货币增长率来增加铸币税收入的情形是类似的。

在第 7 章，我们将看到，不同的储蓄方式会给政府的铸币税收入施加更多的限制。

图 4.12 的数据来自奥地利的恶性通货膨胀时期，展示了在某特定点以后，实际铸币税收入随着货币增长率的增加而下降。

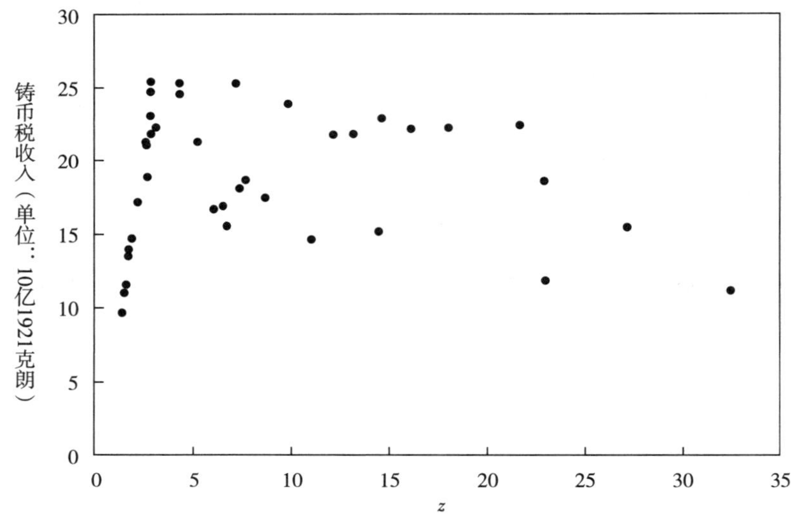

注：持续提高的货币增长率最终导致了较低水平的实际铸币税收入。

资料来源：Sargent（1986a，表 3.2 和表 3.3，pp. 49 和 51），计算采用的是 Young（1925）的数据。

图 4.12　奥地利恶性通货膨胀时期的铸币税收入

① 经济学家很早就已经讨论了税率和税收之间的这种关系，但是真正流行还是源于 Arthur Laffer，而那时正是里根政府提倡供给学派的建议之时。

4.6 本章小结

第 1 章聚焦于法定货币需求的研究，而本章分析了法定货币供给变化的影响。我们集中讨论了通过增加法定货币存量来为政府政策融资，如一次性补贴或政府商品购买。

本章的模型有一个最重要的论点。当法定货币存量增加时，所讨论的每一种情况的货币均衡结果都不符合黄金规则。法定货币存量的增加意味着对持有的货币征税，这会使得个体减少对货币的持有。而当他们减少持有货币时，就无法充分获得货币带来的好处。实际货币持有量降到了最优水平以下。而个体的消费模式也改变了，他们倾向于消费较少的 c_2（需要用货币购买的商品），而消费较多的 c_1（不需使用货币购买的商品），最终导致其效用水平比没有货币扩张时更低。

4.7 练习

4.1 令 $N_t = nN_{t-1}$，$M_t = zM_{t-1}$，且对任意时期 t 均成立，这里 z 和 n 都大于 1。每期增发的货币用于对每个年轻人一次性补贴 a_t^* 单位的商品。

a. 找出货币均衡时的个体预算集，并画图。画出任意一条与预算集相切的无差异曲线并标出在这个均衡下个体选择的 c_1 和 c_2。

b. 在 a 题画出的图中加上可行集，显示可行集边界经过货币均衡（c_1^*, c_2^*）的事实。准确标出图形中的预算集和可行集。

c. 证明货币均衡没有最大化将来代的效用。参考你画出的预算集和可行集，来支持你的证明。

4.2 考虑一个法定货币存量递减的经济体。令 $N_t = N$，即人口为常数，同时 $M_t = zM_{t-1}$，对任意时期 t 都成立，这里 z 是一个小于 1 的正数。政府在每个时期向每个老年人征收 τ 单位商品的税，使用法定货币支付，并销毁掉回笼的货币。

a. 找出并解释货币均衡时的（货币）回报率。

b. 证明该货币均衡没有最大化将来代的效用。提示：按照有转移支付的均衡的步骤来做，注意，征税相当于负的补贴。

c. 初始年老代偏好这个政策还是偏好保持货币存量为常数的政策？请解释原因。

4.3 考虑具有以下特点的代际交叠模型。每一代有 1 000 人，法定货币供给按照 $M_t = 2M_{t-1}$ 的速度变化。初始年老代拥有 10 000 单位的法定货币总量（$M_0 = \$ 10\,000$）。每期印发的法定货币都作为一次性转移支付（补贴）给老年人。每人在出生时得到 20 单位消费品禀赋而年老时没有禀赋。个体的偏好是在均衡的法定货币回报率下，愿意在年轻时储蓄 10 单位消费品。

a. 在这个经济体中，法定货币的总实际回报率是多少？

b. 每个个体得到的商品补贴是多少？

c. 在时期 1 的消费品价格 p_t 是多少美元？

4.4 考虑以下的经济体：个体在年轻时拥有 y 单位消费品禀赋而年老时没有禀赋。法定货币存量是常数。人口增长率是 n。在每个时期，政府向每个年轻人征收 τ 单位商品的税。征税所得的总收益平均分配给当期生存的老年人。

a. 写出典型个体在时期 t 面临的生命第一、第二时期的预算约束（提示：要注意，时期 t 的青年人比老年人更多）。将两个约束合并为一生预算约束。

b. 找出在稳定货币均衡下的法定货币回报率。

c. 该货币均衡是否最大化将来代的效用？

d. 该政策对个体的福利有什么影响？

e. 如果征收的税额大于没有征税时人们选择持有的实际货币余额，你对 d 题的答案有无变化？

f. 假设税收的征收和再分配有很高的成本，于是，从每个年轻人那里征收 1 单位税，最后只有 0.5 单位可以分配给老年人。你对 d 题的答案会有怎样的变化？

4.5 以下条件成立时，描述理性人的经济模型具备的基本特征（这些特征可能包括人口增长、货币增长、禀赋，以及政府政策模式。注意，在给定一个结果时，可能会有不止一个模型）。

a. 法定货币的总回报率是 1，并且货币均衡最大化将来代的效用。

b. 每一时期的价格水平都是上一时期的两倍，并且货币均衡最大化将来代的效用。

c. 法定货币的总回报率是 1，货币均衡没有最大化将来代的效用。

4.6 假定人们在年老时面临 τ 单位商品的一次性税收，并且法定货币供给的增长率是 z，$z>1$。这些税收以及法定货币存量的扩张，是用于政府在每个时期从每个年轻人那里购买 g 单位商品。每一代的人口为 N。

a. 找出个体在年轻和年老时的预算约束，将它们组合起来得到个体的一生预算约束，并画出这个约束。

b. 找出政府的预算约束。

c. 画出可行集和稳定货币均衡。

d. 找出 $z=1$ 时的稳定货币均衡，将其加入 c 题图中。

e. 使用一把直尺在你的图中比较 $z>1$ 和 $z=1$ 时的实际货币余额。

4.7* （附加题，要用微积分）假定练习 3.6 描述的经济体中，人们的效用函数是 $\log(c_{1,t})+\log(c_{2,t+1})$。

a. 找出货币的实际需求（$q=v_t m_t$），用 z 和 τ 的函数表示。提示：解题技巧参见第 1 章的附录。

b. 找出稳定均衡中的政府预算约束，将 τ 作为 z 的函数解出（这个表达式还包括 y 和 g）。

c. 从政府预算约束中解出 τ 的表达式（b 题），将其代入货币需求中（a 题）。用这样的方法解出只作为 z 的函数的铸币税表达式。在图上画出铸币税关于 z 的函数图像，在图中使用以下参数：$N=1\ 000$，$y=100$，$g=10$。

4.8* （附加题）考虑人口为常数的经济体，$N=1\ 000$。个体在年轻时拥有20单位的消费品禀赋，在年老时没有禀赋。所有的铸币税收入都用于政府支出。除了铸币税，没有其他的补贴和税收。假设人们的偏好是愿意持有价值 $\dfrac{y}{1+\dfrac{v_t}{v_{t+1}}}$ 单位商品的实际货币余额。

a. 利用货币市场供给和需求相等的条件，找出稳定均衡下实际货币总额，以法定货币增长率 z 的函数形式表示。

b. 利用你对a题的答案找出铸币税总收入，也用 z 的函数表示出来。画出这个函数并解释它的形状。

4.9* （附加题）假设货币当局以速度 z 印发法定货币，但不是用来作为一次性补贴。相反地，政府将这些新印发的法定货币付给每个老年人，具体是：如果每个老年人在年轻时付给政府1美元，政府就给他 α 单位新印发的美元。假设人口是常数，并且人们只在年轻时具有禀赋。

a. 利用政府预算约束找到 α，以 z 的函数形式表示。

b. 找出个体年轻和年老时的预算约束，将它们合并得到个体的一生预算约束。

c. 通货膨胀率 p_{t+1}/p_t 等于多少？法定货币的实际回报率是多少？提示：在本题中1单位法定货币的实际回报率不是简单地等于 v_{t+1}/v_t。

d. 将个体的一生预算约束与可行集进行比较。并证明，尽管存在通货膨胀，该货币均衡还是符合黄金规则的。请解释为什么在此例中通货膨胀没有导致人们减少他们持有的实际货币余额？

4.8 附录：均衡消费位于可行集边界上

我们希望从代数上证明，均衡时所有商品都被消费了，即，货币均衡消费束 (c_1^*, c_2^*) 落在可行集边界上。通过以前的学习，我们了解以下公式——一生的预算约束、补贴 a 的定义，以及市场出清条件，展示了稳定货币均衡：

$$c_1^* + \left[\frac{z}{n}\right]c_2^* = y + \left[\frac{z}{n}\right]a \tag{4.31}$$

$$a = \frac{\left[1 - \frac{1}{z}\right]v_t M_t}{N_{t-1}} \tag{4.32}$$

$$v_t M_t = N_t(y - c_1^*) \tag{4.33}$$

从式4.32和式4.33，可以得到

$$a = \frac{\left[1 - \frac{1}{z}\right]v_t M_t}{N_{t-1}} = \frac{\left[1 - \frac{1}{z}\right]v_t M_t n}{N_t} = \left(1 - \frac{1}{z}\right)n[y - c_1^*] \tag{4.34}$$

将式 4.34 代入一生预算约束式 4.31，得出

$$c_1^* + \left[\frac{z}{n}\right]c_2^* = y + \left[\frac{z}{n}\right]\left(1 - \frac{1}{z}\right)n[y - c_1^*] \tag{4.35}$$

通过合并以及消项，得到

$$zc_1^* + \left[\frac{z}{n}\right]c_2^* = zy \tag{4.36}$$

将式 4.36 两边同时除以 z，有

$$c_1^* + \left[\frac{1}{n}\right]c_2^* = y \tag{4.37}$$

即证明了（c_1^*, c_2^*）是落在可行集边界上。

第 5 章　国际货币体系

5.1　本章概览

在前面的章节中，我们仅对单一国家的封闭经济进行了分析。在这一章中，我们将考察多个具有独立货币政策的国家同时存在的情况。本章旨在考察一个问题：在多个国家发行多种不同法定货币的情况下，将会出现怎样的局面？这种体系依赖于各种法定货币之间的兑换价格。换句话说，汇率是两种不同国家法定货币之间的兑换率。在这一国际货币体系中，我们假定每个国家都要求该国年轻人持有本国货币。在这一假定下，我们可以在只有单一消费品，并且一价定律成立的情况下，决定汇率水平。此外，我们还可以考察不同货币政策和经济增长率对均衡汇率的影响。

在本章的第二部分，我们放松了假定，允许年轻人持有其他国家的货币，从而得到了新的经济学结果，即当均衡货币不确定时情况会怎样。当两国之间存在汇率协定时，如果该协定很脆弱，那么将会使汇率呈现波动状态。我们给出了两种方法来保持汇率稳定，一是两国协同合作，二是一国单独行动。

值得说明的是，这是我们第一次考察多种货币同时存在的情况。在此之前，我们仅考察封闭经济，即仅存在一种法定货币的情况。在现代社会中，国与国之间在贸易、金融等领域的联系变得越来越密切，使各国货币之间联系的重要性也日渐突出。因此，这一章我们将围绕多个国家和多种不同的货币来分析货币在经济中所起的作用。我们将研究汇率是如何决定的，并力图对已经出现的汇率波动，尤其是近几十年来所出现的汇率的剧烈波动进行解释。然后，将讨论我们应该选择什么样的国际货币体系，尤其是针对欧盟的出现，我们提出这样一个问题：贸易伙伴国之间是否应实行固定汇率制，或者应该更进一步发展，未来采用单一货币？

5.2　国际货币交换的模型分析

为了讨论我们提出的这些国际性问题，我们假设有两个国家：a 国和

b 国，每个国家都有自己的货币。同第 3 章一样，假设人的一生分为两个时期，并且代际交叠。他们年轻时有商品禀赋，年老时没有禀赋，但是在两个时期都需要进行消费。假设两个国家的商品禀赋是同样的（a 国商品同 b 国商品无差异）。同时假设人们在进行购买时对于商品是哪国的并不在意。为了区分两个国家的变量，用 a、b 分别作为两个国家参数的上标，如 a、b 两国的人口增长率分别以 n^a 和 n^b 表示，货币增长率分别以 z^a 和 z^b 表示。假设增加的货币存量全部被政府用作购买商品，且各国间可自由进行商品贸易。

两国货币可以按汇率 e_t 进行交易，e_t 即 1 单位 a 国货币可以兑换的 b 国货币的数量。例如，a 国为美国，b 国为日本，则汇率为

$$e_t = \frac{\text{日元}}{\text{美元}}$$

即多少日元可以兑换 1 美元；或者说 1 美元可以购买多少日元（当然，另一种汇率表示方法为 1 日元可兑换美元的数量，这样表示的汇率是第一种汇率的倒数。采用哪一种表示方法对我们的分析研究没有影响）。

在单一国家的模型中，老年人用其持有的纸币购买年轻人拥有的商品。自然，老年人希望用他们持有的货币购买尽可能多的商品。根据定义，持有 1 单位 a 国货币的人在 t 时间可以购买 v_t^a 单位的商品，而持有 1 单位 b 国货币的人在 t 时间可以购买 v_t^b 单位的商品。如果人们可以以汇率 e_t 自由进行货币兑换，则 a 国货币的持有者可以进行选择：用 a 国货币购买 v_t^a 单位的商品或者是以汇率 e_t 兑换成 b 国货币后购买 $e_t v_t^b$ 单位的商品。同样，1 单位 b 国货币的持有者可以 b 国货币购买 v_t^b 单位的商品或者是以 $1/e_t$ 的汇率兑换成 a 国货币后购买 v_t^a/e_t 单位的商品。用表 5.1 表示。

表 5.1　　　　国际货币交换模型

1 单位 a 国货币持有者的选择	
选择 A	选择 B
用 a 国货币可购买 v_t^a 单位商品	将 a 国货币兑换成 e_t 单位 b 国货币可购买 $e_t v_t^b$ 单位商品
1 单位 b 国货币持有者的选择	
选择 A	选择 B
兑换成 $1/e_t$ 单位 a 国货币可购买 v_t^a/e_t 单位商品	用 b 国货币可购买 v_t^b 单位商品

注：上半部分说明了一个出生在 a 国的老人可以通过两种选择来支配其持有的货币。选择 A 是老人直接用自己本国货币来购买消费品，选择 B 是老人将本国货币换成 b 国货币，并在 b 国购买消费品。表的下半部分同样给出了出生在 b 国的老人的两种选择。

如果 $v_t^a > e_t v_t^b$，则每个人都愿意持有 a 国货币（选择 A）。b 国货币的持有者愿意将其持有的货币兑换成 a 国货币后再购买商品，但 a 国货币的持有者则不愿意进行兑换。由于 b 国货币的持有者对其持有的货币余额的形式不满意，因而这时的汇率不是体现两国货币价值的均衡汇率。汇率 e_t 应上升或者 v_t^a/v_t^b 应下降。同样，如果 $v_t^a < e_t v_t^b$，则每个人都愿意持有 b 国货币（选择 B）。a 国货币的持有者愿意将货币兑换成 b 国货币

以后再购买商品，但b国货币的持有者则不愿意将持有的货币兑换成a国货币。这时，由于a国货币持有者对其持有的货币余额的形式不满意，这必然也不是体现两国货币价值的一个均衡汇率。

只有当 $v_t^a = e_t v_t^b$ 时，两国货币的持有者才会无视这两种选择的差异，并且对各自所持有的货币余额的形式表示满意。因此，如果同时对两国货币定价，当达到均衡时，它们之间的关系必然是

$$v_t^a = e_t v_t^b \quad 或 \quad e_t = v_t^a / v_t^b \tag{5.1}$$

以下将在不同的国际货币安排下，对汇率的特征进行分析。具体来说，我们将考察两种安排下的情况：一种是严格要求年轻人只允许持有本国货币，另一种是允许年轻人持有其他国家货币。

5.3 外汇管制

首先我们来研究这样一个国际货币体系。假设有两个国家，分别有自己完全独立的货币部门，实行外汇管制（foreign currency controls）政策和浮动汇率。通过实行外汇管制，每个国家的居民只允许持有本国货币，但是外汇管制并不意味着两国间不能进行商品贸易。如果一位老年人希望购买另一国的商品，可以将其持有的本币兑换成外币后进行购买。但是，每个国家的年轻人在他们成为老年人之前则只允许持有本币。

我们假设世界上只有一种消费品。年轻人持有本国货币，并且不会移民到其他国家。但是，当他们成为老年人后，他们可以将货币换成其他国家的货币，并且可以自由选择居住在其他国家，并且在其他国家消费。这就是说，人们不会因为工作而移民，只有老年人因为消费而移民。当老年人不受到消费的制约和移民的限制，也不考虑旅行费用时，竞争的商品价格在各国间都是一样的。这就是一价定律。这说明一价定律并不是汇率一定要等于1，而只是说明我们需要知道一国对货币的供给和需求，从而确定汇率水平。

实行强制性的外汇管制意味着一国货币的币值是由本国货币的供给和需求独自决定的：

$$v_t^a M_t^a = N_t^a (y^a - c_{1,t}^a) \tag{5.2}$$

$$v_t^b M_t^b = N_t^b (y^b - c_{1,t}^b) \tag{5.3}$$

汇率 $e_t = V_t^a / V_t^b$ 因此可以表示为

$$e_t = \frac{v_t^a}{v_t^b} = \frac{\dfrac{N_t^a (y^a - c_{1,t}^a)}{M_t^a}}{\dfrac{N_t^b (y^b - c_{1,t}^b)}{M_t^b}} = \frac{N_t^a (y^a - c_{1,t}^a) M_t^b}{N_t^b (y^b - c_{1,t}^b) M_t^a} \tag{5.4}$$

可以看出，汇率即以b国货币表示的a国货币的价值，它依赖于两国货币需求和货币供给的相对价值。对a国货币的需求相对于b国货币的需求越大，则a国货币的币

值（汇率）相对越高；a 国的货币供给相对于 b 国的货币供给越大，则 a 国货币的币值相对越低。

为了说明汇率如何满足一价定律，我们举一个例子。假设美国是 a 国，中国是 b 国。假设 $v_t^a=2$，即美国的年轻人用 1 美元可以购买 2 单位的消费品。接下来，假设 $v_t^b=0.5$，即中国的年轻人用 1 元人民币可以购买 0.5 单位的消费品。通过式 5.4，我们得出人民币兑美元汇率为 4，即 $e_t=\frac{v_t^a}{v_t^b}=\frac{2}{0.5}=4$。换句话说，1 单位美元可以兑换 4 单位人民币。因此，在美国的老人用 1 单位本国货币可以在美国购买 2 单位商品。或者，美国老人可以把 1 美元兑换成 4 单位人民币，然后去中国购买 2 单位商品。很明显，货币的来源国并不重要，一个老人可以用任何一种货币购买到同样单位的商品。

接下来，我们考察汇率如何随时间变化。如果货币的价值是影响汇率的重要因素，那么货币的回报率将会成为决定汇率随时间变化的重要因素。按照式 4.13 的步骤，我们可以用式 5.2 和式 5.3 表示出两国货币的回报率：

$$\frac{v_{t+1}^a}{v_t^a}=\frac{n^a}{z^a}\quad 和 \quad \frac{v_{t+1}^b}{v_t^b}=\frac{n^b}{z^b} \tag{5.5}$$

从根本上讲，这几种表示方法正是我们在第 4 章中介绍的一个国家模型中所采用的表示方法（只不过现在用上标表示出各个国家）。

现在让我们来分析经过一段时间后两国汇率的变化。汇率的变动率为：e_{t+1}/e_t。根据式 5.1 给出的汇率公式，我们可以用两国货币的币值表示出在 t 和 $t+1$ 时期的汇率变动，即

$$\frac{e_{t+1}}{e_t}=\frac{\frac{v_{t+1}^a}{v_{t+1}^b}}{\frac{v_t^a}{v_t^b}} \tag{5.6}$$

在这一基础上，我们还可以用式 5.5 的两国货币的回报率表示，即

$$\frac{e_{t+1}}{e_t}=\frac{\frac{v_{t+1}^a}{v_{t+1}^b}}{\frac{v_t^a}{v_t^b}}=\frac{v_{t+1}^a}{v_t^a}\frac{v_t^b}{v_{t+1}^b}=\frac{n^a}{z^a}\frac{z^b}{n^b}=\frac{n^a}{n^b}\frac{z^b}{z^a} \tag{5.7}$$

利用式 5.7，我们可以确定汇率将如何随着时间变化：a 国的人口增长率相对于 b 国的人口增长率越快，则汇率的增长率越高，a 国货币的相对价值也越高。这是因为一国人口的增长使得对该国货币的需求增加。的确，对一国货币需求的增加可使该国货币的相对价值提高。一国禀赋的增加（以 y 表示，即年轻人的产出）也具有同样的效果。如果两国以相同的速度增加货币存量（$Z^a=Z^b$），但 a 国的产出或人口增长比 b 国快，经过一段时间后 a 国货币的相对价值将增加；a 国将出现汇率升值

(appreciation)。

从式 5.7 我们还可以看出：如果 a 国货币供给的增长率相对于 b 国货币供给的增长率快，则汇率的增长率越低，a 国货币的相对价值也会下降。如果两国以相同的速度增加货币需求（$n^a = n^b$），同时 a 国货币供给的增加率比 b 国的快，则 a 国货币的价值相对于 b 国货币将下降。a 国将出现汇率贬值（depreciation）。

5.3.1 固定汇率制

固定汇率制的定义是均衡汇率是固定的，不随时间变化的。从式 5.7 可以看出，固定汇率意味着

$$z^a = \frac{n^a}{n^b} z_b \tag{5.8}$$

如果是固定汇率制度下，那么汇率不随时间变化（$e_{t+1} = e_t$）。因此，承诺维持固定汇率要求一国或两国根据式 5.8 选择货币增长率。当然，如果一国政府承诺采用固定汇率，就再也不能为提高既定水平的铸币税收入而随意地增发货币。一国可以通过选择货币的增长率来确定实行固定汇率或者是选择期望获得的铸币税收入，但是不能同时实现两个目标。

例如，假定 a 国愿意与 b 国保持固定汇率，它将根据式 5.8 来确定本国货币的增长率。如果 b 国提高货币增长率，为了维持固定汇率，a 国也将被迫采取相同的行动，增加货币增长率 z^a。

式 5.8 同时也意味着，在固定汇率制下，两国货币具有相同的回报率（$n^a/z^a = n^b/z^b$）。另一种描述是，两国将具有相等的通货膨胀率。在 b 国货币当局实行通货膨胀政策时，为了维持固定汇率，a 国的货币当局也必须实行通货膨胀。因而，a 国由于采用了固定汇率政策而使其货币政策失去了独立性。①

例 5.1 假定美国（a 国）和英国（b 国）都实行外汇管制。在每一个时期，美国货币需求的增长率为 10.25%，英国货币需求的增长率为 2%（净增长）。同时，在每一个时期美国和英国的货币供给的净增长率分别为 5% 和 6.25%。

a. 根据文中对汇率（e_t）的定义，当汇率用英镑表示美元时，汇率是多少？用美元表示英镑时，汇率又是多少？

b. 在美国，单位货币的回报率是多少？在英国呢？

c. 如果实行浮动汇率制，在下一期美元与英镑之间的汇率将如何变化（e_{t+1}/e_t）？

d. 假定美国愿意采用固定汇率。为了实现这个目标，美国政府将如何确定本国货币的总增长率？

例 5.2 假定美国（a 国）货币的总回报率为 2.0，加拿大（b 国）货币的总

---

① 在历史上曾经过度发行货币的国家实际上愿意与没有采用通货膨胀的国家之间实现固定汇率。在第 16 章将对为什么有些国家愿意限制自己任意印制货币的能力进行分析。

回报率为1.0。加拿大人口的总增长率（n^b）为1.2，并且实行外汇管制。

a. 两个时期汇率的比价（e_{t+1}/e_t）是多少？

b. 假定加拿大愿意同美国维持固定汇率。为了实现这个目标，加拿大确定的货币总增长率（z^b）是多少？

5.3.2 外汇管制的成本

前面我们假定人们并不关心商品是由哪国生产的。现在采用一个相反的假定，即人们想消费一些外国商品。外汇管制要求：当a国的老年人从b国的年轻人手中购买商品时，b国的年轻人不允许持有a国货币并且等到年老时再使用。由于这个年轻人只允许持有本国货币，他必须要求a国货币的持有者将其货币兑换成b国货币，并以b国货币进行支付；或者接受a国货币后立即兑换成本国货币。无论在哪一种情况下，都必须进行货币兑换，而在没有外汇管制时，则根本不需要进行货币兑换。

在刚刚描述的国际经济模型中，由于实行强制性的外汇管制而必须进行的货币兑换好像不需要成本。模型中假定一个人为了购买另一国生产的商品，可以无成本地将本币兑换成外币。但是，任何一个到过国外的人都知道将一种货币兑换成另一种货币并不是无成本的。货币兑换机构由于提供了进行兑换需要的办公设施和工作人员，因而产生了成本，所以要为其提供的服务收取费用。①

5.4 汇率的不可确定性

由于外汇管制迫使想购买外国商品的人不得不兑换货币，那么由于存在货币兑换费用，他们被迫在国际贸易中承担了额外的成本。接下来我们来分析人们可以自由地持有并使用任何国家货币的两国经济模型。②

同前面的分析一样，为了确定汇率，必须使货币供给等于货币需求。现在，由于人们可以自由地持有任何一个国家的货币，我们不能仅考虑一国单独的货币供求状况，而是必须考虑整个世界的货币供给和货币需求。以商品表示的世界的货币供给为$v_t^a M_t^a + v_t^b M_t^b$，世界的货币需求为$N_t^a(y^a - c_{1,t}^a) + N_t^b(y^b - c_{1,t}^b)$。令供给等于需求，我们得出

$$v_t^a M_t^a + v_t^b M_t^b = N_t^a(y^a - c_{1,t}^a) + N_t^b(y^b - c_{1,t}^b) \tag{5.9}$$

在确定汇率时，我们发现式5.9中存在一个严重的问题，即仅有一个公式，却要确定两个变量v_t^a和v_t^b。这样，在仅有一个公式时，汇率就有无穷多个解。因为$e_t = v_t^a/v_t^b$，这就意

---

① 外汇管制低效率还有第二个原因。如果两国货币有不同的回报率，则两国居民就有不同的意愿用c_1同c_2进行交易（有不同的边际替代率）。由于两国经济的分离阻碍了居民进行互惠贸易，因而是低效率的。参见Kareken和Wallace（1977）。

② 在这一部分所表述的基本思想是源自Kareken和Wallace（1981）的研究。评注见Wallace's（1979）的文章“Why Markets in Foreign Exchange Are Different from Other Market”。

味着对于任一正的汇率 e_t，我们都可以找到使世界货币供给等于世界货币需求的均衡。

汇率的不可确定性在一国对其居民实行外汇管制，只允许居民持有本币时不会出现。在这种状况下，一国货币的价值由本国货币供给和货币需求来决定；利用使两个市场都出清的等式，即式5.2和式5.3，就可以确定出两个变量 v_t^a 和 v_t^b。因此，可以确定出汇率。

然而，现在我们在只有一个市场出清的条件下，需要确定两国货币的价值。式5.9的右边是世界的总货币需求，但是我们并不知道a国货币的价值比b国货币的价值高还是低。

在式5.9中，用 $e_t v_t^b$ 代替 v_t^a，可得到

$$e_t v_t^b M_t^a + v_t^b M_t^b = N_t^a(y^a - c_{1,t}^a) + N_t^b(y^b - c_{1,t}^b) \quad \text{或}$$

$$v_t^b[e_t M_t^a + M_t^b] = N_t^a(y^a - c_{1,t}^a) + N_t^b(y^b - c_{1,t}^b) \tag{5.10}$$

式5.10中 $[e_t M_t^a + M_t^b]$ 是世界货币供给（以b国货币表示），因此，$v_t^b[e_t M_t^a + M_t^b]$ 是世界货币供给的真实价值。

可以看出，由于人们可以自由地持有任何一国的货币，一国货币需求量的大小会影响世界货币供给的真实价值。然而，由于一国不再严格限制只使用本币，所以该国将不能单方确定汇率。同样，由于一国的货币可以在任何一个国家使用，从而使该国也不能通过控制本国货币供给来决定汇率水平。

为了更好地理解汇率的不可确定性，假定一国政府在一个独立的、统一的经济中发行两种货币（如绿色钞票和蓝色钞票），但是没有在这两种钞票上标明具体的面额，而是由市场自行确定两种货币的兑换率。那么，这两种货币的兑换率是多少呢？人们会认为绿色钞票值钱还是蓝色钞票值钱？不可能说清楚。因为其中的任何一种货币都可能比另一种货币更值钱。没有任何根据可以确定一个比率，使得人们按照这个比率交换这两种没有内在价值的货币。

现在假定绿色钞票在纽约印制，而蓝色钞票在艾奥瓦州的梅因市印制。这能改变我们的结论吗？不能。如果这两种钞票可以在全国范围内使用，它们的兑换率仍然是不可确定的。只要这两种货币在交易中被普遍接受，在两个不同地区印制的钞票的兑换率还是不能确定。这说明，兑换率既不是由这个城市的规模也不是由在这个城市印制的钞票的数量决定的。

最后，假定蓝色钞票在多伦多印制，但是在美国和加拿大都允许持有并使用这两种颜色的钞票。虽然有国界，但与前面的结论仍没有任何不同。只要这两种颜色的货币在北美可以完全相互替代，就没有一种可行的方法可以确定它们的兑换率。①

5.4.1 汇率的波动

如果汇率不是由政府决定的，则在统一的世界经济中，人们认为汇率是多少，汇

① 在美国—加拿大边界的两边，两国货币都可以流通，但是对货币兑换仍实行一些管制，使得两种货币不是完全可替代的。例如，规定只有美元可以作为美国银行的存款准备金（关于准备金要求在第7章进行分析）。

率就可以是多少。因此，如果人们认为汇率会波动，汇率就会发生波动，没有任何力量可以束缚它。这种波动不需要与实际经济状况的变化相联系。因而，不管美国的产出或其他的实际因素是否发生变化，如果每个人都认为美元的汇率会下跌，则美元相对于另一种货币的汇率就会下跌。

下面，我们将举一个常用的预期影响汇率的例子。1971 年，尼克松总统宣布美国放弃所有控制汇率的努力。图 5.1 显示了 6 个发达国家的汇率状况。阴影区域是尼克松

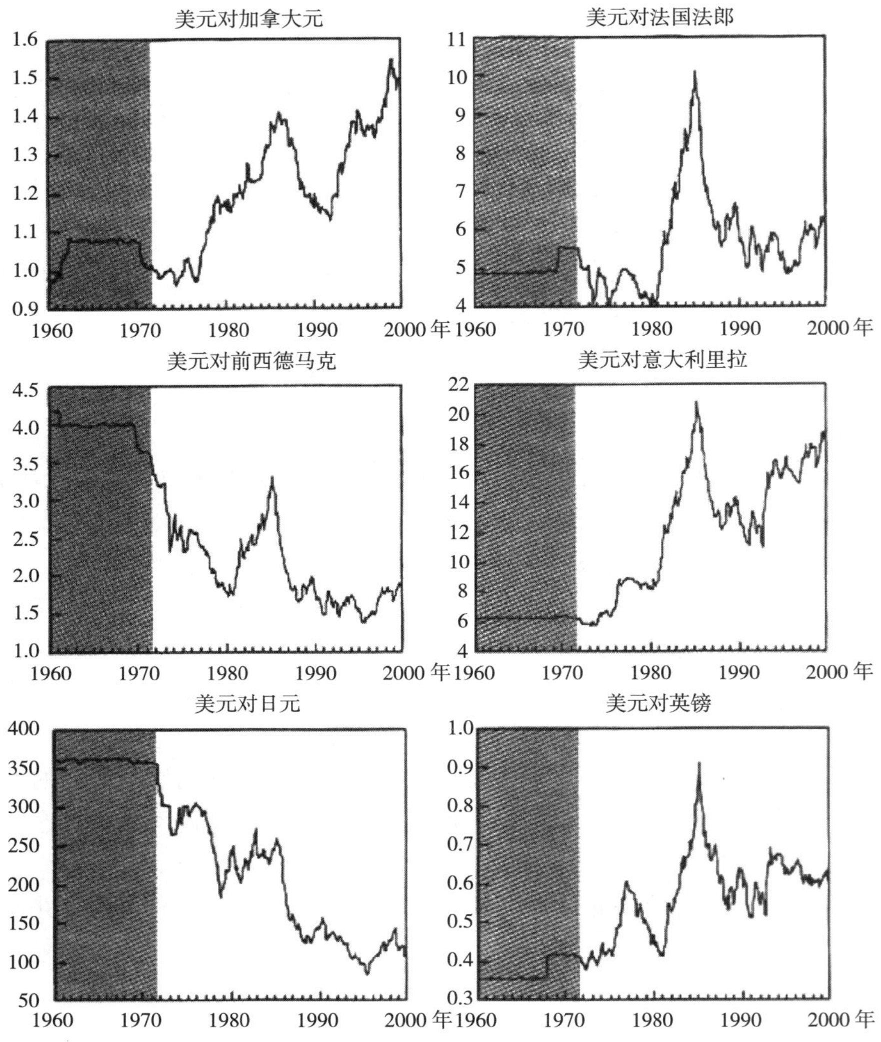

注：自美国于 1971 年放弃维持固定汇率的努力以来，各主要货币之间的汇率出现了剧烈的波动。从以上美元与加拿大元、前西德马克、意大利里拉、日元以及英镑之间的汇率波动中可以看出其波动幅度。阴影部分描绘的是美国试图维持汇率稳定时期的汇率的状况。

资料来源：The Federal Reserve Bank of St. Louis FRED database（http//：www. . stls. frb. org/fred/index. html）。

图 5.1　美元与 6 种主要货币的汇率图示

总统宣布控制汇率之前的十年，无阴影区域是尼克松声明之后的一段时期。汇率在前十年也并非固定的，但在声明宣布之后，汇率出现了更加剧烈的波动。

为了更清晰地看到汇率的短期波动，我们给出了5个发达国家的汇率在2个月期间的波动。这种波动状况在图5.1中清晰地表现出来，它展示了在过去40多年里美元汇率对6种主要货币汇率的波动情况。我们计算了各国货币兑美元汇率的最大波幅以及出现的月份。如果预期并不重要的话，那么汇率的波动就会源自两国间的经济增长率和货币增长率。但是，汇率的波动并不能轻易地归因于一国货币的供给量或者需求量的变化。在表5.2中，没有哪个国家会在一个月内增发或毁掉9%以上的货币存量，也没有任何一个国家的实际经济活动会在一个月内发生如此大的变化；即使是将两个国家一个月内货币供给和货币需求的变化幅度加起来，也没有汇率的波动幅度那么大。对汇率的这种易波动性的一种可能的解释是，在世界经济中存在大量可以自由持有多国货币的规模庞大的集团。虽然你或者我不是其中的一员，但是此类多国机构的确存在。

表5.2　　汇率的波动

国家	时期	汇率波幅
法国	1973.12—1974.1	法郎贬值9.4%
联邦德国	1973.6 —1973.7	马克升值9.4%
意大利	1992.9 —1992.10	里拉贬值11.3%
日本	1998.9 —1998.10	日元升值10%
英国	1992.9 —1992.10	英镑贬值11.7%

5.4.2　国际货币交易者

汇率波动是一个更加宏观的故事。当你持有一种货币时，其未来的价值可能完全不同于现在（我们将在第6章详细考察不确定性）。汇率的大幅度随机波动会为持有者带来很大的持有货币的成本。一种规避汇率风险的方法是持有由多国货币构成的完全平衡的资产组合。如果有这种金融机构存在的话，购买一组不同国家的货币意味着一国货币贬值的损失会被另一个国货币升值的收益所抵消。然而，购买货币是昂贵的。因此，只有跨国机构可以做到这一点。这是因为确定并获取一个均衡的货币资产组合必然带来成本和损失；或者政府有强制性规定，该国居民只能持有本币。结果是，汇率的波动使人们持有的货币余额面临价值波动的风险。

为了对这一点进行更准确的分析，我们来看一下King、Wallace和Weber（1992）提出的一个经济模型，在模型中假定有三种类型的居民：

（1）a国居民，法律规定只能持有a国货币。

（2）b国居民，法律规定只能持有b国货币。

（3）多国居民，可以自由持有任何一个国家的货币。

用 N_t^a，N_t^b和 N_t^c分别代表每一种类型的居民在 t 时期出生的那一代的人口数（对于所有变量，我们用上标表示出三种不同的居民）。

同以前的分析一样，对一国货币需求的变化会影响该国货币的价值（也会影响汇率）。每一国的货币被本国居民持有，同时也被多国居民持有。以 λ_t代表多国居民持有货币余额中 a 国货币的所占比例，可以用两个等式分别表示出 a 国货币和 b 国货币的市场状况。

$$v_t^a M_t^a = N_t^a(y^a - c_{1,t}^a) + \lambda_t N_t^c(y^c - c_{1,t}^c) \tag{5.11}$$

$$v_t^b M_t^b = N_t^b(y^b - c_{1,t}^b) + (1 - \lambda_t) N_t^c(y^c - c_{1,t}^c) \tag{5.12}$$

从式 5.11 和式 5.12 可以看出，多国居民（类型 c）愿意持有的 a 国货币越多（也就是 λ_t越大），则 a 国货币的币值越高，而 b 国货币的币值越低。这同时也意味着如果 λ_t的值越大，则汇率 e_t越高。然而，由于多国居民可以自由地持有任意比例的两国货币，就可能存在多种均衡汇率。为了说明这一点，根据式 5.11 和式 5.12，可以得出这个世界经济中的汇率为

$$e_t = \frac{v_t^a}{v_t^b} = \frac{\dfrac{N_t^a(y^a - c_{1,t}^a) + \lambda_t(y^c - c_{1,t}^c)}{M_t^a}}{\dfrac{N_t^b(y^b - c_{1,t}^b) + (1 - \lambda_t)N_t^c(y^c - c_{1,t}^c)}{M_t^b}} \tag{5.13}$$

为了便于分析，考虑一种简单的情况，假定不同类型的居民的总实际货币需求是同样的。换句话说，即假定 $N_t^a(y^a - c_{1,t}^a) = N_t^b(y^b - c_{1,t}^b) = N_t^c(y^c - c_{1,t}^c)$。我们从式 5. 13中将这些因素去掉，则汇率为

$$e_t = \frac{v_t^a}{v_t^b} = \frac{\dfrac{1 + \lambda_t}{M_t^a}}{\dfrac{1 + (1 - \lambda_t)}{M_t^b}} = \frac{\dfrac{1 + \lambda_t}{M_t^a}}{\dfrac{2 - \lambda_t}{M_t^b}} \tag{5.14}$$

从式 5. 14 可以看出，在给定 a、b 两国货币存量的情况下，改变 λ_t会使汇率发生波动。若 λ_t增加，汇率上升；若 λ_t降低，汇率下降。作为一个例子，请同学们自己证明如果两国发行的名义货币量相等（$M_t^a = M_t^b$），则汇率将在1/2 和2 之间波动（提示：考虑 λ_t的取值范围是多少）。

例 5. 3 假定在模型中有两个国家、两种货币以及三种类型的人。a 类型的人仅持有 a 国货币，b 类型的人仅持有 b 国货币，c 类型的人可持有任意一国货币。每个人想持有相当于 10 单位商品的货币。假设 a 类型的人有 300 人，b 类型的人有 200 人，c 类型的人有 100 人。同时假定有 100 单位的 a 国货币和 200 单位的 b 国货币。

a. 求达到稳定均衡时的 V^a、V^b 和 e 的取值范围。

b. 假定 a、b 两种类型的人当中各有 100 人成为 c 类型的人（可以持有任意一国货币），重新求出稳定均衡时 V^a 、V^b 和 e 的取值范围。均衡时的汇率的取值范围是增大

还是缩小了？请解释这种变化。

正如我们前面的分析中得出的，满足一个稳定均衡所需条件的汇率具有多样性，当多国居民改变他们的货币余额构成时，汇率将发生剧烈波动。这些波动将使每一种货币都成为风险资产。① 那些仅持有一种货币的居民，将发现他们持有的货币余额的真实价值，以及他们的消费将随汇率的波动而波动。如果多国居民持有由两种货币组成的平衡资产组合，当汇率发生波动时，他们就可以免除这种波动所带来的风险。一种货币减少的价值可由另一种货币增加的价值来抵消。虽然这种货币余额的平衡可使多国居民免除风险，但是具体操作起来比较麻烦，而且持有一个完全平衡的两国货币存量是需要成本的。

因此，为了免除本国居民持有的货币余额的价值减少的风险，或者减少使他们的货币余额达到完全平衡的麻烦，货币当局希望能够保持汇率的稳定。

5.5 固定汇率

5.5.1 相互合作的稳定

如何才能使世界有序并保持汇率的稳定？在没有外汇管制的情况下，对于汇率不确定性的解决方法，我们可以从国民经济中货币当局的组织方式得到启示。那么，在单一国家经济中，如何确定两种不同钞票的兑换率呢？非常简单，政府可以在每一种钞票上直接印上货币单位，从而确定出兑换率并且按此兑换率公开兑换。在美国一张印有亚历山大·汉密尔顿像的钞票可以兑换10张印有华盛顿像的钞票，因为美国货币当局——美联储以10:1的比例进行兑换。这种兑换率的决定并不依赖于有多少印有华盛顿像的钞票被印制。

在一国经济中，不同钞票的兑换率与这些钞票在什么地方印制也没有关系。每一张美国钞票上分别印有美国12家联邦储备银行的名字，但是却都是按1:1的比例进行交易。加利福尼亚的商人在销售商品时不会由于给付的美元上恰巧印有波士顿联邦储备银行的字样而要求支付一个较高的价格。也没有一个银行会用两张标有“纽约联邦储备银行”的华盛顿头像钞票，去换取一张标有“芝加哥”的华盛顿头像钞票。当得克萨斯州的经济出现滑坡时，标有“达拉斯”的钞票也不会因此而贬值。②

在一国货币的不同形式之间维持固定兑换率的一个关键因素是货币当局的意愿，即愿意以一定数量的一种形式的货币按照固定兑换率兑换成其他形式的货币。无论你想将多少印有汉密尔顿的美元兑换成印有华盛顿像的美元，联邦储备局都会按照10张

① 汇率的波动也使得以一国货币所签订的合同的真实价值面临风险。

② Rolnick 和 Weber（1989）讨论的意图是将联储货币作为完全不同的货币按照固定汇率进行交易。对固定汇率和浮动汇率进行更清楚的比较，参见他们论文。

印有华盛顿头像的美元对1张印有汉密尔顿的美元的比例兑换。并且无论你愿意将多少印有达拉斯标记的美元与印有波士顿标记的美元进行兑换，它们的交换比例都是1:1。货币当局如何维持这种无约束的承诺呢？如果他们用光了印有华盛顿像的货币或印有波士顿标志的货币时，该怎么办？

没有人担心印有华盛顿头像或者是印有波士顿标志的钞票会出现短缺。如果由于某种原因，人们想持有更多的任何一种货币，美联储只需要增加印刷量即可。对美联储而言，这种兑换是不受限制的。并且如果他们毁掉回笼的这些货币，也不会出现通货膨胀。因为人们知道，他们没有必要担心其中的一种货币会出现短缺，也不会相信印有一个城市名字的钞票价值会高于票面价值相同、印有另一个城市名字的钞票。因此，人们愿意持有其中的任何一种钞票。实际上，在现实生活中大多数人从来没有注意过钞票上标出的不同城市的名字。

那么，为什么在两个不同国家的两种不同货币间维持固定汇率会遇到如此多的问题？与美国国内印有不同城市名字的各种美元相比，只不过是用国家的名字代替了城市的名字而已。如果存在这样一个货币当局，它可以发行任意量的一个国家的货币以对应另一国家的货币，那么两国货币之间维持固定汇率就不会存在任何问题。

如果统一地使用货币，那么在一个国家经济中存在的状况，在世界经济中也同样存在。如果两国政府随时按固定汇率进行货币兑换，则它们可以直接确定出汇率。如果所有国家的中央银行任何时候都能够以＄2兑付£1，则人们持有＄2和£1没有任何不同。如果是这样，汇率就被确定下来。①

同样，汇率也可以不随时间变化。如果没有外汇管制，人们将自愿持有不同国家的法定货币。但是，如果一国货币的价值相对于其他国家的货币下降时，人们就不会自愿持有该国货币。这种货币的回报率更低，这使人们转而持有其他国家的货币。

维持固定汇率好像如此简单，以至于人们想问，为什么我们很少看到固定汇率存在的状况。例如，欧洲经济共同体，虽然是一个先进的且一体化的国际经济联合体，尽管有欧洲各国政府作担保，但是要维持固定汇率也是存在相当多的困难。② 1992年，欧洲经济共同体就出现了几个成员国难以维持固定汇率的问题。例如，在试图维持英镑同德国马克之间的固定比价失败后，英国于1992年9月宣布放弃固定汇率，允许英镑对马克贬值10%以上。现在，我们来分析一下实行固定汇率时影响汇率稳定的两个主要因素：对货币的投机性冲击和高通货膨胀的强烈动机。

5.5.2 汇率的单边保护

可以想象，让全球各国就汇率水平达成共识是多么困难。主权国家之间并不存在

① 以这种方式确定固定汇率的一个最近的例子是重新统一期间的德国。德国中央银行宣布它将接受东德马克以1:1的比例兑换成西德马克，尽管在官方宣布以前，这两种货币实际进行交易的汇率远远低于这一汇率。

② 实际上，欧洲货币体系内的各成员国同意在部分成员国之间维持汇率的一个窄幅波动（±2.25%）。这种波幅在1992年9月几个成员国宣布放弃维持这种窄幅波动后增大到±15%。

这种不受限制的承诺。假定每一个英镑的持有者都决定将其持有的英镑兑换成日元，日本的中央银行（日本银行）是不会提供所有所需的日元的。他们所担心的一点是，英国在将来可能决定重新实行外汇管制，从而使那些发行出去的日元回流日本，在日本形成通货膨胀的狂潮。①

那么，在各国的中央银行没有实行全面合作的状况下，如何实行固定汇率呢？换句话说，如果一国单边保护汇率会怎样呢？是否存在着其他的方式使得一国政府能够承诺按照固定汇率将外币兑换成本币？一种可行的选择是：政府承诺对本国居民征税，从而获得商品，并出售这些商品以获取所需的外汇。②

如果这种承诺是可信的，并且没有外汇管制，个人就没有将一种货币兑换成另一种货币的动机。两种货币在任一国家都可以使用和持有（因为不存在外汇管制），并且也不存在货币贬值的问题（因为实行固定汇率）。这两种“国家”货币作为在国际范围内被普遍接受的货币，仅仅是一种货币的两种不同面值，人们对持有哪一种货币无所谓。因此，如果承诺是可信的，政府就没有必要对居民征税或者是动用外汇储备。

为了使在各种状况下政府的承诺都是可信的，政府承诺所征的税必须足够大，以获取足够多的商品，赎回所有回流的本国货币——这些本币的持有人可以自由地将一种货币兑换成另一种货币，这个数额可能非常巨大。③人们必定会产生怀疑，当有大量的人们想把本币兑换成外币时，政府是否能够为了维持固定汇率而对其居民征如此多的税。

考虑一个没有外汇管制，且中央银行不合作的两国经济模型。a 国政府宣布，为维持固定汇率将对老年人征税（之所以说对老年人征税，因为他们作为本国居民，若本币贬值，将遭受损失）。由于没有外汇管制，假定每个国家的老年人都同时持有两国货币。回忆一下已经给出的世界货币市场模型：

$$v_t^a M_t^a + v_t^b M_t^b = N_t^a(y^a - c_{1,t}^a) + N_t^b(y^b - c_{1,t}^b)$$

$$\text{或者}\quad \bar{e}v_t^b M_t^a + v_t^b M_t^b = N_t^a(y^a - c_{1,t}^a) + N_t^b(y^b - c_{1,t}^b) \tag{5.15}$$

其中，$\bar{e}$ 代表固定汇率。

假定全世界的人都决定将其持有的很大部分的 a 国货币兑换成 b 国货币。与 a 国和 b 国货币兑换的合作均衡相反的是，单边汇率保护需要征收税收。结果是，b 国说他们将不会接受某种货币的兑换。不过，b 国允许运用本国货币购买商品。

为了更好地理解通过相互合作维持汇率稳定与单边维持汇率稳定的不同，我们来看一个典型的例子：假定 a、b 是两个相同的国家。在每个国家，每一代人的人口数都

---

① 参见习题 4.2。

② 另一种可行的选择是：为了维持货币的稳定，保持一定数量的可储藏商品如黄金作为储备。当然，政府的储备资产不是凭空而来的，可以是以前所征的税或者是以前决定的未分配的储备。付息资产也可作为储备资产，对于这一点我们将在第 10 章进行分析。

③ 严格限定于货币，我们找到了一个极端的例子：在官方和非官方的交易中，美元在世界范围内广泛使用。Porter 和 Judson（1996）估计有 2/3 的美元的货币存量是在海外被持有。

是 100 人（$N_t^a = N_t^b = 100$），并且每个年轻人想持有价值为 10 单位商品的实际货币余额，则每个国家总的实际货币余额为

$$N_t^a(y^a - c_{1,t}^b) = N_t^b(y^b - c_{1,t}^b) = 100 \times 10 = 1\ 000$$

同时，我们假定 a 国总的货币存量是 \$ 800，b 国总的货币存量是£ 600。不存在外汇管制，且两个国家可以自由持有这两种货币。特别地，我们假定货币存量均等地分配给两个国家的初始老年人。因为每一代有 100 人出生，两个国家初始时期共有 200 位老年人，这就意味着在两个国家，不论是哪国居民，每一位初始老年人将分别持有 \$ 4（\$ 800/200）和£ 3（£ 600/200）。最后，假定固定汇率为 $\bar{e} = 1/2$，即 \$ 1 可以兑换£ 0.5。

根据世界货币市场出清的条件（式 4.13），我们可以得出稳定均衡时每个国家货币的真实价值：

$$\bar{e}v_t^b M_t^a + v_t^b M_t^b = N_t^a(y^a - c_{1,t}^a) + N_t^b(y^a - c_{1,t}^b)$$

$$\left(\frac{1}{2}\right)v_t^b(800) + v_t^b(600) = 1\ 000 + 1\ 000$$

$$1\ 000 v_t^b = 2\ 000$$

$$v_t^b = 2$$

因为固定汇率为 1/2，我们可以得出 a 国货币的价值：

$$v_t^a = \bar{e}v_t^b = \frac{1}{2}(2) = 1$$

在两个国家每一位老年人的消费同其持有的总货币量的实际价值相等，即

$$c_2^a = c_2^b = v_t^a(4) + v_t^b(3) = 1 \times 4 + 2 \times 3 = 10 \text{ 单位商品}$$

现在，假定两国的每一位初始老年人都决定将其持有的 a 国货币减少一半。这样，为了获得 b 国货币，每一位初始老年人将 \$ 2 与 a 国货币当局进行兑换。假定，b 国货币当局也同意合作，增发所需要的 b 国货币。这是一个合作稳定的例子。由于汇率被固定为 1/2，这就意味着 b 国为了满足兑付的需要，对于老年人上缴的 \$ 1 必须增发£ 0.5；或者是为每位老年人增发£ 1。最终导致的结果是，美元存量减少了 \$ 400，同时英镑存量增加了£ 200。这时，两个国家的总货币存量将分别变为 \$ 400 和£ 800。

采用与以前同样的分析方法，根据世界货币市场出清的条件来解出 b 国货币的价值，我们发现 b 国货币的币值没有发生变化

$$\bar{e}v_t^b M_t^a + v_t^b M_t^b = N_t^a(y^a - c_{1,t}^a) + N_t^b(y^b - c_{1,t}^b)$$

$$\left(\frac{1}{2}\right)v_t^b(400) + v_t^b(800) = 1\ 000 + 1\ 000$$

$$1\ 000 v_t^b = 2\ 000$$

$$v_t^b = 2$$

由于汇率被固定为 1/2，我们可以得出 $v_t^a = 1$。每位老年人的消费量为

$$c_2^a = c_2^b = v_t^a(2) + v_t^b(4) = 1 \times 2 + 2 \times 4 = 10 \text{ 单位商品}$$

我们可以看出，在通过相互合作来实现固定汇率的政策下，每位老年人的消费量没有发生变化。每个人以实物表示的状况并不会因为少持有美元多持有英镑而受到影响。

现在，我们分析当缺乏这种稳定合作并且 a 国试图采用单边政策以维持固定汇率时，会出现什么样的结果？假定 b 国拒绝增发货币来满足老年人用美元兑换英镑的需求。a 国政府决定遵守货币兑换的承诺，因而向本国的每一位老年人征收同样税额。为了维持承诺，a 国政府必须有充足的税收收入，以满足所有对 b 国货币的需求。a 国货币当局将税收得到的商品交给放弃 a 国货币的人们。这些人可以拿着这些商品到 b 国兑换相应的货币。

我们首先从刻画单边保护行为的步骤开始。由于两个国家共有 200 人愿意按照 1/2 的汇率将 2 美元兑换成英镑，则 a 国必须获得的总的英镑数量为：(200) \$ $2\bar{e}$ = (200) £ 1 = £ 200。接下来，中央银行需要给老人与货币等价的商品。需要注意的是，b 国货币当局不再印刷新货币。因此，a 国货币当局需要消耗的价值为 b 国货币价值乘以其货币需求量，即实际成本为 v_t^b (£ 200) 单位商品。因为 a 国只能对本国居民征税，因此每位老人需要支付的税等于 a 国货币当局支付给老人的价值除以 a 国老人总数。所以，第一个方程式 a 国需要向居民征收的税收。即 b 国货币价值乘以其货币需求量再除以 a 国老人总数：

$$\frac{200v_t^b}{100} = 2v_t^b$$

为了决定税收量，我们需要知道 b 国货币的价值。由于 200 位老年人中的每一个人都将其最初持有的 \$ 4 中的 \$ 2 要求兑换，因此每位老人持有的美元从 \$ 4 下降为 \$2。换句话说，a 国的总货币存量下降为

$$M_t^a = (N_t^a + N_t^b)\ \$\ 2 = (100 + 100)\ \$\ 2 = \$\ 400$$

货币存量减少为原来的一半。然而，这时的状况与合作稳定时不同，由于 b 国拒绝增加印发货币，因此 b 国的总货币存量保持不变，仍为£ 600。利用世界货币市场出清的条件，我们可以得出 b 国货币的价值为

$$\bar{e}v_t^b M_t^a + v_t^b M_t^b = N_t^a(y^a - c_{1,t}^a) + N_t^b(y^b - c_{1,t}^b)$$

$$\left(\frac{1}{2}\right)v_t^b(400) + v_t^b(600) = 1\ 000 + 1\ 000$$

$$800v_t^b = 2\ 000$$

$$v_t^b = 2.5$$

给定固定汇率为 1/2，a 国货币的币值将升值为 1.25。这证明了我们前面的结论：即在对汇率实施单边保护时，所有货币的价值将上升。这与我们分析的在合作稳定状况下，每种货币币值保持不变形成鲜明对比。

我们已经计算出了 b 国货币的价值，还可以计算出为了保持 a 国汇率稳定，a 国的每位老年人被征收的税为

$$2v_t^b = 2 \times 2.5 = 5 \text{ 单位商品}$$

现在，a 国获得税收后，可以从 b 国货币当局购买货币了。需要注意的是，500 单位的商品需要除以 200 单位的老人，则 a 国购买了价值 2.5 单位商品的新印刷的英镑。每个老人可以以每英镑价值 2.5 单位商品的价格获得 1 单位英镑。那么，现在总货币量下降 $ 400，每位老人持有 $ 2，这时每位老人持有的英镑数从£ 3 变为£ 4。这种政策对两个国家的每一位老年人的消费会产生怎样的影响呢？由于 b 国的老年人不用付税，则他们的消费为

$$c_2^b = v_t^a(2) + v_t^b(4) = 1.25 \times 2 + 2.5 \times 4 = 12.5 \text{ 单位商品}$$

由于 b 国的老年人所持有的货币的实际价值增加并且他们没有被征税，因而将从汇率的单边保护政策中受益。

由于为了维持固定汇率，a 国的老年人必须支付税收，因此，他们的消费就等于他们所持有的货币的实际价值减去税收：

$$c_2^a = v_t^a(2) + v_t^b(4) - (tax) = 1.25 \times 2 + 2.5 \times 4 - 5 = 7.5 \text{ 单位商品}$$

由于 a 国的老年人被征税，因此，这种实施单边保护的政策与实施双边合作稳定汇率的政策相比，他们的福利水平下降。因为在实施双边合作的稳定汇率政策时，a 国老年人的消费量为 10 单位商品。

实际上，由于实施单边的汇率稳定政策，使得 2.5 单位商品从每一位 a 国老年人的手中转移给了 b 国的每一位老年人。所有货币持有者的货币价值都增加，但是仅有a 国的居民为此付了税。这样，财富就从实施单边汇率保护政策的国家的付税者手中转移给了其他国家的货币持有者。

5.5.3 对货币的投机性冲击

单边维持固定汇率依赖于政府采取行动（征税）的意愿，而这样会使该国居民的福利水平下降。因而对于政府承诺执行这样一项有损本国居民利益的政策，理性的人们会对此产生怀疑。如果政府缺乏采取行动的意愿来保证其承诺的实现，人们就会作出理性预期，认为政府保持汇率稳定的承诺是毫无意义的，这样就会使经济恢复到一个汇率不可确定的均衡状态。

然而，也许政府愿意采取有限的行动来维持汇率的稳定。比如，政府打算向本国居民征收一定数量的税——如 F 单位商品，F 小于该国货币存量的总价值。政府承诺将外币兑换本币，直到总的税收额达到 F 单位商品为止。在这一点上，该国将放弃固定汇率而任其自由波动。若所需兑付的外币数量少于 F 单位商品，则固定汇率可以维持。

正如 Salant 和 Henderson（1978）以及 Krugman（1979）① 所指出的，政府的有限承诺会鼓励外汇市场上的投机性冲击。当政府承诺完全兑付时，则可以从一定程度上

① 参见 Krugman 和 Rotemberg（1991）。

避免这种状况的发生。欧洲国家（如英国和瑞士）在1992—1993年，东亚的一些国家（如韩国和印尼）在1997年都发生过类似的投机性冲击。

假定，你持有某个国家的一些货币余额，而这个国家承诺在一定范围内维持固定汇率。你决定将持有的该国货币兑换成其他国家的货币。如果该国能提供充足的外汇来满足所有的兑换需求，则汇率不会发生变动，与以前相比你的福利水平也不会下降。但如果该国所能提供的兑换承诺非常小，不能满足兑换的全部需求，则该国货币将贬值，外币将升值。如果你能够非常幸运地在达到政府提供的最大兑换量之前将该国货币兑换成外币，你将获得外币升值的收益。① 这对投机者而言是一种不会遭受损失的计划：或者盈利或者不遭受损失。面对可能出现的后果，每一个该国货币的持有者都想将本币尽快兑换成外币。②

有限承诺政策对纳税人而言是不能获利的政策。当出现了投机性冲击，如果政府的承诺是充分的，则纳税者仍然必须为了应付冲击而支付税收；如果承诺是不充分的，纳税者仍然被征税，同时遭受货币贬值的损失。

5.5.4 通货膨胀的冲动

在没有外汇管制的状况下，汇率并不是由一国的货币存量决定的。再来看一下世界货币市场出清的条件（式4.13），单位货币的价值是由世界的总货币供给量决定的，而不是由货币发行国的货币供给量决定的。因此，一国货币存量的增加并不仅仅使得该国货币的价值下降而是使所有货币的价值下降。

以下在一国经济的背景下，分析不实行外汇管制的意义。若货币当局新增发大量的＄1的钞票，则＄1钞票的实际价值（以商品表示）将下降，同时＄10的钞票的实际价值（以商品表示）也会下降。为什么会出现这种现象呢？因为这两种货币是完全可替代的并且它们之间保持固定的交换率。因此，如果通货膨胀使得＄1的钞票的实际价值下降，也必然会使＄10的钞票的实际价值下降。与此相似，标有波士顿字样的联邦储备货币的增加必然使美国所有联邦储备货币的币值下降。

同样的原因，在一个按固定汇率进行交易，并且货币是完全可替代的国际经济中，一国货币存量的增加必然使所有货币的实际价值下降。这种状况会发生，因为在没有外汇管制的情况下，所有货币可以在不同国家流通，人们会漠视货币的不同，认为各种不同的货币仅仅是世界货币的不同名称而已。因此，无论哪一种名称单位（哪一国货币）增加，都会使得世界货币存量增加，从而导致所有货币的实际价值下降。

当实行外汇管制时，一国货币存量的增加对其他国家货币的实际价值没有影响。因为各国货币不是完全可替代的，并且也不能按照固定汇率进行交易。居民只能持有本币，因此并不受其他国家通货膨胀的影响。

---

① 当然如果他们购买的货币也遭受投机性冲击，也会造成损失。

② 你所支付的成本只是交易成本，对大宗的外币交易而言交易成本是非常小的。

在没有外汇管制的情况下，通货膨胀会在各国之间传递，这必然会引起一些政治问题。在以前的章节中，我们了解了一个国家通过增加货币存量的方式降低已经发行货币的价值，从而获取收入，这部分收入实际上是对货币持有人征税。在实施外汇管制的状况下，一国愿意看到本币币值下降一半所带来的铸币税收入，等于该国一半的货币余额的价值。然而，在没有外汇管制的状况下，一国愿意看到本币币值下跌一半所带来的铸币税收入等于一半的世界货币余额的价值；由于铸币税的税基扩大了，因此，铸币税收入也将大幅增加。通过这种方式，可以从其他国家的居民那儿获取铸币税收入。

在没有外汇管制的情况下，由于世界对一国的货币需求增大所引起的政治冲动是非常明显的。设想当地政府可以自由发行本国可接受的货币，必然会导致通货膨胀。如果这部分税是从那些在下一期的选举中不能投票反对他们的那些人那儿征收来的，则政治家一定喜欢多征税。在国际事务中也存在同样的逻辑。因为每个国家的政府都希望用通货膨胀的方式从其他国家居民那儿获得铸币税收入，这必然使世界货币存量的大幅度增加，从而引起世界性的通货膨胀。

如果各国政府愿意达成一个协议，并根据协议对各国可以增加的货币存量的比例作出限制，则可防止通货膨胀的发生。如果各国政府愿意获取基本相等的铸币税，则这种合作可以实行。否则，如果一些国家想获得比别的国家多的铸币税收入，则很难达成一致。

如果这种合作性货币政策不能够实现，一国如果想避免由政治性因素而导致的通货膨胀，则只能将本国的货币需求与其他国家的货币需求分开，即通过实施外汇管制的方式，防止其他国家的货币替代本国货币。当然，在实施外汇管制的状况下，当本国居民同其他国家的居民进行交易时，就必须承担由于货币兑换而产生的交易成本。

5.6 理想的国际货币体系

如果可以实现政治上的合作，那么我们最想要的是什么样的国际货币体系呢？要回答这个问题，我们首先需要回答在一个国家内（独立的政治主体），我们想要一个什么样的货币体系？难道我们希望我们的每个城市都有自己的货币？如果真是这样，当一个人在不同的城市购物时，就必须知道汇率并且进行货币兑换，这些都会产生交易成本。很显然，减少这些交易成本和方便交易的最好的方法是在一个国家内实行单一货币，每个国家都选择这样的货币体系。

那么这些国家如何阻止各个城市通过发行货币的方式相互之间征收铸币税呢？他们通过授权的形式只允许唯一的国家机构拥有纸币发行权。这就意味着一个国家的各个城市不能执行不同的铸币税政策。实际上，各个城市为了减少相互之间的交易成本也愿意让渡货币政策的自主权。

对于世界经济也应采用同样的解决办法。如果在世界范围内使用单一货币，可使国家之间的交易成本最小化。人们在购买其他国家的商品时不需要进行货币兑换，也不需要担心由于汇率的波动而使自己持有的货币突然贬值。单一世界货币要求各个国家放弃自己货币政策的自主权，而将货币政策交给可以信赖的国家或者是国际机构①，完全由他们来确定准确的货币增长率并且支配铸币税收入。目前欧盟就采用这种解决方式，即由欧洲货币局发行单一的欧洲货币。长期以来，巴拿马采用美元作为流通货币，阿根廷也在考虑准备采用美元。在美洲的一些其他国家也在讨论采用美元作为统一货币的问题。

如果说在世界经济中只有一种世界货币的要求太过分，那么在没有货币管制的条件下，多种货币按照固定汇率进行货币交易，则可以获得只有一种货币的大多数好处。在这种状况下，多种货币的不同功能仅仅是世界货币供给的不同符号，而这些不同的货币在任何地方都可以自由交易。这就要求货币政策必须是合作性的，以防止投机性货币冲击和任何一个国家试图用通货膨胀的方式对整个世界征税。

实际上，政治上的合作是一个必要条件。如果采用货币联盟的国家对是否将铸币税作为一项重要的政府收入存在很大分歧，或者对货币政策的一些其他观点意见不一致，则不值得为了获得降低国际贸易成本所带来的好处而放弃采用独立的货币政策。因此，货币联盟通常出现在经济状况相似的国家之间，如欧盟。然而，即使是这些国家对铸币税的依赖程度也存在明显差异。1973—1978 年，铸币税占年税收收入的 1% ~6% 。② 第3章中图3.7所示的数据反映出欧盟各国铸币税收入的状况。

5.7 本章小结

本章的主要目的是对不同的国际货币体系进行分析。这种研究对于当今世界非常重要。因为各个国家都在考虑如何对所处的国际货币体系进行更广泛的革新。

我们首先考察了存在外汇管制时的货币体系。我们发现两国之间的汇率是由影响两国货币的相对供给和相对需求的因素决定的。在浮动汇率和外汇管制的情况下，其他国家货币供给或需求的变化不会影响本国的货币价值。

在实施外汇管制时，为了购买另一个国家的产品，必然会产生货币兑换的交易成本。而这种交易成本在人们可以自由持有和使用其他国家货币的情况下就不会出现。然而，在这种状况下，汇率将变得不可确定。而这种不可确定性必然引起汇率的频繁波动，使货币持有者面临货币突然贬值的风险。

---

① 二战结束后，西方各国和其他一些国家在美国新罕布什尔州（New Hampshire）布雷顿森林市（Bretton Woods）签订合约，各国同意采用与美元维持固定汇率的货币政策，同时美国承诺可以用美元兑换黄金。虽然这个时期不是严格意义上的单一世界货币，但各国之间政治上的相互关系与单一世界货币相似。在这种固定汇率下要求各国必须保持与美国的货币增长率相适应的一个货币增长率。这个货币体系由于美国在越南战争期间为资助战争而大量增发货币而遭到破坏。1971 年，尼克松总统宣布美国将不再维持固定汇率制或者说不再承担用黄金兑换美元的义务。

② 参见 Fischer（1982）以及 Canzoneri 和 Rogers（1990）对欧盟所面临的贸易权衡的讨论。

如果各个国家同意采用固定汇率制，这个不可确定性的问题就可以得到解决。然而，当各种货币完全可替代时，又存在试图对其他国家居民征收铸币税的动机。这说明各国之间想要采用固定汇率制就必须采用相互合作的货币政策。

5.8 练习

5.1 假设德国（a 国）和法国（b 国）没有实行外汇管制。德国和法国的货币总需求分别为 2 000 单位商品和 1 000 单位商品。德国和法国的货币供给分别为 100 马克和 300 法郎。

a. 当汇率为 $e_t=3$ 时（按照本书定义），试求各国货币的价值？当 $e_t=1$ 时，各国货币的价值又将是多少？是否一种汇率比另一种更受欢迎？请解释。

b. 假设 $e_t=3$，且法国的货币存量相当于原来的 3 倍，而德国的货币存量保持不变。法国通过铸币税的方式将多获得多少单位商品？这部分铸币税中有多大比例是从德国居民手中获取的？

5.2 考虑有两个完全相同国家的标准代际交叠模型。每个国家的每一代人口量为 100 人，并且每个年轻人持有价值 10 单位商品的货币余额。a 国货币量为 \$ 400，b 国货币量为£ 100，固定汇率为 1，没有外汇管制且各国货币当局间不进行相互合作。为了维持固定汇率，每个国家将对本国的老年人征收 500 单位商品的税。

a. 以商品计量的 1 美元的价值是多少？1 英镑呢？

b. 如果人们放弃使用英镑，1 美元的价值是多少？人们放弃使用美元，1 英镑的价值是多少？

c. 为避免投机性货币冲击，一国为维持汇率稳定必须持有充足的外汇储备以满足外币兑换的需要。哪一个国家更易于遭受投机性冲击？（提示：在回答这个问题时需使用 b 的结论）

5.3 考虑一个标准的代际交叠模型，有两个完全相同的国家，a 国和 b 国。每个国家的每一代人口数量为 200 人，且每个年轻人持有价值 50 单位商品的货币余额。假设只有 a 国货币可以在两国间同时流通使用。a 国的总货币量为 \$ 800，两个国家初始的老年人均等地持有这些货币。

a. 计算 a 国货币的价值以及初始老年人的消费量。

b. 假设 b 国自己发行货币，每位 b 国的初始老年人持有£ 10。为保证对这种货币的需求，b 国实施外汇管制。计算 1 美元的价值和 1 英镑的价值。计算 a、b 两国初始老年人的消费量。通过这种政策转换，哪一国居民的福利水平得到了提高？

5.4 考虑一种没有外汇管制的两国经济。

a. 写出货币市场的出清条件。

b. 讨论在此经济体系下的汇率。特别地，讨论为什么汇率在这种经济体系下会表现出更大的波动性。

5.5 考虑两个标准世代交叠模型相同的国家。在每个国家中，每代人的人口数是100，每个年轻人想持有价值18单位商品的货币余额。初始老年人中的每个成员拥有3美元（国家a）和3英镑（国家b）。汇率被固定在2（1美元兑2英镑）。没有外汇管制。

a. 货币存量保持不变的均衡状态下，求每国货币一单位的价值（用货物来衡量，运用世界货币市场出清条件式5.13）。每一个老年人的消费是多少？（注意每个老年人都拥有两个国家的货币）

b. 假设两国初始老年人中的每个成员决定将其对国家a的真实货币余额削减1/3（减到8单位商品）。他向国家a的货币管理局上交1美元以获得更多国家b的货币。假设国家b的货币管理局同意合作，即发行足够多的货币以满足需求。每个国家名义上的货币存量为多少？每个国家一单位货币的价值是多少？

c. 假设初始老年人每个成员都向国家a的货币管理局以固定的汇率上交1美元以获得更多的国家b的货币，但国家b的货币管理局拒绝合作。假设国家a政府决定通过对每个老年人实行平等的税收来兑现承诺。每个国家一单位货币的价值是多少？每个国家a的老年人需要被征收多少货物的税？相较于b小题中的政策，谁更偏好此政策？谁不偏好？

d. 假设初始老年人每个成员都决定将其对国家a的真实货币余额削减1/3（减至8单位商品），政府决定不再干涉使汇率固定。新的汇率是多少？每个老年人的消费是多少？为什么汇率的变化没有损害到任何人？相较于c小题中的政策，谁更偏好此政策？谁不偏好？

5.6 考虑一个标准世代交叠的经济体系，在这种体系中，区域性货币为欧元的地区被命名为欧元区。假设欧元区每个时期有1 000人出生。每个年轻人都想要价值50单位商品的货币余额。一共有2 000欧元在区域内流通。

a. 假设欧元区外不存在其他国家。计算在货币市场出清条件下对于一个单独国家的欧元价值。

b. 希腊，欧元区的一部分，试图创造它自己的货币，被称为希腊币（drachma）。每个时期有50个希腊人出生，每个人都想要持有价值50单位商品的货币余额。希腊发行了100希腊币进入流通体系。假设在欧元区，欧元和希腊币都是可接受的，那么欧元和希腊币之间的汇率是多少？

c. 假设汇率被固定在5单位希腊币兑1单位欧元，计算欧元的价值，计算希腊币的价值。

第6章　价格突变

6.1　本章概览

在这一章中，我们将分析两个新问题。首先，我们将研究随机的、未预期到的货币政策变化。在第4章中，我们研究了长期的、可预期的法定货币存量增长率的变化如何影响收益和福利。现在，我们考虑的是货币政策突变和由此带来的影响。

其次，我们研究的经济模型中，产品和服务的生产成为核心内容。这样我们可以解释以下两个问题：（1）货币政策如何跨国影响价格和产出；（2）在商业周期之上，货币供应量变化和产出之间存在怎样的关系。

为了使问题更加有趣，我们想看看货币供应量的突变是否会引起产出的改变。这一想法源自弗里德曼和施瓦茨（1963），这一研究细致地呈现了商业周期之上的货币供应量变化和产出变化。该研究发现在产出变动前，货币供应量会出现频繁变动。卢卡斯构建了一个模型来解释货币供应量变动如何揭示未来的产出变动，正式构建了商业周期的货币理论。

在此基础上，我们也要研究一些更为一般性的问题，即政策突变如何导致数据之间的相互关系发生变化，而这种变化将对政策的制定者产生误导，从而影响政策的制定和执行。

6.2　数据

第一件引人注目的事情是，你将发现在这一章中观察占据着主导地位。运用观察这一有效方法，学生们可以发现相应的经济学理论。我们先从失业率和通胀率之间的关系图入手。

6.2.1　菲利普斯曲线

1958年，菲利普斯（A. W. Phillips）在对英国近一个多世纪的通货膨胀与失业进行统计研究时发现，它们之间存在明显的线性关系。① 随后的一系列研究工作揭示出其他国家经济中也存在同样的相关关系。虽然人们不知道为什么会存在这样的相关性，但是这个发现给经济学界一些启示，利用通货膨胀与失业之间的关系，即通过提高通货膨胀率，政府可降低失业率和增加产出。通货膨胀率与失业率之间存在的这种明显的负相关关系，可以从美国1948—1969年的统计数据中非常清晰地体现出来，如图6.1所示。

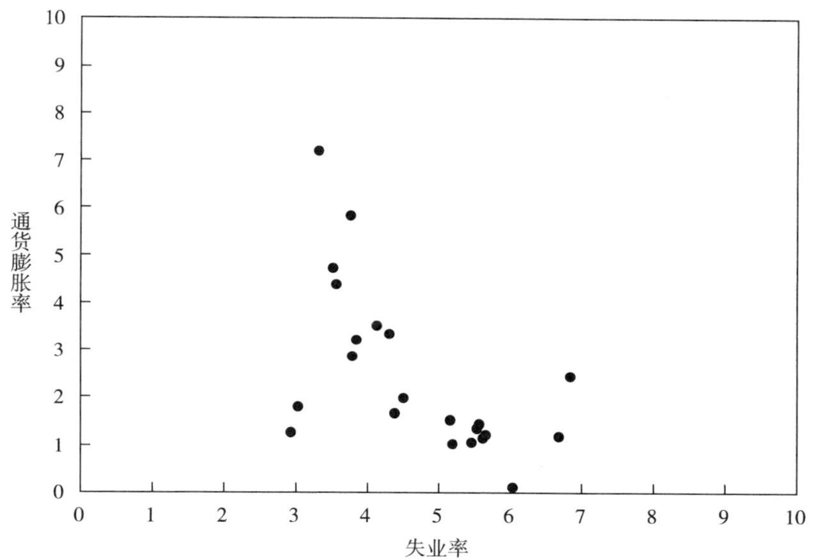

注：我们这里绘制的是1948—1969年的失业率和通胀率之间的关系。在1970年以前，在通货膨胀和失业率之间存在着稳定的负相关关系，即通常所指的菲利普斯曲线。

资料来源：The Federal Reserve Bank of St. Louis FRED database（http：//www.stls.frb.org/fred/index.html）。

图6.1　菲利普斯曲线

在随后的几十年里，许多国家的政府试图用货币政策来刺激经济增长。然而，这个存在了一个多世纪的稳定关系——菲利普斯曲线却突然消失了。通货膨胀率的提高并没有伴随着产出或就业的增加，我们观察美国自1970年至今的关于通货膨胀率和失业率的统计数据，可以非常明显地看出两者之间关系的消失。如图6.2所示。

为什么会发生这种状况呢？难道是某种邪恶神灵为了阻碍人类进步，在我们找到防止经济衰退的方法后突然改变了经济“规律”？

① 实际上菲利普斯研究的是工资与失业率之间的关系。虽然通胀率与失业率之间的关系用菲利普斯的名字来命名，但是，实际上它是费雪在1926年最初提出的。

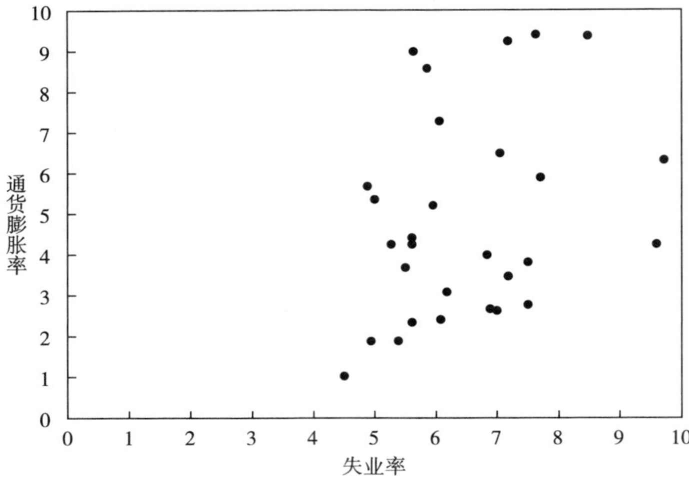

注：我们这里绘制的是1970—2000年的失业率和通胀率之间的关系。在20世纪60年代年以后，失业率和通货膨胀率的统计数据表明这两个变量之间不存在明显的关系。

资料来源：The Federal Reserve Bank of St. Louis FRED database（http：//www. stls. frb. org/fred/index. html）。

图6.2 菲利普斯曲线

6.2.2 多国之间的比较

在多国之间进行比较使问题更加令人迷惑。比如卢卡斯（Lucas）在1973年发现，与前面的分析略有不同，实际平均经济增长率较低的国家，其通货膨胀率的平均水平往往较高，如图6.3所示。在同样一个世界中，为什么会产生这种相互矛盾的关系呢？

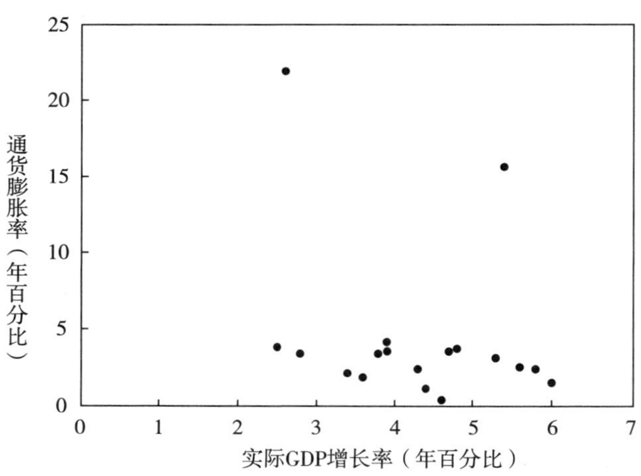

注：在这里，我们绘制的是各国的通胀率和产出增长率。通货膨胀率和实际产出的统计数据表明它们之间存在着弱趋势，实际产出平均增长率较低的国家的平均通货膨胀率较高。

资料来源：Lucas（1973）。

图6.3 多国视角下通货膨胀率与实际产出之间的关系

6.3 预期与货币中性

卢卡斯在1972年发表的文章《预期与货币中性》中提出了这个难题，他设计了一个如下的经济模型，内容包括：

- 通货膨胀与产出之间在短期存在正相关关系；
- 当政策的制定者试图利用这种相互关系时，这种正相关关系消失；
- 在多国视角下，长期的通货膨胀与产出之间存在负相关关系。

用此模型作为说明，卢卡斯引发了现代宏观经济理论与实践分析方法的一场革命。

6.3.1 卢卡斯模型

在这个模型中，卢卡斯采用了标准的货币代际交叠模型。同时假定人们是生活在两个空间上相互独立的小岛上。在一定时间内，两个小岛的总人口数量保持不变。有半数的老年人口在各个时期生活在两个岛上，这些老年人是随机分布在这两个岛上，与他们年轻时生活在哪个岛上没有关系。但是，在我们简化的模型中，假定年轻人在两个岛上不是均等分布的，其中一个岛上有2/3的年轻人（另一个岛上有1/3的年轻人）。[①] 在任何一个时期内，每一个岛上都有均等的机会，使得数量较多的年轻人住在这个岛上。假定在任何一个时期由于人口的随机安排所造成的结果并不影响其他时期。

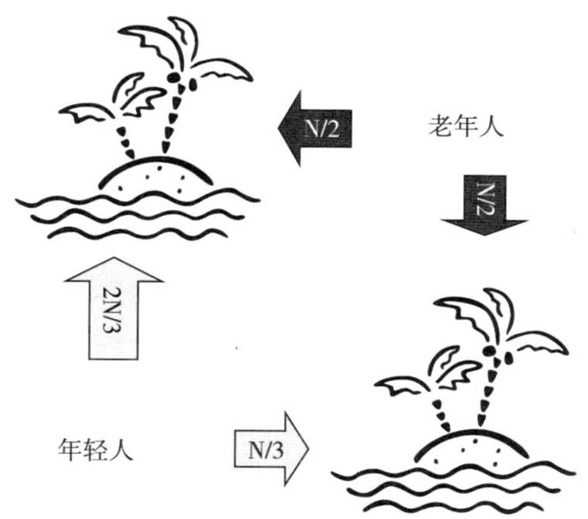

注：在这个图片里，我们可以看到老年人平均分布在两个岛屿里。对年轻人来说，2/3的年轻人在东北岛屿，1/3的年轻人在西南岛屿。

图6.4 卢卡斯岛屿模型

货币存量按照 $M_t = Z_t M_{t-1}$ 的速度增加。同第3章一样，货币存量的增加是由于在每个时期 t 对每位老年人给予一次性补贴所造成的，这些补贴相当于 $a_t = [1 -$

① 我们的阐述是根据华莱士（Wallace）1980年提出的类似的简化的卢卡斯模型。

$(1/Z_t)](v_tM_t/N)$ 单位的消费品。[1]

下一步就是描述人们的认知能力。在这个模型中，假定信息对每个人采取的行动至关重要。在任何一个时期，年轻人既不能直接观察到他们所居住的岛上年轻人的数量，也不知道老年人获得的补贴的数量。在下一期，人们知道上一期的名义货币存量余额，每个岛上的商品价格只有生活在这个岛上的人知道。同时假定，在一个时期内两个岛相互之间没有联系。

虽然我们假定每个人不能通过观察直接了解岛上年轻人数量这一重要变量，但并不等于说这些人是愚蠢的或非理性的。假定他们知道可能面对的结果和每一种结果的概率，他们会尽可能地根据观察到的价格作出推断。同时，我们假定在明确限定了能够观察到的事情后，人们能够作出最正确的推断。人们非常清楚结果发生的概率对他们的福利有重要影响，这一假定由穆斯（Muth）在 1961 年提出，称为“理性预期”（rational expectations）。

在本章采用代际交叠模型进行分析时，我们对人们的行为重新进行诠释，以更好地反映市场商品和非市场商品的不同。人们在年轻时有 y 单位的时间禀赋，其中 c_1 单位时间用于休闲，其余用来劳动。年轻人将劳动（放弃休闲）所生产的商品出售给老年人。我们以 $l_t^i = l(p_t^i)$ 代表出生在 t 时期生活在岛 i 上的人在给定商品价格为 p_t^i 时选择从事的劳动量。假设 1 单位劳动可以生产 1 单位的商品，则 $l(p_t^i)$ 代表个人所生产的商品量。同时指出，个人提供的劳动量是由个人生产的商品的价格决定的。在 t 时期生活在岛 i 上的年轻人的预算约束为

$$c_{1,t}^i + l_t^i = c_{1,t}^i + v_t^i m_t^i = y \tag{6.1}$$

采用的标注与以前章节中的相同，但是以上标 i 标明个人出生在哪个岛上。一个年轻人持有的货币（用 $v_t^i m_t^i$ 单位消费品表示）等于他生产并在市场上销售的商品的数量 l_t^i，它代表个人对货币的实际需求。将持有的有效货币量，以及政府的一次性转移支付，用以支付老年时的消费。根据以上的分析，每位老年人在 $t+1$ 时期的预算约束为

$$c_{2,t+1}^{i,j} = v_{t+1}^j m_t^i + a_{t+1} = \left[\frac{v_{t+1}^j}{v_t^i}\right] l_t^i + a_{t+1} = \left[\frac{p_t^i}{p_{t+1}^j}\right] l_t^i + a_{t+1} \tag{6.2}$$

等式表明，第二时期的消费取决于个人出生的岛 i 和年老时随机安排的岛 j。给定出生岛的价格 p_t^i，人们选择工作量 l_t^i，从而最大化他们的预期效用。人们的偏好严格地限定为：劳动的回报率越高，年轻人越愿意选择多工作。给定将来商品的价格，则现在商品的价格越高，劳动的回报率，即 p_t^i/p_{t+1}^j 越高。因此，假定本期商品的价格上升，而其他因素保持不变时，会使年轻人增加劳动。[2] 用标准的微观经济学语言可表述为：价格提高所产生的替代效应（一种商品相对价格的提高将导致产出增加）将超过收入效应或财富效应（一种商品相对价格的提高使人们的财富增加，因此人们为了享

① 卢卡斯（1972）假定补贴与个人持有的货币余额成比例。

② 参见卢卡斯（1972）关于偏好的严格限定。

受更多的休闲，希望减少工作）。

6.3.2 非随机的通货膨胀

我们首先考察当货币存量在每个时期都以 $z_t = z$ 的固定比率增加时，人们的行为方式。在这种状况下，假定上一期的货币存量为已知，则理性的个人将上一期的货币存量乘以 z，可以非常容易地推断出本期的货币存量。

现在我们来分析，当岛上有 N^i 个年轻人时市场出清的条件。在 t 时期，每位年轻人对货币的需求为 $l_t^i = l(p_t^i) = v_t^i m_t^i$ 单位商品。由于岛 i 上有 N^i 个年轻人，则总的货币需求为 $N^i l(p_t^i)$ 。不管其出生在哪个岛上，年老时则均等地分布在两个岛上，因此，每个岛上有一半的货币存量。在 t 时期岛 i 上的总实际货币供给为 $v_t^i(M_t/2)$ ，我们得出货币市场出清的条件：

$$N^i l(p_t^i) = v_t^i \frac{M_t}{2} \tag{6.3}$$

因为纸币的价值 v_t^i 等于商品价格 p_t^i 的倒数，我们可以将式 6.3 表示为

$$N^i l(p_t^i) = \frac{M_t/2}{p_t^i} \tag{6.4}$$

N^i 等于（1/3）N 还是等于（2/3）N，依赖于岛 i 上年轻人的数量的多少。重新变化式 6.4，得

$$p_t^i = \frac{M_t/2}{N^i l(p_t^i)} \tag{6.5}$$

因为每个岛上年轻人的数量是唯一的随机变量，市场出清的条件可表示为价格水平是年轻人数量的函数。因此，利用观察到的商品价格 p_t^i ，所有的年轻人可以推断出他们所居住的岛上的年轻人数量。人口数量较少［$N^A = (1/3)N$］和人口数量较多［$N^B = (2/3)N$］岛上的商品价格分别用 p_t^A 和 p_t^B 代表。根据式 6.5，A 岛上的商品价格为

$$p_t^A = \frac{M_t/2}{N^A l(p_t^A)} = \frac{M_t/2}{\frac{1}{3}Nl(p_t^A)} \tag{6.6}$$

B 岛上的商品价格为

$$p_t^B = \frac{M_t/2}{N^B l(p_t^B)} = \frac{M_t/2}{\frac{2}{3}Nl(p_t^B)} \tag{6.7}$$

我们发现 $p_t^A > p_t^B$ ，说明人口较少的岛上的商品价格较高。原因是由于年轻人的数量较少，生产的商品量少，从而导致商品价格较高（在本章附录中将对 $p_t^A > p_t^B$ 作出证明）。因为商品在下一期的价格与本期价格无关，所以本期商品价格越高，生产商品的回报率 p_t^i/p_{t+1}^j 也越高。总之，当一个岛上的人口较少时，由于商品的价格较高，使得劳动的回报率也高，人们就愿意多工作。

换言之，年轻人较多的岛将面对一个相对较低的商品需求。因为有许多年轻人可以为老年人提供商品，导致商品的价格较低；而年轻人较少的岛将面对一个相对较高的商品需求，因为只有较少的年轻人可以为老年人提供商品，导致商品的价格较高。

假定替代效应超过财富效应，则当回报率较高时年轻人愿意多工作。这就意味着，当有较少的年轻人为老年人提供商品时，每个年轻人愿意生产更多的商品；当有较多的年轻人生产商品时，每个年轻人只想生产较少的商品。当然，由于总是有一个岛上有（2/3）N 的年轻人，另一个岛上有（1/3）N 的年轻人，因此，总产出与哪个岛上的年轻人数量较多没有关系。

在市场经济下，价格将发挥作用。它向人们发出世界真实状况的信号，从而使人们在给定的真实条件下选择合适的产量，以最大化他们的福利水平。

如果年轻人知道高价格是由于一次性的纸币存量的永久增加所导致的，是否他们还会以同样的方式对高价格作出反应呢？不会。只需看一下货币存量在本期和下一期都较高时年轻人的劳动回报率即可：

$$\frac{v_{t+1}^{j}}{v_{t}^{i}}=\frac{p_{t}^{i}}{p_{t+1}^{j}}=\frac{\dfrac{M_{t}/2}{N^{i}l(p_{t}^{i})}}{\dfrac{M_{t+1}/2}{N^{j}l(p_{t+1}^{j})}}=\frac{N^{j}l(p_{t+1}^{j})}{N^{i}l(p_{t}^{i})}\frac{M_{t}}{M_{t+1}} \tag{6.8}$$

货币存量的永久性增加使得 M_t 和 M_{t+1} 同比例增长，因此对本期和下一期的商品的相对价格不会产生任何影响。由于货币存量的永久性增加所导致的当前价格较高对劳动回报率没有影响，因此也不会影响人们的工作意愿。正如我们在第 1 章和第 3 章所指出的，在这种经济状况下货币是中性的。

那么，预期到的通货膨胀会对劳动产生什么样的影响，是否货币是超级中性？当然不是。再来看式 6.8，$M_{t+1}=zM_t$，当 z 提高时，$M_t/M_{t+1}=M_t/zM_t=1/z$ 将下降，劳动的回报率下降。由于货币存量增加，使得从劳动中获得的货币余额被征税，从而降低人们的工作意愿①。随着 z 的增加，人们工作的积极性下降，最终使得产出减少。

现在，我们来建立一个图，对产出和增长率 z 两者之间的关系进行比较，其中产出是货币存量的稳定增长率 z 的函数。

图 6.5 显示了通货膨胀和产出之间的负相关关系，这与菲利普斯曲线所指出两者之间的关系正好相反。[在模型中没有直接使用失业率，使用总劳动供给（在图中以 L 标明）或者是对应的总产出，而总产出与失业率应呈负相关关系] 重要的一点是要注意图 6.5 表示的是跨部门情形，即对两种不同的经济进行比较，每一种经济都有一个不同的固定的通货膨胀率。以此方法与卢卡斯（1973）对多国之间平均通货膨胀与产出率相关关系的研究进行比较，图 6.5 的方法更好地展示了通货膨胀与产出之间的负

① 卢卡斯（1972）假定了个人的货币余额与津贴成比例。在这种状况下，产出不受货币存量增长率 z 的影响。

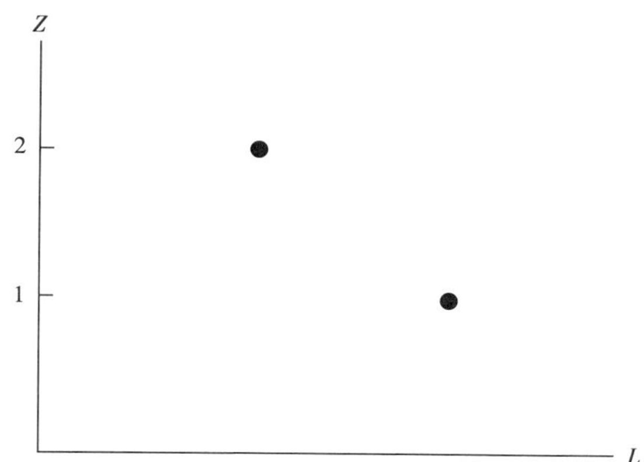

注：该图绘制了卢卡斯双岛模型预测的产出和通胀率之间的关系。该图说明了利用卢卡斯模型对两种经济状况下的产出进行的预测，一种是货币存量的增长率较高时的产出，另一种是货币存量的增长率较低时的产出。

图 6.5 卢卡斯模型中通货膨胀与产出的关系

相关关系。

与此相对照，菲利普斯曲线是对同一经济在不同时期通货膨胀与失业的时间序列比较。因此，为了判定我们的模型是否与菲利普斯曲线相一致，我们必须引入一段时期内通货膨胀率的变化。

6.3.3 随机的货币政策

考虑一个采用下列随机货币政策的两岛经济：

$$M_t = \begin{cases} M_{t-1} & \text{概率为 } \theta(z_t = 1) \\ 2M_{t-1} & \text{概率为 } 1 - \theta(z_t = 2) \end{cases} \tag{6.9}$$

假定在所有的购买行为发生之前，采用的货币政策（z_t的值）对年轻人来说是保密的。也就是说，直到 t 时期结束个人才知道 M_t 的值。

同以前一样，为了确定工作的努力程度，年轻人希望知道自己与多数还是少数其他年轻人生活在同一个岛上，而价格是他们可以直接观察到的唯一的信息。这时候，他们是否仍然能够同与 z 不是随机变化的情况时一样，依靠观察商品的价格，推断出岛上年轻人的数量？再来看市场出清的条件（式 6.3）：

$$N^i l(p_t^i) = v_t^i(M_t/2) \tag{6.10}$$

$$\text{或者} \quad p_t^i = \frac{M_t/2}{N^i l(p_t^i)} = \frac{z_t(M_{t-1}/2)}{N^i l(p_t^i)} \tag{6.11}$$

因为人们都不知道岛上的人口数量 N^i 和货币存量，所以不能再仅仅依靠观察商品的价格推断出岛上年轻人的数量。比如，高价格可能是由于年轻人的数量较少引起的，也可能是由于较多的货币存量引起的，这种差别对年轻人是至关重要的。如果高价格是由于年轻人的数量较少而导致的，则所有的年轻人因为预期获得好的劳动平均回报而愿意更努力工作。另一方面，如果高价格是由于增加的货币存量所导致，他们就没有理由特别努力地工作，因为当前的高货币存量并不影响对未来的货币增长率 M_{t+1}/M_t 的预期，因而对货币和劳动的预期回报率没有影响。不同时期的货币存量是相互独立的（“序列不相关”）。

那么，年轻人是否能依据商品的价格推断出 N^i 的一些情况呢？在我们的简化模型中，有两个可能的人口数量和两个可能的货币增长率。通过对岛上年轻人的数量和不同的 Z 值进行组合，将会出现四种不同的状况。借助式 6.11，考察在每一种状况下价格水平如何发生变化。

根据表 6.1（对于给定的 l）$p_t^a < p_t^b = p_t^c < p_t^d$。因此，在四种可能价格中有两种是特例，每一种只有在特殊组合时才会出现。价格 p_t^a 只有当货币存量较小而人口数量较大时才会出现；价格 p_t^d 只有当货币存量较大而人口数量较少时才会出现。

因此，如果年轻人观察到价格 p_t^d，他们就可以推断出他们生活的岛上的人口数量一定较少。这就意味着平均来说他们能够得到较好的劳动回报，所以愿意努力工作，提供 l_t^d 单位的劳动。必须注意，价格 p_t^d 只有在货币存量较大（$z_t = 2$）时才会出现。

同样，当年轻人观察到价格 p_t^a 时，他们能推断自己生活的岛上的人口数量必然较多。这就意味着平均来说他们的预期劳动回报率较低，所以他们就会减少工作，仅提供 l_t^a 单位的劳动。注意，价格 p_t^a 只有在货币存量较小（$z_t = 1$）时才会出现。

表 6.1　　随机货币存量所导致的四种可能价格

纸币存量的增长率	年轻人的数量	
	$\frac{2}{3}N$	$\frac{1}{3}N$
$z_t = 1$	$p_t^a = \dfrac{M_{t-1}/2}{\frac{2}{3}Nl(p_t^a)}$	$p_t^b = \dfrac{M_{t-1}/2}{\frac{1}{3}Nl(p_t^b)}$
$z_t = 2$	$p_t^c = \dfrac{2(M_{t-1}/2)}{\frac{2}{3}Nl(p_t^c)}$	$p_t^d = \dfrac{2(M_{t-1}/2)}{\frac{1}{3}Nl(p_t^d)}$

注：由于每个岛上的货币存量和人口数量是随机的，生产出的商品将有四种可能的价格，但只有两种价格是特例。低价格 p_t^a 只有在货币增长率低且人口数量多时才会出现。高价格 p_t^d 只有在货币的增长率高且人口数量少时才会出现。然而，当观察到中间价格 $p_t^b = p_t^c$ 时，个人将不能推断出所居住的岛上的人口数量和货币增长率。

当出现 b 和 c 这两种状况时，结果又会怎样？在这两种状况下，年轻人不能推断出他所在的岛上的年轻人的数量。他们也不能了解自己所在的岛是有较少的年轻人和较少的货币存量（状况 b），还是有较多的年轻人但同时也有较大的货币存量（状况 c）。由于年轻人不能推断出自己所在岛上的年轻人的数量，每个年轻人将生产 l^*，这个劳动量比他知道岛上人口数量较少时愿意提供的少，而比他知道岛上人口数量较多时愿意提供的多。这就产生出一个中间价格 P^*，而这个价格比 p_t^a 高，比 p_t^d 低。

这说明随机的货币政策并不总是能够增加产出。虽然在状况 c 时，人们生产的商品数量比知道自己的真实状况时要多；而在状况 b，则生产的少。因为人们认为观察到的价格是货币存量增加的信号而不是商品需求增加的信号。这种产出变化可以用图 6.6 概括表示。

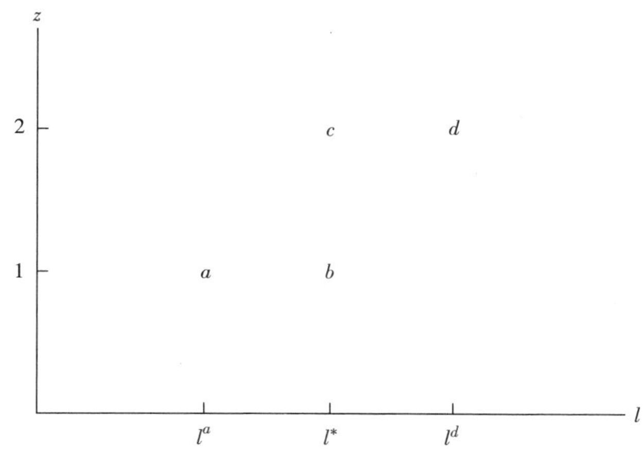

注：图中描述了卢卡斯模型预期的单一经济两岛模型中通胀率和产出之间的关系，当货币存量增长率的高低是随机变化时，分别对应的产出状况。

图 6.6 两个岛上通货膨胀与产出之间的关系

在这个经济中，总是有一个岛上年轻人的数量较多而另一个岛上年轻人的数量较少。因此，在货币存量较大（$z_t = 2$）的时期，一个岛将出现状况 c 而另一个岛将出现状况 d，总产出将等于 l^c 和 l^d 的加权平均数。同理，在货币存量较小（$z_t = 1$）的时期，一个岛将出现状况 a 而另一个岛将出现状况 b，总产出将等于 l^a 和 l^b 的加权平均数。总产出曲线 L 的状况大致可以用图 6.6 表示，呈现出与菲利普斯曲线相似的关系，当通货膨胀率高（z 较大）时，产出也较高（失业率低）。

6.4 对计量经济政策评价的卢卡斯批判

假定经济学家们考察图 6.7 所描绘出的时间序列，如 100 年间的经济发展历程，但是他们不理解产生这个时间序列的经济模型的含义。从历史数据中可以非常清楚地看出：货币存量扩张时期的产出较高。经济学家们会根据这个结论作出什么样的推断？难道是货币的增发使产出增加？

纸币存量是由政府控制的。难道这些历史数据间的相关性建议政府通过控制货币存量来控制总产出？如果经济学家们认为与低的通货膨胀率相比政府总是更关心高的产出，那么他们应建议政府采取什么样的政策？难道是在每个阶段都用增印纸币的方式刺激产出？

这种政策可行吗？如果货币存量在每个时期都增加，在经济中对产出将会产生什

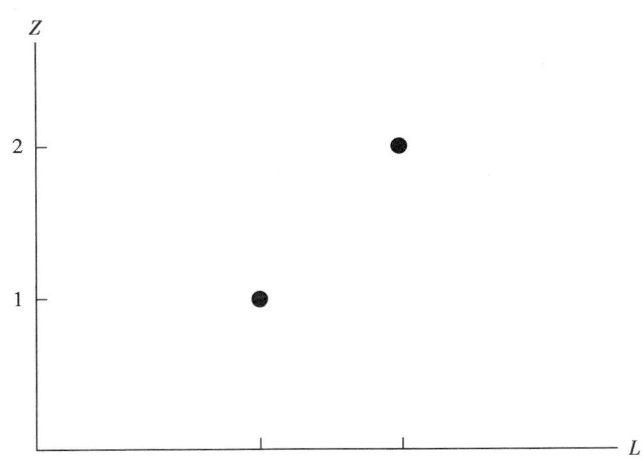

注：图中描述了卢卡斯模型预期的单一经济中，当货币存量增长率的高低是随机变化时，分别对应的总产出状况。

图 6.7 通货膨胀与总产出

么样的影响？其实图 6.5 中我们已经作出了回答：产出将减少，而不是增加。当政府在每个时期都膨胀货币量时，人们将不再被这种状况所迷惑，他们知道状况 a 和 b 不会再出现。因此，如果看到价格 P^c，他们就会推断出自己所居住的岛上的人口较多，这会使他们减少工作并且生产较少的商品。因为他们发现政府总是采用通货膨胀的政策，因此自己不可能处于状况 b，即有较少的年轻人和较少的货币存量。在非随机的货币政策下通货膨胀对产出增加的刺激作用将失效，因为人们已经认识到这种状况，也就不再被这种状况所愚弄。

（通货膨胀几乎不可能总能刺激产出增加。假定政府在 100 个时期中有 99 个时期采用通货膨胀政策，在这种情况下，虽然人们可能发现自己处于状况 a 和 b，但是任何观察到中间价格 P^* 的人都知道这个价格有 99% 的可能性是由于较高的货币存量导致的，而只有 1% 的可能性是由于年轻人数量较少。尽管他们认为有 1% 的可能性会出现状况 b，并据此作出反应，决定投入较多的劳动量，但是观察到价格 P^* 的年轻人更大的可能性是认为这个价格是状况 c，即人口数量较多且货币存量较大而产生的结果，并据此作出劳动投入决策。）

在这个问题上，理论经济学家大失颜面。他们为货币当局设计了一个令人满意的永久性刺激产出增加的政策，但却带来了相反的结果，产出非但没有增加反而减少。这个维持了 100 年的通货膨胀与产出之间的稳定关系在政府要利用时却突然发生了变化。究竟出了什么问题？为什么通货膨胀与产出之间的曲线关系改变了倾斜方向？

货币与产出之间的相互关系，或者其他的一些经济变量之间的相互关系，来自决策者对他们所面对的环境作出的反应，这个环境的一个重要特征是政府的政策。尤其是货币与产出之间的相互关系依赖于政府执行的货币政策。当经济中的政策从随机的通货膨胀转变为稳定的通货膨胀时，生产者的行为必然会发生改变。

一个经济通过相互作用达到均衡所形成的各个变量之间的相互关系被称为归纳型相互关系。在我们的模型中，这种关系通过图6.7中连接各点所得直线的斜率表示出来。“卢卡斯批判”指出，当政府的政策发生变化时，决策者依据运作的规则也会变化，从而归纳型相互关系也将随之发生变化。在我们所研究的例子中，当政府从随机的通货膨胀政策转变为稳定的通货膨胀政策时，这种变化体现得尤为突出，不仅是相关性（斜率）发生了改变，而且符号也由正相关关系变为负相关关系。

那么我们怎样才能对经济政策进行评价呢？我们需要知道人们对新政策会作出什么样的反应，即需要一个理论。如果我们知道人们的动机（偏好）和约束（物质制约、信息的局限性及政府的政策），我们就可以对人们在政策改变时会作出什么样的反应作出预测。卢卡斯的观点并不是说计量经济政策的评价是不可能的，而是认为如果没有理论就不能了解经济是如何运作的，因此，就难以作出评价。我们不能仅仅依靠观察到的一些数据就直接作出判断，因为当政府的政策改变时，从数据中观察到的变量之间的相互关系也会发生变化。

6.5 最优的政策

什么政策才是最好的政策呢？难道政府在制定经济政策时应该掷骰子？下面我们来看采用随机货币政策时人们的福利状况。

如果政府随机地扩张货币存量，价格的信号作用将变得迷惑不清。从根本上讲，难道是政府掩盖世界真实状况的信息？人们并不总是能够确定价格的提高是对他们产品的需求增加的信号，如果是，则他们增加产品的生产能够提高自己的福利水平。但是如果价格的提高是由于货币存量的增加，则人们增加产出不会使自己的福利水平提高。政府越频繁地采用货币扩张，人们就越容易相信任何观察到的价格的提高都是政府增加货币存量的结果。因此，货币存量随机变动的成本使人们不能够确定对其产品需求的真正提高。

即使政府可以愚弄百姓，政府应该那么做吗？为什么政府要通过愚弄的方式，使人们的产出比当他们了解实际状况时愿意生产的多呢？一个棒球投球手或者足球运动员随意控球迷惑击球手或者守门员，那是因为他们都是对方队员。难道政府与其代表的公众不属同一支队伍？政府的正确目标到底是控制产出还是提高本国居民的福利水平？

最优政策首要的是明确目标。对乐善好施的政府来说，旨在操控货币供应量的策略并不能够最大化国民的一生福利。上述模型批判的是人们对未来的预期——理性的人们是具有前瞻性，能够学习政府的货币供应量政策变化。随着人们学习政策规则的运行机制，或近似模拟这种机制，货币政策的突变会带来更高的价格、不变的产出和更低的福利水平。

6.6 本章小结

在这一章，我们首先指出了观察到的失业率与通货膨胀率之间的关系，以及这种关系的消失。然后，我们展示了和这些观察到的结果相一致的卢卡斯 1972 年模型。

在此模型中，对年轻人来说，其他出生在这个岛上并从事生产的年轻人的数量是一个非常重要的实际变量，因为他们需要据此来决定自己的产出量，但是年轻人不能直接观察到这个变量。首先，我们考察了非随机的通货膨胀，即货币当局将货币存量保持固定增长率的状况。在这种状况下，人们可以通过观察商品的价格推断这个岛上从事生产的年轻人的数量。人们了解通货膨胀率的提高降低了劳动的回报率，使人们不愿意努力工作，从而使产出水平下降。这个结论同卢卡斯的发现相一致，即在许多国家稳定的通货膨胀率与产出之间都存在负相关关系。

同样利用此模型，对随机的通货膨胀进行分析，通货膨胀与产出之间的关系发生了根本性的变化，变成了菲利普斯曲线。随机的通货膨胀使得个人决定是否努力工作变得复杂化，因为人们不再总是能够通过观察商品的价格推断出他们所居住的岛上年轻人的数量。例如，如果高价格是由于岛上年轻人的数量少，则年轻人愿意努力工作，因为他们预期获得高的平均劳动回报。另一情况，如果高价格是由于货币存量的增加引起的，则不能刺激人们努力工作。由于货币存量是随机变化的，所以价格较少地反映现实世界的信息。这就使得个人不能对世界的真实状况作出判断，与能够根据真实状况作出决定相比较，有时候他们会更努力地工作并且生产的更多；而有时候他们又会作出错误的决定，少工作并且生产比他们能够确定真实状况时少。我们对一段时间内的这种经济进行观察，发现高通货膨胀率与高产出（低失业率）相联系，即菲利普斯曲线。

产出与通货膨胀之间存在何种关系的关键在于随机通货膨胀的假定。政府系统性实施通货膨胀，从而试图利用这种关系，结果发现在通胀与产出之间存在的正相关关系消失了。

正如我们所关注的，卢卡斯模型的重要性并不主要在于对货币与产出之间的相互关系的解释。当然还有一些其他的解释，在后面的章节中我们将作进一步探讨，这些探讨或许能对货币与产出之间的相互关系作出更全面的解释。

卢卡斯的论文改变了宏观经济学，因为它阐明了当经济政策发生变化时，宏观经济总量之间的相互关系也会发生变化。这就指出了一个经济学家们常犯的错误，即评价一项政策的好坏仅仅通过观察一些数据之间的相互关系，而没有从理论上解释人们如何对政策的变化作出反应。这些宏观经济学家们认识到卢卡斯批判的重要性，他们也被迫开始分析环境，并据此研究经济个体如何根据环境变化作出决策。本书依据卢卡斯批判，力图以简洁的模型，对关于人们偏好和约束的假定进行详细分析。

6.7 练习

6.1 假定有两个岛屿，两个岛屿的总人口是500人。初始的法定货币存量为$ 500。货币存量的增长规则为 $M_t = 1.1M_{t-1}$。每个人在岛屿1的概率是1/4，在岛屿2上的概率是3/4。令 $L(P_t^i) = 4$（这样的话劳动供给跟价格无关）。

a. 写下每个岛屿货币市场出清的条件。

b. 解出时期1的均衡价格水平。

c. 写下政府给每个老人的人均转移。

d. 计算转移价值。

6.2 考虑下列模型形式。在 t 时期 i 小岛上出生的年轻人数量 N_t^i 根据下列公式取值。

$$N_t^i = \begin{cases} \frac{4}{5}N & \text{概率为 } 0.5 \\ \frac{1}{5}N & \text{概率为 } 0.5 \end{cases}$$

假设法定货币总量在所有时期均以固定增长率 $z_t = z$ 增长。

a. 从 l_t^i 角度设定个人年轻和年老的预算约束，同时设定政府的预算约束和货币市场出清条件。请给出个人终生预算约束（用 l_t^i 替代年轻人和老年人的预算约束）。

b. 你喜欢出生在哪个小岛上？使用劳动报酬率进行解释。

c. 劳动报酬率和个人劳动供给怎样依赖于 z 产生变化？

下列小题中，假设货币存量增长率 z_t 由下列等式决定：

$$z_t = \begin{cases} 1 & \text{概率为 } \theta \\ 4 & \text{概率为 } 1-\theta \end{cases}$$

在所有货物被购买完前，年轻人不知道 z_t 的真实值（人们在 t 时期结束前不知道 M_t 是多少）。考虑在假设上的变化，回答下列问题。

d. 当信息的各种变化可以完全获取时，哪些情况是可以被媒体观察到的？描述这些情况。

e. 当信息有限时（他们不知道 z_t 的数值），媒体能够区分多少情况？

f. 请画出当信息有限时，世界上每一个可能的政府的劳动供给与货币总量增长率的图形。

g. 假设政府想要利用货币创造与产出的关系，在一直存在通胀的情况下（$\theta = 1$），你在f小题中给出的图形还是一样的吗？

6.3 假设模型中的货币增长率是随机变化的，$z_t = 1$ 的可能性为4/5，$z_t = 2$ 的可能性为1/5。在所有购买发生之前，年轻人不了解货币政策（z_t 的真实值），即人们在 t 时期结束前不知道 M_t 是多少，价格是年轻人唯一可以直接观察到的。令 $l(p_t^i) = 5 + 0.2p_t^i$。

a. 用式 6.11 来结算小岛 1 和小岛 2 上的均衡价格水平。

b. 价格水平是如何向工人释放货币供给变化信号的？

6.8 附录：一个反证

在介绍了式 6.6 和式 6.7 后，我们得出 $p_t^A > p_t^B$ 的结论，在本章附录中将对这个结论提供证明。我们利用常规的数学分析方法，先假定相反的结论是正确的，据此进行分析，然后推导出一个矛盾的结果。

相反的结论为 $p_t^A \leqslant p_t^B$，同时生产商品的价格越高，个人提供劳动的数量越多，则：

$$l(p_t^A) \leqslant l(p_t^B) \tag{6.12}$$

式 6.12 两边同时乘以（1/3）N，得

$$\frac{1}{3}Nl(p_t^A) \leqslant \frac{1}{3}Nl(p_t^B) \tag{6.13}$$

可以推导出：

$$\frac{1}{3}Nl(p_t^A) \leqslant \frac{1}{3}Nl(p_t^B) < \frac{2}{3}Nl(p_t^B) \tag{6.14}$$

将式 6.14 变形，得

$$\frac{1}{\frac{1}{3}Nl(p_t^A)} > \frac{1}{\frac{2}{3}Nl(p_t^B)} \tag{6.15}$$

将式 6.15 的两边同时乘以 $M_t/2$，得出

$$\frac{M_t/2}{\frac{1}{3}Nl(p_t^A)} > \frac{M_t/2}{\frac{2}{3}Nl(p_t^B)} \tag{6.16}$$

将式 6.6 和式 6.7 中的 p_t^A 和 p_t^B 的表达式与式 6.16 中的进行比较，我们发现在式 6.16中，左边为 p_t^A，而右边为 p_t^B，这说明 $p_t^A > p_t^B$。这与最初的假定 $p_t^A \leqslant p_t^B$ 相矛盾。这说明最初的假定一定是错误的，从而证明了我们的结论 $p_t^A > p_t^B$。

第Ⅱ部分

银　　行

第7章　资　本

7.1　本章概览

到目前为止，在我们的模型中一直假定个人只有一种方法获取以后时期的消费——持有纸币。然而，在现实生活中，还有许多其他资产。这一章我们将分析一种特殊的替代资产——资本。资本与纸币的不同之处在于，当人们在当期持有资本时，资本可以在下一期产出商品，并由此影响经济的产出。相反，纸币只能让人们消费下一期的既有产出，并不会增加产出的数量。我们将分析一种可替代资产的出现如何影响人们持有货币的意愿。我们从最基础的层面，探究不同形式的资产之间相互竞争的关系。在这一章，我们的简化假设是不同形式的资产之间是完全可替代的。我们可以很清楚地看到货币政策变化如何影响资本持有量，进而影响产出水平。

在本章中，我们从分析最简单的资本模型入手。

7.2　资本

考虑如下的生产技术条件：若 k_t 单位的消费品在 t 时期被转换为资本品，则在 $t+1$ 时期可获取 xk_t 单位的消费品，其中 x 为正的常数。这就意味着资本的总实际回报率为 x。我们假定在资本耗尽之前只生产一次（折旧率 100%）。①

同以前模型中的假定一样，在单一国家的经济中个人在年轻时拥有 y 单位消费品的禀赋，在年老时没有任何禀赋。人口的总增长率为 n。每位初始老年人在第一时期都持有可生产 xk_0 单位商品的资本存量。

我们首先来分析没有货币时的均衡。资本技术方式使年轻人能够用一些今天的消费品在将来生产消费品。在年轻时，个人可以将其拥有的部分禀赋

---

① 这种线性的资本生产技术关系被 Cass 和 Yaari（1966）引入代际交叠模型。Wallance（1980）也对此问题进行了分析。在 1965 年，Diamond 也对将资本和劳动结合在一起的生产技术关系进行了分析。

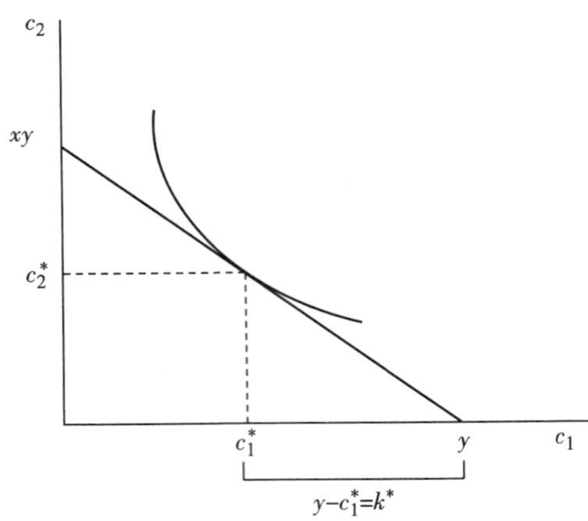

注：此图表示出了当资本的总回报率为 x 时的预算约束线。个人通过选择消费方式（c_1^*, c_2^*）最大化自己的效用。个人的资本持有量为 $k^* = y - c_1^*$ 。

图 7.1　个人的资本量选择

转化为资本，其余的用作消费。这就意味着在 t 时期出生的个人在人生的第一时期的预算约束为

$$c_{1,t} + k_t \leqslant y \tag{7.1}$$

当年老时，个人将消费资本生产的 xk_t 单位商品。则第二时期的预算约束为

$$c_{2,t+1} \leqslant xk_t \tag{7.2}$$

将式 7.1 和式 7.2 合并，可以得到个人一生的预算约束。由式 7.2 可推导出 $k_t \geqslant c_{2,t+1}/x$ ，将其代入式 7.1 中，则一生的预算约束为

$$c_{1,t} + \frac{c_{2,t+1}}{x} \leqslant y \tag{7.3}$$

我们发现预算线的斜率是由 x 决定的，比如当 $x>1$ 时，预算线与纵轴的交点到原点的距离比与横轴的交点离原点的距离远。个人希望持有多少资本呢？同以前一样，可以通过预算约束线与无差异曲线相切求出。如图 7.1 所示。

在这个简单的资本模型中，假定不管资本现存量是多少，每单位资本的产出相同。同时假定资本的回报率不受其他经济因素的影响。虽然资本回报率保持不变的假定使我们分析起来较为简单，但是有时候我们需要更为一般化的模型，尤其是在分析其他经济因素或政府政策如何对资本的回报率产生影响时。

考虑另一种假定，资本的边际产出递减（diminishing marginal product），即随着资本量的增加，一单位资本所带来的产出增加量减少（只要资本的边际产出是正的，则总产出仍然增加）。我们用函数 $f(k)$ 表示资本的产出，k 为每个人持有的资本量。资本的边际产出（marginal product of capital），即增加 1 单位资本所引起的产出的增加量，可表示为 $f'(k)$ 。资本的边际产出递减用图 7.2 中的右图表示。

图 7.2 同时也画出 $f(k)$ 曲线（左图，向上倾斜的曲线），它表示在 t 时期购买的 k 单

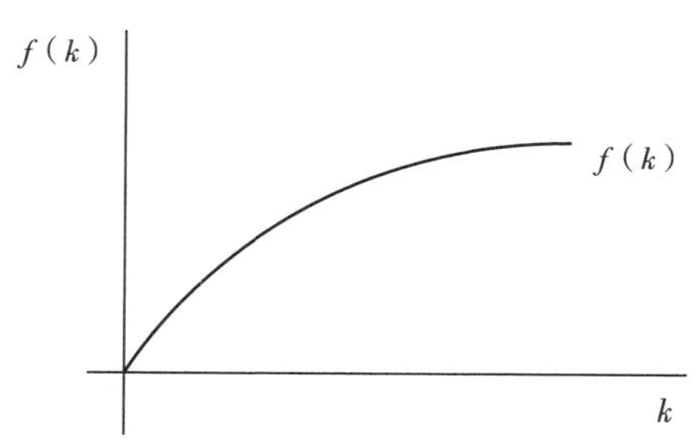

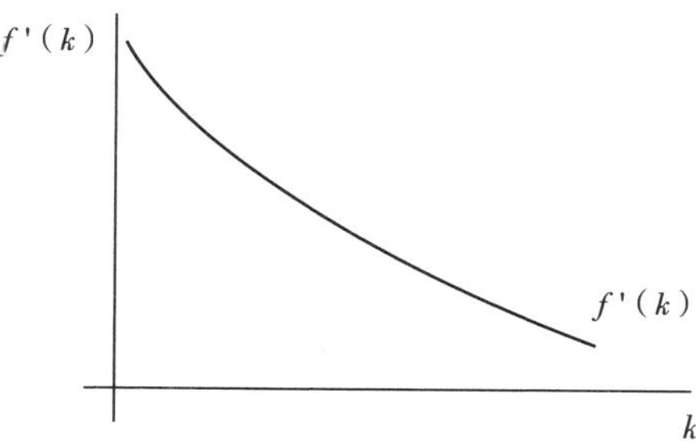

注：这两幅图说明当我们放松了资本边际产出不变的假定后资本回报的情况。左图表示在边际产出递减的情况下，随着资本量的变化，产出量发生的变化。我们假定随着资本量的增加产出量也增加。但是，随着资本的增加，总产出曲线的斜率减小。我们在右图中换一种方式来说明总产出增加时，资本边际产出的变化过程，即资本的边际产品随着资本量增加而减少。资本的边际产出是总产出曲线的斜率。资本回报是资本的边际产出。

图7.2　资本的总产出和边际产出

位的资本在 $t+1$ 时期所生产的商品量（或总产出）。资本的边际产出递减表现为随着 k 的增加 $f(k)$ 曲线的斜率变小。实际上，边际产出 $f'(k)$ 曲线是 $f(k)$ 曲线的斜率。[①] 因此，边际产出可能是像图7.2那样的向下倾斜的曲线，也可能是像式7.2那样的一条水平线，即资本的边际产出 $f'(k)$ 为常数，等于 x。

7.3　回报率均等

资本不是货币的唯一替代资产。在一段时间内人们可以采用多种方式保有价值，比如可以用货币购买土地，在需要消费时将土地出售出去，也可以借款给那些想借钱并愿意用将来的收入偿还的人。[②]

那么，所有这些替代资产究竟有什么不同的内涵呢？比如，一个经济体中有资本和提供 r 回报率的私人负债（贷款）两种资产，那么这两种资产的回报率之间是否存在着某种关系？

假定私人负债的回报率 r 低于资本的回报率 x。人们还愿意贷款给想要借款的人吗？不。因为如果贷款给别人意味着愿意接受一个比资本回报率低的回报率。在这种状况下，人们愿意将他们的储蓄转化为生产性资本，而不愿意向别人提供贷款。

但是如果借款人必须获得贷款，那该怎么办呢？考虑一下，比如，一个人在年老时拥有一定数量的禀赋，但在年轻时什么也没有。那么这个人在年轻时所需的任何消费都必须通过借款来满足（回忆一下，在模型中我们已经假定个人将尽力避免在任何时期出现消费为零的状况）。这就意味着借款人处于这样一种境地，他们必须想办法诱

① 对于熟悉微积分的同学，应该非常清楚，边际产出函数 $f'(k)$ 是函数 $f(k)$ 的导数。

② 我们在本章的附录中列出了一个包含私人贷款的详细模型。

使人们向他们提供贷款。那么，他们如何做到？如果个人能够获得生产性资本，则借款人必须提供至少与生产性资本回报率相等的贷款回报率。

假定情况相反，$r > x$，即私人贷款的回报率比资本的回报率高。人们还愿意以资本的形式进行储蓄吗？回答是同样的，不。在这种状况下，人们只会选择贷款给别人的方式进行储蓄。

讨论到这里，我们已经非常清楚，如果人们愿意同时持有资本和贷款这两种资产，则这两种资产的回报率必须是相同的（$r = x$）。两种资产回报率的任何不平衡都会使人们更愿意持有其中的一种，即具有高回报率的资产，贷款或者是资本。

然而，必须知道其中暗含的假定，即从人们储蓄的意愿看，私人负债与资本是完全可替代的。其中的任何一种资产同另一种资产一样能够为人生的第二时期提供消费。在这种状况下考察人们持有的这两种资产，则这两种资产一定具有完全相同的回报率。

考虑一个比前面模型更为一般化的形式，在这个一般化的模型中个人有多种可选择资产。假定各种资产有确定的回报率，并且政府对个人持有何种资产不进行干预。如果个人愿意同时持有多种可利用的资产，则这些资产一定具有相同的回报率。我们将这个原则称为“回报率均等”（rate-of-return equality）原则。

7.4 纸币能与另一种资产并存吗?

现在假定，在我们拥有资本和私人贷款的经济中引入纸币，这时贷款人就有三种潜在的储蓄方式。那些想储蓄的人认为资本、贷款和纸币是完全可替代的。扩展以前的讨论，如果贷款人愿意同时持有三种资产作为一种储蓄形式，则非常明确，它们的回报率一定相同。我们知道，当人口和货币存量的增长率分别为 n 和 z 时，纸币的回报率为 n/z。因此，如果人们愿意同时持有这三种资产，则回报率均等一定是：$n/z = r = x$。

如果纸币的回报率比贷款或资本的回报率低，则贷款人就不愿意选择纸币作为储蓄形式。如果纸币是有价值的，其回报率至少应该和其他两种替代资产——资本和贷款的回报率相等。

例 7.1 考虑一个代际交叠模型，在经济中有两种资产——资本和货币。假设在 t 时期出生的年轻人的数量为 N_t，且 $N_t = 1.5N_{t-1}$。资本总回报率 $x = 1.25$。当 z 的值为多少时，纸币是有价值的?

7.4.1 托宾效应

我们已经研究了这样一个经济模型，其中存在两种完全可替代的资产——资本和纸币，这两种资产具有相同的回报率。接下来，我们进一步分析在资本的边际产出递减时回报率均等的含义。

当资本和纸币都有价值时，合意的资本存量是根据资本的回报率与纸币的回报率

n/z 相等来决定的。在资本的边际产出递减的状况下，资本的回报率将如何确定？它是由资本的边际产量 $f'(k)$ 给定的，即当资本存量增加1单位时产出的增加量。在以后分析中，回报率均等意味着 $f'(k) = n/z$ 。根据这个条件，可以推导出个人的合意资本存量。当纸币的回报率为 n/z 时，资本存量为 k^* ，如图7.3所示。

现在我们来考虑纸币按预期的增长率永久性增加时的状况，即纸币的增长率从 z 增加到 z'。z 的永久性增加造成通货膨胀和纸币的预期回报率下降，即从 n/z 减少为 n/z'。纸币的低回报率使人们愿意持有资本而不愿意持有纸币。这种转换使得资本存量增加，从而导致资本的边际产出下降。当纸币的余额已经降低到零或者当资本的回报率减少到与纸币的新回报率相等时，人们将停止将纸币兑换成资本（如图7.3所示，当资本量为 $k^{*\prime}$ 时）。作为对预期通货膨胀率提高的反应，人们用私人资本代替纸币，这种效应被称为托宾效应。托宾（1965）对此问题作了详细的描述。

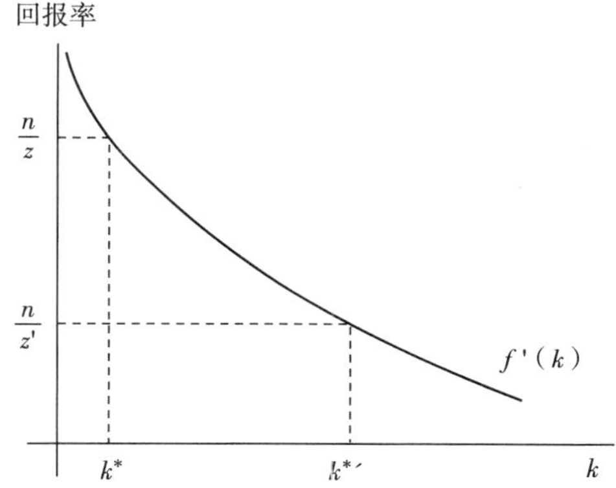

注：当纸币与资本完全可替代时，个人投资到资本的均衡点是资本的边际产出 $f'(k)$ 正好等于纸币的回报率 n/z。预期纸币增长率的永久性增加使纸币的回报率从 n/z 下降为 n/z'，其中 $z' > z$。正如我们在图中看到的，个人愿意持有更多的资本。

图7.3 在经济中同时存在纸币和资本时个人的资本选择

由此，我们得出结论，当资本与纸币可相互替代时，纸币以一定比例增加必然导致资本存量增加。如果资本在以后的时期将用于生产商品，则较多的资本存量意味着产出增加。在这种经济中，在 t 时期，总的实际产出（国内生产总值，gross domestic product，GDP）等于总禀赋（ $N_t y$ ）加上上一时期的生产性资本所创造的产出。因为在 $t-1$ 时期，每个人拥有的资本量为 k_{t-1} 单位，人口为 N_{t-1} ，则在 t 时期实际国内生产总值为

$$GDP_t = N_t y + N_{t-1} f(k_{t-1}) \tag{7.4}$$

如果我们生活在这样一个世界，资本与货币可相互替代，是否我们应该利用 z 的增加导致可预期通货膨胀作为一种工具增加产出呢？回答是否定的——有两个原因。

首先，我们必须明确产出与福利不同。一个仁慈的政府的目标是增加本国居民的

福利（效用）而不是仅仅增加产出。z 的增加使人们持有的资本增加，而资本的增加必然会带来资本回报率的下降。因此，经济中的资本存量并不是处于最优水平。在本章的附录 B 中，我们将分析指出，当资本的边际产出等于经济的增长率 n 时，一个经济中的资本存量将达到最优。政府的通货膨胀政策将使资本存量高于最优水平。

其次，需要指出的是，通货膨胀对资本形成的影响在现实中并不大。与资本存量相比，一国经济中货币存量所占的比重非常小。2013 年底，美国私人的净资本存量总额为 380 540 亿美元，而此时的货币存量总额仅为 37 160 亿美元①。即使全部的货币存量转化为资本，资本存量也只能增加不到 10%。

7.5 纸币与其他资产不可替代

现在，我们深入分析当纸币与其他资产不可相互替代时，预期通货膨胀对利率、资本和产出的影响，尤其要分析当资本和其他资产的回报率比纸币的回报率高时的状况。在大多数的经济状况下，这种现象普遍存在。如大多数债务支付（名义）利息而纸币不支付利息。这就产生一个明显的问题：为什么纸币仍然是有价值的？在以后的章节中我们将对此问题进行探讨。这里，我们首先简单假定法律规定每个年轻人都必须持有相当于 q^* 单位商品的纸币实际余额。这种强制性规定是在其他资产的回报率较高的状况下，确保纸币有价值的一个简单的方法。接下来，我们将分析当纸币的回报率低于其他资产的回报率时，预期通货膨胀的作用。②

7.5.1 名义利率

在现实生活中，被金融中介和新闻媒体广泛使用的利率是名义利率，指的是为借出的每单位美元而支付的利息。当存在通货膨胀时，名义利率并不能反映实际的回报率，实际的回报率是指为借出的每单位商品而支付的商品利息。由于效用水平是由实际的消费量决定的，因此，研究实际利率与名义利率之间的关系具有重要的意义。

在 t 时期，名义利率（nominal interest rate）即单位货币的回报率，以 R_t 表示；实际利率（real interest rate）即单位商品的回报率，以 r_t 表示。同以前的分析一样，我们都采用总回报率的表示方法，则净回报率等于总回报率减去 1。P_t 代表以纸币表示的商品的价格，即单位货币的价值 v_t 的倒数。期限为一个时期的贷款的总名义利率（R_t）等于在 $t+1$ 时期收回的美元数量除以在 t 时期借出的美元数量。因此，为了从给定的名义利率得出实际利率，必须用 1 美元的价值除以同期的价格水平（或者是乘以同时期 1 美元的价值）。对于一笔 d 美元的贷款，其实际利率用式 7.5 表示为

① 资本存量的数据来源于 *Survey of Current Business*（1999 年第 8 期，表格 B. 12，p. D－35）。这个资本存量是私人固定资本的数量（包括居民和非居民）。货币存量的值来源于 Federal Reserve Bank of St. Louis FRED database（http：//www. stls. frb. org/fred/index. html）。

② 在第 8 章中我们将对需要持有的货币量进行深入分析。

$$r_t = \frac{\frac{R_t d}{p_{t+1}}}{\frac{d}{p_t}} = \frac{R_t p_t}{p_{t+1}} \tag{7.5}$$

通过以上对总的名义利率、实际利率和通货膨胀的定义，我们可以得出它们之间的关系。将公式变形，可以用下面的方法表示出它们之间的关系：

$$R_t = r_t\left(\frac{p_{t+1}}{p_t}\right) \tag{7.6}$$

式 7.6 的两边同时减 1，则可用净利率表示出三者之间的关系：

$$\begin{aligned} R_t - 1 &= r_t\left(\frac{p_{t+1}}{p_t}\right) - 1 \\ &= [(r_t - 1) + 1]\left[\left(\frac{p_{t+1}}{p_t}\right) - 1 + 1\right] - 1 \\ &= (r_t - 1) + \left(\frac{p_{t+1}}{p_t} - 1\right) + (r - 1)\left(\frac{p_{t+1}}{p_t} - 1\right) \end{aligned} \tag{7.7}$$

式 7.7 说明，净名义利率（net nominal rate of interest）（ $R_t - 1$ ）等于净实际利率（net real rate）（ $r_t - 1$ ）加上净通货膨胀率（net inflation rate）$[(p_{t+1}/p_t) - 1]$ 再加上两者的乘积。最后一项由于实际利率和通货膨胀率较小，它们乘积的值非常小，所以经常忽略不计。

根据以上的分析，那么到底什么是净通货膨胀率呢？在第 4 章中，我们已经得出在货币存量扩张的增长的经济体中，纸币的总回报率（V_{t+1} / V_t）等于 n/z 。同时，我们也知道在任意时期 t，价格水平与同时期纸币的价值之间的关系为

$$P_t = 1/ V_t \tag{7.8}$$

由 $V_{t+1}/ V_t = n/z$ 和式 7.8，我们可以得出净通货膨胀率为

$$\frac{p_{t+1}}{p_t} - 1 = \frac{v_t}{v_{t+1}} - 1 = \frac{z}{n} - 1 \tag{7.9}$$

例 7.2 假定纸币存量依据 $M_t = 1.5M_{t-1}$ 发生变化，每一代人中出生的年轻人的数量根据 $N_t = 1.25N_{t-1}$ 变化，总实际利率为 1.1。

a. 计算总通货膨胀率和净通货膨胀率；

b. 计算总纸币回报率和净纸币回报率；

c. 计算总名义利率和净名义利率；

d. 用近似值 $R - 1 = (r - 1) + (p_{t+1}/p_t - 1)$ 计算净名义利率。与 c 中得出的结论进行比较。

7.5.2 预期通货膨胀和名义利率

再看式 7.7，可以分析通货膨胀对实际利率和名义利率的影响。尤其是，我们想弄清楚，是否名义利率与预期通货膨胀率会同比例变化，从而使得实际利率保持不变。

名义利率根据预期通货膨胀作预期的充分调整，被称为费雪效应（Fisher effect）。它是于20世纪初由美国的经济学家欧文·费雪提出的。

假定资本的总回报率为常数 x，根据回报率均等原则，经济中的实际利率一定与由客观环境决定的资本的实际回报率相等。除非借款人能提供至少相当于资本实际回报率的利息率，否则没有人愿意提供贷款。贷款必须提供的名义利率为 R，得

$$x = \frac{\frac{R}{p_{t+1}}}{\frac{1}{p_t}} = \frac{Rv_{t+1}}{v_t} = \frac{Rn}{z} \tag{7.10}$$

或者

$$R = x\left(\frac{z}{n}\right) \tag{7.11}$$

因此，名义利率将随预期通货膨胀而上升，而使实际利率仍为常数 x。

如图7.4所示，与费雪效应相一致，名义利率与通货膨胀率有相同的变化趋势。但是，由于实际利率也发生变化，名义利率与通货膨胀率之间的缺口并不是常数。从图上，我们不能断定实际利率的变化是由通货膨胀率引起的，还是由其他因素引起的。接下来我们将阐述持续的通货膨胀会对实际利率产生影响。

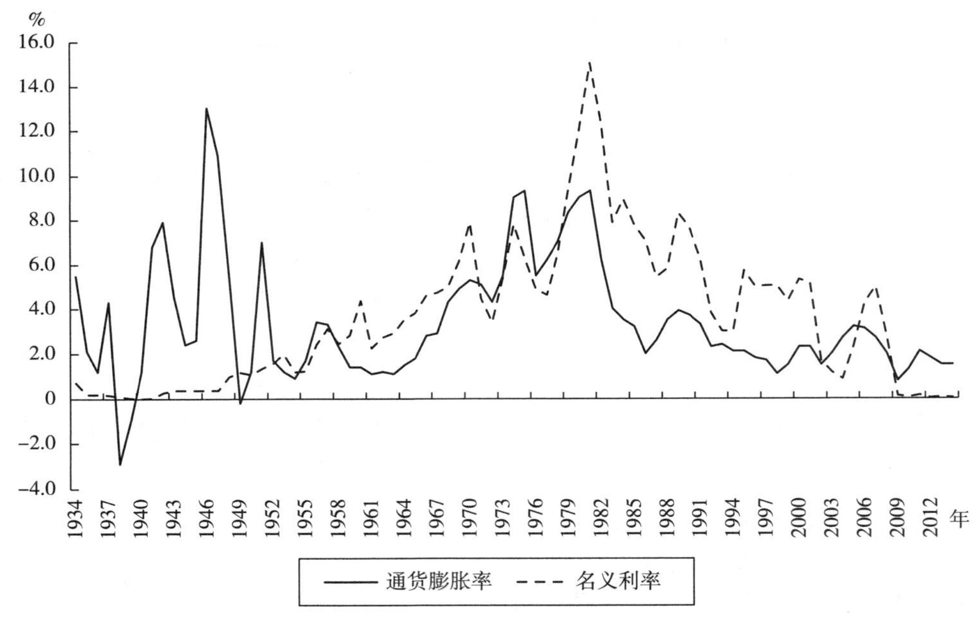

注：①从图上可以看出，高通货膨胀率阶段总是伴以较高的名义利率。

②通货膨胀率是根据GNP平减指数表示的年通货膨胀率。利息率是采用90天国库券的利率。

资料来源：Federal Reserve bank of St. Louis FRED database（http：//www. stls. frb. org/fred/index. html）。

图7.4 名义利率和通货膨胀率

7.5.3 预期通货膨胀和实际利率

当出现以下两种状况时，费雪效应将出现例外。如果纸币与资本是相互可替代的，预期通货膨胀率的提高将促使人们减少持有的纸币，同时增加持有的资本。① 这被称为托宾效应（Tobin effect）。

如果我们同时还假定资本的边际产出递减，则托宾效应所描述的资本增加将和资本的边际产出减少同时出现。这说明资本的实际回报率下降。于是，根据回报率均等原则，实际利率也必然会下降。在这种状况下，预期通货膨胀的增加仍然会使名义利率提高，但是，由于实际利率同时下降，名义利率的提高幅度将不会与预期通货膨胀的增长幅度相同。

7.6 风险

还有另外一种方法使两种资产同时存在于均衡状态中，那就是可以包含风险，即资本回报率不确定的情况。至此，我们假定所有资产的回报率都是已知和完全确定的。那么我们接下来要比较两种不同资产的回报，人们会选择回报高的那种资产。正如在这本书中我们一直假定的那样，人们并没有完全预见未来的能力。现在一种资产可以获得比另外一种资产更高的平均回报。人们可以同时持有两种资产——平均回报高的和平均回报低的资产——作为多样化的资产组合配置。

为了使这点更加具体，如果我们假定其中一种资产的回报率不确定，那么回报率均等将会发生什么样的变化呢？有无数种方法可以将随机未来事件引入模型。例如，如果我们假定不是所有贷款人都会偿付贷款，情况会怎样？假定借款者不偿还贷款的概率是一个正数——借款人可能违约（default），不偿还贷款，这就意味着提供贷款存在一定的风险。同以前一样，假定资本的回报率为 x。但是这里，资本与贷款不再是完全可替代的。其中一种资产（贷款）的回报率是不确定的，而另一种资产（资本）的回报率是确定的。

我们将不在乎不确定事件的人们称为风险中性人（risk neutral）。风险中性人只关注资产的预期回报率。对这种人来说，期望的回报率等于持有资产的平均回报率。当贷款人能够获得平均回报率，而这个平均回报率与资本的回报率相等时，贷款人愿意提供贷款。资产的平均或预期回报率，我们指的是预期回报率。如果存在有限多个可能的回报率，用每一个回报率乘以它出现的概率然后相加就可以计算出预期回报率。假定一项资产有 n 种可能的回报率，$r_1, r_2, \cdots, r_n$，每一种可能的回报率 $r_1, r_2, \cdots, r_n$ 出现的概率分别为 $\pi_1, \pi_2, \cdots, \pi_n$。这项资产的回报率期望值（expected rate of return）可以用回报率的预期价值来计算，以 $E(r)$ 表示。我们得出期望值为

① Freeman 在 1985 年指出，在一国经济中，只有当不存在资本时，固定的货币存量对一国经济发展才是最优的。

$$E(r) = \pi_1 r_1 + \pi_2 r_2 + \cdots + \pi_n r_n \tag{7.12}$$

考虑这样一种情况，例如，一项贷款的净利率为15%（总回报率为1.15），有10%的概率可能会出现违约，仅归还一半的贷款。这项贷款就有两种可能的回报率。贷款的总回报率为115%的概率为90%。当出现违约时，有10%的概率贷款仅能获得50%的总回报率。我们将两种可能的回报率分别乘以其概率，然后相加，则得到这项贷款的总预期回报率

$$E(r) = 0.9 \times 1.15 + 0.1 \times 0.5 = 1.085$$

或者净预期回报率为

$$1.085 - 1 = 0.085 = 8.5\%$$

例7.3 计算农业机械的预期回报率。农业机械的成本为10单位商品，在好天气时能生产18单位商品，在雨天生产8单位商品，在干旱的天气生产5单位商品。其中有25%的概率是雨天，10%的概率是干旱，求预期回报率。说明：总回报率等于总回报除以投资成本。

人们是风险中性的吗？假定打一个赌：抛一枚硬币，如果反面朝上，你将失去所有的财产；若正面朝上，将得到双倍的财产。你会打这个赌吗？如果不，你就是风险厌恶者（risk averse）。大多数的人不会打这个赌，因为赌输了损失的效用要超过赢了所获得的效用，尽管用商品来衡量的潜在损失和潜在收益相等。

如果人们是风险厌恶者，并不意味着他们永不接受任何风险资产。作为风险厌恶者，如果你能肯定获得另外的1 000美元，你肯定不愿意下注1 000美元去打抛硬币的赌。但是，如果打赢了这个赌可以获得100 000美元的话，你就肯去冒失去1 000美元的风险。如果人们不喜欢冒险（是风险厌恶者），则当预期回报率仅仅等于无风险资产的回报率时，人们就不愿意持有风险资产。只有当预期回报率大于无风险资产的回报率，以补偿他们所面临的风险时，他们才愿意持有风险资产。这种为了吸引人们持有风险资产而提供的超过平均水平的回报率被称作风险溢价。潜在的损失越大和损失的概率越大，则要求的风险溢价越高。

假定一项风险资产预期回报率为$E(r_{risky})$，无风险资产的回报率为r_{safe}。则这项风险资产的风险溢价为

$$风险溢价 = E(r_{risky}) - r_{safe} \tag{7.13}$$

7.7 本章小结

以前章节的经济模型中，纸币是唯一可被个人利用的资产。然而，现实生活中存在许多纸币的替代资产。本章的目的就是分析当经济中存在这些可替代资产时，它们对经济所产生的影响。

首先，介绍了一个简单的资本模型。因为资本可用来生产商品，所以是纸币的重要替代资产。最初我们仅考虑资本，模型中没有纸币。

接下来，将其他资产引入模型，以便这些可替代资产与资本形成竞争，分析这时会发生什么样的状况。在这里，我们引入了一个重要原则——回报率均等原则。它的含义是：如果资产是完全可替代的，要使个人愿意同时持有所有资产，则这些资产的回报率一定是相等的。

然而，我们必须清楚回报率均等原则的假设前提，即所有的资产相互之间是完全可替代的。如果一种资产是有风险的，而其他资产是无风险的，那么就不可能有均等的回报率。因为，在现实世界中，我们非常容易观察到，纸币并没有同资本和其他资产一样被支付同样的回报。我们必须找到为什么纸币与其他资产不是完全可替代的原因。在下一章中，我们将对此问题进行研究。

7.8 练习

7.1 假定在代际交叠模型中人们有这样的机会：或者可以无风险地持有纸币，或者借款给那些可能永远不归还贷款的人，完全不归还贷款的概率为10%。假定在稳定货币均衡下，人口的净增长率为8%，货币存量固定不变。如果人们是风险中性者，则借款人所支付的实际利率是多少？如果是风险厌恶者，你认为实际利率是否会发生变化？

7.2 假定持有资本是有风险的，并且被支付的总实际回报率分别为1.2、1.1和0.9，与此相对应，出现的概率分别为0.1、0.7和0.2。无风险资产的总实际回报率为1.04，资本预期回报率是多少？资本的风险溢价是多少？

7.3 考虑一个经济体，货币增长率从3%增长到10%。这项政策如何影响资本总量？

7.9 附录A：私人负债模型

在第7章，我们介绍了个人持有资本的模型。同时，讨论了将私人贷款引入模型的意义。在这一部分的附录中，我们建立一个由个人签发借据的正式的私人负债模型。

7.9.1 私人负债

将借据引入我们简单的两时期模型中。模型中有两种人——借款人和贷款人。借款人年轻时没有任何禀赋，当年老时持有y单位禀赋；贷款人年轻时持有y单位禀赋，年老时没有任何禀赋。[①] 为了简化分析，假定经济中没有纸币或资本（在后面的附录中我们将引入资本）。

---

① 纸币与贷款的相互作用，参见Wallace（1984）针对本科生水平所做的更为规范的分析。

7.9.2 贷款人问题

在生命的第一时期，贷款人将其持有的禀赋分为：消费（$c_{1,L}$）和向借款人提供贷款（l）。当年老时，他的消费量（$c_{2,L}$）是由收回的贷款和利息（rl）决定的（为了减少标注的麻烦，我们省略了时间标注并且仅考虑稳定均衡时的状况），r 是私人贷款的总实际利率，包括本金和利息回报，即等于 1 加上净利率。如果净利率为 9%，则总利率为 1.09。贷款人的预算约束为

$$c_{1,L} + l = y \tag{7.14}$$

和

$$c_{2,L} = rl \tag{7.15}$$

将两个约束合并，可得出贷款人一生的预算约束：

$$c_{1,L} + \frac{c_{2,L}}{r} = y \tag{7.16}$$

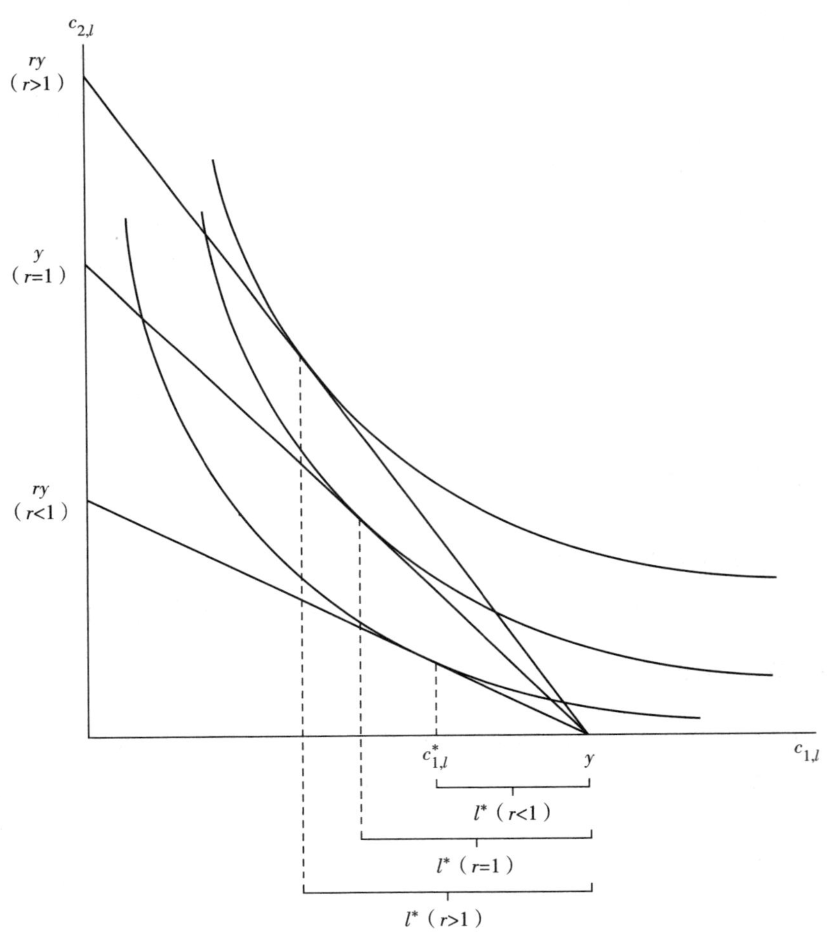

注：实际利率的变化将导致贷款人对消费和贷款的选择发生变化。通过图中由无差异曲线表示的消费者的偏好可以看出，当实际利率增加时贷款人将选择增加贷款。

图 7.5 贷款人的问题

在图 7.5 中，我们画出了不同实际利率 r 下的预算线。如果确切知道个人的真实偏好，就可以针对每一个实际利率 r，计算出个人愿意借出的商品量。这种相互关系可用图 7.6 表示。从图上可以看出，尽管典型的假定是利率越高，贷款人愿意提供的贷款越多，但是利率与贷款之间并不总是有一个正的斜率。

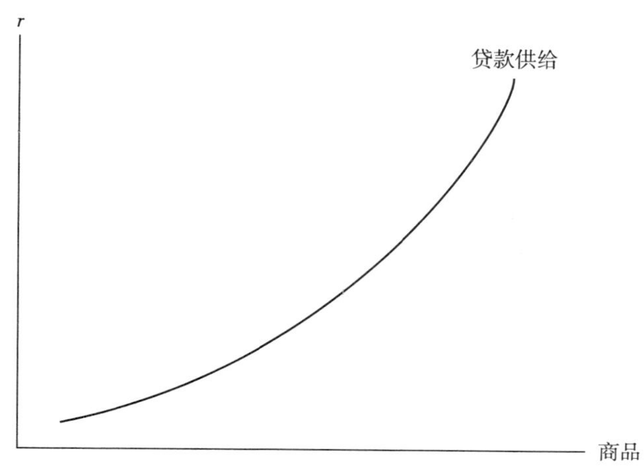

注：假定随着实际利率的提高，通常贷款人愿意提供的贷款会增加。当我们将经济中所有个人的情况合计起来时，贷款的总供给也随着实际利率的变化而变化。

图 7.6　贷款供给

7.9.3　借款人问题

一位借款人年轻时只有借入（b），才能消费（$c_{1,B}$）。当年老时，归还贷款后的剩余禀赋（$c_{2,B}$）用于消费。预算约束可以表示为

$$c_{1,B} = b \tag{7.17}$$

和

$$c_{2,B} = y - rb \tag{7.18}$$

将这两个约束合并，可以得出借款人一生的预算约束：

$$c_{1,B} + \frac{c_{2,B}}{r} \leqslant \frac{y}{r} \tag{7.19}$$

图 7.7 分别表示了当 $r > 1$、$r = 1$ 和 $r < 1$ 时的预算约束线。

在此需要指出，对于典型的无差异曲线，随着 r 的减小，$c_{1,B}$ 将会增加。因为 $c_{1,B} = b$，随着 r 的减小借款的数量也增加。因此可以得出个人的贷款需求曲线，曲线的斜率为负。把经济中所有借款人的需求加总，可以获得贷款的总需求曲线，曲线的斜率也是负的。将贷款的需求曲线与供给曲线结合，可以得出均衡时的贷款量 L^* 和均衡利率 r^*，如图 7.8所示。

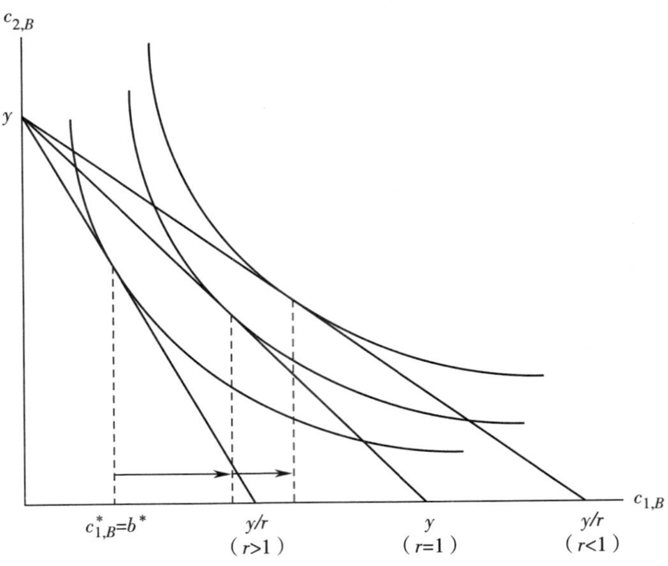

注：当实际利率下降时，典型的借款人愿意增加第一时期的消费。因为第一时期的消费是通过借款提供的，当实际利率下降时，个人对贷款的需求也会增加。

图 7.7　借款人问题

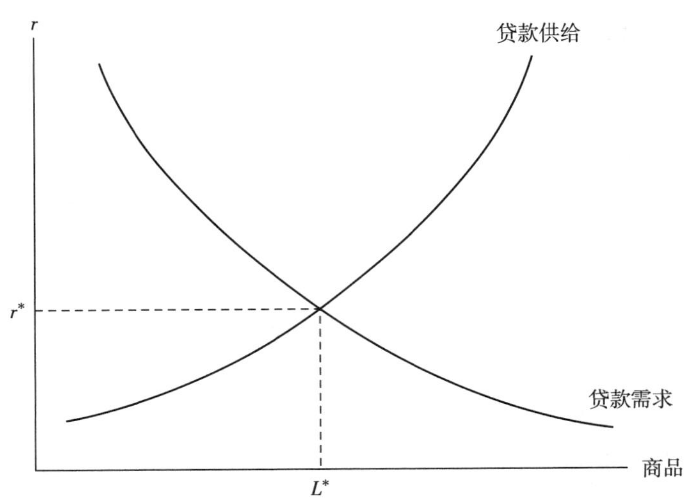

注：如果我们在同一图中画出贷款的总需求和贷款的总供给，就可以确定均衡的贷款数量（L^*）和均衡实际利率（r^*）。

图 7.8　均衡实际利率

7.9.4 私人负债和资本

现在，我们可以将资本引入借贷模型。为了简化分析，假定资本的总回报率为常数 x。目前贷款人有两种资产可以选择——资本和贷款，假定这两项资产都是无风险资产。依据回报率均等原则，我们可以确定借款人会选择哪一种资产。

假定资本回报率 x 小于 r^*，贷款人将选择回报率较高的资产。因此，如果 $x < r^*$，则贷款人将只提供贷款，他们持有的资本为零。只有当 $x \geqslant r^*$ 时，人们才会选择持有资本。

现在假定 $x > r^*$。我们知道只有当贷款的实际利率等于 x 时，贷款人才会向借款人提供贷款。这就意味着实际利率一定大于 r^*。这种状况如图 7.9 所示。

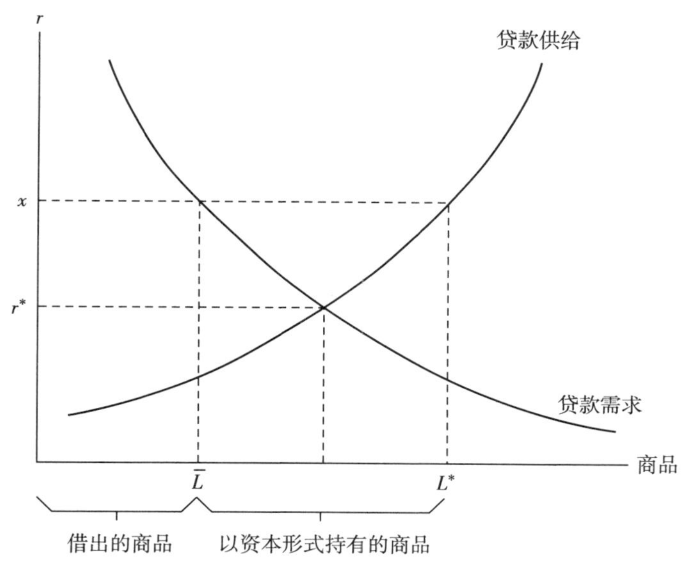

注：当资本回报率高于 r^* 时，贷款人将持有由资本和贷款构成的资产组合。贷款人提供的总贷款数量为 $\bar{L}$，持有的总资本数量为 $L^* - \bar{L}$。

图 7.9 当 $x > r^*$ 时，资本和贷款的持有情况

从图 7.9 可以看出，当回报率为 x 时，借款人只想借入 $\bar{L}$，但是贷款人想提供的资金数量为 L^*，两者的量是不相等的。相差的这一部分以资本的形式持有。

7.9.5 附录练习

7.4 利用图 7.9 回答如下问题。

a. 假定政府限制总的借入量，允许的借入量少于 $\bar{L}$。对持有资本会有什么样的影响？

b. 说明贷款供给增加对资本和利率的影响。如果没有资本，则对利率有什么样的影响？

c. 说明资本回报率降低对借款量和资本存量的影响。

7.5 考虑三时期代际交叠模型。每个人在年轻和年老时的禀赋为 y 单位商品，在中年时为零。在 t 时期出生的每一代人口数为 N_t，且 $N_t = nN_{t-1}$，经济中除贷款外没有其他资产。解释个人在中年时如何利用信用满足消费？指出谁会借款给谁，并且说明在 t 时期贷款的供给和需求相等时需满足的条件。分别写出年轻人、中年人和老年人的预算约束条件。注意对引入的标注给予定义。

7.6 考虑在两时期的代际交叠模型中，在每个时期都有 200 个贷款人和 100 个借款人。人的一生可以分为两个时期。每一个贷款人在年轻时拥有 20 单位商品的禀赋，在年老时禀赋为零。每个借款人在年轻时没有任何商品，而年老时拥有 40 单位商品的禀赋。无论储蓄的回报率高还是低，每个贷款人想储蓄 10 单位商品，每个借款人想借入 $10/r$ 单位的商品。r 是私人借据的总实际利率，借贷市场上是自由竞争的。

a. 当处于非货币均衡时，市场出清时 r 的价值是多少？

b. 当达到市场均衡时，假定 $z=0.5$，典型贷款人持有的实际货币量是多少？

7.10 附录 B：资本存量的黄金规则

资本是否总是多比少好？乍一看，好像是资本越多越好，因为较多的资本可以在将来有更高的产出。然而，我们必须清楚，要形成资本，意味着个人必须放弃当前的消费。基于这样的认识，我们不禁要提出这样一个问题：最优的资本量是多少？自由的市场能否必然产生出最优的资本量？

在下面的模型中我们将回答这些问题。在 t 时期形成的资本，其递减的边际产出为 $f'(k_t)$，在 $t+1$ 时期的回报为 $f(k_t)$。[①] 为了了解最优的资本存量，我们必须首先确定在有资本的经济中，什么样的消费与资本的组合是可行的。也就是说，在有资本存在的经济中，我们必须找到消费与资本组合的可行集。随着将资本加入模型，我们现在除了原有的禀赋外还有其他的商品来源。在 t 时期，可用的商品包括由上一时期资本的产出 $N_{t-1}f(k_{t-1})$ 单位商品以及当前年轻人所拥有的禀赋 N_ty。此时，商品还有新的用途——投资。在 t 时期总的消费品使用量包括年轻人的消费量（$N_tc_{1,t}$），老年人的消费量为（$N_{t-1}c_{2,t}$），以及投资的资本量为（N_tk_t）。于是，可行集可以表示为

$$N_tc_{1,t} + N_{t-1}c_{2,t} + N_tk_t \leqslant N_ty + N_{t-1}f(k_{t-1}) \tag{7.20}$$

同前面的分析一样，我们必须除以 N_t 得出每个年轻人的可行集。如果我们严格限定每个时期的稳定状态，则可以省略时间下标。简化后的结果是

$$c_1 + \frac{c_2}{n} + k \leqslant y + \left[\frac{f(k)}{n}\right] \tag{7.21}$$

① 这是 Diamond（1965）原文分析的略加简化版本。

或 $$c_1 + \frac{c_2}{n} \leqslant y + \left[\frac{f(k)}{n} - k\right] \tag{7.22}$$

式 7.22 指出了稳定配置条件下合意资本所需要的条件。式子的右边表示扣除投资成本后的净产出，或者是每个年轻人的净国内产出（net domestic product），是可用于消费的商品。在稳定配置条件下，最优的稳定资本存量使可用于消费的商品数量最大化。

首先考虑人口保持不变（$n=1$）时的状况。每一代的每个年轻人增加 1 单位资本 k，会对投资的净产出产生两方面的影响：使资本产出 $f(k)$ 增加，数量为边际产出 $f'(k)$；但同时增加 1 单位的投资成本。只要 1 单位资本所生产的产出比成本多，则在资本配置稳定的状况下，投资就可以使用于消费的商品量增加。

如果人口不断增长（$n>1$），则情况稍有不同。由于资本产出是由更少部分人生产的，因此每个年轻人从资本增加 k 中获得的边际收益等于资本的边际产出除以 n；老年人的数量仅相当于年轻人数量的 $1/n$。因此，每个老年人增加 1 单位资本仅能使可用于消费的商品增加 $f'(k)/n$ 。在稳定配置的状况下，只要资本所带来的收益 $f'(k)/n$ 大于它的成本 1，人们就愿意增加资本。因此，资本积累的黄金规则是：人们将增加资本量，直到其边际产出等于人口增长率，如图 6.10 所示。

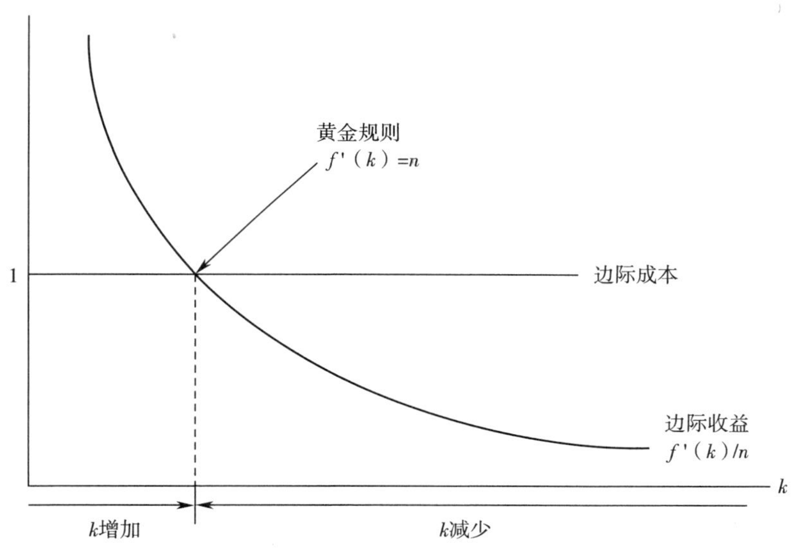

注：为了确定最优的资本存量，我们需要对生产性资本的边际收益和边际成本进行比较。只要边际收益大于边际成本，就应该增加资本存量。相反，如果边际收益小于边际成本说明资本积累过度。最优的资本存量是资本的边际产出等于经济的增长率。

图 7.10 资本积累的黄金规则

回忆一下，回报率均等原则要求利息率必须等于资本的边际产出。因此，我们可以非常容易知道一个稳定的经济是否符合黄金规则，即通过将利息率和经济增长率进行比较。如果经济增长率超过利息率，说明经济中的资本过多，或者说出现资本积累过度（capital overaccumulation）；如果利息率超过经济增长率，说明相对于黄金规则，经济中的资本太少，或者说出现资本积累不足（capital underaccumulation）。

当资本处于（$\hat{k}$）水平，可使净产出最大化，并且可以找到在 c_1 和 c_2 之间分配消费量的黄金规则。在资本为 $\hat{k}$ 水平上画出组合的可行集，我们可以找到一条斜率为 $-n$ 的斜线，如图 7.11 所示。同以前一样，我们将在组合的可行集与无差异曲线的唯一的切点处找到符合黄金规则的消费量分配点（如图 7.11 上的 A 点）。

没有什么可以保证自由的市场一定会导致利息率与经济增长率相等。资本存量是由人们愿意为将来储蓄的商品数量所决定的。如果这个数量比黄金规则的资本存量少（资本积累不足），资本的边际产出将比 n 高。如果这个数量比黄金规则的资本存量多（资本积累过度），则资本的边际产出就会比 n 低。

当利息率为 n 时，黄金规则所需满足的两个条件得到满足：

（1）资本处于使产出最大化的水平上（它的边际产出等于利息率 n）。

（2）消费品在年轻人和老年人之间的分配方式使效用最大化。

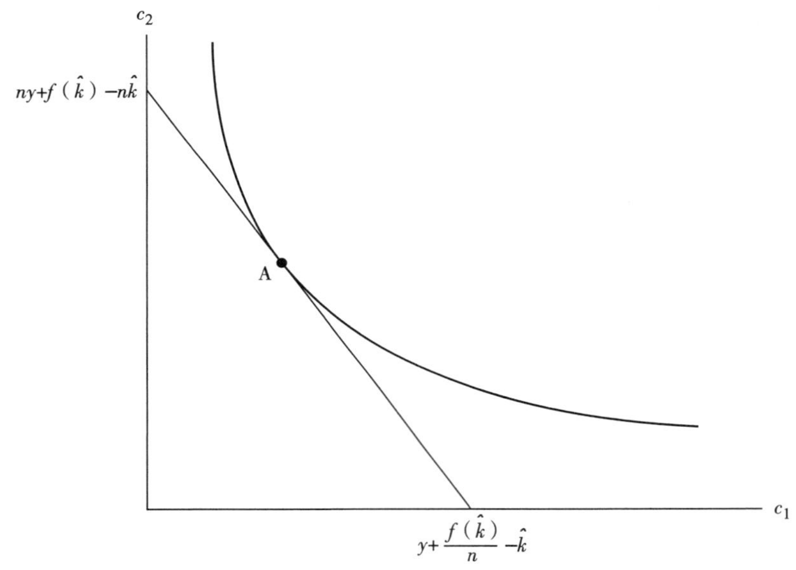

注：如果生产性资本处于黄金规则水平，则可行集如图所示。符合黄金规则的消费分配，用点 A 表示，位于可行集线与最高可达到的无差异曲线的切点处。

图 7.11　符合黄金规则的消费分配

当资本积累过度时，实现黄金规则的一种方法是：发行固定数量的货币，对这些货币支付等于黄金规则的回报率 n。由于货币是一种可替代资产，没有人愿意投资到边际产出小于 n 的资本上。而且，个人将按照黄金规则的回报率来选择 c_1 和 c_2 的消费组合，从而使稳定状态下的效用最大化。

改变均衡资本积累量的另一种方法是通过两代人之间的资产转换，如美国的社会保障和加拿大的社会保险。通过对年轻人征税，然后支付给老年人。这样可以减少人们为了满足退休后的需要而储蓄的货币量，从而减少对作为储蓄的资本的需求。通过这种方式可以帮助一个经济摆脱资本积累过度的困境。如果一个经济处于资本积累不足的状况，就必须实现相反的转移，采用对老年人征税以补贴年轻人方法。这样，一方面年轻人会有更多的资金可以用来储蓄，另一方面由于年老时将被征税，为了满足年老时的需求，他们也会增加储蓄，这两个原因使得私人储蓄增加，从而资本增加。关于涉及年轻人和老年人的税收和补贴对资本、消费、储蓄的影响将在第 16 章进行详细分析。

7.10.1 附录练习

7.7 （附加题）考虑具有两时期的代际交叠模型。在这个经济中，每一个人在年轻时通过劳动可生产 y 单位商品，但是当年老时不生产任何商品。每个时期出生的人口数量增加一倍。资本转化技术如下：如果在 t 时期每个年轻人将 k_t 单位商品转换为资本，则这些资本在 $t+1$ 时期可生产出 $f(k_t)$ 单位的商品，资本的边际产出 $f'(k_t)$ 是递减的。生产开始后，折旧耗损了 δ 单位的资本。然而，剩余的资本可以用于消费。

a. 用公式表示可行的稳定分配状态，并加以文字说明。

b. 写出经济中黄金规则资本存量的等式。可以用微积分方法，也可以用边际成本和边际收益分析方法。

第 8 章　流动性与金融中介

8.1　本章概览

在第 7 章中，我们引入了和纸币互为完全替代品的新的价值储藏形式。在上一章中，我们学习到了如果其他资产的回报率高于纸币的回报率，则在经济模型中纸币是没有价值的。但是，在现实经济生活中，我们发现即使其他资产的回报率比纸币的回报率高，纸币仍然有价值。一种可以使资本和纸币同时存在的方法是使资本回报的风险高于纸币。在这里，我们考虑另一种可能性，即由于纸币与其他可替代资产相比具有更好的流动性，因而人们愿意持有纸币。

为了在基础研究框架下引入资产的流动性，我们将人的生命扩展了一期。通过生命为三期的行为人，我们能够很容易地刻画流动性：如果价值储藏形式能够很容易地在任何时期以最低成本转化为消费品，那么这种储藏形式就是流动性很强。我们在构建了一个存在流动性差异的模型后，将银行作为克服流动性问题的方法。银行或金融机构是这样一种私人企业，它能够为人们提供能够替代纸币的流动性资产。为什么它们愿意这么做？因为流动性资产和非流动性资产具有不同的回报率，这就形成了利用套利获取利润的机会，即借入低利率的纸币，然后投资于高回报率的非流动性资产。

在我们探讨上述问题时，有一个重要假定来防止人们在自己私家银行中工作。具体来说，我们不允许人们有机会通过出售自己的资产来增加自己银行业务。我们假定人们辨别上述方式形成的银行业务有效性是非常困难，其成本是非常高昂的，即这种业务存在信息问题（information problem）。

8.2　货币作为流动性资产

在第 7 章的分析中我们发现，如果纸币和其他资产是完全可替代的，人们将仅持有回报率高的资产。人们持有纸币和资本的不同动机，可以用来解释尽管纸币比其他资产的回报率低，但人们仍然愿意持有纸币。因为与其他资产相比，纸币的换手率更为频繁（被持有较短的时间），并且纸币（与其他纸币类资产）常常在大宗交易中使用。因此，尽管纸币的回报率低，但是由于在交易中发挥着重要作用，所以仍然被接受。

无论什么时候发生交易，都必然会产生交易成本（transaction costs）。但如果交易后不转手，则交易成本也不会出现。人们普遍认为，在交换过程中，纸币与其他资产相比交易成本相对较低。一个人可以眨眼间就把 10 美元换成等价的消费品。用美元换取其他东西，比如商品，几乎不需要任何交易成本。相反，如果你想当天用房子换得消费品，考虑货币交换所产生的交易成本与一栋房子易手所产生的交易成本进行相比，纸币的交易成本是微乎其微的。而认证房子的质量和所有权合法可能需要几千美元的交易成本。为了快速卖掉房子，人们需要降价，这样房子的价格和房子的价值，即如果时间足够长可以售出的房价，可能差异甚大。我们将房子降价和其他售房成本统称为交易成本。对房子而言，如果 24 小时想要将房子卖出，那么交易成本将远远大于在合理期间内将房子卖出的相应成本。

当然，如果持有期较长，比如 20 年，一栋房子的回报率（包括重新出售的价值和住房的价值）将比持有纸币的回报率高。如果持有期较短呢？估计一下当房子仅拥有一周，减去交易成本后，回报如何？哪种资产回报率更高？我们只是想说明资产的回报率会受到交易成本和资产持有期限的影响，但是人们根据资产的回报率来对资产进行估价的方式并不会由于流动性资产的出现而有所改变。

如果一项资产能够容易地、迅速地并且以较少的成本进行交易，我们说这种资产具有流动性（liquid）。与房子相比，纸币显然是一种流动性较高的资产。但为什么？房子的哪些特征使得它的交易成本较高？由于房子本身的一些因素导致其难以交易，因此我们把房子作为一个高交易成本的极端的例子。首先，房子不能运输，而且对大多数交易而言，房子的单位价值量太大。当然，人们可以通过将房子进行分割，发行部分房屋所有权凭证（允许所有权持有者获得部分租金）的方式来解决这个难题。但即使是这样，以房子作为支持的资产，也未必能够流通。

同时，对所有权凭证的定价也是一个问题。一个百货店老板不会同意用一栋房子的部分所有权凭证来购买一些商品。因为这个老板不能证实这部分所有权凭证是否同出售者所声称的那样，物有所值。这些成本因为只有当房子所有权发生转移时才会出现，所以属于交易成本。其他资产，如私人借据或股票，尽管不存在土地所面临的携带或分割的问题，但仍然存在购买者必须进行学习的成本。相反，纸币的估价非常容易，如果假币不是一个主要的问题，那么纸币的价值可以立即或者只需要几秒钟的计算就可以知道。

8.2.1 非流动性模型

现在，我们用一个扩展的模型来探讨流动性资产和非流动性资产的本质区别。[①] 特

---

① 此模型选自 Freeman（1985）。

别地，我们力图使经济模型与下列实际经济现象相一致：

1. 可兑换纸币与资本都是有价值的。

2. 资本回报率比纸币的回报率高。

3. 与资本相比，纸币的交换次数更多（纸币被持有的时间较短，而资本的持有时间较长）。

考虑一个人生活三个时期的代际交叠经济。在年轻时，人们拥有禀赋为 y 单位的消费品，而在其他两个阶段没有禀赋。扩展我们通常的假定，研究三个时期的偏好状况。同以前一样，N_t 代表在 t 时期出生的一代人的数量，且 $N_t = nN_{t-1}$ 。同时假定货币供给量 M 保持不变，初始老年人在第一时期拥有这些货币存量。沿用以前所用的标记，以 $c_{1,t}$ ，$c_{2,t+1}$ ，$c_{3,t+2}$ 分别表示 t 时期出生的某个成员在第一、第二和第三时期的消费。

经济中仅有唯一的资产——资本①，在任意时期 t，1 单位消费品都可以转化为一单位生产性资本 k_t ，资本的数量不受限制。在转变为资本的后两个时期，1 单位资本可以生产 X 单位的消费品，然后消失，令 $X > n^2$。

在这个经济中，有关信息的两个假定对于资本流动性至关重要。首先，假定掌握资本持有量的成本是昂贵的。为了避免模棱两可，我们假定了解其他人的资本形成是不可能的。其次，假定（现在）要让借款人必须偿付是不可能的，因为借款人可以无成本地隐藏起来而不被发现，从而逃避偿付借款。最终的结果是没有人愿意提供借款。在本章的后半部分，我们将对经济中借款必须偿付时的状况进行分析。

我们可以简单地给出个人持有资本和货币的特性。在禀赋的形式给定的情况下，个人必须找到一种方式来满足他在第二时期和第三时期的消费。为了给人生的第三时期提供消费品，个人可以在人生的第一时期将一部分商品转化为资本。但是，在人生的第二时期这些资本不能生产出任何商品。而且，个人也不能交易这些资本用于第二时期的消费，因为其他人不了解持有的资本量，也无法确定资本的价值。

那么，个人如何满足人生第二时期的消费呢？出生在 t 时期的人可以在第一时期出售一些禀赋，换取货币。在人生的第二时期可以用这些货币向出生在这一时期的年轻人购买消费品。

当然个人也可以通过持有货币的方式满足第三时期的消费，但是他们不会这么做。为了弄清楚这个问题，我们需要对资本和货币回报率进行比较。根据人口数量是变化的，但货币供给量不变的假定，在稳定均衡状态下，期限为一个时期的货币回报率为 n。然而，当为了满足第三时期的消费而持有货币时（对年轻人来讲就是将来的两个时期），期限为两个时期货币回报率（v_{t+2}/v_t）才有意义。

利用前面的推导结论，可以容易地得出期限为两个时期的货币回报率为 n^2。分析

① 正如我们在第 6 章的分析中指出，风险调整后，资本与其他可替代资产将具有相同的回报率。因此，仅考虑一种资产并不会影响我们对问题的分析。在本书的大部分我们选择资本作为资产，因为它的回报率比较容易描述，更为重要的是资本存量会影响产出水平。

一下这个结论，在给定货币存量保持不变的情况下，第一时期货币回报率为 n。而且，每一时期货币回报率保持不变。这就意味着期限为两个时期的回报率为

$$\frac{v_{t+2}}{v_t} = \frac{v_{t+2}}{v_{t+1}}\frac{v_{t+1}}{v_t} = nn = n^2 \tag{8.1}$$

根据我们的假定 $X > n^2$，期限为两个时期的资本回报率高于货币回报率。因此，个人将选择以持有资本的方式来满足第三时期的消费。

总结我们观察到的结果，出生在 t 时期的个人所面临的预算约束为

$$c_{1,t} + v_t m_t + k_t \leqslant y \tag{8.2}$$

$$c_{2,t+1} \leqslant v_{t+1} m_t \tag{8.3}$$

$$c_{3,t+2} \leqslant X k_t \tag{8.4}$$

如果将这三个式子合并，我们可以得出出生在 t 时期的个人一生的预算约束：

$$c_{1,t} + \left[\frac{v_t}{v_{t+1}}\right] c_{2,t+1} + \left[\frac{1}{X}\right] c_{3,t+2} \leqslant y \tag{8.5}$$

这是一个包含 $c_{1,t}$，$c_{2,t+2}$，$c_{3,t+2}$ 的线性方程。不幸的是，我们很难用普通的方法画出这个三维的预算约束；预算集的边界是在三维空间内的平面上，最优的组合（$c_{1,t}^*$，$c_{2,t+1}^*$，$c_{3,t+1}^*$）将位于无差异曲线和这个平面相切的那一点。

现在分析一下我们的结论。期限为两个时期的资本回报率为 X，而货币回报率为 n^2。因为 $X > n^2$，所以两个时期的资本回报率高于货币回报率。而且，期限为一个时期的资本回报率为零，货币回报率为 n，所以一个时期的货币回报率高于资本回报率。在第 7 章的分析中，我们暂时的分析结论是，如果个人愿意同时持有两种资产，则这两种资产的回报率必定相同。然而，在本章的分析中我们发现并不是这样。在这种经济条件下，出现了回报率均等原则的违背。为什么？

为了弄清楚这个问题，我们有必要重新看一下前面提出的观点。回报率均等原则的基本前提是被考察的资产必须是完全可替代的。而在本章的模型中，货币和资本不是完全可替代的。尤其需指出的是，我们假定个人不可能发现别人所持有的资本，这就意味着在这个经济中不可能发展出一个使处于中年的个人能够用所持有的资本进行交易的市场。换句话说，资本是非流动性资产。在人生的第二时期，个人不能用资本换取交易媒介，并且资本本身也不能用作交易的媒介。

由于货币和资本的这些基本不同，则两者有不相等的回报率应该是非常合理的。尽管有所修正，但是回报率均等原则对这个经济仍然适用。由于资本能提供两个时期最好的回报率，所以人们愿意持有资本两个时期；同样，由于货币能提供一个时期最好的回报率，因此人们愿意持有货币一个时期。

在此模型中也应注意两种资产进行交易的频繁性。在给定的时间内被交易的资产量除以该资产的总存量，可以得出该资产的周转率（velocity）。在任意时期 t，总的货币存量全部转手，这就意味着货币的周转率等于 1。那么，资本的周转率是多少？

比如将年轻人的资本转换视为一次交易。在任意时期 t，当前年轻人转换出的资本

为 $N_t k_t$ 单位。那么在 t 时期总资本存量是多少呢？它包括当前年轻人持有的资本（$N_t k_t$）和中年人在 $t-1$ 时期购买和继续持有的资本，后者的数量为 $N_{t-1}k_{t-1}$。因此，在 t 时期的总资本存量为 $N_t k_t + N_{t-1}k_{t-1}$。年轻人的资本转换可视为资本交易，于是可以得出

$$资本的周转率_t = \frac{N_t k_t}{N_t k_t + N_{t-1}k_{t-1}} < 1 \tag{8.6}$$

考虑一种简单的状况，在一段时间内总资本存量的规模保持不变；则资本的周转率等于1/2。更一般地，根据式8.6，资本的周转率小于货币的周转率（货币的周转率为1）。[①] 由于资本的交换比较困难，所以人们持有资本的时间长（两个时期），而货币的持有时间较短（一个时期）。

8.3　银行业务

让我们再回到具有三时期的经济，改变其中的一项假定，即至少有一部分人不能躲藏起来，不被债权人发现，因此他们必须偿付借款。在这种状况下，出现了银行和一种新的流动性资产——内部货币（inside money）——一种私人中介机构发行的货币。

假定你是这个经济中唯一有权力发行借据的人，那么你将如何运用你的能力借入资产，然后获取巨额利润呢？回忆一下以前的分析，我们曾指出，长期资产和短期资产（分别指资本和货币）有不同的回报率。通过回报率的不同获取收益的方式被称为套利，是否存在以低利率借入然后以高利率投资的方式呢？

8.3.1　一个套利的例子

如果你垄断私人借据发行权，可以随便想象这样一个套利计划。在 t 时期，你可以借入1单位商品，然后投资于生产性资本，商品可从在这一时期出生的年轻人那里借入。在以前的分析中假定没有借据，所以年轻人用持有的货币满足第二时期的消费。我们知道期限为一个时期的货币回报率为 n。如果你能够支付至少相当于货币回报率（n）的一个回报率，则这个年轻人就愿意向你提供期限为一个时期的贷款。

假定你在 t 时期借入1单位的消费品，在 $t+1$ 时期你就欠贷款人 n 单位的商品，但是在 $t+1$ 时期你仍然不能从投入的资本中得到支付。为了对贷款人进行偿付，你只好再从下一代的年轻人那儿借入 n 单位的商品。

在 $t+1$ 时期你借入的 n 单位商品的回报率为 n，则在 $t+2$ 时期你所需偿还的商品量为 n^2。你从1单位生产性资本中所得的回报为 X，且 $X>n^2$。你将获得一个净利润 $X-n^2>0$。

图8.1说明了每一期发生的事情。假定银行在 t 期从年轻人手中借入1单位消费

① 如果我们认为年轻人最初的资本转化行为不是交易，则资本的周转率等于0。

品，那么在 $t+1$ 期银行欠中年人 n 单位商品。不幸的是，银行这时还没有获得资本的回报。银行为了向借款人支付利息和本金，银行需要向当期的年轻人借入 n 单位商品。

这种套利行为代表了金融中介即银行业务。金融中介可以发行一系列期限为一个时期的借据（接受存款），并且将存款投资到期限为两个时期的资本上。套利的机会诱使中介机构对期限不同的具有流动性的货币和非流动性的资本进行匹配。

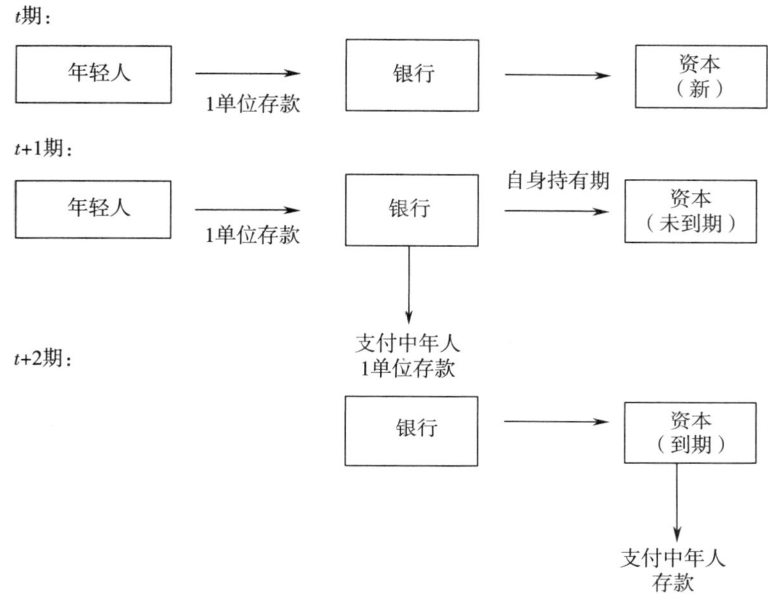

注：银行接受年轻人的存款。为了能够支付利息和本金，银行接受 $t+1$ 期年轻人的存款，来支付给当期来提取存款的中年人。在 $t+2$ 期时，银行在 t 期购买的资本获得回报，其收益可以用来支付给当期的中年人。

图 8.1　银行基本经营示意图

8.3.2　套利对均衡的影响

现在我们假定你不能垄断借据的发行权。在之前的例子里，这个假设的动因是很明确的，引入存在进入壁垒，这是单个银行可以获利。如果我们去掉进入壁垒的假设，可能会出现银行吗？换言之，如果有大量的竞争者可以无成本地发行借据并且投资于资本，则达到竞争性均衡时，期限为一个时期的借据的回报率（称为 r^*）是多少？

为了回答这个问题，我们举一个有数字的例子。假定期限为两个时期的资本回报率 X 为 1.21，并且人口的增长率 n 为 1.05。同时假定金融中介愿意支付的期限为一个时期的存款利率 r 为 1.05，根据以前的分析，这是金融中介为了吸引存款而必须提供的最低利率。如果金融中介在 t 时期接受相当于 100 单位消费品的存款并且将存款投资于资本，在 $t+1$ 时期，金融中介必须向存款者支付 105 单位的商品。为了向存款者进行偿付，金融中介再从在 $t+1$ 时期出生的年轻人那儿吸收相当于 105 单位的商品的存款，并且也同样需要支付 1.05 的回报率。对于吸收的这些存款，金融中介在 $t+2$ 时期欠存款者的商品量为

110.25［$=100\times1.05\times1.05=100r^2$］单位商品。$t+2$ 时期，金融中介投资的资本到期，可以获取的总商品量为 121［$=100\times1.21$］。金融中介可以得到 10.75［$=(121-110.25)$］单位商品的利润，即利润等于 100（$X-r^2$）。

然而，同样的道理，同一个市场上的另一家银行只要对存款提供 $r=1.06$ 的回报率，则可以很容易地将前面那家银行的所有储户都吸引过来，并且获得利润。这家银行获得的利润等于 $100\times(1.21-1.06^2)=8.64$ 单位商品。

进一步分析，我们就会发现只要 $r<1.1$，金融中介就能够获得利润。① 因此，只要 $r<1.1$，新的金融中介就会进入此领域并愿意为吸收的存款提供一个较高的回报率。为了继续经营，市场上的其他金融中介不得不随之进行调整，金融中介之间的竞争将使得存款回报率等于均衡回报率 $r^*=1.1$。需要指出的是 $1.1=1.21^{0.5}=X^{0.5}$。当 $r^*=X^{0.5}$ 时，金融中介的利润为 $100(X-X^{0.5}X^{0.5})=0$。这时各家金融中介就不会再提高存款利率，因为如果再提高存款利率必然导致一个负的利润。这个结论听起来非常熟悉，它与完全竞争的企业必须使其产品的价格等于边际成本，因而利润为零的原理完全一致。

在这个经济中，中介机构也将对资本和产出产生影响。如果没有金融中介，人们持有资本只是为了满足人生第三时期的消费；持有货币是为了满足人生第二时期的消费。如果存在金融中介，可以用内部货币来代替纸币满足人生的第二时期的消费。人们不但可以通过直接进行资本投资的方式获得人生第三时期的消费，而且可以通过中介间接获得人生第二时期所需的消费。通过这种方式，金融中介为经济中所有的储蓄进行资本投资，包括以流动性资产储蓄和货币余额等形式存在的储蓄。由于金融中介的存在，形成了更多的资本投资，从而提供了更多的产出。

用内部货币代替纸币对人们的福利水平产生的影响是复杂的。一方面，将来出生的一代人将从内部货币高的回报率中获益；另一方面，那些在初始时期持有纸币余额的人（初始中年人）则由于放弃使用纸币而损失纸币余额的价值。

8.4 作为监督者的银行

在这一章，我们考虑银行可能提供的其他服务。在前一个模型中，金融中介的功能是解决资产期限的错配问题。资本只有在长期才能获利，而个人却需要在短期内能够获利的资产。② 银行可以增加经济中的总消费水平。如果我们将风险引入基础模型会怎样呢？现在，银行能够通过减少成本来增加回报吗？

考虑一个这样的经济，每个借款者都是风险投资者。并且，借款者有能力隐藏投

① 在这里，r 是储蓄的一期回报。所以这就等于说银行的利润为 $D(X-r^2)$ 或 $D(X^{0.5}-r)$，其中 D 是储蓄的商品量。

② 也就是说，人们可以通过金融中介机构来互相保险（Diamond 和 Dybvig，1983），降低评估贷款的成本（Boyd 和 Prescott，1986），或享受其他规模经济（Greenwood 和 Jovanovic，1990）。近期的金融机构研究综述是 Bhattacharya 和 Thakor（1993）。我们在练习 7.3 和第 12、第 13 章中考察了其他金融中介模型。

资项目的结果，且贷款人证实真实结果的成本非常高昂。银行的一个职能是可以对贷款偿还进行监测。银行还可以为存款人提供一种几乎无风险的方法来投资风险资产。因此，让我们来考察下银行如何降低贷款偿付的监测成本和存款者可能面临的风险。①

我们建立的模型可以阐述在真实经济中银行的四个特点：

1. 每个银行的客户都包括大量的存款者和企业家。
2. 需要监测的贷款通常由银行（或其他金融中介）发放，而不是由个人发放。
3. 银行支付给存款人无风险收益，但同时持有风险资产。
4. 存款人并不会监测银行的经营状况。

假设一个经济中有大量的潜在（男性）餐馆老板，他们缺少启动餐馆经营的资金。还有同等数量的潜在（女性）投资者需要进行投资，但并不希望开餐馆。为了简单起见，假设开餐馆不需要付出任何努力。每个投资者有 k 单位商品进行投资，每个餐馆需要的投资为 μk（μ 为大于 1 的整数）（需要注意的是，并没有足够的投资来为所有潜在餐馆进行融资。每个融资的餐馆需要有 μ 个投资人）。

经营餐馆是有风险的。我们假设每个餐馆成功的概率为 2/3，其回报等于 $x\mu$；失败的概率为 1/3，其回报为 0。只有在投资之后，餐馆老板才知道自己是否成功了。其他人知晓餐馆的成功或失败是需要付出成本的。其他人只有付出观测成本为 θ 单位的商品才能知晓参观的成功或失败（假设餐馆的消费和对其他人的支付都是无法观测的，因此投资者无法推测餐馆的成功或失败）。

需要注意的是，当餐馆失败时，餐馆没有任何资源来支付给投资人。因此，餐馆老板和投资人之间的任何合同都不可以要求餐馆在失败时偿付投资人。

可能会出现没有监测的合约吗？如果没有监测，成功的餐馆老板会有意识地宣称餐馆失败，以避免偿付给投资人回报。既然餐馆老板可能会说谎，投资者会对餐馆的失败进行调查。我们假设投资者会调查每个宣布破产的餐馆。②

8.4.1 不经中介的投资

由于可以获得融资的饭店数目要小于潜在的饭店数目，并且因为无需任何努力就可以经营这个饭店，则这些潜在的饭店之间的竞争可以保证投资者获得饭店的所有产出，即每单位投资可获得 x 单位的商品。③

假定每个投资者将其所持有的 k 单位商品分别投资给 J 个饭店（每个饭店的投资量为 k/J 单位商品）。那么每个投资者从每个饭店所获得的平均回报为

$$\frac{2}{3}x\frac{k}{J}+\frac{1}{3}(-\theta) \tag{8.7}$$

---

① 我们在银行的监测职能中提供的模型是参考 Diamond（1984）。最早的研究监测的最优合约理论是 Townsend's（1979）的研究。本部分的简化模型大部分参考 Williamson（1987），也给出了一些简单的扩展。

② 总体来说，进行随机监测是最优的策略，但为了使问题简化，我们并不考虑这种策略。

③ 如果经营一个饭店需要付出努力（确定无疑是这样的），竞争将确保在饭店老板补偿了自己的努力后，投资者将获得全部剩余的产出。

需要指出，调查成本与个人投资的规模大小无关。因此，从 J 个饭店所获得的总收益为

$$\frac{2}{3}xk+\frac{1}{3}(-\theta)J \tag{8.8}$$

在没有中介的情况下，监督成本会以两种方式损害投资者的利益。首先，因为不管投资者的投资规模有多大，每一次失败所需的调查成本为 θ 单位商品。由于投资者将其投资分散到多个不同的饭店，因此平均来说所需花费的调查成本就比较高。为了减少调查的次数，他必须使自己投资的饭店数最少，即只投资一个饭店。然而，这种方法是将所有鸡蛋放在一个篮子里，从而缺乏分散性。如果投资者是一个风险厌恶者，这种方法使他面临着单一饭店经营失败的风险，会大大降低期望获得的效用。

其次，如果没有金融中介，对饭店就存在着大量的重复监督。每一个投资者对一个饭店实施监督所需要花费成本了解的东西，其他投资者也正在了解。难道就没有其他方法使得对一个饭店只进行一次调查?

假定可以指定一个投资者对一个饭店实施监督。一个成功的饭店可能撒谎，宣布经营失败。饭店会给这个监督者一部分利益，而这些利益是本应属于其他投资者的，从而使监督者支持他的谎言。换句话说，谁又对监督者实施监督呢?

8.4.2 经过中介的投资

实际上，存在一种方法既可以避免重复监督所造成的成本，又可以避免不能分散投资所带来的风险。考虑这样一种情况，一个金融中介，对于委托给它的所有商品承诺支付一个固定回报 r^*。中介机构将这些商品投资于大量的饭店，但同时保证无论它的投资出现任何问题都将支付给存款者 r^* 的收益。这样，中介机构将对宣称经营失败的饭店实施监督。

当饭店的投资是一项风险投资时，中介机构如何确保一个固定的回报? 答案是，尽管每一个饭店是风险企业，但是将商品分散投资到很多饭店将会大大降低风险，因为它们当中有 2/3 的是成功的。中介机构投资于很多的饭店，将从他投资的每个饭店获得接近于平均回报率的一个回报率:

$$\frac{2}{3}x\mu+\frac{1}{3}(-\theta) \tag{8.9}$$

因为有 μ 个存款者（每个存款者提供 k 单位商品），所得的回报为

$$\frac{2}{3}x+\frac{1}{3}\left(\frac{-\theta}{\mu}\right) \tag{8.10}$$

如果中介机构这个行业可以自由进入，则它们提供的回报率将是一个（竞争）均衡回报率。所要指出的是，由于监督成本较低，所以当存在中介机构时，回报率比没有中介时高［公式 7.8，$(2/3x)+1/3(-\theta)J$］。[①]

① 回忆一下，J 最小为 1 并且 $\mu>1$。

这种金融安排能够最小化监管成本的方式，并且不使任何人撒谎，从而获取了高回报率。每个宣称自己经营失败的饭店只被监督一次，而且，存款者不需要对金融中介进行监督，因为他们的回报是固定的，与其他情况没有关系。同时，这种安排也减少了投资风险。借助于金融中介，每一个存款者将其投资分散到许多的项目上，这就是为什么中介机构能提供给存款者无风险回报的原因。

8.5 本章小结

在第 7 章的分析中我们已经得出结论，如果纸币和其他资产相互之间是完全可替代的，那么纸币只有在其回报率与其他资产的回报率至少相等时才会有价值。然而，在现实生活中，尽管许多资产的回报率比纸币的回报率高，但是纸币仍然是有价值的。为什么会出现回报率均等原则被破坏的情形呢？为了回答这个问题，在本章中我们重点对纸币和其他资产不完全替代的原因进行了分析。尤其是在本章的第一个模型中，集中分析了与其他资产相比，纸币具有更大的流动性。通过在一个模型中观察非流动性的资本和流动性的纸币，我们发现与有价值的纸币相比，资本的确需要支付一个较高的回报率。

我们还发现各种资产回报率的不同对金融中介机构的发展起到很大的刺激作用。金融中介机构的服务功能在于使流动性货币和非流动性资本的不同期限能够匹配。同时，金融中介还将汇集起来的储蓄进行资本投资。由于金融中介的存在，提高了一个经济中的产出水平。

我们对银行所扮演的另一个角色进行分析。银行可以对风险投资起到监督的作用。与个人自己直接提供贷款相比，银行通过分散投资降低了风险，并且使得监督成本较低。

8.6 练习

8.1 考虑本章中的三时期的代际交叠模型。假定期限为两个时期的资本实际回报率为 $X=1.44$，人口增长率为 $n=1.1$，纸币的增长率为 $z=1.2$。计算以下一个时期和两个时期的净回报率：

a. 名义利息率

b. 实际利息率

c. 通货膨胀率

d. 纸币的实际回报率

8.2 假定资本的中介费用为转换每单位资本 ϕ 单位消费品（$\phi<\sqrt{X}$）。同时假定这个交易成本产生于个人从银行提取存款（当他们中年时）。如果这些交易成本由金融中介承担，那么金融中介提供的均衡回报率是多少？在这个经济中，当 ϕ、x、z 和 n 值分别是多少时，纸币是有价值的。

8.3 在两时期的代际交叠模型种，人们只在人生的第一时期拥有禀赋。资本有一个最小量为 k^*，这个量比任何单个个人的禀赋多，但是比这一代人的总的禀赋少。期限为一个时期的资本的总实际回报率为 x，每一时期人口的增长率为10%。同时，初始老年代持有的名义纸币存量为一个不变的常数。

a. 这个经济中，在何种意义上资本是非流动的？是否纸币也存在同样的流动性问题？

b. 描述一个中介机构，这个中介机构能够克服资本的非流动性，从而使人们能够利用这些资本获得人生第二时期的消费。

c. 假定每一代人中只有一个人可以经营一家中介机构。这个人为了吸引存款者存款，此人必须提供的最低回报率是多少？使他能够获取利润的 x 是多少？

d. 如果在每一代人中有若干人能够经营中介机构，则对存款提供的回报率是多少？

8.4 考虑一个有着大量潜在线上游戏生产者的经济体。这些生产者缺乏资金来启动项目。同时，有相当数量的投资者持有资金但没有投资线上游戏的意愿。每个投资者有10货币用于投资。每个线上游戏需要20货币来创造。假设每个投资者最多能选择投资10个线上游戏。假设25%线上游戏项目会失败，为投资者带来零收益。每个失败项目的监管成本是1货币。

a. 计算当投资者选择10个项目，并在10个项目中将货币平均分配时每个投资者期望的总回报。

b. 计算当投资者选择1个项目时每个投资者期望的总回报。

c. 解释为什么当只有一个项目被投资者投资时期望总回报更高。

8.5 考虑一个有着大量潜在线上游戏生产者的经济体。这些生产者缺乏资金来启动项目。同时，有相当数量的投资者持有资金但没有投资线上游戏的意愿。每个投资者有50货币用于投资。每个线上游戏需要200货币来创造。假设25%线上游戏项目会失败，为投资者带来零收益。假设一个银行在这个经济体内无成本运营。同时假设进入银行行业无障碍。

a. 计算银行对每个游戏项目的期望回报。

b. 银行会为存款者提供什么回报？

第9章　中央银行与货币供给

9.1　本章概览

从第8章开始，我们解释了银行如何通过将流动性差的资本转换成流动性好的储蓄来提高福利。这个解释的一个重要副产品是有两种形式的货币：纸币和储蓄。两种形式的显著区别是纸币（或外部货币）是货币当局的负债，而银行存款（或内部货币）是商业银行的负债。

在这一章中，我们要将基础的流动性差的资本模型进行扩展，在这个模型中，银行提供流动性好的储蓄。为了在均衡中同时引入内部和外部货币，我们引入了一个强制的假定来确定纸币的价值，即存款准备金。在这里，货币当局为了控制总货币量，或加强货币铸造税得到的收益，希望规范机构创造内部货币的行为。为了达到这个目标，除了印刷纸币之外，货币当局——或称为中央银行——有两种可以运用的主要工具——存款准备金和对银行的再贷款。在本章最后，我们展示了对商业银行的贷款，或称为贴现窗口，都是降低存款准备金的短期方式。

首先，我们用一套完整的框架来研究存款准备金的变化对经济主要情况的影响。值得注意的是，人们在这个模型中并不持有货币。银行以准备金的方式持有货币。我们在这一章中最重要的工作，就是向运用模型来解释为什么纸币和储蓄可以同时存在迈出了第一步。

9.2　金融中介机构的法律限制

金融中介机构允许私人创造用作货币的资产。允许金融中介机构完全自由的一个后果是，如果中介机构的利用和操作成本不是太高的话，人们将会选择使用内在货币而不是纸币。如果内在货币回报率减去交易成本的净值超过政府创造的纸币回报率，这种情况便会发生。

如果人们在任何货币用途上都宁愿使用内在货币而不是纸币，纸币将失去其价值，这将会产生两个方面的效应。首先，价格将不得不用某种其他的记账单位来表示。其次，政府将不能从铸币税中获得财政收入。如果政府仍希望将纸币当作是记账单位或取得收入的工具，它必须迫使人们持有纸币。

对于政府而言有很多办法来支持对纸币的需求。最为直接的是它可以简单地要求人们持有一定数量的纸币，比如准备金要求（reserve requirement），要求银行必须持有等于其存款额的一个法定比例的纸币余额。间接一点的方法是政府可以宣布某些中介形式或某些纸币的替代形式是不合法的。比如说，银行往往被禁止发行它们自己的货币（向持票人付款的票据或银行券）。

由于这些对货币体系的干预十分普遍，我们在这一章中将验证这些干预的效果及其合意性以及相关的政府政策。①

9.3　准备金要求

先在我们关于中介的模型中引入关于金融中介机构的一般性法律限制，即准备金要求。准备金要求迫使金融中介机构以纸币形式持有其存款的一个法定比例部分。在将准备金要求引入模型之前，先简要地讨论一下它在美国和加拿大法律下的执行情况。这两个国家的存款性机构都被法律要求持有和其存款水平相当的准备金。

在美国，这些准备金必须以库存现金或联邦储备银行存款的形式持有②。准备金要求针对联邦储备银行（联储）称作的净交易账户——基本上是可开支票的存款。到2015年1月，这些账户接受以下的准备金要求：对首次存款为1 450万美元来说，没有存款准备金要求；当存款额在10 360万美元以下时，准备金要求是3%；超过10 360万美元的部分准备金要求是10%。

从1994年夏天起，加拿大商业银行的准备金要求完全停止。我们将在本章的后一部分更多地谈到这一政策变化的含义。

9.3.1　准备金要求下的银行

我们沿用第8章关于具有三时期寿命和非流动资本的模型来继续我们的分析。③ 资本在其产生以后的第二时期获得 X 的回报率，令 $X>(n/z)^2$，令 $M_t=zM_{t-1}$，且有 $z\geqslant1$。因为货币将在生命的第二时期用来消费，我们将假定初始中年人在开始时拥有纸币存量。

像我们在第8章看到的，资本和纸币回报率的不同将导致人们试图通过中介机构获得套利利润，我们假设资本中介无成本而且是竞争性的。银行将接受存款，并为存款提供价值等于 $X^{0.5}$ 的一期回报。回想这个模型经济，人们不持有纸币；银行存款的流

① 参见Fama（1980）关于存在干预和不存在干预的银行业的分析。

② 那些不是联邦体系成员的机构可以在联邦储备委员会批准的机构持有其准备金余额。

③ 这个分析建立在Romer（1985）和Freeman（1987）的工作基础上。

动性和纸币一样，并且提供了一个更高的回报。

以下的准备金要求针对银行或任何其他资本中介，对于存在银行的每1单位商品要求银行取得并持有价值γ单位商品的纸币作准备金，剩余的部分$1-\gamma$可以被用来投资于资本。

一家银行的运作可以简略地反映在其资产负债表中。一张资产负债表同时列示了银行的资产和负债，银行的资产可以被分作两个部分——准备金和附息资产，银行的负债是银行的存款（这是银行欠储户的部分）和银行的净值（这是银行欠股东的部分）。一家有清偿能力的银行，其资产等于其负债（表中资产和负债两方必须平衡）。为了简单起见，我们假设模型中的银行净值为0。一家拥有等于H存款的银行的资产负债表如图9.1所示。

资产		负债	
准备金	γH	存款	H
附息资产	$(1\gamma)H$	净值	0
资产总额	H	负债总额	H

注：资产负债表揭示了资产和负债之间的关系。对于一家银行而言，其吸纳的存款代表着负债，存款（H）承担γ的准备金要求，因此银行必须持有等于γH的准备金。在满足了这些要求后，银行利用其吸收存款聚集的资金购买附息资产，金额为$H-\gamma H=(1-\gamma)H$。

图9.1 一家银行的资产负债表

现在来研究这个模型中关键变量的决定。

9.3.2 价格

价格水平称作P_t，是美元表示的1单位商品的价值，是1单位纸币价值V_t的倒数。定义h_t为个人存在银行的商品，和前面一样，v_t是由纸币的供给和需求相等来决定的：

$$v_t M_t = \gamma N_t h_t \tag{9.1}$$

式9.1需要一些解释，在时期t每一个人在银行存入h_t的存款（以商品形式）。从总量上看银行拥有$N_t h_t$存款。基于这些存款，银行被要求以纸币形式持有γ部分做准备金。这意味着以实际商品表示的准备金总额是$\gamma N_t h_t$。给定在这个模型中的所有个人不持有现金，银行作为准备金的纸币需求是对纸币的全部需求。注意准备金要求的提高，通过提高对纸币的需求而提高了纸币的价值。从式9.1中我们可以得到价格水平，即v_t的倒数：

$$P_t = \frac{M_t}{\gamma N_t h_t} \tag{9.2}$$

在这里，我们可以对现在加拿大实行的零准备金政策做一个分析。式9.2告诉我们如果$\gamma=0$，价格水平将是无穷大的（$v_t=0$）。直观的结果是在这个模型中如果$\gamma=0$，就不存在对纸币的需求，纸币将毫无价值，那么我们为什么没有在加拿大看到一个无穷大的价格水平呢？答案一定是我们的模型忽略了一个纸币需求的重要来源。除了银行的准备金需求外，一定还有其他来源的纸币需求。在第 10 章中，我们将展示一个模型，在模型中纸币的理想功能是作为现金被私人持有。在第 13 章中，我们将展示一个模型，在模型中尽管缺乏法律限制，银行仍将需求纸币。

9.3.3 铸币税

另一个重要的变量应是铸币税，即从纸币创造中所取得的财政收入，回忆式 4.16 和式 4.17，铸币税等于

$$(\text{铸币税})_t = v_t[M_t - M_{t-1}] = v_t M_t[1 - \frac{1}{z}] \tag{9.3}$$

当 $M_t = z M_{t-1}$时，利用式 8.1 中 $v_t M_t$的表达式，我们可以将铸币税写作

$$(\text{铸币税})_t = \gamma N_t h_t \quad [1 - \frac{1}{z}] \tag{9.4}$$

从这个等式中我们可以确定提高铸币税的因素：

- 准备金要求 γ 的提高；
- 银行存款实际存量 $N_t h_t$的提高；和
- 纸币创造率 Z 的提高。

9.3.4 资本和实际产出

实际产出是劳动（禀赋）和资本生产的全部产品的总和。在这个经济中，资本来自于两个方面：直接投资 k_t 和通过中介的间接投资 $(1-\gamma)h_t$，回忆资本对产出的影响滞后两期。这样 t 时期的产出将受到 $t-2$ 期创造的资本，无论是直接投资还是通过中介的影响，所以

$$GDP_t = N_t y + N_{t-2} X k_{t-2} + N_{t-2} X(1-\gamma) h_{t-2} \tag{9.5}$$

注意准备金要求 γ 的提高会导致 GDP（国内生产总值）减少，这是因为对于任何给定的存款水平（h_{t-2}），准备金要求的提高意味着通过银行中介形成的资本减少，基础货币 M_t 的增加对于实际产出没有这样直接的作用。

式 9.5 告诉我们准备金要求的降低通过中介资本的增长而导致实际 GDP 的增长，这样的影响有多大呢？在 2008 年末，美国的净私人资本存量总额为 342 610 亿美元。在这一时期，由美国商业银行持有的准备金总额达到 530 亿美元。[①] 如果完全取消准备金要求而且商业银行选择将所有准备金用于对新资本的贷款，资本存量的增加将少于 0.2%。

---

① 资本存量数据源于 *Survey of Current Business*。详见经济分析局网站 http：//www. bea. gov/national Table 2. 1。资本存量按照固定的私人资本（居民与非居民的）的数量来计量，准备金的计量是商业银行持有的全部准备金，按准备金要求的变化进行调整（来源于美联储圣路易斯分行 FRED 数据库，http：//research. Stlouisfed. org/fred）。

9.3.5 存款

以上考察准备金要求和基础货币对价格、铸币税和产出的影响时，我们将银行的存款金额 $N_t h_t$ 看作给定的。然而人们在银行存款的意愿取决于存款能够提供的回报率，现在我们来求这个回报率。

给定资本的两期回报率是 X，中介资本的一期回报率是 $X^{0.5}$，我们将它称作 x，如果资本的中介活动是无成本的，竞争将迫使银行向储户提供的回报率等于银行持有资产所赚取的回报率。所以，一单位商品存款持有一时期获得的全部收益，或存款的总实际回报率，必须等于以准备金形式持有的纸币数额乘以纸币的回报率，加上资本的持有量乘以资本回报率：

$$r^* = \gamma(\frac{n}{Z}) + (1 - \gamma)x \tag{9.6}$$

$$= x - \gamma[x - (\frac{n}{Z})] \tag{9.7}$$

假设纸币的回报率低于资本的回报率（$x > n/Z$），式9.7意味着 r^* 是 γ 的减函数，所以准备金要求的提高降低了存款的回报率。尽管当前的 M_t 对存款的回报率无直接影响，但是预期货币创造率 Z 降低了纸币准备金的回报率，进而降低了由纸币准备金做部分保证的存款的回报率。

存款回报率降低的影响是模棱两可的。一方面，比较低的回报率使人们减少了使用存款；另一方面，低存款收益对于任何给定的存款水平降低了 c_2，所以个人也许会提高他们的存款以期减少 c_2 的下降。①

9.3.6 福利

最后，也是最重要的是探讨准备金要求对经济体中成员福利的影响，同以前一样，我们希望区分将来代和初始代人。

最初的货币持有者（中年人）开始时持有最初的纸币存量，高准备金要求对这个存量的实际价值会有什么影响呢？在式9.1中令 t 等于1，我们看到 γ 的提高将在时期1中引起货币价值的提高，因为这将提高用已定纸币持有量可以购买的商品总量，最初的货币持有者可以在准备金要求提高情况下获得更高水平的效用。

纸币存量的增加将降低初始每一单位纸币的价值，所以除非增加的纸币存量是给予初始货币持有者的，否则初始纸币存量的增加会使货币持有者的状况恶化，任何减少存款需求及纸币需求的因素也会使初始货币持有者的状况恶化。

准备金要求或货币创造率的提高会通过其对存款回报率的影响而影响将来代人的效用，我们已经发现 γ 或 Z 的提高都会降低存款的回报率，这样会降低将来代

---

① 如果铸币税收入不是由政府使用，而是以一次性总付津贴的方式还给中年人，对于任何给定存款水平，c_2 不会降低，所以在这种情况下，只有第一种效应会发生，存款的低收益率会减少存款。

人的效用，较高的准备金要求是通过迫使将来代人更多地持有较低回报率的资产（纸币），而降低了他们的效用。更高的铸币税收入是向将来代的征税，从而减少他们一生中的消费。即使是铸币税收入返还给将来代，但由于存款的低回报率人为地减少了存款（生命第二时期的消费）的持有，也降低了将来代的福利。这与第 4 章中的论述一样，如果纸币回报率的降低使人们减少纸币的持有，则将来代的福利降低。

9.4 中央银行定义的货币

经济学家已经发明了很多计量货币的方法。在一个没有纸币替代形式的经济体中，这种计量是很容易的，整体名义货币存量直接就是纸币存量。而当外部货币和内部货币同时存在的情况下，不同类型的存款之间的差异由多种货币性质决定（moneyness quality）。支票账户被广泛认为是一种支付手段。储蓄账户不会用于交易，但却具有很高的流动性，这是因为人们能够以非常低的成本将资金从储蓄账户转入支票账户。所以，你可以明白由于货币性质，或称为流动性的不同，不同类型的银行存款之间也存在差异，因此存在不同的计量货币的方法。

世界各国的中央银行已经定义了很多种货币层次，我们通常称其为货币总量（money aggregates）。必须强调的是，对于货币总量的不同层次没有一个全球通用的定义。货币总量的定义在不同国家是不同的，更进一步说，一个特定国家使用的货币层次也会经常被重新定义，认为它们在未来不会变化的想法太天真了。

我们将介绍美国和加拿大中央银行定义的货币总量，两国的中央银行分别被称作美联储和加拿大银行。这两个国家对货币层次的计量上有些相同的特点，两个国家狭义的货币层次都被称作 M_1，只包括通常可被用来完成交易的高流动性资产。其他的货币层次依次排列划分，每一个相继的货币总量包括比上一个层次流动性稍差的资产，比如说 M_2 包括 M_1 的所有组成部分加上那些可以很容易地转化成为交易媒介的资产。

表 9.1 详细表明了美联储和加拿大银行定义的各种货币总量的构成及其数量，在分析这张表时，一定要注意尽管两个国家的定义有一些相似之处，但是也有许多重要的不同，这些层次的组成在稍后将更为详细地讨论。

两个国家的货币总量只包括由非银行公众持有的数量，由银行、政府和中央银行持有的上述资产的数量不包括在这些层次中。

表 9.1　　美联储和加拿大银行定义的货币总量

美国	加拿大
M_1 等于	M_1 等于
非银行公众持有的现金	非银行公众持有的现金
+ 活期存款[a]	+ 调整项[b]
+ 其他可开支票存款	+ 活期存款减中央银行存款
+ 旅行支票	
M_2 等于	M_2 等于
M_1	M_1
+ 储蓄存款，包括货币市场存款账户[d]	+ 个人通知存款[c]
+ 小额定期存款	+ 个人定期存款
+ 零售货币市场共同基金余额	+ 非个人通知存款[e]
	+ 调整项

注：a. 美国的活期存款是无利息支票账户减去托收过程中的现金项目，即美联储浮动现金项目（federal reserve float cash items）。上述现金项目包括机构在美联储银行账户中储蓄的支票和现金。浮动项目（float）是支票给付过程中，在支票签发人和支票接受人支票同时出现的支票额。美联储浮动项目（federal reserve float）出现在美联储支票托收过程中。

b. 调整项目或"持续调整项目"是在存在结构性断点或建立新型账户时，运用统计方法对时间序列进行调整得到的。

c. 包括可开支票和不可开支票的个人通知存款。

d. 也包括小额回购协议。回购协议是证券出售时签订的卖方将在一定时期（短期）从买方手里购回证券的协议。

e. 包括可开支票和不可开支票的非个人通知存款。

货币总量的一些组成部分值得作一些分析，以明确界定其包括的内容，我们从范围最窄的货币层次 M_1 开始。

- M_1——在美国，M_1 包括现金、非银行机构发行的旅行支票、商业银行的活期存款，以及其他非银行公众手中的可开支票的存款。现金当然是由纸币和硬币组成。商业银行的活期存款数额要做调整，不包括托收过程中的支票额和准备金。其他可开支票的存款包括可转让支付命令（NOW 账户）、存款机构的自动转账服务（ATS）、信用社可转让份额账户以及在储贷协会机构的活期存款。

加拿大的 M_1 的定义相对于美国要窄一些。只有加拿大联邦注册银行创造的活期存款才包含在 M_1 中，由其他存款性机构（信托和抵押贷款公司，信用社和民众储蓄所）创造的可开支票的存款不计入 $M_1$①，以上是关于两国人为划分的货币层次的说明。

总的来说，两个国家的 M_1 都包括现金和各种类型可开支票的存款，即可以直接签发支票的存款，像前面提到的一样，所有的这些组成部分都在交易时被普遍接受。

- M_2——M_2 是在 M_1 的基础上再包括一些可以很快转化成为交易媒介的资产。就绝大部分而言，加到 M_1 中形成 M_2 的是存款机构（商业银行和储贷协会）的储蓄存款

① 这些可开支票的存款和其他一些项目，包括在称作 M_2 + 的加拿大货币层次中，这个层次在表 9.1 中没有表示出来。

和定期存款。

更准确地说，美国的 M_2 除包括 M_1 的组成部分以外，还包括储蓄存款、货币市场存款账户、小额（少于 10 万美元）定期存款、小额零售回购协议[①]和零售货币市场共同基金余额。

在加拿大，M_2 是在 M_1 的基础上加上个人通知存款和定期存款[②]以及非个人通知存款，像在美国一样，这些类型的存款实质上是储蓄存款的不同形式。然而，在加拿大列入 M_2 的一部分通知存款是可以开支票的，而在美国所有可开支票的存款都被包括在货币层次 M_1 中。这是美国和加拿大货币层次划分中的另一点不同。

9.4.1 模型中的总货币供给

在我们的模型中，银行只提供一种储蓄账户。在这个假设下，定义 $(M_1)_t$ 为我们通常所称的货币供给（money supply），即 t 时期在银行的总名义存款存量［注意目前我们的分析中没有在银行之外持有的货币（没有以现金形式持有的货币），存款是这个经济体中唯一的货币形式，我们将在第 10 章中改变这一假定条件。于是目前在不考虑现金的情况下，我们定义的 $(M_1)_t$ 基本上与美联储和加拿大银行去除现金的货币层次 M_1 相当］。回忆 $(M_1)_t$ 的一部分 γ 必须以纸币形式持有，在有准备金要求的经济中纸币 M_t 的存量被称作基础货币（monetary base）。我们可以用下列等式中的任何一个来表述在有准备金要求的经济中货币供给和基础货币之间的关系。

$$M_t = \gamma(M_1)_t \tag{9.8}$$

$$\Rightarrow (M_1)_t = \frac{M_t}{\gamma} \tag{9.9}$$

式 9.9 告诉我们如何从中央银行已知的两个变量中找到货币供给总量，这两个变量是准备金要求和基础货币。因为 $\gamma < 1$，可知 $(1/\gamma) > 1$，基础货币的增加会导致总体货币存量增长，数额是基础货币增长的 $1/\gamma$ 倍，总体货币存量是基础货币乘以 $1/\gamma$。由于这个原因 $(M_1)_t$ 和 M_t 的比率，在这个经济中等于 $1/\gamma$，通常被称作货币乘数（money multiplier）。同时基础货币经常被称作高能货币（high - powered money）[③]。

例 9.1

a. 假定准备金率是 20%，如果基础货币增加 100，那么 $(M_1)_t$ 会有多大变化？

b. 如果准备金率提高一倍，货币供给总量 $(M_1)_t$ 会有怎样变化？

总货币存量是有用的计量方式吗？如果是，它将有助于我们预测重要的经济变量，我们先来看总货币存量和价格水平之间的关系：

---

① 回购协议是一家拥有暂时闲置资金的金融机构向另一家机构的短期贷款（通常是隔夜的），借方以美国政府公债券作为担保而且承诺在约定日“重新购回”这些证券。

② 通知存款是指技术上（尽管实际中不是）要求存款人在取款前“通知”银行的存款。定期存款与美国类似，拥有一个特定的到期日。

③ 我们将在第 9 章中学到，货币乘数不总是等于 $1/\gamma$。

$$p_t = \frac{M_t}{\gamma N_t h} \tag{9.10}$$

回忆 $(M_t/\gamma) = (M_1)_t$，我们可以将价格水平的表达式重新写作：

$$p_t = \frac{(M_1)_t}{N_t h_t} \tag{9.11}$$

像在前面各章中一样，这个经济的价格变动和货币数量论一致；总名义货币存量的任何增长都会引起价格水平成比例地提高（假定货币需求 $N_t h_{t\ 不变}$）。在这个经济体中，预测价格变动时，总名义货币存量（M_1）要比基础货币本身更有用。价格和 M_1 同比例变化，不论 M_1 的变化是由 γ 的变化引起还是由纸币存量的变化引起。纸币存量和价格不是那样紧密联系在一起的，如果准备金要求改变的话，即使纸币存量不改变价格也会变化。

然而，如果对存款的需求 $N_t h_t$ 受到存款回报率的影响，价格水平的变化将依赖于改变 M_1 所使用的工具。我们已经知道降低准备金要求导致的 M_1 的增加会提高存款的回报率，但是增加基础货币导致的 M_1 的增加会降低存款的回报率（如果增加来源于永久性地提高纸币增长率 Z），或者对存款的回报率没有影响（如果增加源自基础货币的一次性增加）。因为货币存量改变所利用的工具变量影响存款的回报率，于是存款需求和价格水平也取决于使用的工具变量。

现在来验证一下 M_1 对于预测其他经济变量的变动是否是一个有用的指标，也就是说，M_1 和其他变量之间的关系是否只依赖于 M_1，或者它们依赖于 M_1 变化的方式？

我们已经掌握了提高总货币存量的两条途径，基础货币 M_t 提高和准备金要求降低。在铸币税方面有着相反的效应；M_t 的提高（$Z>1$）增加铸币税，但是准备金要求 γ 的降低则减少铸币税。我们还了解它们对产出的影响也有所不同，由准备金要求降低所导致的总货币存量增加会增加资本和提高实际产出。相反，基础货币 M_t 的增加对实际产出没有这样直接的影响。在这个经济中，M_1 变化对铸币税和产出的影响取决于 M_1 的变化方式。由于这些原因，我们在讨论货币政策时不能只注意 M_1。

例 9.2

a. 假设经济体中有600个年轻人，每人都在银行拥有价值100单位商品的存款，而不论回报率的高低。假设准备金率是10%，基础货币是3 000美元，令 $x>n$。

ⅰ. 总名义货币存量是多少？

ⅱ. 一单位纸币的价值是多少？

ⅲ. 用纸币单位表示的一单位商品的价格是多少？

ⅳ. 如果政府增加50%的基础货币，政府将获得多少单位商品？

ⅴ. 银行投资的实际价值是多少？

b. 如果准备金率提高到20%，你对于命题a中每个问题的答案会有何变化？用自己的话解释这些变化。

c. 假设准备金率保持10%不变，但是银行自愿持有另外10%的超额准备金，你对题 b 的答案会有变化吗？

9.5 中央银行贷款

银行被要求定期①公布其保有的准备金达到了与其存款相对应的水平。如果它们的准备金不足，它们将有三种选择：（1）出售其附息资产以获取纸币；（2）向其他银行借款②；或者（3）向货币当局借款③。

一般认为中央银行贷款的目的，是允许银行在发现意外的准备金不足时，可以通过向中央银行借款来达到准备金要求，而不是被迫仓促地卖掉附息资产。如果中央银行同意，准备金低于要求水平的银行可以从中央银行借款来补足差额，借取的准备金必须偿还并且支付利息。在第 12 章，我们建立了一个模型，其中存在暂时性储备不足，同时具有可交易资产的二级市场。其实，2007 年银行危机的一个最有趣的特征是，为了支持储备不足，央行推出了特别贷款便利和必要的抵押支持交易。我们在第 12 章探讨 2007 年银行危机时，也讨论了美联储如何引入这些特殊贷款便利。

中央银行贷款也可以用来影响资本、产出、价格水平和铸币税，即使是在稳定均衡下也是这样。这主要是通过改变银行的有效准备金来实现的，在此我们分析中央银行贷款的这个作用。

由于具有对纸币存量的控制能力，中央银行贷款给私人银行没有任何困难：它只需印制它愿意出借的任何数额的纸币并且借给私人银行，作为回应私人银行承诺在以后某一时期偿还贷款，也许还要交付利息。只要对中央银行欠款的利率不超过银行本身附息资产的回报率，私人银行就将希望从中央银行借款。

9.5.1 限量的中央银行贷款

现在仔细分析中央银行贷款的作用，中央银行贷款政策包括它愿意借出的数额和要求的回报率。令 δ 表示银行准备金中利用向中央银行的借款融通的部分，一家拥有 H 存款和 δH 准备金的银行被允许从中央银行借款 $\delta\gamma H$，其中 $0\leqslant\delta\leqslant1$，令 Γ_t^B 表示借取准备金的总名义金额，继续令 M_t 代表不是来自中央银行借款（非借款准备金）的纸币存量④。于是借取准备金是全部准备金的一部分，由下式表示：

$$\delta = \frac{\Gamma_T^B}{\Gamma_t^B + M_t} \tag{9.12}$$

这意味着，随着 Γ_t^B 趋向于无穷大，δ 趋向于 1。

① 比如在美国是两周一次。

② 在美国银行间借贷的市场称作联邦基金市场（federal funds market）。

③ 美国的银行在联储的贴现窗口（discount window）借款。

④ 因为存款是货币的唯一形式，纸币只是作为准备金持有，这一点在第 9 章会发生变化，那时纸币也可以作为现金使用。

一家追求利润最大化的银行将利用中央银行的贷款去获取更多的附息资产，作为中央银行贷款的结果，私人银行的资产负债表会发生如图9.2所示的变化。

资产		负债	
准备金	γH	存款	H
附息资产	$\delta\gamma H+(1-\gamma)H$	中央银行贷款	$\delta\gamma H$
		净值	0
总资产	$\delta\gamma H+H$	总负债	$\delta\gamma H+H$

注：银行有两种负债。银行可以借一部分储备，$0<\delta<1$。银行可以运用中央银行的资源来增加有利息的资产量。

图9.2 一家银行的资产负债表

我们可以来分析，中央银行贷款对关键变量的影响，采取的步骤和我们已经用过的分析准备金要求对关键变量影响的步骤一样。

一单位纸币的价值总是在纸币的供给和需求相等时得出，纸币的需求源自准备金要求，现在准备金可以由借取的（$\delta\gamma H_t=\delta\gamma N_t h_t$）和非借取的（$V_t M_t$）准备金满足：

$$\delta\gamma N_t h_t+V_t M_t=\gamma N_t h_t \tag{9.13}$$

从式9.13我们可以求得价格水平，V_t的倒数：

$$V_t M_t=\gamma N_t h_t-\delta\gamma N_t h_t$$

$$V_t M_t=\gamma(1-\delta)\gamma N_t h_t$$

$$V_t=\frac{\gamma(1-\delta)N_t h_t}{M_t}$$

$$P_t=\frac{1}{v_t}=\frac{M_t}{\gamma(1-\delta)N_t h_t} \tag{9.14}$$

从式9.14中可以发现，中央银行贷款的存在（$\delta>0$），使得价格水平比以前没有中央银行贷款（$\delta=0$）时提高了。从式9.14中也可以得到，如果所有的准备金都由中央银行提供（$\delta=1$），产生的效应和没有存款准备金时是一样的——纸币将没有价值（价格水平将是无穷大的）。

中央银行贷款的作用类似于准备金要求的降低。通过提供一部分所需的准备金来达到准备金要求，中央银行贷款实质上把准备金要求从γ降低到$\gamma(1-\delta)$，通过减少对公众手中非借取准备金（M_t）的需求，它降低了纸币的价值，提高了价格水平。

中央银行贷款也扩大了通过中介机构进行的投资。从图9.2所示的银行资产负债表可以注意到，中央银行贷款使得私人银行增加其持有的附息资产，直到：

$$(1-\gamma)N_t h_t+\delta\gamma N_t h_t=[1-\gamma(1-\delta)]N_t h_t \tag{9.15}$$

中央银行贷款对中介投资的作用和把准备金降低到$\gamma(1-\delta)$是一样的。注意中介性投资变化的规模取决于中央银行贷款的规模（δ），而不是中央银行要求的利率水平。尽管中央银行贷款的名义数量是无限制的，以实际商品衡量，中央银行贷款最大可以使中介性投资增加$\gamma N_t h_t$，即准备金的实际价值。

中央银行贷款也会影响总名义货币存量。法定准备金现在必须等于借入和非借入的准备金总和：

$$\gamma(M_1)_t = \delta\gamma(M_1)_t + M_t \tag{9.16}$$

这产生了定义货币乘数等式的一个新形式：

$$(M_1)_t = \frac{M_t}{\gamma(1-\delta)} \tag{9.17}$$

中央银行贷款使得非借款准备金的每一美元都形成了更多的名义存款。从而扩大了名义货币总体存量。同样，中央银行贷款的作用再次与准备金要求降低到 $\gamma(1-\delta)$ 时的作用一样。

中央银行贷款对政府收入和存款人回报率的影响，依赖于必须支付给中央银行的贷款回报率。令 ψ 表示中央银行贷款的实际总回报率。

我们现在来推导银行为存款支付的回报率。对于每一单位存款，其中一部分 γ 被作为准备金持有，它的实际回报率为 n/Z。当中央银行借出准备金的一部分 δ，存款的 $[1-\gamma(1-\delta)]$ 部分作为资本持有，它的实际回报率为 x。这样银行从它的资产上得到的总实际回报率等于 $\gamma(n/Z)+[1-\gamma(1-\delta)]x$。为求存款的实际回报率，我们必须从这个金额中减去必须支付给中央银行的贷款收益 $\delta\gamma$：

$$\gamma^* = \gamma\left(\frac{n}{Z}\right) + [1-\gamma(1-\delta)]x - \psi\delta\gamma \tag{9.18}$$

需要注意的是，如果没有中央银行贷款（$\delta = 0$），式 9.18 和我们前面关于 r^* 的表达式 9.6相同。

假设中央银行贷款的实际利率 ψ 等于市场利率 x，在这种特殊的情况下，式 9.18 简化为

$$\begin{aligned}\gamma^* &= \gamma\left(\frac{n}{z}\right) + [1-\gamma(1-\delta)]x - x\delta\gamma \\ &= \gamma\left(\frac{n}{z}\right) + x - \gamma x + \gamma\delta x - \gamma\delta x \\ &= \gamma\left(\frac{n}{z}\right) + (1-\gamma)x \quad [\text{给定 } \psi = x]\end{aligned} \tag{9.19}$$

在这种情况下，存款的回报率不受中央银行贷款的影响（δ 在决定 r^* 的表达式中没有出现式 9.19）。尽管中央银行的贷款使得银行能够更多地投资于资本，但是这些投资的收益又都交还了中央银行，使得储户的状况没有得到改善。如果中央银行以低于市场回报的利率（ $\psi < X$ ）提供贷款，作为中央银行贷款的结果，存款的回报率会上升。考虑另一个特殊情况，假设中央银行不对其贷款收取名义利息（$\psi = n/Z$），那么我们从式 9.18 中可以得到：

$$\begin{aligned}\gamma^* &= \gamma\left(\frac{n}{z}\right) + [1-\gamma(1-\delta)x] - \left(\frac{n}{z}\right)\delta\gamma \\ &= [1-\gamma(1-\delta)]x + \gamma(1-\delta)\left(\frac{n}{z}\right) \quad (\text{给定 } \psi = n/z)\end{aligned} \tag{9.20}$$

式9.20告诉我们，可以通过降低存款准备金比率或者提高中央银行贷款利率，来实现存款回报率的提升。

9.5.2 无限量的中央银行贷款

我们到目前为止都假设中央银行对可以借取的准备金比例设立了一个限制 δ，对于中央银行而言另一个可选择的政策是只规定它将收取的利息 ψ，同时允许银行想借多少就借多少。

当市场利率由资本的一个固定回报率 x 决定时，无限量的中央银行贷款政策导致了各种可能的均衡状态。如果 $\psi > x$，没有银行会从中央银行借款；如果 $\psi < x$，银行将借取无限数量，使得 δ 达到1，价格水平无穷大；如果 $\psi = x$，借取任意数额的准备金可能都是一个均衡状态。

想要避免这样的多均衡状态，其中一种方法就是假设资本的边际产品递减。当资本的边际产品 $f'(K)$ 是总资本存量的减函数时，更容易设想无限量中央银行贷款政策。和以往一样，只要银行获得的回报率 $f'(K)$ 超过其必须支付的回报率 ψ，银行就愿意从中央银行借款。随着向中央银行借款的增加，银行在资本上的投资也增加了，于是降低了资本的边际产品和市场回报率。向中央银行的借款和资本不断扩张，直到资本的边际产品等于中央银行收取的回报率时才停止。通过降低它收取的回报率水平，中央银行可以扩大私人银行的借款和资本存量，在图9.3中可以验证中央银行利率由 ψ^* 下降到 $\tilde{\psi}$ 时对资本的影响。

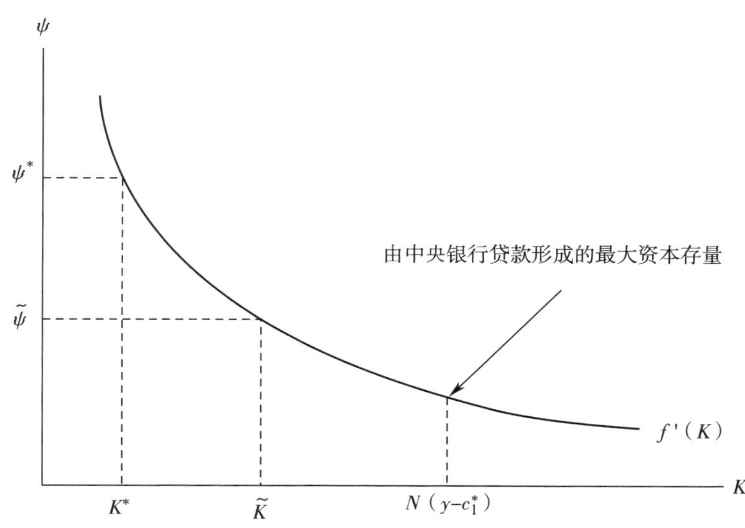

注：如果中央银行将其对商业银行的贷款利率从 ψ^* 降低到 $\tilde{\psi}$，总资本存量从 K^* 增加到 $\bar{K}$，总资本存量受限制于尚未消费的全部禀赋的数量，即 $K < N(y - c_1)$。

图9.3 降低中央银行再贷款利率的影响

在主张通过降低中央银行贷款利率来迅速扩张经济之前，我们必须要考虑其他的因素。首先，中央银行贷款的增加提高了价格水平（这伤害了当前的纸币持有者）。其次，降低中央银行利率对资本的实际影响受限制于准备金的实际价值 γNh_t，这只是总资本存量的一个很小的部分。

例 9.3 假设存款的需求等于 100 000 单位商品，同时基础货币中非借款的部分是 20 000 美元，准备金率为 12%。

a. 求价格水平、总货币存量和不存在中央银行贷款情况下银行投资的实际价值。

b. 假设中央银行允许银行通过向中央银行借款来支付其 1/3 的法定准备金，而且银行都充分利用了这一权力，在新的假设前提下回答问题 a。

9.5.3 加拿大和美国的中央银行贷款政策

向中央银行借款的额度多少取决于中央银行要求的利率［美国的贴现率（the discount rate）、加拿大的央行利率（the Bank rate）］与私人银行间拆借利率［在美国称作联邦基金利率（federal funds rate）］之间的差异。银行间拆借利率是由市场决定的，所以它和银行通过贷款及购买证券取得的回报率紧密相关，如果中央银行再贷款利率低于市场同业拆借利率，银行就会产生套利的动机，从中央银行借取尽可能多的款项，以便在市场上以更高的利率贷放出去。

为了防止银行利用它们在中央银行借款的权力而从中牟利，中央银行可能选择限制银行只有在特殊需要的情况下才可以借款。另外，中央银行还可能选择将中央银行利率设定为市场利率水平，或者高于这一水平，这样就可以消除从中央银行借款进行套利的动机。

作为中央银行再贷款政策的实际案例，研究和比较加拿大银行和美联储的情况很有意义。从 1980 年到 1995 年，加拿大银行执行了这样的政策，它将其央行利率设定为加拿大政府 91 天国库券利率加上 0.25% 的水平。这样一项政策可以被称作浮动惩罚利率，因为利率随市场的变化而调整，同时它高于市场利率。在这种方法下，银行出于获利目的而从中央银行借取款项的动机减少了。在这一时期中，加拿大银行只有通过影响国库券利率间接地影响央行利率。由于在这样一项政策下套利动机减少，加拿大银行在这一时期没有减少对联邦注册银行的贷款。

相比之下，美国的贴现率是一个管理的利率，它由美联储设定，而且不经常变化。结果是有很多次贴现率低于市场利率，当这种情况出现时，银行就有一种从联储借款的动机。从 1995 年以来，加拿大银行也执行了管理利率的政策。

我们最后通过绘制贴现窗口贷款量的时间走势来讨论下如何管理贴现率。图 9.4 显示出了 1959 年 1 月到 2015 年 5 月美联储对商业银行的总贷款额。数据显示在 2008—2011 年，贷款量出现了大幅增加。其实，对大部分时间来说，贴现窗口贷款额在 0 ~ 4 亿美元。我们将在第 12 章更加详细地介绍金融危机，但现在我们可以看看金融危机的影响。在 2008 年 3 月，美联储公布了总贷款增加为 190 亿美元，在 2008 年 10 月达到

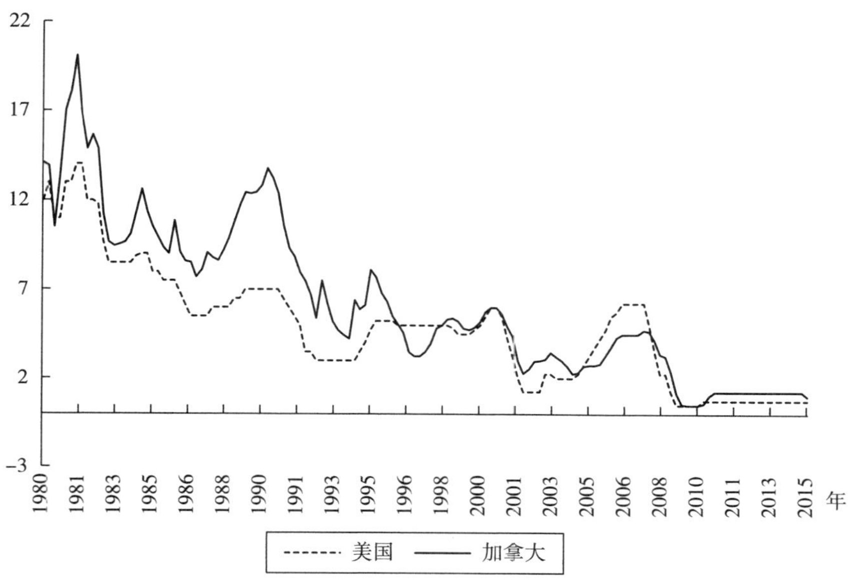

注：在 1996 年以前，加拿大银行执行的政策是它将对联邦注册银行的贷款利率（央行利率）设定在稍高于加拿大政府国库券利率的水平上。相比之下，美联储的贴现率是管理的利率，在一定时期内保持不变。

资料来源：央行利率来源于 *Bank of Canada Review* 各期，贴现率来源于 *Federal Reserve Bulletin* 各期，两个序列都是月数据。

图 9.4　加拿大银行的央行利率和美联储的贴现率

峰值 4 030 亿美元。截至 2011 年 11 月，美联储贷款超过 100 亿美元。自 2012 年 11 月以来，美联储的贴现窗口贷款不超过 10 亿美元。更确切地说，数据显示，2015 年每个月的贷款头寸都少于 1 000 万美元。

9.5.4　2007 年金融危机以来的中央银行贷款

贷款额水平与有效储备要求降低并不存在必然联系。为了更明确地说明这点，图 9.5绘制了 1984—2015 年储备要求水平。从近期数据来看，2015 年的准备金要求稳定提高至 920 亿美元。因此，贴现贷款中的 1 000 万美元对商业银行的有效储备要求来说产生的作用微乎其微。假设我们选另一个日期来看。比如在 1999 年 7 月，储备要求是 65 亿美元。当月，美联储通过贴现窗口对商业银行发放了大约 3.5 亿美元的贷款。运用式 9.12，价值是 $\delta = \frac{0.35}{0.35 + 6.5} = 0.072$；换句话说，美联储在 1999 年 7 月发放了大约 7.2% 的储备。为了说明有效储备要求是如何降低的，假设 1999 年 7 月储备存款为650 亿美元，储备要求为 10%。银行持有 61.5 亿美元 =65 亿美元减去 3.5 亿美元储备，剩余的进行借贷。这样，有效储备要求是 $\frac{6.15}{65} = 0.0946$。因此，1999 年 7 月的有效储备要求是 9.46%，而不是 10%。

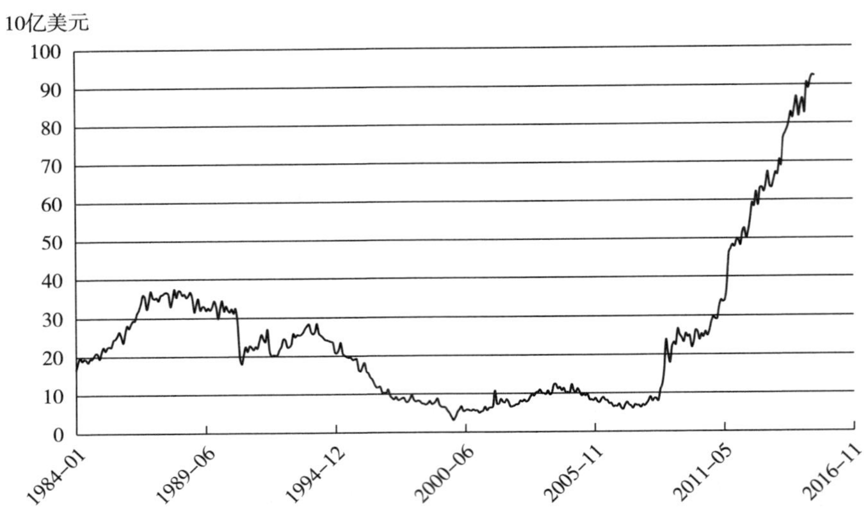

注：我们看到近期数据表明，自2008年以来，储备要求出现了一个陡峭的上升。在这里，储备要求的规模为贴现窗口贷款的大小提供了一个参考。

图9.5　1984—2015年的储备要求

在特殊情况下，比如2007年金融危机中，银行从美联储借款来弥补流动性需求。最特殊的情况发生在2008年10月。在那时，美联储贷款额为4 030亿美元，同时储备要求为100亿美元左右。显然，美联储发行的贷款是储备要求的几倍。自式9.12，我们发现2008年10月的价值为$\delta = 0.974$，因此在2008年10月美联储发放的贷款额是储备的97.4%，也是储备要求的大约40倍。

9.6　本章小结

这一章主要分析了中央银行使用的两个典型政策工具——准备金要求和向银行的再贷款。

货币供给总量是基础货币的一个倍数，从准备金要求可以导出简单的货币乘数，这个货币乘数是准备金率的倒数。准备金要求通过增加对纸币的需求而提高了纸币的价值，这样它使银行的中介性资本投资减少，这又导致了产出的下降。较高的准备金要求通过降低银行向存款支付的回报率而使将来代人的效用水平降低。

发现自己存款准备金数额少于法定数额的银行可以向中央银行借款，从效果上看中央银行贷款和准备金率下降总的来说是相同的。

9.7　练习

9.1　考虑一个拥有固定人口数的经济体，其中人们希望在每一期持有价值总额为

5 000单位商品的可开支票的存款。经济体每一期中拥有总额为 10 000 单位商品的禀赋，在每一期中存在 1 000 单位商品的非中介资本存量。在经济体中银行存款是货币的唯一形式，银行存款的准备金率为 20%，每一期资本的净实际回报率为 10%。在满足了准备金要求后，银行将存款的剩余部分全部投资于资本。个人不持有资本，每一期的纸币存量（基础货币）是 2 000 美元。

计算下列变量的价值：

a. 商品的价格（以美元表示）；

b. 在竞争的经济体中，银行能对其存款支付的总实际回报率；

c. 总名义货币存量 M_1；

d. 货币乘数；

e. 资本存量总额；

f. 实际 GDP。

9.2 假设中央银行同意银行以 8% 的净利率借取法定存款准备金的一半，回答练习 9.1 的每一提问。

9.3 假设一个经济体内准备金要求从 10% 上升到 20%。

a. 解释为什么准备金要求比率的提高会使福利减少。

b. 画图在 c_1-c_2 的区域（the axes），展示准备金要求比率的提高是怎样影响个人终生预算约束曲线的。

9.4 假设中央银行将准备金要求比率设定在 5%。中央银行最多愿意出借 25% 的法定准备金，设定在贴现窗贷款（discount window loans）的真实总回报为 1。我们假设法定纸币的真实总回报为 1.02，资本的真实总回报为 1.08。

a. 存款的真实总回报为多少？

b. 如果法定货币的供给为 10 000 美元，这个经济体 M_1 的数量是多少？

9.5 考虑一个经济体内，中央银行愿意向银行出借任意数量的准备金，令资本的真实总回报为 x。

a. 当中央银行贴现窗贷款比率小于 x 时，一个银行选择借多少准备金？

b. 当资本产出边际递减时，再次考虑你的答案。

第 10 章　货币存量波动

10.1　本章概览

在这一章中，我们将建立一个同时持有现金与存款的经济模型。在我们对货币存量的计量中，可以发现现实数据中存在大量的波动现象，为什么会出现这种情况？从定义上看，总货币存量是由基础货币和货币乘数决定的。如果货币存量的变化不是源自基础货币的变化，那么它们一定是由货币乘数的变化导致的。如果货币乘数是随机的，那么即使中央银行知道它印制了多少货币（基础货币），它也无法准确预计整体的货币供给量。在第 9 章中我们发现货币乘数等于准备金率的倒数。因为准备金率很少变化（而且中央银行充分地了解其变动），所以它不会是货币乘数现实波动的原因。因此，一定会存在其他一些原因导致货币乘数波动。

我们计划通过设定一个现金具有价值的经济模型来解释现实中所观察到的货币乘数波动现象。模型的一个关键假设为人们在其年轻时期的收入存在差异：其中一部分人为高收入群体，而另一部分则是低收入群体。模型的另一个关键设定是经济体存在摩擦。具体而言，银行为了证实存款者的身份而会受到固定费率的约束。摩擦与收入差异二者的共同作用将导致经济体内的居民被划分为两类：一类使用现金作为价值储备，另一类使用存款作为价值储备。

最后，我们再回到第 6 章曾研究过的货币与产出二者之间的关系。在第 6 章中，我们发现货币总量与产出是正相关的。我们的目标是解释这种正相关关系为何会存在。此外，我们也可以运用本章的经济模型解释所观察到的货币乘数的波动原因。

10.2　货币与产出之间的相关关系

货币经济学中最令人困惑的问题之一是名义货币存量和实际产出间明确观察到的相关关系。尽管很容易理解美元数量和名义产出（产出的美元价值）之间的联系，为什么美元数量和实际产出（产出的实物价值）之间会有所联系？这些几乎是虚构的记账单位能对工人和设备的生产率产生影响吗？

这可能是货币经济学中最重要的问题。货币当局拥有按照自己意愿改变货币存量的权力，所以如果货币存量影响实际产出，那么货币当局就能影响实际产出。至少这意味着减少货币存量的波动将减少实际产出的波动；往好处讲，这意味着货币当局可以按照自己的意愿来刺激实际产出。

当人们在讨论货币—产出关系时，实际上他们指的是货币总量与产出二者间的正相关关系。当然，法定货币存量波动与货币乘数波动都是解释货币总量与产出联动关系的备选原因。图 10.1 描述了美国经济的季度货币乘数数据，注意和经济衰退年份相关的货币乘数的情况（图中阴影部分）。

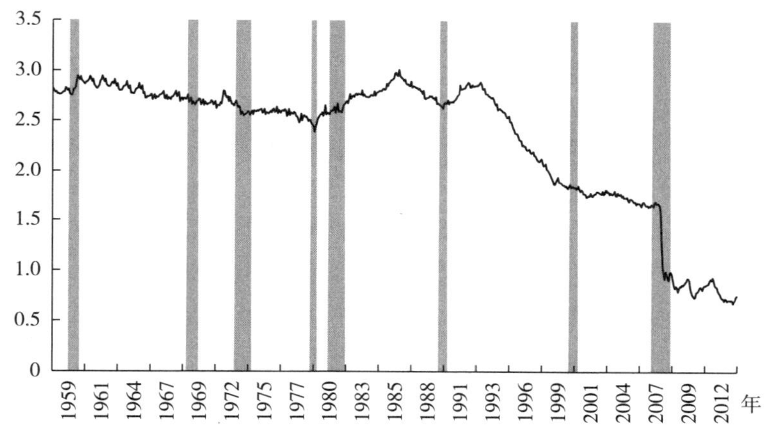

注：图中阴影部分代表由 NBER 商业周期委员会（Business Cycle Dating Committee）划定的美国经济陷入衰退的时期。其中，货币乘数在 1961 年、1970 年、1974 年、1980 年、1991 年、2000 年和 2008 年这几个陷入衰退的年份中是下降的。

资料来源：货币乘数按照 M_1 与基础货币之间的比率来计算。

图 10.1 美国经济的货币乘数

货币乘数的变化引起了人们的极大兴趣，因为看上去它和实际产出是联系在一起的，一些研究发现货币乘数的一些突变确实和实际产出的突变正相关。突变是通过未预期变动度量的经济变量。研究者用过去行为来测算预期价值，然后将突变定义为实际价值与预期价值二者之差。经验表明，货币乘数的突变与产出突变存在正相关关系。如果我们能够找到货币乘数波动的原因，我们也许可以解释一个最让人困惑的货币现象：名义货币存量和实际产出之间已观察到相关关系。这是本章分析的目的所在。

在我们被通过创造性地操纵货币存量来结束商业周期波动这样的想法冲昏头脑之前，我们应该看到其他一些可能性。也许是产出的改变引起了货币存量的变化，还可能是观察到的两个变量之间相关关系并不意味着一个变量引起另一个变量的变化。反过来可能是某些没有观察到的第三个变量的变化，引起了两个被观察变量的变化，从而产生了观察到的相关关系。

让我们更明确地考察在有关货币和产出的数据中观察到的模式，某些变量的突变（innovation）可以定义为变量的实际价值和通过变量的最近行为预测的价值之间存在的差异；简单地说，突变表示未预测到的变化，或者是变量的突发变化，我们观察到了数据的下列模型：

1. 实际产出的突变的确和名义总货币存量的突变相关①。

2. 名义总货币存量的突变发生在实际产出的突变之前，这样货币存量的突变有助于预测其后产出的突变。②

3. 当对利率的观察和对货币及产出的观察一起进行时，利率的突变有助于预测货币和产出的突变，同时货币存量的突变在预测产量的突变时，没有提供更多的帮助。③

4. 货币突变和产出突变之间的联系基本上通过存款——现金比率（及货币乘数）的变化形式体现④。

观察到的货币突变先于产出突变（模型2）的情况，使很多人认为是货币存量的突变导致了产出的突变，原因很简单，如果产出的突变不是由货币突变引起的，那么产出的突变应该先发生。⑤

然而，其他一些证据对货币当局可以利用它对货币存量的控制来影响产出变化的观点提出了质疑。如果一个经济学家只注意货币和产出而忽略利率，他将只观察到货币和产出之间的相关关系。模型3暗示这种相关关系可能是不合逻辑的，货币和产出都可能对利率或与利率相关的其他一些变量的变化作出反应。

模型4将产出和存款—现金比率联系起来，存款—现金比率准确地说是政府无法控制的那部分货币存量。所以货币—产出相关关系的存在并不意味着产出会受到货币当局控制之下的货币存量部分的影响，比如说基础货币。

我们需要一个和所有观察到的模式一致的解释。因为其中一个观察结果是货币乘数和产出一起波动（模型4），让我们从建立一个货币乘数模型开始。

10.3 现金和存款模型

在第9章的模型中，货币供给是由纸币存量和准备金要求决定的，根据模型中的特殊假设，即银行存款是货币的唯一形式且存款要受到准备金要求的约束，导出了模型的简单推论，即固定的货币乘数等于准备金率的倒数。

---

① 参见 Friedman 和 Schwarz（1963b）。

② 参见 Sims（1972，1980）。

③ 参见 Sims（1972，1980）及 Litterman 和 Weiss（1985）。

④ 参见 Cagan（1965）及 King 和 Plosser（1984）。

⑤ 如果货币当局预计到产出的变化并在产出突变之前采取行动，那么产出突变仍然可能是货币突变的原因，这一点由 Tobin（1970）提出。

在第 9 章的模型中，我们发现准备金要求的变化会导致总体货币存量和产出的变化。然而，由于准备金要求很少发生变化，所以它们不是影响观察到的货币和产出波动的重要因素。因为货币和产出之间的联系基本上表现为货币乘数和产出之间的联系①。我们将改动我们的模型，在准备金要求固定的情况下，允许货币乘数波动。我们将允许模型中的人们在现金（由纸币组成）和银行存款（内在货币，由银行投资于资本的财产作为保证）之间进行选择。为简便起见，我们假设不存在准备金要求（附录中提供的模型有准备金要求）。

10. 3. 1 内在货币和外在货币模型

考虑一个两期寿命的代际交叠经济②，经济中存在固定的法定货币存量，在每一代有三种类型的人——工人、企业家和银行家，所有三类人都是风险中性的。在每一期中每一类都有人出生，数量为常数。

我们下面从工人开始描述经济体内每一类型人的特征。首先，我们假设工人们在年轻时拥有劳动力禀赋，在年老时则不再拥有禀赋。因为这种劳动禀赋，工人们在年轻时期能够生产不可储存的消费品。为了在年老时进行消费，工人们将或以现金或以存款的形式储备货币。采用何种形式则取决于二者谁能提供更高的收益。我们进一步假设每个工人在其年轻时生产不同数量的消费品。年老时期的消费属于正常商品，这就意味着，储蓄与生产数量是正相关的。我们假定工人 i 希望拥有价值 s_i 单位消费品的货币余额。注意到所有工人看上去都是一样的，但工人们可能会选择识别自己。自我鉴定是从银行取出存款的一个环节，而识别自己（确认工人 i 确实是工人 i ）这个过程是需要耗费成本的。换言之，工人的识别过程是存在交易成本的。我们假定确认每个人身份需要花费 Φ 单位消费品的成本。

企业家通过拥有一个额外的能力而区别于工人。与工人类似，企业家在年轻时具有一单位的生产时间，而在年老时期没有。此外，企业家具有将消费品转移为资本的能力。这里，每一单位在第 t 期转移为资本的消费品将在第 $t+1$ 期产生 x 单位的消费品，我们假定 $x>1$ 。企业家用来投资的商品可能来自他自己的禀赋，或者来自别人的禀赋。资本的回报率越高，企业家就会用更多自己的禀赋来投资。同时，工人无法找到企业家。

银行家是第三类人，银行家没有禀赋，也没有能力创造资本，但是他们相对于其他两类人来说有两个方面优势。第一，他们能够找到企业家。第二，银行家不须支付任何成本就可使所有人知道他们的身份。然而，无论工人（存款者）何时从银行取款，银行都要消耗资源。这种取款的运行路径就正如工人使用支票为年老时期购买消费品：

① 举例来说，参见由 Cagan（1965）及 King 和 Plosser（1984）引用的证据。

② 这个模型改自 Freeman 和 Huffman（1991）的模型，Freeman 和 Huffman 的模型利用了 Sargent 和 Wallace（1982）及 Prescott（1987）的成果，也可参见 Lacker（1988）和 Schreft（1992）。

所谓支票意味着老年工人得到消费品而年轻工人从银行接收消费品。

既然我们已经清楚经济中有哪些人，那么我们就可以阐述为何两种货币形式会同时存在。一种选择是工人可以获取法定货币或现金。因为法定货币和人口都是固定的，因此法定货币的收益率为1。每个人都意识到现金是最广泛接受的交易媒介。由于这种性质，年轻人从老年人那里接受现金将不需要确认身份，因此使用现金的交易成本将低于使用存款。然而，如果想要使用存款，银行必须确认工人 i 是存款者。为了确认存款人的身份，银行需要消耗 Φ 单位的商品。例如，假定一个年轻人在银行存入1单位的商品，银行承诺在下一期给予 r 单位商品。在下一期，老年人出现在银行，将收到 $r-\Phi$ 单位商品。

那么，是什么决定了银行向工人支付的收益呢？收益的决定步骤如下：（1）当银行从存款者获取商品后，银行将可以向企业家贷款；（2）企业家将每一单位的消费品转化成一单位资本；（3）第 t 期每一单位资本将会在第 $t+1$ 期产生 x 单位的消费品；（4）银行清楚资本收益率，因此银行在本期贷给企业家的每一单位贷款都将在下一期被企业家偿付 x 单位的消费品。[①] 如果 $x>r$，那么利差的存在将会鼓励有事业心的银行家去追逐这种套利收益。基本地，银行可以通过以低利率向工人借款并以高利率向企业家贷款而赚取利润。现在，为了确认存款利率，让我们描述一个可以产生如下 $x-r>0$ 结果的中介安排。建立这个安排的前提与第7章中讨论的一样。在竞争性的市场中，银行家将可以从贷给企业家的任何物品中获得 x 的回报率，任何回报率的降低都意味着企业家的超额利润。在这种情况下，任何银行家都会要求更高的回报率 r，他们知道企业家会接受贷款，因为某些企业家仍然可以从银行家借给他们的每一单位商品上获取 $x-r$ 的利润。于是支付给银行家的利率将一直上升，直到 $r=x$，此时企业家不再有兴趣获取任何贷款。同样，银行家之间的竞争也将使工人存款的利率一直提高到 x。

由于交易成本 Φ 的存在，这个故事并没有结束。交易成本 Φ，可以看作人们从银行提取存款时产生的成本。例如，它可能是为了取款走到银行、排队等候和证明自己身份的成本。此外，也可能是签发支票时验证身份的成本或向银行缴纳的清算支票的费用。这种证明成本不是所有交易中都有的，如果允许银行发行私人银行券（由私人银行发行的可交易的向持票人付款的票据），在这些票据进行交换时没有任何验证成本（Φ 将会是0）。不过我们假定，私人发行银行券是不合法的，法定货币是现金的唯一形式，禁止发行私人银行券几乎是现代经济中一个全球性的限制，也许是为了集中铸币税的缘故。此外，对于交易成本而言，还有一个关键的设定，那就是交易成本的大小并不取决于取款的规模。无论取10美元还是1 000美元，存款者的取款成本都是一样的。

---

① 也许你会思考，为何企业家会同意为贷款向银行家支付全部的资本收益？这是因为企业家在这个活动中都是相同的，并且没有做任何事情，在两种活动中，他们都没有获得商品。我们假设他们接收贷款之后，生产了下一期商品，并将所有商品都支付给银行。不同于工人取款，企业家能够以零交易成本向银行借款。

对于任何资产而言，资产的总回报率等于从资产中获得的收益金额除以投入资金的金额。从前面的分析中我们知道银行将为存款支付 x 的回报率（在讨论交易成本之前）[①]，如果我们现在把交易成本加进来，银行家从存款 S_i 中获得的收益是 $xS_i-\varphi$ ，那么考虑交易成本的存款平均回报率为 $(xS_i-\varphi)/S_i=x-(\varphi/S_i)$ 。这个平均的回报率和交易成本的规模成反比，和存款 S_i 的规模成正比。在存款金额较小的情况下，交易成本相对存款的规模显得比较大，所以将会对平均回报率产生很大的负面影响。

使用现金不存在交易成本（因为在使用纸币时不需要证明自己的身份），它的回报率不论个人的现金金额多大都是一样的，为 v_{t+1}/v_t ，如果纸币存量和对现金的需求从 t 到 $t+1$ 时期不发生变化，则现金回报率等于 1。

图 10.2 描述了作为交易规模函数的存款和现金的回报率曲线，从曲线中可以看到，在交易规模较小时，纸币的回报率要高于存款的回报率，而在交易规模增加时，纸币的回报率则低于存款的回报率。设想一下，自己在购买商品时是否也是如此行事。

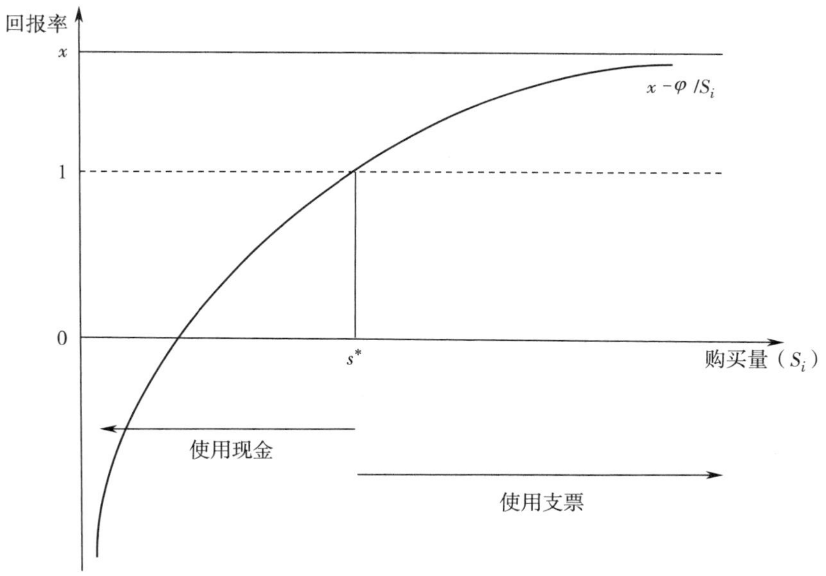

注：在决定是使用现金还是使用支票（在银行的存款）来进行购买时，个人将比较两种资产的回报率。对于小额购买（少于 S^*），现金的回报率超过存款，所以个人将使用现金。对于大额购买，存款的回报率超过现金，所以将会使用存款。

图 10.2 选择使用现金还是支票

我们定义 H_t 为 t 时期的全部内在货币余额的实际价值，Q_t 为 t 时期全部纸币的实际价值，这个经济中的存款—现金比率（deposit-to-currency ratio）可以写作 H_t/Q_t ，请读

① 像我们在第 8 章中得到的一样，受到准备金要求限制而持有存款的 γ 部分的纸币作为准备金的银行将支付回报率 $(1-r)x+Yr/Z$ ，为了使分析更简明，我们在这里假设银行不受准备金要求限制。

者自己考虑随着 s^* 提高或降低，存款—现金比率将如何变化。

下面仔细分析这个经济在任一时期 t 的三个关键宏观经济总量指标：价格水平 P_t（以货币单位比如美元表示的商品价格），总名义货币存量 $(M_1)_t$，实际总产出 GDP_t（国内生产总值）。首先注意，如果商品以美元表示的价格为 P_t，则有

$$P_tQ_t = M_t \quad 或 \quad P_t = M_t/Q_t \tag{10.1}$$

现在回想一下，名义货币存量总额 $(M_1)_t$ 是以美元计量的现金和银行存款的总额，名义现金存量等于 M_t，由于法定货币全部用于现金持有，给定在这个模型中银行不持有准备金。名义存款总量可以写作实际存款总额乘以商品价格，或 P_tH_t，所以我们得到

$$(M_1)_t = M_t + P_tH_t \tag{10.2}$$

因为从式 10.1 可得 $P_t = M_t/Q_t$，我们也可以写作

$$(M_1)_t = M_t + (M_t/Q_t)H_t \tag{10.3}$$

$$= [1 + (H_t/Q_t)]M_t \tag{10.4}$$

我们将 $[1 + (H_t/Q_t)]$ 看作是货币乘数（money multiplier）——用它乘以基础货币得出总货币存量。同存款（受到准备金要求限制）是货币唯一形式的经济不同，这个经济存在一个依赖于公众对存款和现金的相对偏好（存款—现金比率 H_t/Q_t）的货币乘数，于是货币乘数不再可能简化为 $1/\gamma$。

考察货币乘数的作用机制，假设在时期 t 个人表现出增加持有银行存款和减少使用现金的意愿。在这种情况下，H_t 上升 Q_t 下降。从等式 10.4 可知，货币乘数明显上升。对于不变的纸币存量，以 $(M_1)_t$ 计量的货币供给增加了。

什么可能导致货币乘数的波动呢？从图 10.2 中我们可以看到任何影响存款和现金回报率的因素将会改变 s^* 和存款—现金比率，从而改变货币乘数。我们将在下一节中指出波动的一个可能的原因，它也同样是观察到的货币乘数和实际产出之间相关关系的原因。

10.4 结合货币乘数与产出

假设在时期 t，以 x 表示的资本生产率有一个未预期到的永久性提高。更准确地说，假设 x 增加到 x'。这样的变化表现为存款回报率曲线的上移，如图 10.3 所示。

从图 10.3 中可以清楚地看到，x 的提高使 s^* 下降到 $s^{*\prime}$，这意味着由于存款的回报率超过纸币，小额的购买数量减少了，因为总的来说，更多的个人使用存款（H_t，内在货币增加）作为货币的形式，而更少的人使用纸币（Q_t，外在货币减少）。这样存款—现金比率 H_t/Q_t 将会提高。最终这意味着货币乘数 $[1 + (H_t/Q_t)]$ 提高。对于给定的基础货币（M_t），货币乘数的提高将导致 $(M_1)_t$ 的增加。

现金（纸币）需求的减少使得其价值下降，从而引起价格水平 P_t 的上升（见式 10.1）。注意价格水平和货币存量总额同方向变动，即使基础货币未发生任何变化。

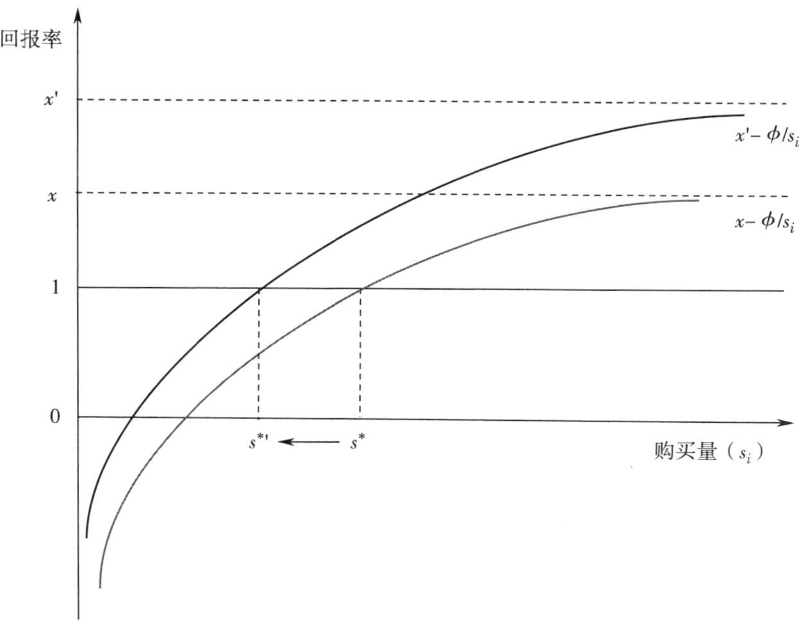

注：如果资本回报率未预期到地从 x 提高到 x'，银行可以提高支付给存款的回报率。图中曲线表明该回报率的上升，由于存款的回报率更高，使得存款使用增加，纸币使用减少，从而导致小额购买量减少。

图 10.3　未预期到的资本生产率的提高

因为这个影响是持久的，它在时期 t 和时期 $t+1$ 都使对现金的需求减少了，而现金的回报率未受影响①。

生产率的改变会对经济的实物部门产生什么样的影响呢？资本生产力的提高意味着，在任何给定的资本存量下，将产生更多产出。此外，资本的更高的回报率将刺激企业家和工人进行更多的投资，企业家进行直接投资，工人在银行存款是进行间接投资。资本在它被创造出来后的下一期产生产出，所以 $t+1$ 期的产出将是

$$GDP_{t+1} = Y_{t+1} + x'H_t + x'K_t \tag{10.5}$$

等式中 Y_{t+1} 是 $t+1$ 期出生的企业家和年轻工人的禀赋总和，$x'H_t$ 是由 t 期中介产生的资本在 $t+1$ 期创造的产出，$x'K_t$ 是直接投资形成的资本产出。$t+1$ 期产出的增加是 x，H_t 和 K_t 增长的综合效应导致的。

图 10.4 归纳了生产率变动对经济中实际部门和货币部门的影响。

---

① 如果影响是暂时的，现金的回报率受到影响，但是模型的含义不受影响，参见 Freeman 和 Huffman (1991)。

实际部门	货币部门
资本增加	货币乘数提高，$[1+(H_t/Q_t)]\uparrow$
直接投资增加，$K_t\uparrow$	存款增加，$H_t\uparrow$
中介投资增加，$H_t\uparrow$（银行贷款增加）	现金需求下降，$Q_t\downarrow$
产出增加，$GDP_{t+1}\uparrow$	价格水平上升，$P_t\uparrow$
	总货币存量增加，$(M_1)_t\uparrow$

图 10.4　生产率变动对实物和货币部门的影响

一个未预期的生产率的提高，$x\uparrow$

可以看出模型展示了本章开头所描述的特征。首先，总货币存量$(M_1)_t$和实际产出正相关（这里两者都提高）。其次，货币存量先于产出一期提高。最后，出现变动的可以是存款—现金比率变化，或者是货币乘数变化。

10.4.1　相关还是因果？

对货币总量和实际产出进行偶然的观察可以得出这样的结论：因为$(M_1)_t$的增加先于产出的变化，因此它导致了产出的变化。这是一个没有根据的结论。产出变化的最原始的原因是以x表示的资本生产率的提高。这个x的变化也导致了存款回报率的提高，而存款回报率又引起了存款和整体名义货币存量的增加。然而产出增加的首要原因是x的变化而不是$(M_1)_t$的变化。货币存量先于产出变化是因为人们调整其货币余额构成的速度要比调整生产的速度快。

这是一个值得吸取的教训。我们已经注意到总货币存量和实际产出之间确实相关，这仅仅表明货币存量增长时，实际产出也增长。这并不是一个因果关系的表述，即使总货币存量的变化先于实际产出的变化，我们也不能推论说它引起了实际产出的变化，上述例子证实了相关关系，甚至先后次序，但是并不意味着因果关系①。

10.4.2　纸币存量的一次性变动

现在我们开始考虑另外一种情况。假设由初始老年代所拥有的纸币存量发生一次性的增加（M_0增加），比如说假设我们使初始老年代拥有的纸币存量翻倍。不过像以前一样，纸币存量在接下来的各期中都保持在新的更高的水平上不变（对于所有的t都有$M_t=M_0$）。在我们的模型中这样的变化会有什么样的影响？

很明显，由于纸币存量在各期保持不变，纸币的回报率仍然等于1（回想一下，人口是固定的）。图10.2显示在这样的变化下，什么都没有改变。只有纸币或存款回报率的变化才会影响s^*。因为s^*没有发生变化，因此对H_t和Q_t也就没有影响。在存款—现金比率没有任何变化的情况下，货币乘数将保持不变。更进一步说，H_t或x不发

① 参见 Leamer（1985）及 Colley 和 LeRoy（1985）。

生变化意味着产出（如式 10.5 计量的一样）将保持不变。

这个变化有什么影响吗？有。从式 10.1 中可以看到，各期的价格水平由于 M_t 的增加而提高。在 M_t 翻倍的情况下，价格水平在每一期中都是原来的两倍。更进一步说，根据式 10.4，总货币存量 $(M_1)_t$ 也提高了（两倍）。这里我们只看到总货币存量增长，而没有产出的增长。

假设经济中资本生产率 x 和基础货币 M_t 都发生变化[①]，这两者的变化都会影响货币存量，然而实际产出的改变只是对资本生产率变化的反应。只关注总货币存量 $(M_1)_t$ 和实际产出的经济学家仍然会发现两者之间存在相关关系，因为这两者都受到资本生产率变动的影响。但是在考察货币和产出的同时关注实际利率 x 的经济学家，会发现是实际利率与产出相关，而不是货币与产出相关。在这个经济体中，当且仅当实际利率变化时，产出才发生变化，而仅在某些时候货币才会发生变化。所以一旦确认利率的变化是产出变化的原因，那么货币和产出之间没有持续的相关关系。这和上文 10.1.2 中发现的第 3 种数据模式一致。这也是对忽略重要变量可能误导实证检验的一个很好的说明。两个变量（这里指货币和产出）之间无直接相关关系，但是同时受到第三个变量（资本生产率）的影响，这种情况可能使这两个变量表面看似相互关联。一个仅关注货币和产出的经济学家将忽视真正导致所有变化的变量。

10.5 稳定货币的政策？

许多经济学家认为积极的货币政策能够帮助熨平产出的波动，我们的模型可以更深入地分析这种提法。积极的货币政策意味着对经济状况随时反应并作出调整的货币政策。积极的货币政策的本质在下面的例子中将变得更明确。

假设经济学家一直在研究一个经济，其中在一段较长时期内，x 持续变化。他们注意到并从统计学上证明了总名义货币存量与产出确实相关，并且确信由于货币的变动发生在产出变动之前，所以货币的变动一定引起了产出的变动。他们接着提出，如果纸币存量提高到足以抵消内在货币减少的程度，那么由于总货币存量不再波动，产出的波动也将不再发生。

让我们用模型验证这些说法。假设以 x 表示的资本生产率下降，这与先前研究的情况相反。这种情况由图 10.2 描述的存款回报率曲线的向下移动表示。与前面进行的推理相同，这样的变化将导致外在货币（Q_t）的增加，内在货币（H_t）减少，存款—现金比率（H_t/Q_t）下降，以及货币乘数 $[1+(H_t/Q_t)]$ 的下降。在不存在任何冲销性货币政策的情况下，它也会导致总货币存量 $(M_1)_t$ 的减少。我们还可以推测它会导致中介形成的资本减少，从而在下一期导致产出的减少。我们能够像经济学家建议的那样，

① 经常性的变动会使现金成为风险资产，因此风险厌恶者对现金需求更少，这不会影响我们研究中所选择的风险中性人们的行为。

通过多印纸币来避免产出的下降吗？

用增加纸币存量来抵消内在货币减少的办法可以保持总货币存量不变，来看一下这是怎样实现的。回想一下式 10.4：

$$(M_1)_t = [1 + (H_t/Q_t)]M_t$$

$[1 + (H_t/Q_t)]$ 的下降可以由 M_t 增加合适的金额来完全抵消，比如说，即使货币乘数下降一半，总货币存量 $(M_1)_t$ 仍可以由于基础货币增加一倍而保持不变。

这样的政策能够成功地避免下一期产出的下降吗？答案是不会。生产率和资本存量的下降仍然会导致下一期产出的下降。总货币存量在统计数字上和实际产出相关，仅仅是因为内在货币的存量和实际产出有关联。如果我们用外在货币的增长来抵消内在货币的减少，下一期的总实际产出仍然将会下降。尽管存在先前观察到的相关关系，货币总量 $(M_1)_t$ 的稳定对稳定实际产出没有任何作用。

例 10.1 假设以 Φ 表示的交易成本未预期到地永久性下降。分析其对 s^*、价格水平、存款—现金比率、货币乘数、总名义货币存量、资本以及产出的影响，并解释这些影响。证明经济模型中名义货币存量和实际产出间的相关关系，并证明基础货币的一次性增长会引起实际产出的增长吗？

10.5.1 对货币总量的另一种考察

人们很关注货币总量，包括内在和外在货币在内的货币整体数量的度量，但由于这些总量无法区分内在货币和外在货币，我们只有在整体货币存量重要而其组成不重要时关注这些总量。

在我们刚研究过的经济模型中，总体货币存量是价格水平很好的指示器。我们看到无论什么时候存在货币存量的增长，无论是基础货币的增加还是货币乘数加大，都存在价格水平的上升。

当我们关注这个模型中的实际产出时，总体货币存量不是一个有用的指标，内在货币和外在货币同实际产出间有非常不同的统计联系。内在货币与实际产出之间有联系，而外在货币没有，这并不奇怪。内在货币是银行用来投资于生产性资本的存款。相比之下，外在货币只是无保证的纸片，与生产没有直接联系。

如果仅仅关注总体货币存量这个总量指标，而忽视总量指标的组成，我们很容易被误导。当经济学家不区分内在和外在货币的不同变化时，内在货币和实际产出之间的相关关系看上去像是整体货币存量和实际产出之间的相关关系。这会使观察者错误地认为，由中央银行控制的外在货币的变化，也可以展现出同样的相关关系。如果经济学家在他们的分析中区分内在货币和外在货币的变化，将避免这样的错误出现。

10.6 预期到的通货膨胀和产出的修正

尽管当期基础货币的增加与当期及未来的产出之间并不存在联系，在这个经济中，预期到的未来基础货币的增加将会影响货币乘数，进而影响资本和产出。如果纸币存量以比率 z 增长，那么在人口不变的情况下纸币回报率将为 $1/z$ 。假设预期到的货币发行比率提高，z 的提高将降低纸币的回报率，引起如图 10.5 显示的 s^* 的下降。相对于银行存款而言，纸币回报率的降低使得对现金的需求减少。当人们用银行存款替换现金时，中介资本增加，随后产出相应增加。这就是我们在第 7 章所讨论的托宾效应。

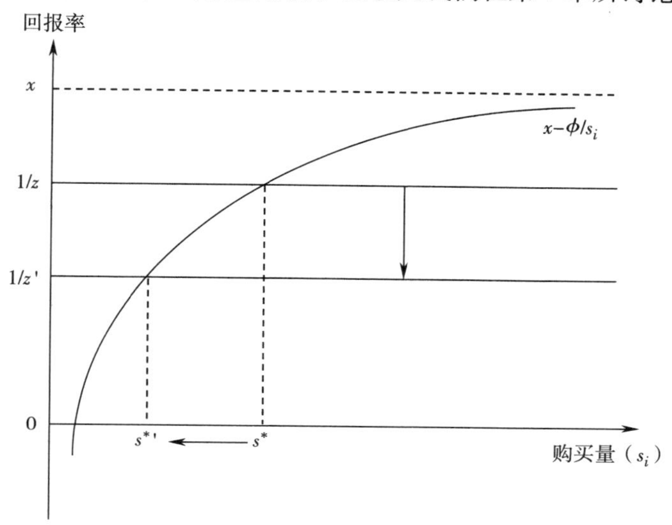

注：当预期到的纸币发行比例由 z 提高到 z'，纸币的回报率下降。如图所示，这使得 s^* 下降到 $s^{*\prime}$，从而引起银行存款使用的增加和现金使用的减少。

图 10.5　法定货币发行比率的提高对现金和银行存款使用的影响

这是不是意味着在这个经济中通货膨胀是大家希望的呢？不，现金使用的减少意味着交易成本也提高了。需要重申的是现金的总体存量只是一个国家资本存量的很小一部分，所以即使存款替换了所有的现金存量，对产出的影响也是相当小的（参见第 7 章托宾效应部分）。

10.7　本章小结

在这一章中我们介绍了包含现金和存款的模型。模型解释了观察到的货币存量波动的可能原因，而波动不能归因于准备金要求和基础货币的变化。我们发现货币乘数是由存款—现金比率决定的，而中央银行无法控制这个比率。改变公众的现金和存款需求的因素导致了货币乘数的变化，而且由此导致了总体货币供给的变化。这些因素包括任何能够引起存款和现金回报率变化的因素。

因为存款或内在货币被银行用来投资于资本，所以存款和货币乘数与现实经济中的一些现象相联系，比如预期到的资本生产率，通过货币乘数可以影响产出、货币存量以及实际产出。所以观察到货币与产出的相关关系，并不意味着货币供给的变化会引起产出的变化。

10.8 练习

10.1 考虑一个拥有100名工人的经济体。其中一半的工人在其年轻时被赋予200单位消费品禀赋，而在其年老时不再被赋予禀赋。余下的工人在其年轻时被赋予20单位的消费品禀赋，同样在其年老时不再被赋予。每名工人在其年轻时储蓄30%的禀赋。令资本的总实际收益率为1.25，货币供给增长遵循以下规律：$M_t = 1.1M_{t-1}$。假定每名工人在从银行取款时，需要花费10单位商品去识别自己。那么：

a. 对于高收入工人，计算他们的存款收益率；

b. 对于高收入工人，计算他们的货币收益率；

c. 对于低收益工人，计算他们的存款收益率；

d. 对于低收入工人，计算他们的货币收益率；

e. 根据a－d的答案，高收入工人应该选择哪种货币储存形式？低收入工人呢？

10.2 考虑一个拥有1 000名工人的经济体。其中一半的工人在其年轻时被赋予50单位消费品禀赋，而在其年老时不再被赋予禀赋。余下的工人在其年轻时被赋予10单位的消费品禀赋，同样在其年老时不再被赋予。每名工人在其年轻时储蓄30%的禀赋。令资本的总实际收益率为1.1，同时货币存量是固定的，且$M_0 = 10\ 000$。假定每名工人在从银行取款时，需要花费10单位商品去识别自己。那么：

a. 经济体的总存款水平是多少？

b. 写下货币市场出清条件，计算价格的均衡水平。

c. 经济体的总实际货币余额为多少？

d. 计算货币乘数。

10.3 在下面的每个例子中，都描述了一个外生变化。利用一幅图来展示这些外生变化是如何导致存款的均衡收益率增加的。

a. 货币增长率出现永久上升；

b. 资本生产率出现永久增加；

c. 银行识别成本出现永久下降。

10.4 考虑一个拥有200名工人的经济体。其中3/4的工人在其年轻时被赋予100单位消费品禀赋，而在其年老时不再被赋予禀赋。余下的工人在其年轻时被赋予20单位的消费品禀赋，同样在其年老时不再被赋予。每名工人在其年轻时储蓄50%的禀赋。令资本的总实际收益率为1.25。经济体内的企业家数量为50，每个企业家在其年轻时被赋予50单位消费品禀赋，而在其年老时不再被赋予禀赋。企业家只想在其年老时期消费。令货币存量是固定的。假定每名工人在从银行取款时，需要花费20单位商品去识别自己。在第t期，资本收益率出现一次永久性增长，增长到1.3。那么：

a. 计算第t期的GDP。

b. 计算第$t+1$期的GDP。

c. 在第 t 期和第 $t+1$ 期的总存款水平是多少？

d. 在这个经济体中，如果存在，那么两期的总存款与 GDP 之间是什么关系？

10.9 附录：存在准备金要求和现金的货币供给

在例 10.1 中，我们假定不存在现金，但存在有准备金要求的银行存款，从而确定了货币供给。而在现实的美国经济中，同时存在现金和有准备金要求的银行存款。为了研究这种情况和更进一步地练习区分内在和外在货币，做附录练习 10.5。

为了做这个练习，你可以先自己回忆以下的概念。总体名义货币存量 $(M_1)_t$ 定义为美元计量的现金和非银行公众持有的银行存款总和。

$$(M_1)_t = t\text{ 时期非银行公众持有的名义现金} + t\text{ 时期名义银行存款} \tag{10.6}$$

法定货币存量的一部分被非银行公众以现金方式持有，另一部分以准备金形式由银行持有：

$$M_t = t\text{ 时期名义现金} + t\text{ 时期名义准备金} \tag{10.7}$$

这意味着

$$\begin{aligned}(M_1)_t &= M_t + t\text{ 时期名义银行存款} - t\text{ 时期名义准备金}\\ &= M_t + P_tH_t - \gamma P_tH_t\\ &= M_t + P_t(1-\gamma)H_t\\ &= M_t + t\text{ 时期名义中介的资本}\end{aligned} \tag{10.8}$$

注意实际内在货币 $(1-\gamma)H_t$，在不存在准备金要求（$\gamma=0$）时代表所有的存款，现在只代表有资本做保证的那部分存款。对纸币（外在货币）的全部实际需求包括由非银行公众持有的现金（Q_t）和银行持有的准备金，它是存款的一个规定的比例部分（γH_t）。

按照式 10.1 到式 10.4 的分析步骤，我们可以推出存在准备金要求情况下的货币乘数。货币市场出清的条件成为

$$M_t = P_tQ_t + \gamma P_tH_t \Rightarrow P_t = \frac{M_t}{Q_t+\gamma H_t} \tag{10.9}$$

从式 10.8 中可知，总体名义货币存量是

$$\begin{aligned}(M_1)_t &= M_t + \left[\frac{M_t}{Q_t+\gamma H_t}\right](1-\gamma)H_t\\ &= \left[1+\frac{(1-\gamma)H_t}{Q_t+\gamma H_t}\right]M_t\end{aligned} \tag{10.10}$$

括号中的项是存在现金和有准备金限制存款情况下的货币乘数。像我们在第 8 章中得到的一样，准备金要求的下降会导致总体货币存量 $(M_1)_t$ 的增加。

注意式 10.10 中货币乘数的表达式包括了两个我们已经研究过的特例，当持有现金金额为0（$Q_t=0$）时，式 10.10 中的货币乘数下降为 $1/\gamma$。当持有准备金为0（$\gamma=0$）

时，则下降为$[1+(H_t/Q_t)]$。

10.10 附录练习

10.5 考虑一个经济体，人们愿意在每一时期持有价值500万美元商品总额的支票存款和价值200万美元商品的现金。此外还存在价值1 000万美元商品的非中介资本存量，纸币是唯一用作现金的资产。银行存款受到20%的准备金率限制，在满足准备金要求后，银行把剩余的所有存款投资于资本。基础货币为100万美元。

提示：这个练习的关键是理解内在及外在货币的区别。

a. 求1美元的实际价值（用商品表示）。

b. 求用联储的M_1计量的总体名义货币存量。

c. 求货币乘数。

d. 求总体资本存量。

e. 如果基础货币每期增加3倍，求铸币税的实际收入（用商品表示）。

f. 假设人们希望更多地以现金形式持有其货币余额，尽管他们对货币的整体需求没有变化。你对a到e各个问题的答案会有什么样的变化？

第 11 章 充分背书的中央银行货币

11.1 本章概览

在本书第二部分不断提到的一个结论是，在存在生产性资本（即当 $x > n$ 时）的条件下，持有法定货币从两个方面来看可能是无效的。第一，法定货币的回报率较低，挫伤人们持有和使用这种高流动性货币的积极性。第二，当人们持有更多的纸币实际金额时，就会持有较少的生产性资本，由此减少了实际产出。例如在第 10 章中我们看到人们被迫在纸币和银行存款间进行选择，其中纸币不存在交易成本，但是没有资本的保证；而存款有资本做保证，但是使用起来成本更高。

在这一章中，我们继续追问有没有一种办法使货币既有最小的交易成本，又有资本做保证呢？我们已经看到，如果我们解除对私人中介机构的全部限制，内在货币将完全取代法定货币，提供给我们完全由资本做保证的货币，并支付和资本一样的回报率。这么做排除了政府收取铸币税。此外，当一家私人银行试图提供可以被所有人接受的某种货币时，这也会出现潜在的信息障碍。所以，我们将由私人银行背书的货币观点修改为由中央银行背书的货币。

在经济模型中设定中央银行持有资产且其负债为法定货币有以下几种优势。首先，我们可以讨论公开市场操作。这个经济模型可以允许我们研究最近的向准备金支付利息等货币政策。更具体地，我们可以设定一个经济模型，其中由中央银行背书的法定货币是生产资本。我们发现当中央银行向其发行的货币支付利息时，货币政策的影响会有很大不同。我们将看到通过向货币支付利息，中央银行将成为一个非盈利性的金融中介而不是一个政府的收入代理机构①。这一章不是对大多数国家现实货币机构的描述，但是它描

① 对于这些问题的经验性的分析，参见 Smith（1988）。

述了我们希望中的货币机构的运作模式。[①]

11.2 向货币支付利息

提高政府货币回报率的有效办法是向货币持有人支付利息，这种利息如何来支付？什么程度是可行的？以及这种政策是如何影响经济活动的？

到目前为止，我们只研究了一种经济，即政府在初始及以后时期发行无保证的货币，这种货币能够分发或者用来购买商品。另一可供选择的货币安排是利用货币发行，向政府发行的货币提供生产性资产保证。有资产保证的货币安排要求任何政府发行的货币，包括最初的货币存量，必须用来购买以现行市场利率支付利息的实际资产。货币当局购买（或出售）附息资产的活动叫做公开市场业务（open market operation）[②]。在这种情况下，货币当局本身成为一个拥有资产和负债的中介机构，就像私营金融中介机构一样。其负债是作为货币而发行的钞票，无论是以现金形式持有，还是作为准备金存放在中央银行。图 11.1 展示了中央银行的资产负债表。

利用其资产所获得的收益，中央银行可以向其发行的货币支付利息[③]。货币当局现在不再是政府的财政收入代理机构，而是实实在在的中央“银行”。美联储从 2008 年 10 月开始向准备金支付利息。

三期寿命人模型中的资本是在两期之后支付回报，该模型在上述背景下会遇到一些麻烦。我们想研究的问题是背书的货币，但在三期模型中人们借助金融机构的原因对我们要研究的问题来说并不重要。所以让我们回到更简化的中介机构模型。人们生存两期，资本支付的一期总实际回报率为 x ，$x > 1$ 。我们假定资本的最小规模为 k^* ，它大于大多数个人所拥有的禀赋。

资产	负债
附息资产 （包括向银行的贷款）	中央银行的纸币 （以现金或准备金形式持有）

图 11.1 中央银行的资产负债表

资本在这个经济中是不具有流动性的，因为它不能分割成更小的单位。我们可以清楚地看到中介机构如何克服流动性不足问题，即将许多人的储蓄聚集在一起，使总量超过 k^* 即可。假设中介机构是无成本的，而且是竞争性的，私人中介机构将向存款提供 x 的回报率（如果它是有成本的，竞争性的收益将是 x 减去成本）。有些人可能拥

① Tolley（1957）、Friendman（1960）和美联储［见 Feinman（1993）］等提出向准备金支付利息。这个关于向政府货币支付利息的特殊模型改自 Smith（1991）及 Freeman 和 Haslag（1995）的成果。

② 公开市场业务和货币扩张以向政府支出或补贴提供资金之间的区别由 Wetzler（1951）提出。

③ 如果中央银行从资产中获取收益而不向负债（货币）支付利息，中央银行获取了利润，它将交给政府，我们将在第 13 章讨论这个问题。

有足够的禀赋，可以不借助于中介机构而直接投资于资本，但是我们将集中关注那些必须利用中介机构的人。对于模型的剩余部分，让我们回到最简单的代际交叠模型，人口为常数，寿命为两个时期，人们在年轻时拥有 y 的禀赋，年老时则没有。

为了阐述货币是如何由资本保证的，我们考虑一个特殊的发生在第一期经济内的政策。不同于普通的直接减少货币的印刷数量，我们假定中央银行在初始期采取以下公开市场操作：它出售初始的货币存量，购买商品并投资于中央银行所拥有的资本①。此后，名义货币存量将保持不变为 M 美元，同时中央银行的资本存量将保持在 K^g 单位商品不变。在等式形式中，未偿付的货币实际价值等于资本商品的数量，即

$$v_1 M = K^g \tag{11.1}$$

由中央银行持有的资本将在下一期产生消费商品。我们假定中央银行持有资本的收益，将被用于在每一期向公众持有的每一美元支付 ρ 美元的净利息。我们假设中央银行每期将支付相同的利息，而且其资本的全部净收益将用来支付利息。为了计算法定货币的回报率，因此，存在两个组成部分。除了随时间变化的价值回报，我们还有明确的利息支付。在给定利率 ρ 的情况下，这种由中央银行背书的货币的实际回报率是多少？1 美元在 t 时期的成本是 v_t ，而且在 $t+1$ 期美元收益为 $1+\rho$ 美元，其价值为 v_{t+1} ，这样美元的实际（总）回报率是

$$\frac{v_{t+1}(1+\rho)}{v_t} \tag{11.2}$$

继续使用我们熟悉的货币市场出清条件去计算随时间变化的那一部分货币价值。1 单位中央银行货币的价值取决于它的供给和需求

$$v_1 M = N(y - c_{1,t} - h_t) \tag{11.3}$$

式中 h_t 是个人持有的银行存款，所以 $y - c_{1,t} - h_t$ 代表着个人对中央银行货币实际余额的需求。

为了简便，我们将 $\frac{v_{t+1}}{v_t}$ 放在一个静态均衡中。由于 $c_{1,t}$ 和 h_t 的价值在长时期内保持不变，式 11.3 告诉我们中央银行货币的单位价值也长时间保持不变（ $v_1 = v_t = v$ ）。那么在这种静态均衡下，式 11.2 可以简化为

$$\frac{v_{t+1}(1+\rho)}{v_t} = 1+\rho \tag{11.4}$$

我们仍然需要计算货币的回报率。由于没有对私人银行业的法律约束，中央银行必须同私人中介机构进行竞争。也就是说，法定货币的回报率不能低于私人银行提供的存款回报率。在完全竞争经济中，银行获取资本提供回报率 x 。所以，存款的收益率也同样等于 x 。正式地，该条件被写为

$$1+\rho \geqslant x \quad 或 \quad \rho \geqslant x-1 \tag{11.5}$$

① 如果银行不愿意实际经营资本，它可以通过购买经营者债券的方式把资本借给经营者。在任何一种安排中，银行拥有一项直接或间接由资本提供保证的附息资产。

接下来，我们需要判断满足式 11.5 是否可行。或者说，中央银行如何能够有能力支付上述水平的回报率。中央银行投资的总体收益为 xK^g，为了保持固定的资本存量，收益中的 K^g 部分必须用于补充中央银行的资本存量（回想一下，假定资本只存续一期）。剩下的是净收益

$$xK^g - K^g = (x - 1)K^g \tag{11.6}$$

在稳定均衡的每一时期，实际货币存量为 Mv。中央银行承诺为持有的每 1 美元支付 ρ 美元的净名义利息，这意味着中央银行支付的实际利息总额为 ρMv。注意由于货币存量保持不变，货币的利息将由银行的资本存量所产生的美元收益来支付，而不是用新印制的美元支付，这可以写作是中央银行的预算约束

$$(x - 1)K^g = \rho Mv \tag{11.7}$$

如果中央银行货币的回报率遇到来自私人银行货币的竞争，那么 ρ 必须等于 $x - 1$，中央银行的预算约束若能够满足，则必须有

$$K^g = vM \tag{11.8}$$

资产		负债	
资本	K^g	流通中货币	vM

图 11.2　中央银行向货币支付利息的实际资产负债表

总之，如果中央银行利用其资产的全部净收益对它的货币支付利息，那么必然有 $K^g = vM$。这个约束条件在全部发行的货币都用来购买实际资本时得到满足。实际上，中央银行变成一个零利润、零成本，并向其负债（货币）支付与资产相同回报率的中介结构①。中央银行资产负债平衡表如图 11.2 所示。

11.3　再论货币数量论

让我们在经济模型中做一个简单的尝试。如果中央银行增加名义货币存量，价格水平会有什么变化？价格水平会像货币是无保证的那样（如第 4 章）上升吗？或者它会保持不变？问题的答案依赖于怎样利用增加的货币存量。

首先，假定中央银行利用增加的货币存量购买更大的资本存量。具体而言，假如使中央银行名义货币存量增加一倍，同时利用它使资本存量也增加一倍。在原有的价格水平下还存在均衡吗？为了回答这个问题，回想一下为了支付市场回报率（$\rho = x - 1$），中央银行的预算约束要求，中央银行的资本存量 K^g 等于中央银行负债（它所发行的货币）的价值 vM 或者

$$v = \frac{K^g}{M} \Rightarrow \rho = \frac{1}{v} = \frac{M}{K^g} \tag{11.9}$$

① 如果私人中介机构存在成本，可以认为中央银行也会存在同样的成本。

显然，如果我们使中央银行名义货币存量和中央银行资本存量都增加一倍，这个等式依然成立。当中央银行使它的实际资本增加一倍，它可以用来支付实际利息的数额也增加了一倍。它有能力在货币价值不变（价格水平不变）的条件下向双倍的中央银行货币支付市场利息率。经济体怎样才能吸收两倍的中央银行货币而不降低其价值呢？再看一下稳定均衡（实际货币持有量和存款的实际余额长时间不变）下，中央银行货币的供给和需求

$$vM = N(y - c_1 - h) \tag{11.10}$$

为了确定 $K^g = vM$ 时 c_1 和 h 会有什么变化，我们来考察前面常用的两时期代际交叠模型（年轻时有禀赋而年老时没有）的预算约束，这些人必须选择他们持有的中央银行货币（$v_t m_t = vm$）的实际余额和他们存款（$h_t = h$）的实际余额。第一期的预算约束为

$$c_1 + vm + h = y \tag{11.11}$$

第二期的消费由个人持有的货币和银行存款的收益来进行融资支持，在中央银行向每单位美元支付 ρ 的净利率的情况下，个人持有的纸币在他年老时可获得的收益是 $(1+\rho)vm$ 加上持有存款的实际收益（xh）。我们可以得到个人的第二期预算约束

$$c_2 = (1+\rho)vm + xh \tag{11.12}$$

因为两类资产提供同样的回报率（$1+\rho = x$），式 11.12 可以写作

$$c_2 = xvm + xh = x(vm + h) \tag{11.13}$$

$vm + h$ 表示个人的全部实际货币余额（中央银行货币的实际余额加上私人银行存款形式货币的实际余额）。注意由于两种形式的货币提供同样的收益，所以个人持有这两类资产是有差异的。如果我们在式 11.13 中求解这个数额并把结果代人第一期预算约束（式 11.11），我们得到整个生命期的预算约束

$$c_1 + \frac{c_2}{x} = y \tag{11.14}$$

个人将选择在该预算约束（式 11.14）下使其效用最大化的 c_1^* 和 c_2^* 。从式 11.14 可知个人的预算约束并不依赖于其私人银行存款及中央银行货币余额（ h 和 vm ）的相对规模，所以，不论个人的中央银行货币余额是多少，都将选择同样的 c_1^* 和 c_2^* 。如果个人自己选择或应政府要求持有更多的中央银行货币，就将直接减少持有同样数量的私人银行货币，所以 c_1^* 和 c_2^* 仍保持在使个人的效用最大化的水平上。在这个过程中，初始时期公开市场业务的规模与个人的财富和整体资本存量是不相关的①。

例如假设 $y = 10$, $x = 1.1$ ，面对这样的预算约束，个人将选择 $c_1^* = 4$ 和 $c_2^* = 6.6$（验证一下，这样选择满足生命周期预算约束式 11.14）。个人的预算式 11.11 和式 11.13 表明他能够选择任何 h 和 vm 组合的消费使得 $h + vm = y - c_1^* = 6$ 。例如对个人来说，在 $h = 4$ 和 $vm = 2$ 的组合与 $h = 1$ 和 $vm = 5$ 的组合两者之间是无差异的，在两种情况下，个人的实际货币余额都是 6。另外，因为两种类型的货币现在都有资本保

① 关于一个相关的例子及公开市场业务不相关的更全面的解释参见 Wallace（1981）。

证，不论中央银行货币的真实价值如何，年轻人的资本存量都相同（在这个例子中是6）。

现在我们回到当货币是完全保证（$K^g = vM$）时，经济如何适应中央银行货币增加的问题上来。我们刚刚了解到个人的消费选择不依赖于中央银行货币的数量，所以我们可以把中央银行货币供给与需求（式11.10）相等写作

$$vM = N(y - c_1^* - h) \tag{11.15}$$

$$\text{或者 } Nh + K^g = N(y - c_1^*) \tag{11.16}$$

如果中央银行货币的实际存量 $vM = K^g$ 增加，消费保持不变，那么，私人银行货币 Nh 必须减少，减少的数量同中央银行货币增加的数量一致。注意总实际货币存量，经媒介的资本总量，即 $K^g + Nh$，必须等于 $N(y - c_1^*)$，它不受中央银行货币存量规模的影响。在前面各章中我们讨论过，纸币实际余额的增加会导致经济中资本存量的下降。当中央银行用资本向它所发行的货币提供保证时，这种情况不再存在。无保证纸币实际余额的增加（比如说通过降低准备金要求）意味着，人们的资产组合中增加了无生产效率的纸片，减少了有资本保证的私人银行存款。然而，当中央银行和私人银行的货币都由资本提供保证时，从私人银行货币到中央银行货币的转换并不影响整体的资本持有量①。

如果我们假设私人银行不能拥有负的存款（$Nh \geqslant 0$），那么对中央银行货币扩张唯一的限制是它不能超过 $N(y - c_1^*)$。然而，在达到这个限制之前，人们可以增加有保证的中央银行货币的存量而不影响每单位货币的价值。中央银行货币数量的增加并不会提高价格水平——它减少了私人银行货币的数量。货币供给和需求的相等保证货币数量论等式能够得到满足（名义货币总量等于价格水平乘以一个常数）

$$M + pNh = pN(y - c_1^*) \tag{11.17}$$

但是等式是通过对名义私人银行货币的调整来满足的，而不是通过对价格水平的调整。

为什么有保证的中央银行货币扩张对价格水平的影响，同我们第4章中研究的纸币扩张对价格水平的影响不同呢？关键在于两种类型货币保证的不同。为了弄清这一点，假设中央银行决定把初始货币总额增加一倍，用增加的货币为政府官员购买消费品，而不是购买资本。如前面提到的，中央银行保证利用自己资本的净收益来支付利息（中央银行的预算约束为式11.7）。所以利息的实际价值 ρv 必然等于净收益 $[(x-1)K^g]$ 除以它必须支付利息的美元数量（M）

$$\rho v = \frac{[(x-1)K^g]}{M} \tag{11.18}$$

回想一下为了和私人银行竞争，中央银行必须提供利率 $\rho = x - 1$，这意味着

$$v = \frac{K^g}{M} \Rightarrow p = \frac{1}{v} = \frac{M}{K^g} \tag{11.19}$$

---

① 我们希望私人中介机构还是公众中介机构来运作资本，取决于哪一个能够选择最有利的投资并在最低的成本水平上运作，这两个因素在我们简单的模型中省略了。

在这种情况下，货币名义存量 M 增加了一倍，但是没有相应的资本存量 K^g 为它提供保证。中央银行需要付息的美元比以前多一倍，但是用以支付利息的实际资本存量保持未变。因此，中央银行的预算约束（式 11. 19）表明，中央银行单位货币的价值必须下降 50%（价格水平上升一倍）。银行支付利息的能力受到其资产组合中资本存量的限制。它不能在不增加实际资本存量的情况下提高支付利息的实际价值。所以中央银行货币 vM 的实际价值必须总是等于它的资本存量 K^g 的价值。

如果我们把 1 单位的中央银行货币看作是一家叫做中央银行的公司的一份股权，我们就可以解释两种类型中央银行货币扩张的不同价格效应①。如果一家公司增加一倍股份，而其资本投资没有增加，那么每单位新股份的价值只是原有股份的一半。如果一家公司增加一倍股份，同时把资本存量增加一倍并生产利润，公司股份的价值不会有任何变化。同样的情况适用于中央银行，它必须用自己资本的收益来对它的货币支付利息。当我们把标记由“公司”改为“中央银行”，“股份”改为“货币”时，分析结果相同。

11. 3. 1 货币与价格：2007—2015 年

在本章发稿时，准备金的利率是与无风险短期政府证券利率相同的。自 2007 年金融危机以来一直如此。实际上，这个时期的事件与本章模型所描述的经济环境是一致的。因此，目前的情况是对该经济模型的一个检验。图 11. 3 是 2007 年至 2015 年货币基数图。图显示，2014 年货币基数从 2008 年的 8 亿美元扩大到 4 万亿美元。

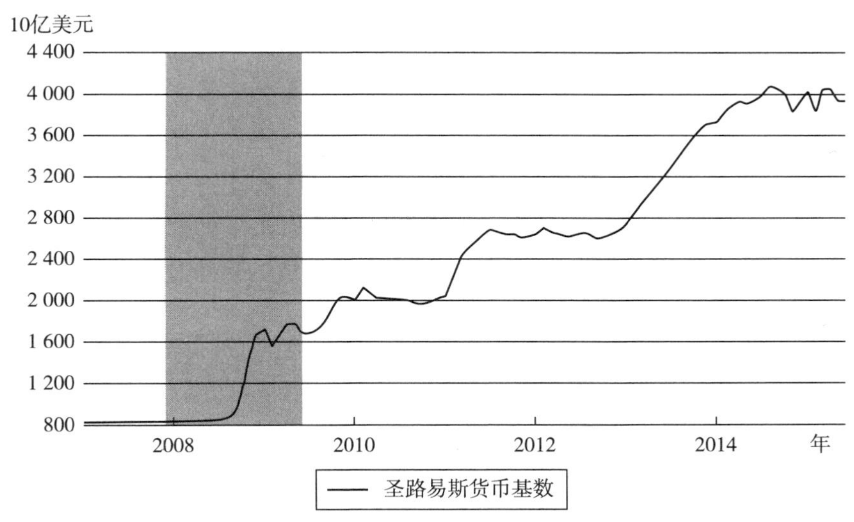

注：阴影部分表示美国经济衰退时期。

资料来源：圣路易斯联邦储备银行。

图 11. 3 2007—2015 年法定货币供应量

① 关于这种类推的更深入的解释参见 Smith（1985）。

根据货币数量论，价格水平会在货币供应量增加之后的某个时点会开始增加。然而，图 11.4 显示，货币基数增长了 400%，而价格水平仅增加了约 13%。但是，当我们修改经济模型，考虑法定货币存在背书时，过去八年间货币供给与价格水平之间的关系将变得容易解释。随着支付利息的背书货币供应量的增加，价格水平没有上行压力。从中央银行的角度来看，式 11.9 告诉我们，这时分子和分母按相同的比例变化。从经济体内参与人的角度来看，公开市场购买是一种生息资产（货币）与另一种（政府债券）的交换。

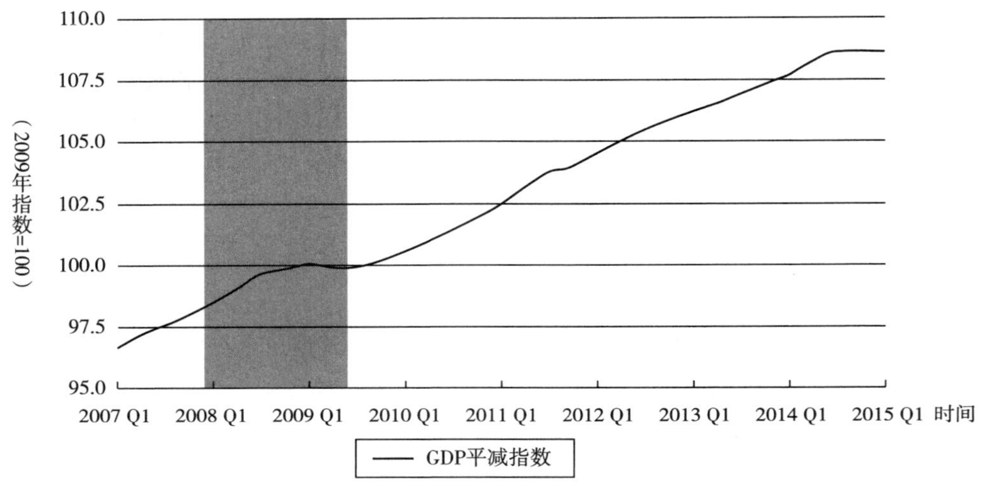

注：阴影部分表示美国经济衰退时期。

资料来源：美国经济分析局。

图 11.4　2007—2015 年 GDP 平减指数

因此，美联储在 2008 年开始通过提供准备金利息来支持金融。随着这一政策变化，该经济模型预测，货币供应量的变化不会导致价格水平的成比例变化。根据 2008 年以来的证据，此经济模型可以解释为何与货币供应量的百分比变化相比，价格水平的百分比增长可以忽略不计。

11.4　通货紧缩

向存储在中央银行的存款准备金支付利息不是什么问题，但是中央银行怎样向货币支付利息呢？向存放在中央银行的准备金支付利息不存在什么问题，但是怎样向流通中的现金支付利息呢？现金在交易中的优势是可以用来交换商品，而不必在银行进行交易记录，这种交易记录是有成本的。如果人们必须拿着现金不断地去中央银行收取利息的话，这种优势就不复存在了。是否存在什么办法可以在不直接支付利息的情况下提高现金的实际回报率呢？

假设中央银行不是利用从其资产中的收益来支付利息，而是用来购买并销毁一部分公众手中持有的中央银行货币。具体而言，使中央银行货币 M_t 按照 $M_t = zM_{t-1}$，其中 $z < 1$ 的规则在各期中收缩。每一期用来减少中央银行货币存量所支出的商品数量等于：

$$v_t(M_{t-1} - M_t) \quad \text{或者} \quad v_t m_t\left[\frac{1}{z} - 1\right] \tag{11.20}$$

我们已经发现中央银行资产（更新资本存量后）的净收益是 $(x-1)K^g$ 。如果净收益只是用做购买中央银行货币，则中央银行的预算约束是

$$v_t m_t\left[\frac{1}{z} - 1\right] = (x - 1)K^g \tag{11.21}$$

如果中央银行货币的价值等于其背后的资本存量（ $v_t m_t = K^g$ ），那么中央银行的预算约束（式 11.21）变为

$$K^g\left[\frac{1}{z} - 1\right] = (x - 1)K^g \tag{11.22}$$

这个等式表明了中央银行有能力使货币按照 z 的比率收缩，则有

$$\frac{1}{z} = x \quad \text{或} \quad z = \frac{1}{x} \tag{11.23}$$

为了得到纸币的回报率，我们仍像以前一样，从货币供给和需求等式入手。每个年轻人对中央银行货币的需求还是 $y - c_{1,t} - h_t$ ，所以供给与需求在固定人口条件下的静态均衡要求：

$$v_t m_t = N(y - c_{1,t} - h_t) \tag{11.24}$$

它意味着：

$$\frac{v_{t+1}}{v_t} = \frac{\dfrac{N(y - c_1 - h)}{M_{t+1}}}{\dfrac{N(y - c_1 - h)}{M_t}} = \frac{1}{z} \tag{11.25}$$

所以，如果中央银行设定 $z = 1/x$ 来收缩货币，可以使中央银行货币资本的回报率为 x 。在这个回报率下，人们可以从中央银行货币得到同私人中介机构一样的回报率。所以他们并不在意有多少货币存量是通过中央银行作为媒介进行流通的。

我们对于公司股份的类推仍然适用。如果一个公司想把商业利润分配给它的股东，对于股利是没有限制的。如果公司购回股东所持部分股份，股东同样得到了回报。股份数额的减少提高了剩余股份的价值，将商业利润分配给了股东。发行有保证货币的中央银行减少其发行在外的美元（股份）的数量同样可以提高剩余美元的价值。

11.5 货币局[①]

用附息资产来为中央银行货币存量提供保证，也可以规避国际金融市场上可能发生的投机性冲击。在第5章研究投机性冲击时，我们指出如果一个国家有足够的资金按官方汇率购回投机者手中所有的现金，那么这个国家将能够阻止投机性冲击。我们在第6章中假设这些资金来源于政府向公民征税的能力。这提出了一个问题，政府是否能够通过对公民征税向外汇投机者进行支付，批准这样的方案是否现实。

用附息资产向货币提供完全保证的国家已经作出承诺，它可以防止对其货币的投机性攻击。在完全保证的货币情况下，中央银行有能力赎回任何金额的本国货币，无论是由它自己的公民还是由外国投机者要求赎回的。例如，假设一个中央银行拥有名义货币存量 M^*，货币的单位价值是 v^*，以及资本存量 K^{g*}。如果货币是完全保证的，这三项必须满足中央银行的预算约束（式11.1），这里写作：

$$v^* M^* = K^{g*} \tag{11.26}$$

如果赎回引起中央银行货币的名义存量下降一半，从 M^* 到 $M^*/2$，中央银行可以卖掉其一半资本存量来购回提交的货币，从 K^{g*} 减少到 $K^{g*}/2$。中央银行的预算约束在赎回行动后是

$$v^* \frac{M^*}{2} = \frac{K^{g*}}{2} \tag{11.27}$$

这在对货币价值 v^* 没有影响的情况下仍然得到满足。货币局基本上就是按此方式运作，考虑1991年阿根廷采用的货币局的大致方案，阿根廷希望将它的货币比索和它的主要贸易对象美国的货币美元之间的汇率固定下来。假设目标汇率是 e^*。为了达到这个目标，阿根廷发行 M 单位的货币（比索）用它来赎买附息债券，阿根廷货币局 A 美元的资产价值为 $e^* M$：

$$e^* M = A \tag{11.28}$$

货币局的预算约束（式11.28）和中央银行的预算约束（式11.1）一样，只是用 e^* 替代 v，用 A 替代 K^g。有保证的货币对赎回的反应，不会因保证单位由商品变为美元而改变。或者换句话说，假设A国可以用B国的货币背书本国货币。如果B国用附息资产背书本国货币，那么可以说A国用附息资产背书了本国货币。例如，如果目前阿根廷货币的持有者来到货币局，将他们持有的1/3货币兑换成 $e^* M/3$ 单位美元，货币局可以卖掉1/3的美元资产来满足要求，而不会引起货币的贬值。以这种方式，愿意为其货币提供完全保证的国家可以单方面地固定其汇率。

假如B国没有用有息资产背书本国货币，实行货币局制度的国家A是否可以用外国货币，或外币资产作为本国货币的保证？显然，持有附息资产能够为货币局提供更

---

① 这部分假定读者对第5章的内容十分熟悉。

多的收益，这些收益可以转移给货币持有者。如果货币局只是购买（无利息的）外国货币，则提高了外国货币的铸币税基础，增加了外国政府的收入。

不过，这里有两个说明。如果货币局获得了利息，但是并没有向它的货币持有者支付利息，它将获得利润。如果这个利润对政府财政收入很重要，人们会认为政府只是有限度地允许个人用他们的货币兑换准备货币。在这种情况下投机性冲击（见第 5 章）将再次成为可能。为了避免这种情况，政府必须使公众确信货币局的收入对于政府而言并不重要。为了做到这一点，一个很简单的方法是只要可能便向货币余额支付利息（比如说对准备金付息）。

如图 11.5 所示，阿根廷比索在整个 20 世纪 80 年代和 90 年代早期明显地贬值，汇率水平达到近 10 000 比索兑换 1 美元，同时阿根廷的通货膨胀率接近每年 1 000%。1991 年 4 月，阿根廷采取了货币局制度，根据该方案，阿根廷中央银行同意按固定的比率（当时情况是 1:1）把比索兑换为美元。这样的政策约束了中央银行，只有人们在中央银行将美元兑换成比索时，阿根廷的基础货币才能扩大。在货币局采纳了这一方案后，阿根廷的通货膨胀率下降到一位数水平。

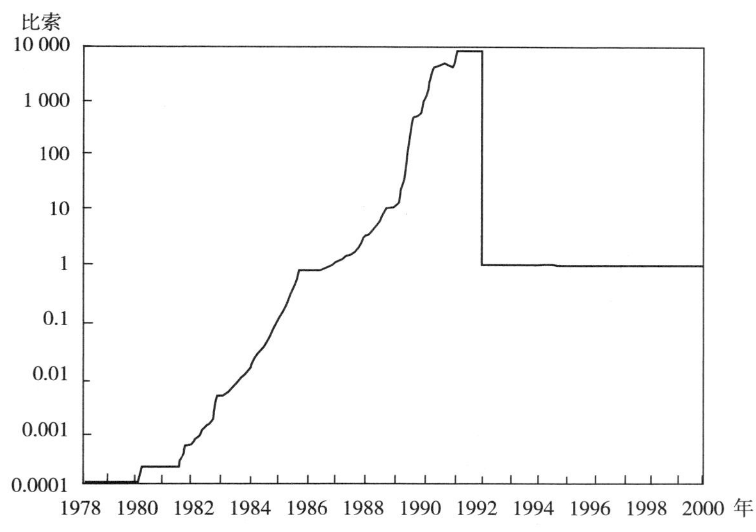

注：在 20 世纪 80 年代和 90 年代初阿根廷比索持续贬值后，1991 年 4 月阿根廷采纳了货币局计划，货币局使得美元和阿根廷比索之间的汇率显著稳定下来。在 2002 年 1 月时，阿根廷终止了其货币局计划。

数据来源：美国圣路易斯联邦储蓄银行。

图 11.5 阿根廷比索兑美元汇率（对数形式）

11.6 本章小结

在本章中，我们考察了中央银行发行的货币由生产性资本提供保证的情况。在完全保证货币体系下，中央银行只通过购买附息的实际资产来发行货币。中央银行将其持有实际资产的所有利息用于向它发行的货币支付利息。这种对货币的保证很明显地将中央银行转变为一个零利润的金融中介机构，这和前几章中研究的货币安排不一样，在前面中央银行发行无保证的货币，是政府获取财政收入的工具。

为政府发行的货币提供保证，这一政策在经济对中央银行货币数量增加如何反应上有明确的含义。在前面的章节中货币是无保证的，增加中央银行货币的供给将导致价格水平的同比提高，使财富从货币持有者手中转移到政府手中。然而如果中央银行通过购买生产性资产的方式增加中央银行货币，中央银行货币的增加只是代替了个人的私人银行货币持有量。这种对私人银行货币的替代不改变政府的财政收入和价格水平，财富不会从货币持有者手中转移到政府手中。

从实际角度看，向流通中的货币支付利息是一件很麻烦的事。为了避免这种困难，中央银行通过执行紧缩政策可以间接地向它的货币支付一定的收益。货币局制度使完全保证的中央银行货币产生另一种功能，如果货币完全以附息资产作为保证，中央银行可以防止对其货币的投机性冲击。

11.7 练习

11.1 考察一个经济体，人们愿意持有总额价值 5 000 000 单位商品的货币余额。他们对持有中央银行发行的货币和私人银行发行的货币无差异（只要两者提供同样的回报率）。在初始时期中央银行发行 1 000 000 美元，并且用其收益来购买资本。中央银行拥有资本存量等于它的货币存量，并且用资本的收益向其货币支付利息。假设 $x=1.2$，同时 1 美元总是可以购买 2 单位商品。任何中介活动，包括向货币支付利息都是无成本的。

a. 中央银行必须提供什么样的利率 ρ，才能使人们接受它的货币？这能满足中央银行的预算约束吗？

b. 私人银行发行的货币总额的实际价值是多少？

c. 在 1 美元可以购买 3 单位商品时是否还存在均衡？在这种情况下，私人银行发行的货币的实际价值是多少？

d. 证明人们对 1 美元价值 3 单位商品和 1 美元价值 2 单位商品的均衡是无差异的。

e. 假设中央银行不向货币支付利息，但是保持一个不变的资本存量，并利用它拥有的资产产生的收益购回并销毁一部分货币，求名义中央银行货币存量的变化率 z，并验证其是否满足政府的预算约束（应该在所有时期不再假设 $v_t=2$）。

11.2 考虑一个经济体，人们愿意持有总额价值 4 000 单位商品的货币余额，他们对持有中央银行发行的货币，还是持有私人银行发行的货币无差异（只要两者提供同样的回报率）。中央银行拥有固定的等于其货币存量的资本存量，并且利用资本的净收益向其货币支付利息。假设 $x=1.15$，并且 1 美元总是可以购买 2 单位商品，中介活动包括向货币支付利息是无成本的。

a. 中央银行必须提供怎样的净回报率，才能吸引人们接受其货币？中央银行拥有的资产的净收益总额是多少？证明其满足中央银行的预算约束。

b. 如果 1 美元可以购买 2 单位商品，那么可能发行的美元数量的区间是多少？如果中央银行发行 500 美元，私人银行将发行货币的名义价值是多少？

c. 再假设中央银行已经发行了 500 美元，如果中央银行使其货币的名义存量增加一倍，在什么样的中央银行政策下 1 美元将仍能够购买 2 单位商品？在什么样的中央银行政策下，美元的价值将下降至 1 单位商品？解释为什么你的答案依赖于中央银行如何运用新发行的货币。

11.3 经济体中的人们想要持有价值 500 单位商品的货币余额。如果中央银行的法定货币和银行的存款支付相同的利率，人们对待法定货币与银行存款将是相同的。中央银行拥有的资本存量等于法定货币存量。假定有形资本的总实际利率为 1.10，法定货币的价值为每 1 美元可以购买 2 单位商品。

a. 假定中央银行使用净利息对货币支付利息，那么货币的净回报是多少？

b. 假定中央银行使用净利息对货币支付利息，那么经济体法定货币总价值是多少？

11.4 考虑一个经济体，其中每个人都在年轻时被赋予 1 000 单位商品的禀赋，而在年老时将不再被赋予。当年轻时，每个人都想要消费 600 单位商品。中央银行支付给准备金的利息等其持有资本的净收益。

a. 如果每个人都将储蓄分为法定货币和银行存款两部分，利用年轻时的预算约束，计算其持有的实际法定货币余额。

b. 使用 A 的答案以及每个年轻人持有 100 美元的事实，计算法定货币价值。

c. 如果 $x = 1.25$，计算经济体内每个年轻人老年时期的消费。

11.5 假定加拿大用美元背书加元。加拿大发行 10 万亿加拿大元去购买价值 5 万亿美元的美国政府债券。利用式 11.28，计算加拿大元与美元的隐含汇率。

11.8 附录：价格水平不确定

公众对私人银行货币和中央银行货币无差异的一个后果可能是使价格水平不确定，均衡可能是一个比较大的价格水平区间。再来看一下货币余额的市场出清条件（根据式 11.15）：

$$Nh + vM = v(y - c_1^*) \tag{11.29}$$

这个等式可以在一系列可能的 v 和 h 的组合下得到满足。如果人们决定只持有中央银行货币，我们可以在 $h = 0$ 和 $v = N(y - c_1^*)/M$ 时找到均衡。反过来如果不接受任何中央银行货币，我们可以在 $h = y - c_1^*$ 和 $v = 0$ 时找到平衡。任何在这两个极端情况之间，并能够满足式 11.29 的 h 和 v 的值都是均衡。

假定两种货币形式提供同样的回报率，由于人们对两种货币形式无差异，因而不可能确定众多均衡中的哪一个会出现。

中央银行拥有多种选择来限制每单位货币的价值，它可以使 v 等于 0 和 $N(y-c_1^*)/M$ 之间的任何数值。如果公众对各种可能的均衡无差异，那么在这个区间内确定任何 v 的特定价值都不困难。直接地，中央银行可以利用中央银行投资 K^g 的实际价值。在货币完全保证的情况下，$K^g = vM$，那么通过确定 K^g 和 M，政府就可以确定 v。

另一种确定中央银行货币价值的方法涉及我们在第 10 章中研究过的准备金要求的确定。中央银行可以要求每个私人银行持有中央银行货币的储备，其数额等于私人银行存款和银行票据总值的一部分（γ）。为了确保银行和公众不会持有超过规定准备金要求的中央银行货币，中央银行可以承诺只对要求的准备金支付利息。在这种货币体制下货币余额的市场出清条件变为

$$Nh = N(y-c_1^*) \tag{11.30}$$

存款准备金要求为

$$\gamma Nh = vM \tag{11.31}$$

把式 11.30 和式 11.31 相结合，可以得到结果

$$vM = \gamma N(y-c_1^*)$$

$$\Rightarrow v = \frac{\gamma N(y-c_1^*)}{M} \tag{11.32}$$

从式 11.32 中很容易可以看到，通过选择 γ 中央银行可以确定价格水平。

第 12 章　支付系统

12.1　本章概览

在前面的几章中，我们一直在研究法定货币和存款共同作为价值储备的经济模型。现在我们将注意力转向以法定货币和私人债务共同作为支付手段的模型经济。在这里，用空间分离，即债务人和债权人的分离来描述影响债务清偿的摩擦。通过分离债权人和债务人，信息问题能够阻止私人债务被用作支付手段。为了使债务得以清偿，我们指定一个集中会见地点，债务人和债权人在此会见从而清偿债务。在集中会见地点，结算风险是债务人何时到达与债权人何时离开的错配问题。由于结算只能在集中会见地点进行，因此这种错配可能导致流动性问题。存在一个二级债务市场，债权人可以出售任何他们持有的未清偿的债务。但如果出现流动性不足，债务将以低于票面价值的价格出售，债权人则以年老时消费减少的形式承担成本。

在这一章中，我们考察银行在债务结算过程中的作用，以及中央银行政策如何推动或阻碍银行发挥结算中心作用。我们在前面的章节中已经看到纸币是如何用来帮助人们购买商品的。在现实当中，商品的购买不仅可以采取在交易时支付现金的方式，也可以采取承诺在未来更方便的时间付款的方式。利用支票购买商品就是一个例子。商人接受支票后，只有在购买者的银行兑付这张支票时才能得到最终的付款。购买者的开户行可以通过将货币以储备金的形式送到商人开户行的方法来兑付支票，商人开户行将资金记入商人的账户。或者，如果购买者的开户行拥有商人开户行账户应兑付的支票余额，它可以直接从余额中减去该支票的金额。

我们从本章中学习的关键之一是结算风险或实际风险的影响。在这个经济模型中，债权人可以在特定的时间需要流动性。如果结算所没有及时为债权人处理结算付款，债权人可能会以减少消费的形式遭受损失。因此，本章经济模型提供了一个研究流动性在经济中所起作用的切入视角。流动性问题在 2007 年金融危机期间非常重要。此外，流动性积压对货币政策具有潜在的重要意义。

12.2 清算所

清算所被定义为金融机构用于结算相互债权和往来账目的机构。[①] 在美国，有两个主要的清算机构：联邦结算系统（Fedwire）和银行间支付系统信息交换机构（CHIPS）。Fedwire 由联邦储备系统运营，而 CHIPS 是银行拥有的私人运营的电子支付系统。Fedwire 和 CHIPS 都会依据指令为会员提供银行准备金划拨服务。作为交易所，Fedwire 和 CHIPS 都没有任何债务或储备。信息处理完毕，银行储备转移完成。

两个清算所处理的付款量是巨大的。表 12.1、表 12.2 和表 12.3 分别报告了 Fedwire的两项交易（资金和证券）以及 CHIPS 的交易数量和日均转账规模。比较显示，CHIPS 和 Fedwire 的证券交易规模与日均交易量都比 Fedwire 的资金交易小。随着时间的推移，我们也看到三个清算所的变化趋势是不同的。对于 Fedwire 的资金交易和 CHIPS 而言，从 2000 年到 2014 年，日均交易量呈上升趋势。Fedwire 报告显示，自 2000 年以来，其现金服务的转账数量增加了约 1/3，而 CHIPS 报告的转账数量自 2000 年以来几乎翻了一番。相比之下，Fedwire 的证券交易在 2007 年和 2008 年达到顶峰；但到 2014 年，其日均交易量下降至峰值的 2/3 左右。Fedwire 和 CHIPS 共同报告，2014 年有近 2.5 亿笔的转账发生。2014 年的日均成交量也令人印象深刻，Fedwire 和 CHIPS 在 2014 年的典型一日内共处理了 6 万亿美元，而 2014 年美国 GDP 为 17.7 万亿美元，因此近 1/3 的美国国内生产总值在一日内流经清算所。

表 12.1　Fedwire 现金业务交易量与日均交易规模

年份	交易量（笔）	日均交易量（10 万美元）
2000	108 313 521	1 506 970
2001	112 455 615	1 687 675
2002	114 979 176	1 616 581
2003	123 280 721	1 782 238
2004	125 103 104	1 893 071
2005	132 437 838	2 065 923
2006	133 605 267	2 281 457
2007	134 688 381	2 671 974
2008	131 362 107	2 995 931
2009	124 731 244	2 504 473

① 这里，我们将结算（settlement）和清算（clearing）视作同一个概念。结算的含义是：当一笔承诺的支付完成兑现，借据（IOU）得以对付之后，结算过程实现。通常，清算是同支票的处理相关联的。据此更为宽泛的定义，支票清算的过程指的是法定货币的最终转移。由于清算意味着最终从支票开具者处收到了货币，从这个意义上讲，支票清算与债务结算确有相似之处。

续表

年份	交易量（笔）	日均交易量（10 万美元）
2010	125 130 561	2 413 991
2011	127 022 420	2 644 771
2012	131 637 349	2 387 253
2013	134 244 177	2 841 874
2014	135 022 749	3 524 111

表 12. 2　　Fedwire 证券业务交易量与日均交易规模

年份	交易量（笔）	日均交易量（10 万美元）
2000	13 595 988	746 560
2001	15 013 873	845 988
2002	17 436 524	911 981
2003	20 371 395	1 066 312
2004	20 164 811	1 238 835
2005	22 359 335	1 469 708
2006	22 288 805	1 503 022
2007	24 216 823	1 735 369
2008	25 007 806	1 664 076
2009	21 081 242	1 173 578
2010	19 779 423	1 270 333
2011	18 613 058	1 162 645
2012	1 831 152	1 133 074
2013	19 037 148	1 176 041
2014	1 704 0141	1 143 841

表 12. 3　　CHIPS 清算业务交易量与日均交易规模

年份	交易量（笔）	日均交易量（10 万美元）
2000	59 760 495	1 159 314
2001	60 377 979	1 241 859
2002	63 297 834	1 257 803
2003	64 513 387	1 301 038
2004	68 541 866	1 366 772
2005	71 481 639	1 393 907
2006	77 876 444	1 571 981
2007	87 346 025	1 934 757

续表

年份	交易量（笔）	日均交易量（10 万美元）
2008	91 992 829	2 018 884
2009	84 844 034	1 445 854
2010	90 922 939	1 448 795
2011	95 057 407	1 606 968
2012	97 130 016	1 453 461
2013	103 052 600	1 513 884
2014	109 409 700	1 556 555

如果为了清算债务而进行的法定货币交换始终能够天衣无缝地进行的话，研究这个问题也就没有什么意义了。然而有迹象显示，存在一些障碍使得债务清算不够顺畅。北美居民经常抱怨，尽管他们拥有足够多的财富，他们仍然缺乏现金来支付债务和税金。① 不仅仅在遥远的过去，就是现在的经济学家也强调在出现特殊需要时期及时足额供给名义货币的重要性。伯南克（Bernanke，1990）认为在 1987 年股票市场崩溃期间，美联储迅速地临时增加纸币供给是在不导致金融混乱的前提下处理大规模交易必需的行动。

外在货币名义数量的缺乏确实会导致金融混乱吗？为什么价格水平不会对名义货币存量的变动做出调整，以确保足够多的实际货币余额？现实货币余额不足会通过什么信号反映出来？公开市场业务或其他中央银行政策可以解除金融混乱时的银根紧张吗？如果可以，中央银行对于金融混乱的适当反应是什么？这种反应是否必须由政府当局作出？

我们将在本章中讨论这些问题，我们将讨论公共和私营的金融机构在结算过程中的作用，我们将发现结算的效率很大程度上取决于中央银行的政策，特别还要论述名义货币存量规模短期灵活性的必要性。我们同样也考察了结算和货币政策在 2007 年金融危机期间的作用。

12.3 债务结算模型

为了分析银行作为私人债务结算中心的作用，我们的模型必须描述对现金和私人的非银行债务的需求特征。在双边债务结算中必然存在障碍，以便解释通过第三方进行结算的必要性。我们的模型展示了这些特征：模型中人们在空间上分离，并使用现金和信用进行交易。债务清偿方式是每一个人都来到一个公共区域，于是为满足交易各方需要，该区域出现了结算中心。此外，在均衡状态下人们选择现金作为交换媒介

① 参见 Hammond（1957，第 1 章）。

（用来购买商品）和偿债工具。

模型在本质上是我们标准的代际交叠模型加上两个新的特征：债务市场和阻碍人们债务清偿的空间分离。[①]

我们假定在中央岛周围存在 I 对（数量很多）外围岛。每对岛包括一个债权人岛和一个债务人岛，在每个岛上，每期有 N 个两期寿命的人出生。在第一期中每个岛还有 N 个只在第一期存活的人（初始代）。

每个在债务人岛出生的人（即债务人）在出生时都被赋予 y 单位不可储存的本岛特产商品，而在年老时一无所有。他在年轻时希望消费债权人岛上的商品，到年老时不消费任何商品。

每个债权人岛出生的人（即债权人）在出生时都被赋予 y 单位不可储存的本岛特产商品，而年老时一无所有。他希望在年老时消费债务人岛的商品而年轻时则不希望消费任何商品。初始代的债权人拥有一个固定的纸币存量，每个债权人岛的初始纸币存量为 M 美元。

债权人在其生命期当中，需要通过匹配来获得进行某种交易的机会。每一个债权人在年轻时需要和一个年轻的债务人匹配（以便订立债权债务关系），而一个债权人在年老时则需要和一个新一代的年轻债务人匹配（以便从该债务人手中购买消费品）。所有的老年人——既包括债权人也包括债务人——可以去中央岛旅行。年老债权人与年轻债务人之间的匹配发生在他们离开中央岛之后；而当年老的债权人到达他们的最终目的地（债务人岛）的时候，年轻一代人之间的交易已经完成。

中央岛是政府的所在地。在此设定之下，政府被赋予了一种技术，这使得它能够无成本地执行所有合约并记录所有的清算结果。在中央岛上也存在一个有权利印制纸币的机构。

12.3.1 贸易

在此模型经济当中，共存在两组交易。首先是年轻债务人与年轻债权人之间的同代人交易。另外，年老债权人与年轻债务人之间存在代际交易。两组互利交易都需要通过支付手段才能发生。为了更好地理解此经济体当中所发生交易的先后次序，读者可参见图 12.1。

我们先考虑年轻债务人与年轻债权人之间的匹配。债务人想要获得商品但债权人却不是这样。或者说，年轻债务人想要消费债权人岛上的商品，却并不拥有任何年轻债权人所需要的商品以供二者立即进行直接交易（回忆我们关于债权人的设定，他们只是在年老时才想要消费债务人岛上的商品）。债务人在此次访问时也没有任何货币。

① 这个模型的基础是 Freeman（1996，a，b）的工作成果，它是 Freeman 和 Tabellini（1998）关于名义债务模型的拓展。对于债权人而言，首要的风险是如何实现老年时的消费。下面，我们将对偏好进行简化，使得债权人只关心老年期的消费，从而突出这一风险。更为一般化的偏好设定不会对结论产生实质性影响。

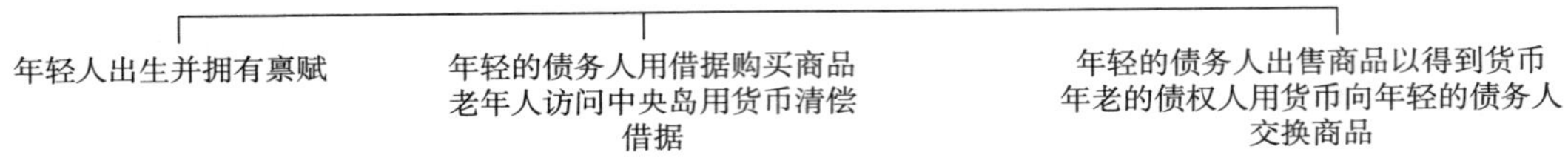

年轻人出生并拥有禀赋

年轻的债务人用借据购买商品
老年人访问中央岛用货币清偿借据

年轻的债务人出售商品以得到货币
年老的债权人用货币向年轻的债务人交换商品

注：在每一期的开始，年轻人出生并且拥有他们各自岛屿特有的商品禀赋。在每一期的中间，年轻的债务人到邻近岛屿旅行，并且用借据从债权人那里购买商品，借据将在以后清偿。在这个交易发生的同时，年老的人们访问中央岛，在那里用纸币清偿借据。在每一期的最后，年轻的债务人将他们的商品出售给年老的债权人并获取纸币。

图 12.1　一期内交易的顺序

虽然此后他们可以通过向老年人出售他们的禀赋来获得货币，但是在一个年轻债务人访问邻岛时，他还没有拿到货币。债务人只能向债权人提供一样东西，那就是承诺在下期的中央岛上支付一笔货币。所以，为了使年轻债务人与年轻债权人之间的交易得以进行，借据必须充当支付手段。

接下来，年老债权人想要和年轻债务人交易。为了获得老年时的消费品，债权人必须给年轻债务人带来一些他们需要的东西。这里，如果这些老人有法定货币的话，那么上述年轻人与老年人之间的交易就可以发生。债权人该从哪里获得货币呢？初始代债权人本就拥有货币；以后各代的年老债权人则是在手中的借据得到偿付时获得货币。

一旦年轻的债务人有了货币，他们就可以用其偿付借据了。年轻债务人获得货币的途径，是向年老的债权人或者任何带着货币来到本岛的人出售自己的禀赋。等到了老年，债务人带上货币来到中央岛并偿付借据。综上，法定货币主要有两个功能：充当年轻人与年老人之间的交易媒介，以及被用来清偿债务。关于上述岛屿经济的规则结构交易模式的描述，参见图 12.2。

在这个货币均衡当中，法定货币和私人债务都是有价值的，货币被用来购买商品和清偿债务。模型中货币对于债务的清偿和信贷市场的存在都是必须的：没有有价值的货币就没有债务。下面我们将看到，除了法定货币之外还会有另一种形式的货币。

价格水平依旧由货币市场出清条件决定。在这里，对现金的需求必须等于到达每个债务人岛的货币量。每一个债务人只对邻近债权人岛商品的消费进行估价，然后选择出售其所有禀赋（y）以获取现金。他们将在下一期用这些现金清偿债务，这些债务是他们年轻时为了获得邻近债权人岛的商品而发生的，所以对于现金的市场出清条件是

$$Ny = Mv_t = \frac{M}{p_t} \text{或} p_t = \frac{M}{Ny} \tag{12.1}$$

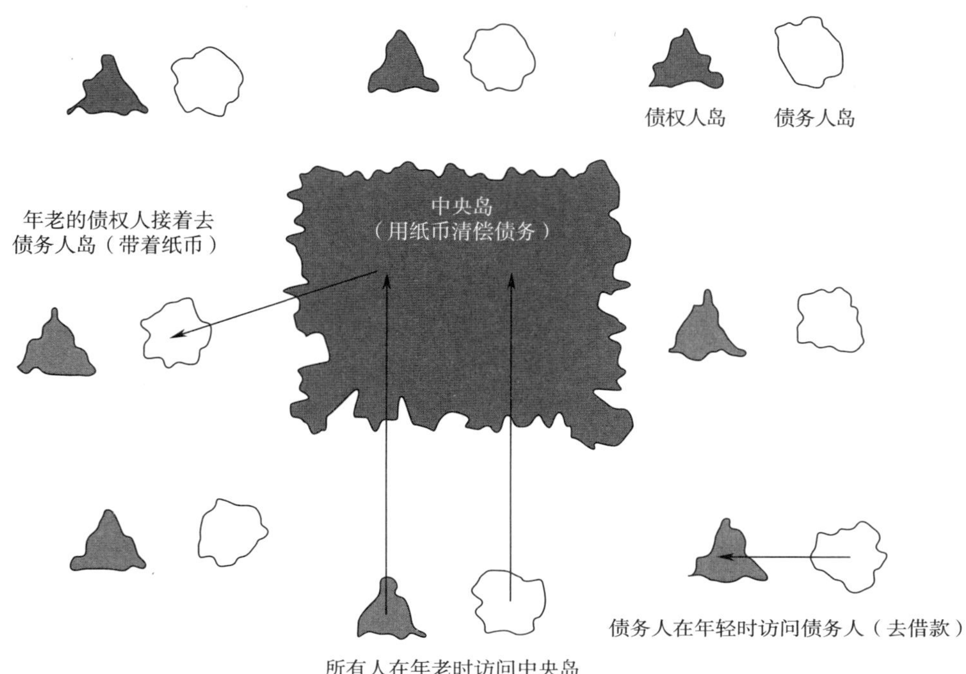

注：岛屿经济包括数对债权人岛和债务人岛，也有一个中央岛，在这里先前发生的债务得到清偿。

图 12.2 债权人—债务人岛屿经济

12.4 债务清算机构

对均衡的描述还不够完善。我们将引入一个给定的债务清算安排，即一个支付系统。当债务市场开始运行时，债权人拿着债务人的借据到达中心岛，债务人带着偿还借据的货币到达中心岛。中心岛上所发生交易的模式取决于债权人和债务人到达的时间。直接偿还债务、通过清算所偿还债务，还有发行清算所债务，这三种方式都可以通过债务清偿达到均衡体制结构。我们现在分析一些可能的交易模式和支付系统的类型。

第一种也是最简单的情况，是所有的老年人同时到达中央岛。此时共有两种选择，且容易看出这二者是等价的。在直接结算的模式下，债务人将货币带到清算所，而债权人也在清算所。于是，每个债务人找到自己的债权人并用货币偿付借据，从而完成结算。在非直接结算的模式下，债务人将货币带到清算所但并不与债权人会面。由清算所代为收回债权人手中的借据，并据此向债务人收取货币。然后，清算所将货币转交给债权人并销毁借据，到此结算完成。清算所为债权人与债务人之间直接或间接的再会提供便利，并由此完成结算。

注意非直接结算的模式下，清算所既没有获得债权，也没有成为债务人。所以，清算所的职能类似于 Fedwire 和 CHIPs。债务人和债权人都来到了清算所；债务人出具他们所拥有的借据并换取货币，而债务人拿出足够的货币来清偿债务。所有的交易完成之后，清算所并没有占有借据或是法定货币。此时的清算所是一个提供支票清算服务的中介（或许是因为其具有某种成本优势），但是从未真正买入私人债务，因为在任何人离开中央岛之前，所有的债务都被同时清偿了。

第二种情况下，我们假定年老的债务人和年老的债权人成对到达中央岛。除非机缘巧合，某债务人发现与他同时到达的正是他自己的债权人，否则直接清偿借据的选择就被排除了。这里，清算所扮演了更为有用的角色。具体而言，假如人们成对地来到中央岛——一个债务人和一个债权人——但是两人却并非来自相邻岛屿。回忆一下，在进行跨岛借贷时，所有债务人借入的金额都相同，所有债权人贷出的金额也都相同。即便是来自非相邻岛屿的债务人和债权人，也应该持有相同数量的货币和相同价值的借据。也就是说，净债务总和为0。然而，由于他们来自非相邻岛屿，每个债务人个人的债主都不是与他同时来岛的债权人。在此情况下，清算所可以用年老债务人带来的货币买下债权人带来的借据。于是，债务人清偿了债务（通过向清算所支付一笔货币，将偿付义务转移给了清算所），债权人出让借据并获得支付。清算所记录下这些交易，等到相应的债权人到来时，再用其他债务人的货币偿付欠款。在此过程中的任意时点上，清算所的应收借据和应付借据余额均为正，但是始终没有债务净头寸。[①]

第三种情况中的债权人则不是和债务人同时到达。这时清算所的作用变得更加重要。假设债务人和债权人的中央岛之旅没有任何重叠；其中一组人到达了又离开，此后另一组人才到达。如果先到达的是债务人，他们会把法定货币交给清算所，这样就算还清了他们的欠款。结果是，清算所会先积累起正的法定货币余额。然后，当债权人到达时，会将借据带至清算所并收到偿付的货币，于是所有的借据都得到结算。

要是先到达的是债权人呢？此时就存在流动性问题了。债权人带着借据来到清算所，想要通过结算得到货币并用货币购买消费品。在上面分析的各种情况当中，清算所都可以用到来的债务人的货币来给予债权人应得的偿付。假设年老债权人刚刚将借据递交给清算所就得离开中央岛。由于债务人到达得太晚，他们的货币不能用来支付债权人，这就产生了货币短缺，需要私人银行或中央银行采取应对措施。注意此时离开中央岛的年老债权人没有得到货币，也就不能从年轻债务人那里购买消费品。

在债权人先到的时候如何得到偿付是本章的主题，也是中央银行政策的重要组成部分。我们考察几种在债务人到来之前债权人希望从清算所得到支付时，为发挥清算所作用而做的制度性货币安排。

12.5 流动性供给

法定货币在这个经济模型中是具有流动性的。你可以将其想象为，债权人是唯一

① Kahn 和 Roberds（1997）更详细地考察了一些制度特征和互相抵消清算债务的问题。

受风险约束的人。对于年老的债权人而言，消费完全取决于他们通过借据（IOUs）收到的金钱数额。他们只通过直接或间接地与年老债务人结算借据或通过在二级市场上出售借据来获得必要的流动性（见附录）。即使年老债务人和债权人非同步到达，只要中央岛屿上的流动性充足，债权人也不会蒙受损失。在这里，我们研究中央银行可选择实施的两个政策。

12.5.1 货币供给无弹性的均衡

假设纸币被限定为唯一的货币性资产——可以由年老人从中央岛带到周围目的地岛屿的唯一资产——而且纸币存量是固定的。

在这种严格的货币体制下，如果债权人在债务人之前到达的话，清算所没有任何支付手段向债权人支付。到达清算所的任何债权人都无法将其提交给清算所的债券兑现。如果年轻的债权人预期将无法得到偿付，将拒绝提供贷款。在这样一个自给自足的均衡中，债务人和债权人的效用都很低，因为双方都没有支付手段来获取他们想要的商品，消除这种限制的货币安排将可以改善福利。

为消除限制，清算所必须拥有一定的支付手段。如果债权人在债务人之前到达，清算所可以用这些支付手段向债权人进行支付。为此，可以增发纸币或由清算所发行银行券，我们依次对此进行分析。

12.5.2 弹性纸币供给

假设货币当局同意，暂时印制足够多的新纸币，使债权人得到偿付。体现出这种政策效应的一个制度性安排是贴现窗口（图 12.3）。在贴现窗口，货币当局（中央银行）随时准备向那些表示要用贷款购买“真实票据”[①] ——在本模型中是后面到达的借款人的债务——的清算所按公布的利率（贴现率）提供贷款。此后，一旦债务人到清算所用纸币偿还其债务，清算所将用这些纸币赎回他们留在中央银行的借据。中央银行使这些货币退出现实流通。

与债权人及贴现窗口交易后的清算所资产负债表

资产	负债
债务人签发的借据	贴现窗口贷款

注：债权人在债务人之前抵达清算所，并带着债务人的借据。货币当局向清算所以现金形式发放贴现窗口贷款，这部分现金被清算所用来交换债务人的借据。当债务人此后抵达清算所，他们用所持现金赎回债务，然后清算所用这些现金清偿其贴现窗口贷款。

图 12.3 存在贴现窗口贷款时的清算所平衡表

同样，中央银行也可以多印制一些货币，并且用它来购买债权人所持债务，即公

① 真实票据的意思是，这里所发行的货币将用来购买等值的借据。

开市场业务。此后债务人带货币到中央银行清偿债务，中央银行仍使其退出流通。通过这种暂时性地印制纸币，流动性问题解决了。[①]

这种纸币供给量的增加仅仅是暂时的，故不会带来通货膨胀。也就是说，如果债务人带来的用来清偿债务的纸币一旦进入中央银行便退出流通。回想一下价格水平由对现金的需求和到达每一债务人岛的货币存量相等决定：$Ny = M/P_t$，意味着 $P_t = M/Ny$，因为新印制的货币总量不会大于前一期的纸币存量（它现在处于流通之外的中央银行金库中或已被销毁），价格水平不会因为这种货币的印制而上升。

12.5.3 弹性内在货币供给

现在考虑另一种货币体制，在这种体制下允许清算所印制其自己的银行券，银行券持有人随时可将每份银行券兑换为 1 美元。这样清算所可以用它自己的货币向老年的债权人支付，而老年的债权人可以用这些货币来交换年轻债务人的禀赋。年轻的债务人将接受清算所的银行券，并把它看作是纸币的完全代替品。因为他们知道自己将在下一期到中央岛，在那里如果他们愿意，他们可以将银行券换成纸币。图 12.4 列出了债权人到达以后及债务人到达以后的清算所的平衡表。

与债权人进行交换后的清算所资产负债表

资产	负债
债务人签发的借据	银行券

注：在这个方案中清算所被允许发行自己的纸币，债权人带着债务人的借据抵达清算所，清算所用自己的纸币清偿债权人。以后当债务人抵达时，债务人用现金赎回其借据。

图 12.4 允许发行银行券的清算所资产负债表

显然私人银行券的使用，像弹性纸币供给下的贴现窗口一样很简单地克服了流动性问题。剩下的问题是它的通货膨胀效应，私人银行券的发行会导致通货膨胀吗？

为了回答这个问题，我们必须考察货币总量与价格水平之间的联系，货币数量论将货币总量定义为公众手中所有可以用来购买商品的资产总和。在这个经济中，在 t 时点上，每个债务人岛的货币总量是公众持有的纸币余额（用 M_t^P 来表示）和私人发行的银行券（M_t^B）的总和。公众持有的纸币余额不包括由清算所持有的数额。

像我们前面看到的一样，价格将由每个岛上的货币市场出清来决定：

$$p_t = \frac{M_t^P + M_t^B}{Ny} \tag{12.2}$$

注意根据货币数量论，价格水平严格地与公众手持的货币总量（包含私人发行的银行券）保持比例关系。

---

① Gu 和 Haslag（2014）通过经济模型的一个变体，分析了债务人能够将实物商品转化成资本的情况。这时的自给自足均衡就既有福利损失又有产出损失。也就是说，相比于弹性的货币体制，无弹性的货币体制将导致更少的产出。

12.5.4 完全保证的银行券

这种体制的影响依赖于清算所银行券的发行保证。如果银行券总是在其发行后的一期内赎回，清算所必须将它从债务人手中收到的所有纸币当作准备金持有，以满足预期的赎回要求。这对于每一个岛上使用的货币总量意味着什么？公众持有的货币由公众持有的纸币加银行券组成。从定义上看，公众持有的纸币余额（M_t^P）等于纸币总存量减去银行准备金 Γ_t：

$$M_t^P = M - \Gamma_t \tag{12.3}$$

银行准备金必须等于预期要赎回的银行券数量：

$$\Gamma_t = M_t^B \tag{12.4}$$

所以，公众现金持有量的规模等于纸币存量，

$$M_t^P + M_t^B = (M - \Gamma_t) + M_t^B = M \tag{12.5}$$

因而公众手中的现金总量没有因银行券的发行而改变，因为公众手中的银行券只是取代了等量退出流通而进入清算所金库的纸币量。因为货币存量不受私人银行券发行数量的影响，价格水平也不会受到影响：

$$p_t = \frac{M_t^P + M_t^B}{Ny} = \frac{M}{Ny} \tag{12.6}$$

所以这种体制下的均衡同贴现窗口体制下完全相同，即在不产生通货膨胀的情况下提供了足够的流动性。①

12.6 过度发行银行券是否会带来通货膨胀

如果清算所的银行券没有到期日，并被视为纸币的完全代替品，人们将不会将其换作纸币。然而如果银行券从不赎回，清算所不再需要为履行义务而保有准备金。这样便存在一个获取利润的机会，清算所在不会出现违约的情况下，可以利用其纸币准备金购买商品用于自己消费。② 在这种情况下银行券的发行代表着无保证的货币总量的扩大：私人创造货币加入了公众手持的货币总量中，而没有退出流通的纸币来反向冲销。从本质上来说，清算所被（有限制的）允许印制纸币，从而可以通过无成本地创造货币来获取利润，这当然是通货膨胀性的。为了说明这一点，注意当银行不再持有任何纸币准备金，Γ_t 等于0而且公众持有纸币量 M_t^P 等于 M，在这种情况下货币市场出清条件是

---

① 一项对 Suffolk 体制有趣的研究参见 Rolnick、Smith 和 Weber（1998），这是对一个19世纪新英格兰地区中为私人发行的银行券进行清算的私人经营的清算组织进行的研究。

② 如果中央岛上有一项附息投资机会，清算所也会将其准备金借出并以收取利息的方式获取利润。

$$p_t = \frac{M_t^p + M_t^B}{Ny} = \frac{M + M_t^B}{Ny} > \frac{M}{Ny} \tag{12.7}$$

价格随着银行券的增加而上升，因为相应数量的纸币没有退出流通，使得货币总供给量比以往增大了。

在这里，我们看到，仅有随时可以将银行券兑换成纸币的权利这一条限制，不足以防止通货膨胀性的银行券发行。因为如果人们把银行券看作是纸币的完全代替品，就没有任何因素可以吸引或迫使人们将银行券换成纸币。银行券不被兑换是合乎情理的，因为银行券是纸币的完全代替品，兑换过程中很小的成本或麻烦也会阻止所有兑换行为。即使这种成本并不是由于自然原因存在的，依靠不完全兑换获取铸币税利润的银行也会积极地想办法阻止兑换。①

即使对清算所进行限制，只有在提出证据表明有私人债务需要清偿时才可发行银行券，我们仍可以发现通货膨胀性银行券发行的可能性。②

例 12.1 勾画出货币总供给和价格随时间推移的变动途径：

a. 如果银行券是从不赎回的；

b. 如果每一期已发行的银行券只有一半被兑换。

为了防止银行券的过度发行，必须保证在每一期结束时银行券是由纸币准备金完全保证的，做到这一点的方法是要求清算所持有的纸币储备量100%等于已发行银行券。通过这种方法，私人货币发行的任何增长都造成了公众持有的纸币一比一地减少，就像银行券总是在一期后兑换一样（式 12.6），这样公众手中的货币总量保持不变，价格就不受私人发行银行券数量影响。

12.7 短期利率

到目前为止，为简单起见，我们考察了模型的一个极端情况：私人银行部门在它发行银行券时具有充分的信用，而且在初始时期没有任何纸币可提供给债权人。现在假设初始时期住在中央岛上的年老银行家不能靠信用发行他们自己的银行券，但是拥有 M^* 单位的纸币存量。年轻时银行家得到不可储存的中央岛商品禀赋，年老的银行家利用他们的货币存量从中央岛的年轻人或任何债务人岛上的年轻人那里购买商品并消费。

在这种情况下，年老的银行家拥有的纸币对那些债权人来说是有价值的，这些债权人带着债务人的债务先行抵达中央岛，而债务人后到达，这就有可能形成一个二级市场。在这个市场中银行家利用他们的纸币去购买债权人手中的债务。债权人拿着这

① 尽管银行券的过度发行及其带来的通货膨胀压力引起了很大关注，有证据显示过度发行不是私人发行银行券的特征。比如说，在 19 世纪晚期和 20 世纪早期加拿大银行发行的银行券都迅速地被赎回，参见 Johnson（1910，P23）。

② 参见 Laidler（1984）。

些货币在他们最终目的地购买商品。银行家持有债权，等待到达的债务人用纸币清偿债务，然后银行家用纸币购买商品。

尽管银行家的纸币余额为债权人提供了一条将持有的债权转换成所需纸币的方法，但是如果银行家的纸币余额 M^* 小于债权人带来的待清偿债权的名义价值，债权人的流动性问题仍然没能完全克服。按照模型的结构，所有债务人手中的货币余额全部用于清偿债务。因为有 I 个岛屿，每个岛上有等于 M 的纸币存量，债务人手中的全部货币余额为 IM，所以如果 $M^* < IM$，银行家不可能按票面价值（它的承诺价值）购买全部债务。由此债权人被迫将他们的债权按贴现方式卖给银行家，令 ε 代表一笔承诺支付 1 美元的债务贴现价值。如果 $M^* < IM$，那么因为只有 M^* 美元的纸币可以用来购买 IM 美元的债务，在竞争性的银行业市场中，贴现值一定是两者的比率：

$$\varepsilon = \frac{M^*}{IM} < 1 \tag{12.8}$$

低于票面值出售债权对债权人不利，因为它降低了从债务中得到的实际收益率，对于每 1 美元债务他们现在只能得到 ε 美元（$\varepsilon < 1$）。即使只是存在一种他们必须低于票面值出售债权的可能性，贷款的平均收益仍然会下降。清算所银行家很明显地从这种低于未来清偿价值购买债务的可能性中获得收益。[①] 如果收益率的降低导致贷款人减少贷款，借款人的处境也会变坏（贷款人的收益降低是因为准备金拥有人支付的债务价格低于票面值，而不是因为借方降低了应付的收益率）。

例 12.2 假设中央岛上年老的银行家拥有 100 万美元的纸币，债权人拥有 120 万美元的债权，债权人可以以什么样的价格出售其拥有的债权？为了拥有更多的纸币，债务人到达之后银行家愿意支付多少利息？

12.7.1 政策选择

怎样做可以降低短期利率呢？假设中央银行被授权发行和贷出的纸币量等于银行家提示的债务名义金额。[②] 一旦债务人抵达中央岛，就要求用他们的纸币偿还这部分中央银行贷款。令 Ψ 表示这种中央银行贷款的总名义利率，用来偿还中央银行贷款的纸币将退出流通。

为了确定这种政策的作用，我们必须首先考察购买债权的银行家所得到的收益。每一个单位债权耗费了银行家 ε_t 的成本，给银行家带来的收入为 \$ 1，总的收益率是 \$ 1/ \$ ε_t 或 $1/\varepsilon_t$，所以只要中央银行的利率不超过 $1/\varepsilon_t$，银行家可以从中央银行的借款中得到一个非负的利润。回想一下债务的价格 ε_t 取决于银行家拥有的现金与债务规模的比率（式 12.8）。当银行家借来更多的现金并提供给债权人时，债权人出售债务的

---

① 这就是在 1907 年金融恐慌中，纽约储备银行利润上升（后来回到恐慌前水平）的情况，参见 Tallman 和 Moen（1990）。

② 这种政策发挥作用的一个明显的要求是，中央银行能够验证银行家或其提交的债务是可信的。

价格 ε_t 上升。这样的套利活动将使银行家从中央银行借款直到 $1/\varepsilon_t = \Psi_t$ 。通过选择 Ψ_t ，中央银行可以决定 ε_t ，这代表了银行家因购买其他人债权而暂时缺少纸币余额的程度。贴现窗口的利率水平越低（ $\Psi \geqslant 1$），清算所银行家将借取并提供给债权人的资金越多。确定 $\Psi = 1$ 的贴现窗口政策，将使得银行得到他们所需要的足够多的纸币，来按票面价值购买债权人的债权。

中央银行影响短期利率的能力有一定限制。因为债务的价格 ε_t 不能超过票面价值，短期利率水平 Ψ 不能低于1 。这里要注意的是，由于未清偿债务的购买者在当期结束之前定能获得偿付，故 Ψ 是一期内的利率。所以，$\Psi \geqslant 1$ 意味着一期内的净利率不能低于0。另外注意中央银行的干预直接影响的只是短期（一期内）利率，它对于由债务人支付的长期（跨期）利率没有直接影响。

暂时性的纸币发行不会带来通货膨胀，因为一个时期中，期末的纸币总量和期初的相同。因此，中央银行提供流动性与价格水平或通胀目标之间不存在冲突。

例 12.3 假设中央岛上年老的银行家拥有1 600 万美元纸币，债权人有2 000 万美元债权。如果中央银行不干预，短期利率是多少？如果中央银行提供短期总利率为1 的贷款，银行家将会借多少？如果中央银行提供短期总利率水平为1.1 的贷款，银行家将会借多少？

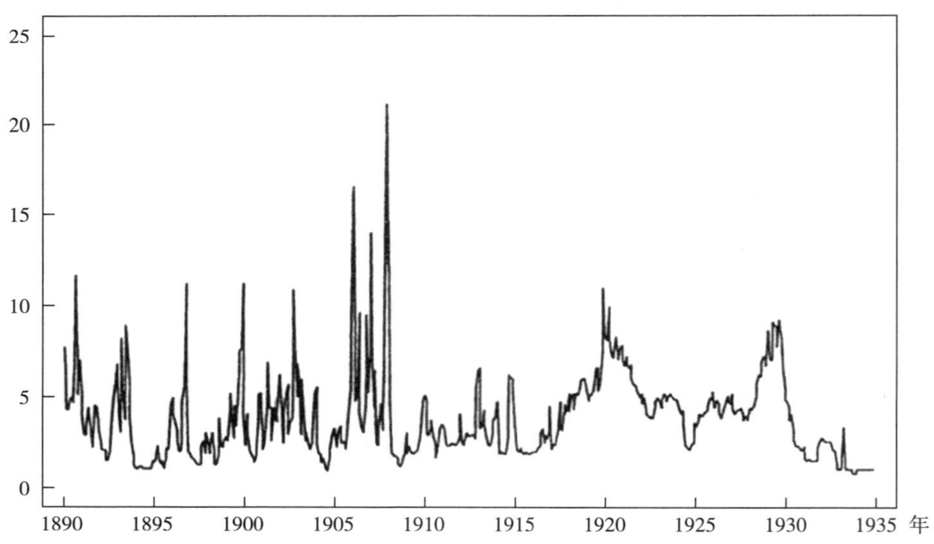

注：在1913 年联邦储备体系建立前，美国的短期利率体现出强烈的季节波动特征。经常是秋天农作物收获的时候短期利率达到最高，注意在联邦储备体系建立后，这些短期贷款利率的波动逐渐消失了。

资料来源：美联储，“Banking and Monetary Statistics”。

图 12.5 短期贷款利率

中央银行政策在现实中能够影响名义利率波动的模式吗？如图 12.5 所示，1913 年末联邦储备体系的建立，迅速地减少了短期利率的波动，因为联邦储备体系的建立导致金融体制发生了许多重大变化，对时间序列曲线的简单观察无法得知是哪一项改革实际导致了短期利率波动性的降低。[①] 然而，随着联邦储备体系的建立，货币存量的波动性提高了。其时间序列至少和建立联储的法案标题中宣称的、实现有弹性的货币供给目标是一致的：

“本法案的目的是建立联邦储备银行，实现弹性货币供给，提供再贴现商业票据的手段，对美国银行业实施更有效的监管，以及其他目的。”

12.8 流动性与 2007 年金融危机

这一节的写作动机源于 2007 年夏天开始出现的前所未有的经济现象。[②] 也许是因为并没有出现金融机构崩溃之类的明显动荡，在一年多的时间里，金融行业潜在的脆弱性被掩盖了。但是当美国经济在 2008 年出现放缓迹象的同时，那些脆弱的金融公司也开始出现倒闭的迹象。尤其是抵押担保证券市场遭遇重大交易问题，引发问题的部分原因是抵押贷款履约状况的信息摩擦。到 2008 年 10 月，抵押贷款证券交易几乎完全停止。但这并不是说流动性问题是 2007 年金融危机中唯一存在的问题。我们的目的是考察本章经济模型如何解释清算与流动性在这个事件中所起的作用。在这种情况下，我们可以看到在 2007 年金融危机期间货币政策是如何发挥重要作用的。

自美联储成立以来，经济大萧条和 2007 年金融危机一并称为美国最重大的金融危机。但二者具有重要的区别，大萧条时期经济的低迷程度更重。20 世纪 30 年代，美国失业率高企，全国平均失业率达到 25%。例如，俄亥俄州托莱多的失业率达到 80%。而在所谓的“大衰退”高峰时期，美国公民失业率在 2009 年 10 月达到顶峰，为 10%。在加拿大，官方失业率在 2009 年 8 月达到顶峰，为 9.1%。货币政策的差异有助于解释为什么大萧条比大衰退更严重。

最大的问题出现在房地产市场。抵押担保证券是在金融市场交易的一揽子抵押贷款。对于本章，我们忽略了任何超出结算风险的因素。在这段时间内，信用风险（债务人不能完全偿还借据的风险）很可能发生。为了本章的目的，我们假设按揭抵押证券可以结算，但是结算的时间受到影响（我们将在第 14 章讨论“大衰退”时期的重要信用风险特征）。

回购协议是获取流动性的重要途径。企业出售一种证券，例如抵押贷款担保证券，并承诺在未来购回证券。通过这种方式，证券的卖方能够获得流动性，买方能够获取回报，因为证券是以较高价格回购的。就我们的目的而言，抵押担保证券不被接受为

---

① Miron（1986）研究了联邦储备体系建立前后的利率模式。其他关于联邦储备体系建立前几年无弹性货币存量的模型由 Champ、Smith 和 Williamson（1996）及 Champ Freeman 和 Weber（1999）提出。

② 大范围的违约直到 2008 年才发生，那么为何要称之为 2007 年金融危机？Sengupta 和 Tam（2008）考察了伦敦同业拆借利率（LIBOR）同隔夜指数掉期（OIS）利率之间息差的剧烈上升，发现该息差在 2007 年 8 月由 10 个基点上升至 100 个基点。这意味着市场已察觉到了发生金融危机的风险。

回购协议的一部分。由于无法出售抵押贷款担保证券，金融内部人士发现这对获得清偿其他债务所需的流动性是一个挑战。作为第34大金融公司（按收入统计），贝尔斯登（Bear Steams）的情况尤其引人注目，它在2008年3月面临倒闭。在这种情况下，摩根大通（JP Morgan）收购了贝尔斯登，试图运用联姻模式来处理一个面临倒闭的金融公司。也就是说，把脆弱、面临倒闭的企业与健康的企业结合起来。

随着美国经济疲软，再加上油价在2007年8月至2008年6月翻了一番，越来越多的金融企业承压。由于第四大金融机构雷曼兄弟（Lehman Brothers）和美国国际集团（AIG）在财务状况方面遇到了相同的困难，因此联姻政策无法实施。而接下来实施的政策是中央银行将货币投放量从8 000亿美元增加到近4万亿美元。

那么，本章所构建的经济模型是如何阐明从2008年开始实施的货币政策作用呢？就本章所开发的模型经济而言，我们可以看到，清算所按其设计运作。但不幸的是，流动性短缺严重，结算风险成了一个严重的问题。在二级市场，为获取流动性，诸如回购协议等抵押担保证券以很低的价格出售。因此，美联储增加了经济的流动性。

12.8.1 非常规货币政策

正如我们之前在谈到美联储目标时所讨论的那样，可以用一种弹性的私人货币来解决流动性问题。但是，美国的两大清算所——Fedwire和CHIPS不允许自己创造自身的纸币。另一方面，中央银行可以采取有弹性的货币政策。在这个特殊情况下，美联储开发了非常规机制来提供流动性。

存在一个被经济学家称之为“零下限问题”的现象。根据套利基本规则，由于人们总是可以选择持有货币，因此名义利率不能低于零。换言之，为什么有前瞻性的人会提供未来的美元支付额低于贷款当前的美元价值的贷款呢？正如你从第4章了解的那样，货币支付的名义利息为零，因此，仅仅持有货币而不是以负名义利率向他人借钱是符合贷款人的利益的。

美联储是如何应对流动性短缺的？它创造了大量的流动性。从2007年7月到2008年11月，联邦基金利率，即银行之间相互借贷的隔夜利率从5.25%降至零。超额准备金充裕，银行间同业拆借成本下降（在美国，这是联邦基金利率；在加拿大，这是银行贴现率）。换句话说，联邦基金利率接近零下限。

2007年金融危机的一个有趣的部分是研究美联储如何提供流动性。在此期间，美联储实施了非常规货币政策。[①] 在美国，传统的货币政策是由涉及法定货币的国债交易组成的。但是，联邦储备委员会创造了一些借贷机制，以便法定货币可以用于私人债的交易。其中一个机制是定期拍卖工具（TAF）。2009年拍卖于1月、2月和3月进行。根据TAF，美联储确定将要拍卖的金额以及拍卖资金的偿还日期。银行将通过当地储

① Curbia和Woodford（2010）、Gertler和Karadi（2011）分别研究了非常规货币政策对利率的影响。Williamson（2012）以及Gu和Haslag分析了非常规的公开市场操作对流动性的明确影响。

备银行的贴现窗口电话热线提交投标。根据拍卖条款，中标要求资金全部由其他银行资产支持。根本上讲，TAF 代表了向银行提供流动性的新机制。

为什么美联储要创造这些提供流动性的新机制？在基本层面上，非常规货币政策是指央行在公开市场操作中涉及私人发行证券的行为。在 2007 年金融危机之前，抵押贷款担保证券被视为回购安排中的良好形式的抵押品。换句话说，如果你有流动性，想要赚取利息，你可以向金融机构购买抵押贷款担保证券，同时金融机构承诺你可以在不久的将来以较高的价格卖出它。① 抵押贷款担保证券的二级市场价格下跌，部分原因是流动性短缺。② 这就是机会：通过购买抵押贷款担保证券，美联储可以实施弹性货币政策，在我们的经济模型中，TAF 是执行弹性外部货币政策的手段。通过购买抵押贷款担保证券，中央银行提供了流动性。在第 14 章我们将研究抵押贷款担保证券价值较低的经济体的信用风险，但是，假设抵押贷款担保证券将由债务人偿付，那么中央银行正在按面值购买借据。

那么新的机构是必要的吗？在第 9 章中，我们介绍了贴现窗口。什么让银行使用贴现窗口？贴现窗口借贷与财务脆弱相关联。换句话说，那些进入贴现窗口的银行主要是资本金较少的银行。因此，贴现窗口的借款被视为易受破产影响的银行的信号。破产信号可能会导致美联储更严格地审查银行的资产负债表，并可能触发审计。通过使用密封拍卖，其他人不知道哪些银行通过 TAF 获得了资金。通过消除信号，美联储希望 TAF 机制能够消除“污名化效应”。

与大萧条相比，美联储在大衰退期间增加了流动性。以这种方式处理流动性短缺，债务人和债权人的消费没有像大萧条时期那样受到影响。因此，非常规的货币政策可以解释为什么大衰退期间经济活动的下滑幅度不如大萧条时期那么严重。

12.9 本章小结

我们探讨了中央银行为债务清偿提供所需流动性的两个途径，它可以允许私人银行发行自己的货币替代物，或者自己运作一个贴现窗口。该窗口允许银行以低利率借取货币，这些货币将支付给债权人，直到债务人到达并赎回其债务。在这两种情况下中央银行提供了有弹性的货币存量以满足货币需求的暂时性变化。只要货币存量不是跨时期地扩大，那么在一期之内提供有弹性的货币存量不会导致通货膨胀。

本章提出的经济模型有助于决策者处理 2007 年的金融危机。结算所的日均交易结算价值超过 7 万亿美元，而由于金融机构倒闭会干扰人们彼此之间的交易，因此，结算中断可能对发达经济体产生巨大的影响。

---

① 证券的暂时持有者被视为进入了一个逆回购合约，而流动性的暂时获得者则是进入回购协议的一方。

② Gorton（2009）提到了当金融机构更为担忧抵押品质量时发生的针对影子银行的挤兑。我们将在第 13 章对银行挤兑作更详细的讨论。

12.10 练习

12.1 假设中央岛上老年银行家拥有500万美元的现金，债权人被欠下750万美元。

a. 计算债权人将以什么价格出售他们自己的债务。

b. 在债务人抵达后，银行家为了多赚钱，愿意支付多少利息？

c. 假设中央银行愿意购买价值200万美元的债务，在这种情况下债务的价格是多少？

12.2 考虑一下本章研究同时存在法定货币和私人货币的经济学模型。假设人口数量是不变的，每个时期都是400人。每个年轻人在年轻时都被赋予10个单位的消费品，而在年老时不再被赋予任何消费品。令中央银行发行1万美元，一家银行最多可以发行1 000美元，但每1美元私人货币必须持有储备金。

a. 计算这个经济模型中的均衡价格水平。

b. 假定背书规则已被修改，即银行可以用1 000美元的准备金背书发行2 000美元货币。那么，计算新设定下的价格水平，同时解释两种价格水平的区别。

12.3 考虑一个存在上午与下午之分的经济体。每个时期有100个债务人和100个债权人。在年老时，一个债务人在早上到达。在下午开始之前，75%的债权人必须离开。每个债权人在年轻时向债务人贷款100个单位的消费品。法定货币的数量是固定的，为20 000美元。

a. 早上到达的债务人能带多少钱回岛屿？

b. 早上离开的债权人将用什么价格售卖其持有的借据（IOUs）？

c. 早上离开的债权人的消费数量是多少？下午离开的债权人消费数量是多少？

12.11 附录：二级市场

Freeman（1996）最初提出了一个中介案例。令每个时期分成两部分，第一部分称为上午，第二部分称为下午。假设有一小部分债务人在上午到清算所，其余债务人在下午到达。假设所有年老的债权人都在上午到清算所，有一小部分是在下午开始之前离开的。

令 ω 表示在上午到达清算所的债务人比例。上午的流动性 L 可以表示为

$$\omega NY = L \tag{12.9}$$

令 α 表示需要在下午开始之前离开清算所的债权人的比例。则早上离开的债权人持有的借据数量为

$$\alpha NY = S \tag{12.10}$$

式12.9与式12.10相结合描述了早上到达的债务人的流动性供给以及早上离开的

债权人的流动性需求。

而在弗里曼提出的二级市场中，借据（IOUs）是可以被售卖的。早上离开的债务人想要获得流动性，但是有一部分债务人此时还没有到达，所以这些没被清算的借据将被提供到二级市场进行销售。为了阐释清楚这个运行机制，早上到达的债务人将与他们的债权人进行债务清算。与债务人进行清算的债权人可以获取货币，但还有一部分债权人并没有遇到他们的债务人，且他们还必须在下午之前离开。因此，不需要在下午之前离开的债权人可以出价购买必须离开的债权人的未清算的借据。

由于在任何市场中，借据的价格都取决于流动性的供求，因此，市场出清的条件可以刻画为

$$\rho\alpha NY \leqslant \omega NY \tag{12.11}$$

这里ρ表示借据在二级市场的价格，且由于不会有人愿意支付超出借据票面价值的价格，因此$\rho \leqslant 1$。而当其余$1-\omega$比例的债务人下午到来之后，他们可以进行债务清算。

对于不等式 12.11，两边同除NY，市场出清条件可以简化为

$$\rho\alpha \leqslant \omega \tag{12.12}$$

从不等式 12.12 可以看出，借据在二级市场的价格由早上离开的债权人比例和早上到达的债务人比例决定。假定，例如$\alpha < \omega$，这意味着早上离开的债权人比例小于早上到达的债务人比例。由于大部分债务人是在早上到来的，二级市场的流动性十分充裕。同时，由于只有很小一部分债权人需要在早上离开，因此将不会有太多借据需要售卖。结果，由于流动性很充裕，所以下午离开的债权人需要支付全额票面价格购买借据。

反之，如果$\alpha > \omega$，将会出现流动性短缺的现象。在这种情况下，早上离开的债权人比例超过了早上到达的债务人比例。换言之，二级市场中很多人需要卖出借据，但只有很少的人能买。这样，票据在二级市场的价格将低于其票面价值。

第 13 章　银行风险

13.1　本章概览

截至目前，我们所研究的银行都非常简单。一家银行接受储蓄并放出贷款。它并没有面临任何风险，也就永远具有偿付能力。然而，当资产的价值随着时间而变化时，银行就会受到风险的影响。其中一种特定的风险与银行的首要职能有关，即将流动性强的存款转化成流动性差的资产。这种转化本身就会使银行承受风险。

在本章中，我们分析银行破产的两个可能的原因。首先，对于给定的资产组合，我们研究了未预期的提款如何影响银行偿付能力。在一个极端的情形下，我们研究了未预期取款导致银行挤兑的情况。其次，我们关注与借款人隐藏行为有关的风险。道德风险的产生，是因为银行无法持续监控借款人利用贷款获取资源之后的行为。借款人自然会影响贷款偿还的可能性。

这样，当银行或类似的金融中介破产时，他们不能履行对存款人的义务。为什么政府更关心银行倒闭问题，而不是餐馆里更常见的商业失误呢?在 2007 年金融危机期间，我们发现银行倒闭引起更多关注。银行被许多人认为是依靠公信力赖以生存的脆弱机构，这种信任可能需要政府担保的支持。

正如美国公众在 2007 年金融危机期间所看到的那样，对金融企业的援助可能对纳税人造成高昂的代价，迫使政府对金融机构的行为进行规范。具有讽刺意味的是，某些政府监管形式可能正是导致破产的原因。这些问题将在本章中进行讨论。

13.2　活期存款银行业务

真实的银行与我们到目前为止用模型刻画的银行，有一个重要的差别：其负债是见票即付的，而其资产则不然。关键在于，从银行接受储蓄到选择资产的过程当中，存在着流动性的转化。简而言之，银行存款比银行的资产当中转化成贷款的那一部分流动性更强。“银行恐慌”或“挤兑”就产生于这种流动性的不匹配。例如，考虑所有的储户同时取款的情况。银行有义务将流动性差的资产转化成储户提款时可以接受的更有流动性的形式。通常储户们需要的是货币，所以银行需要借款或卖出资产来偿付他们。若银行既无法借款，也不能迅速而无损失地出售资产，那么它就很可能没有足够的资源以供履约。就算银行有足够的资源使其在储户们徐徐提款的情况下能够进行偿付，它也无法同时满足全部的提款要求。另外，心理效应可能也在发挥作用：如果所有的储户都担心其他人的提款风潮将使自己什么都得不到，那么他们就会理性地加入这股风潮。所有的储户从自身利益出发而选择取款的均衡被称为“银行挤兑”。

为了理解银行挤兑，我们必须首先理解银行为什么会提供活期存款业务，即使银行持有的资产不能迅速无成本地变现。在此过程中，我们将阐述银行另一种提供流动性的方式，这种流动性对于持有资产的个人而言是无法获得的。

13.2.1 活期存款业务模型

假设每一期有 N（常数）个三时期寿命的人出生（代际交叠），每个人仅在年轻时拥有 y 单位商品的禀赋。①

没有人在年轻时消费，每个人都希望在生命后面的两时期中的一期进行消费。具体在哪一期取决于这个人的类型，每个年轻人有同等的机会属于下列类型中的一类。

- 类型 1 在出生后第一时期消费；
- 类型 2 在出生后第二时期消费。

没有人在年轻时了解自己的类型。在出生后的第一期，个人意识到他的类型；也就是说，他知道了想什么时候消费，个人对流动性的需求，于是就表现为何时消费的不确定性。个人的类型不能被任何其他人直接观察到（通过看一个人不能得知他想何时消费），每代人中恰好有一半属于一种类型。

人们拥有两种资产，库存和资本。库存，即将商品贮藏于地下室，持有一期的总收益率为 1，库存可以秘密进行。每单位商品作为资本投资后产生 x 单位商品（$x>1$），但是只有在两期后才能产生。还没有生产出商品的资本可以在同代或不同代之间出售。令 V^k 表示在生产出商品之前资本的价格。出现假的资本或资本所有权凭证是可能的，需要有一定成本的努力才能将它们与真实的资本区分开。验证资本真实性的成本是每单位资本 θ 单位商品。假设 $\theta > x-1$。在同代人之间用借据和其他的契约来承诺未来付款是可能的，而在不同代的人之间则不可能（人们对自己这代人，比对其他代的人更为了解）。

前面关于资产的假设，使我们能够得出存货和资本的回报率，如表 13.1 所示。注

① 这个模型取自 Freeman（1988），它建立在 Bryant（1980）及 Diaman 和 Dybvig（1983）的思想和工作结构基础上。

意由于存在交易成本 θ，在形成产出之前出售资本的回报率为 $V^k-\theta$，与持有到能够形成产出的资本的回报率 x 不同。

表 13.1　　存货和资本的回报率

实际回报率	一期	两期
存货	1	1
资本	$V^k-\theta$	x

注：在模型中不论商品被储存多长时间，存货总是得到一个总回报率 1，资本在两期后有产出，如果在此期间一直持有将得到总回报率 x。如果一单位资本在一期后出售，卖出者可以得到价格 V^k。此外在出售时会发生验证成本 θ，使得资本的实际一期总回报率为 $V^k-\theta$。

人们会为一期后可以产生 x 单位商品的资本支付多少？他们应该愿意支付 x 单位商品的现值，x 的现值等于 x 除以一期总回报率。因为存货可以获得一期总回报率为 1，一期总回报率至少为 1。所以人们今天将为明天价值 x 单位商品的资本支付的最高价格为 $x/1=x$，因此 $V^k\leqslant x$。由于我们假设 $\theta>x-1$，我们现在可以得到 $\theta>V^k-1$ 或 $1>V^k-\theta$。这确保了存货的一期回报率高于持有一期后便出售的资本回报率。

像前面模型中研究的人一样，他们愿意储存商品以便以后消费。然而在这个经济模型中，没有人知道他什么时候想消费，这种流动性的需求使得个人对资产的选择存在困难。如果他持有资本，但是事实证明他想在仅过了一期之后消费，那么他将只能得到低回报率 $V^k-\theta$，而不是由存货提供的更高一期回报率。另一方面，如果他持有存货，但是事实证明他到两期结束后才消费，那么他只得到回报率 1，而不是由资本产生的更高的两期回报率 x。由于个人在选择他的资产时并不了解自己的类型，他不能确保自己持有的资产组合能获得最高的回报率。①

不过对于人们来说存在一种合作的方法，以便每个人不论何种类型都能得到最高的回报率。值得注意的是，尽管没有人知道自己的类型，但是每代人都知道他们中的一半属于一种类型。假设存在一个中介机构，在一时期后向证实是类型 1 的个人提供回报率 1，同时在两时期后向证实为类型 2 的个人提供回报率 x。如果一代人中的每个人都将其全部禀赋贮存，中介机构可以通过将存款的一半［$(Ny/2)$ 单位商品］投资于存货，另一半投资于资本的方式来为上述回报率提供资金融通。因为事实上贮存者的一半是一个类型，而另一半是另一类型。中介机构可以用从存货［$(Ny/2)$ 单位商品］中获得的收益向类型 1 的人们支付，用从资本［$(xNy/2)$ 单位商品］中获得的收益向类型 2 的人们支付。②

模型的假设之一是没有人能观察到别人何时想消费，那么中介机构如何确定谁收

① 如果 $1>V^k-\theta$ 不存在，资本将在长期和短期中都提供更高一些的回报率，使得个人的资产组合选择变得不重要，也就不再需要中介机构了，这说明了我们关于 $\theta>x-1$ 的假设的重要性。

② 如果一个类型的人比另一个类型的人的效用水平低，银行可以通过向那个类型的人提供比 y 单位商品存款的收益更高的方式，以提供躲避那种风险的保险安排。我们在这里省略了这种保险形式，Diamond 和 Dybvig（1983）研究了这个问题。

取类型 1 的收益，谁收取类型 2 的收益呢？中介机构只能根据贮存人的要求，使仅仅一期过后便索要收益的贮存者肯定能得到类型 1 的收益。随时应储户要求返还给储户的存款被称作活期存款。

依靠存款人的诚实只有在一种情况下可行，即说明事实要比撒谎获得更大的好处。情况是这样的吗？类型 1 的人不会愿意假装成类型 2 的人，因为这样做意味着在出生后的第二期消费，而不是在他希望的第一期消费。如果一个类型 2 的人声称自己属于类型 1，他可以在一期后提取他的存款并且秘密地储藏起来直到他准备消费。不过这种行为会使他遭受损失。这种情况下他在出生后的第二期中每一单位储存的商品只能获得 1 单位商品，然而如果他不提前从中介机构提款，他可以获得 x 单位商品。

在这个模型中我们阐述了中介机构，具体而言是银行，提供流动性的另一种方式。银行用不流动的资产创造流动性的负债（活期存款），即使人们的资产回报没有弹性，银行也允许人们在确定自己的消费时间上有灵活性。关键在于，尽管每个人的偏好受随机性影响，但大数定律意味着将所有人通盘考虑时则不存在不确定性。个人并不知道何时想消费，这样他无法在他的位置上选择具有最佳收益的资产。然而通过汇集许多个人的资源，银行可以很有把握地了解他的储户中有多大比例会在第一期后提取存款，这样它可以持有正确比例的优质长期资产（这里指资本）和优质短期资产（存货）。①

13.3 银行挤兑

假设你属于类型 2 并听到一个传言，即其他所有类型 2 的人都准备假装成类型 1 的人，从银行提取存款（回想一下，人们在任何时候都可以自由地从银行提取他们的存款，因为银行无法区分那些提前支取的属于类型 2 的人，和确实需要提取存款的真正属于类型 1 的人），你是也去银行试图提前支取存款呢，还是再等一期直到你的确想进行消费？

为回答这个问题，我们来考察当大量类型 2 的人提前支取存款时银行的清偿能力。银行有足够的库存向 $N/2$ 的人们，即真正的类型 1 的人们的数量，支付承诺的 y 单位商品的收益。然而如果类型 2 的人也提前支取，银行必须出售一部分资本以向任何一期后要求支取的人们支付承诺的回报率 1。银行出售一单位的资本将仅收到 $V^k - \theta$ 商品，$V^k - \theta < 1$ 。所以，对于每一个提取 y 单位商品的撒谎的类型 2 的人，银行必须出售超过 y 单位的资本来实现应要求支付 y 单位商品的承诺。这意味着银行出售了那些正常情况下向诚实的类型 2 的人支付利息的资本。在银行向类型 1 的人和撒谎的类型 2 的人支付以后，将可能不再有资本支付给一直等待的类型 2 的人。

如果所有其他人都提前支取，而一个诚实的类型 2 的人不支取，那么他可能什么

---

① 纸币作为短期资产的关于银行挤兑的一个正式模型，参见 Loewy（1991）。

也得不到。所以如果每个类型 2 的人都认为所有其他人将提前支取，他也将在银行资产耗尽之前到银行取得他能取得的任何东西，如果这样一个恐慌出现，一切都将变得更糟，因为通过支取每个人都最多获得回报率 1 而不是更高的 x 。然而假定其他人提前支取，每个人提取存款都是理性的。在这种情况下，在类型 2 的人不提前支取情况下原本可以应付负债的银行，在恐慌时期变得无法应付负债了。

例 13.1 考虑上面描述的活期存款模型，假设 $N=900$，$y=10$，$V^k-\theta=0.9$，$x=1.2$。令每个人有 2/3 的机会属于类型 1，有 1/3 的机会属于类型 2。

a. 银行怎样的资产组合可以保证向所有类型 1 的人支付回报率 1 和向所有类型 2 的人支付回报率 1.2？多少商品安排作为存货？多少商品安排作为资本？

b. 现在假设所有类型 2 的人假装成类型 1 的人提前支取，在银行耗尽资产之前有多少人可以得到支付？

c. 假设在你存款到银行后的一期里证明你是类型 2 的人，而且你了解到所有其他类型 2 的人都准备假装成类型 1 的人，以便他们能提前支取存款，提前支取存款符合你自身利益吗？

d. 如果没有类型 2 的人试图提前支取，类型 2 的人情况是否会更好呢？解释你的答案和你对问题 C 的答案之间的差异。

13.4 防止恐慌

这个模型中挤兑的可能性来自几个关键的假设条件。在这些假设中包括银行不能从其他银行借款及没有人可以了解一个人的类型。如果这些假设条件改变，银行也许不会遭受挤兑。

13.4.1 银行间贷款

银行挤兑迫使银行低价出售资产以满足蜂拥而至的储户提取要求，使银行丧失清偿能力。如果一家面对挤兑的银行可以借到足够的资金来应付支取，它可以避免由出售资产带来的损失，这些借款可以在以后银行的资本产生收益的时期内偿还。通过这种方式，银行将保持足够的资本来承担对每一个没有提前支取存款的类型 2 的人的负债。在有资本保证其存款免受损失的情况下，没有一个类型 2 的人会有错误表述自己的类型以求提前支取存款的动机。①

银行可以向谁借款？如果一家银行受到挤兑的威胁，它必须向没有经受挤兑的银行或人们借款。在我们的模型中下一代中的年轻人将愿意借出一期的商品，否则他们将把这些商品储存一期。如果跨代的借款是可能的，恐慌可能不会发生。事实上，如果跨代借款是无成本的，银行不再需要持有具有高流动性但收益较低的存货作为储备。

① 美国的银行间借款在联邦基金市场进行。

像我们在第 8 章中看到的，一家银行可以不考虑两期的期限，而将所有资产用在具有高收益的资本上，同时从下一代人中借款（接受存款）以便应付一期后出现的支取。

银行间贷款在美国被称为联邦基金。美联储关于向准备金付息的决定（回忆第 12 章）对联邦基金市场产生了怎样的影响？首先，拥有超额准备金的银行既可以将其贷给商业银行，又可以保留这些准备并从美联储获得利息。假设联邦基金同银行准备金一样安全。准备金的利息率由美联储设定。那么，联邦基金率理应等于或者高于准备金利息率。如果联邦基金率低于准备金利息率，那么套利机会就出现了。银行将在联邦基金市场上从其他银行借款并以准备金的形式持有，利用准备金利息率和联邦基金率之间的息差来赚取利润。所以，如果联邦基金是准备金的替代品，银行间的竞价将推高联邦基金率直至其达到准备金利息率为止。然而图 13. 1 显示，联邦基金率确曾在较长一段时间里低于准备金利息率。[①] 这一迹象进而让我们意识到联邦基金并非银行准备金的完全替代品。

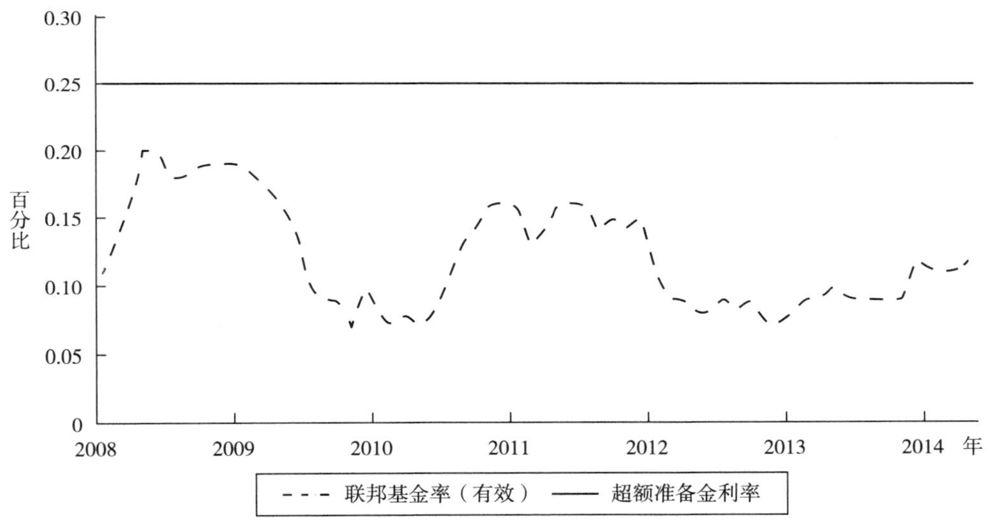

资料来源：美联储/FRED。

图 13. 1　联邦基金率与准备金利率

当前的经济运行状态和法律制度摩擦可以解释近期联邦基金率与准备金利息率之间关系，这为我们提供了一个很好的分析案例。为了理解息差，有必要描述一下与之相关的经济环境和各种摩擦。首先，图 13. 1 所描绘的时期非同寻常，利率水平很低。准备金利息率几乎与短期国库券回报率相同，逼近零利率下限。另外，银行系统的超额准备金充裕，这意味着银行没有参与联邦基金市场的迫切需求。在此背景下，一些

① 作者感谢 Chris Waller 指出这一点。

重要的法律摩擦也发挥了作用。其他金融企业，特别是美国境内的外资银行以及政府发起的企业——例如房利美（Fannie Mae）和房地美（Freddie Mac）——被禁止利用准备金获得利息。所以，这一现象的一种解释是：联邦基金市场的运行缺乏专业的参与者。这些专业的参与者不能通过持有准备金获得利息，也就不会进入联邦基金市场以低息借款。政府发起的企业和外资银行所面临的法律摩擦，使得能够消弭息差的套利操作无法开展。

13.4.2 辨别非必要的支取

如果银行可以了解一个人的类型，他可以简单地通过不允许类型 2 的人提前支取存款来阻止挤兑的发生。在挤兑发生的时期，在大额支取未证实确属必要时，银行常常拒绝这些支付，银行经理只有在看到必须支付的账单或工资单的时候才放松对资金的限制。

即使银行不能借款或不能确定一个人对支取存款的真实需求，银行也有几种方式可以确定自身结构以防止恐慌。在每一种情况下，对银行而言，关键是要确保无论多少其他人提前支取，那些恐慌并提前支取的人要比不恐慌的人受到更大损失。

13.4.3 暂停支付存款

一旦银行的流动性短期资产（存货）准备已经耗尽，银行可以通过暂时停业来防止恐慌出现，在下一期长期资本获得收益时银行可以重新开业。如果银行采取这样一项政策，银行不必仓促地低价出售其资本并遭受损失。在这种方式下，类型 2 的存款者将知道，如果他等到最后支取，银行仍将可以向他支付承诺的收益，因为这个收益 x 大于他提前支取可能获得的收益 1，存款者将不会蜂拥到银行提前支取。

注意如果银行有暂停支取的权力，实际它不需要这样做。因为存款人将不再恐慌。具有讽刺意义的是，银行条例和法律经常规定银行保持营业，并且向所有希望支取的储户支付存款。这样的一项管制，可能使银行失去了一个保护其资产免受仓促出售的方法，因而可能会出现恐慌。银行暂停支付存款在历史上有过先例，在 1893 年和 1907 年的银行恐慌中，美国的银行严格限制提取存款。①

如果确实需要提前支取的类型 1 的人数是随机的，那么暂停支付存款就不是完全可行。暂时中止储户提取存款的权利，可能会使排在银行提款队伍后面的真正类型 1 的人不能进行消费。在这种情况下，当存在大量提前支取的储户时，银行最好减少向提前支取者的支付。通过这种方法银行可以保证类型 2 的人存款的资本，同时又不至于使不幸的类型 1 的人完全不能进行消费。

---

① 关于 19 世纪末期和 20 世纪早期美国银行恐慌的全面分析参见 Sprague（1910）及 Friedman 和 Schwart（1963b）。注意在 1893 年和 1907 年的恐慌当中，还存在一个选择。储户们将他们的存款账户兑换成金币而不是纸币提取。

13.4.4 政府存款保险

政府也可以帮助防止银行挤兑，它可以向类型 2 的人担保，即使银行丧失清偿能力，他们也可以得到承诺的收益。如果这种担保是可信的，类型 2 的人将没有理由恐慌。政府怎样才能支持其担保呢？政府可以承诺如果需要财政收入以向破产银行的储户进行支付，它将向现时年轻一代人的禀赋征税。注意这种征税的权力只有政府才拥有，一家私人银行不能向人们征税。银行也不能私下安排这种担保，当银行建立时，现时的年轻人还没有出生。

如果政府的担保可信，将没有类型 2 的人想从银行提前支取存款，因此不会存在恐慌。如果没有挤兑发生，政府就不必利用征税的权力去拯救因为挤兑而破产的银行，在这种情况下政府担保无成本地防止了恐慌的出现。将储户从困境中拯救出来的能力实质上消除了拯救他们的需要。

然而如果类型 1 的人的数量是随机的，政府存款保险无成本的性质便不存在。在这种情况下，如果类型 1 的人的数目异常庞大，则银行被迫必须出售其资本，那么为银行承诺的收益提供担保的政府，事实上将不得不向储户进行支付。

如果银行资产风险变得很高，政府同样可能不得不帮助已保险银行摆脱困境。当银行资产的收益率超乎寻常地低时，银行也无法兑现它们承诺的支付。在这种情况下，政府被迫征税以向储户支付承诺的收益。美国的纳税人会很痛苦地回忆起这些情况，联邦存款保险公司（FDIC）为所有 1980—1994 年的解决问题方案支付了 1 970.68 亿美元的解决成本［见联邦存款保险公司（1998）表 C. 18］。

这种由于银行资产风险导致银行破产的情况是下一节要讨论的内容。

13.5 银行破产

美国历史上曾发生过严重的银行破产。最坏的情况出现在 1930 年到 1933 年期间，平均每年超过 2 000 例银行破产的情况。[①] 在令人心悸的 30 年代之后，银行破产的数目明显下降了，从 1941 年到 1981 年，平均每年只有 5 例银行破产的情况。然而，1982 年开始，银行破产的情况又明显地增加了，在 1988 年达到顶峰，当年有超过 200 例银行破产的情况出现。银行破产在 80 年代显著增加的情况如图 13. 2 所示，图中用破产银行占正在运行银行数目的比例描述出了全部破产情况。2007 年初，银行破产率又出现了大幅度的升高。图 13. 3 刻画了从 1988 年至 2015 年在美国运营的商业银行的数量，银行总数从 20 世纪 80 年代的 13 000 余家，下降至 2015 年的不足 6 000 家。

以上考察了银行负债结构导致银行丧失清偿能力的方式，现在我们来考察银行资产是如何导致银行丧失清偿能力的。

---

① 大萧条时期银行问题的详细叙述参见 Friedman 和 Schwartz（1963b. 第七章）。

所有的投资都包含风险因素。资产在未来得到偿付时，这种偿付不是完全确定已知的，所以银行和其他投资机会一样，可能遭受到所持有的资产收益降低的风险。然而和其他投资相比，银行被看作相对安全的财富储藏所。

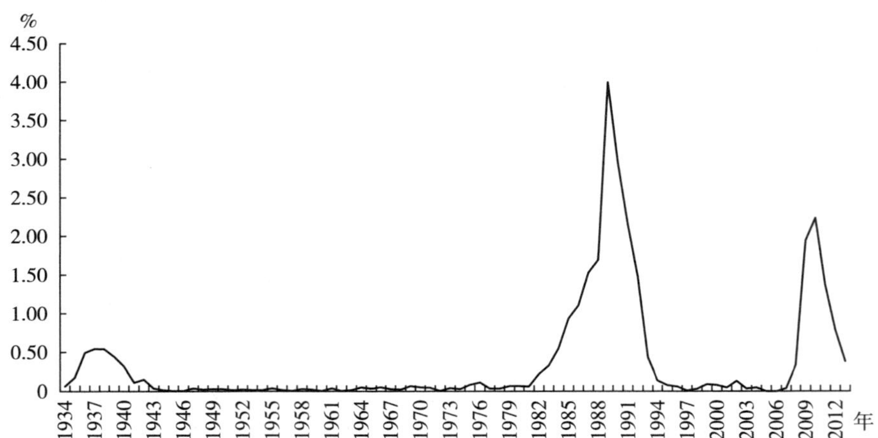

注：数据显示了从 1934 年到 1998 年每一年中破产的机构占年初金融机构总数的比重。80 年代间破产率提高到 1941 年到 1979 年破产率水平的十倍多。类似地，2007—2009 年期间破产比率相比 1996—2006 年的水平有了大幅度的上升。

资料来源：联邦存款保险公司的网址，http：//www. fdic. gov/bank/index. html。

图 13. 2　FDIC 保险的商业银行和信托机构破产的比率

家
14 000
13 000
12 000
11 000
10 000
9 000
8 000
7 000
6 000
5 000
1990　1995　2000　2005　2010　2015 年

注：阴影部分表示美国经济衰退时期。

资料来源：美国联邦金融机构检查委员会。

图 13. 3　1988—2015 年在美国开业经营的商业银行数量

关于银行的相对安全性有不少合理的解释，由于银行存款被用作日常支付，那么人们自然希望知道他们存款的确切价值。如果存款的价值波动剧烈，储户将不得不经常查看自己的账户中是否有足够金额来兑付支票。①

此外，一个安全的投资组合对于防止挤兑是必要的，储户一旦了解到银行的资金不足以支付其负债，他们将蜂拥到银行，力争在其他储户之前取回自己的存款。像我们在上一节中看到的，这将迫使银行仓促地卖出其长期资产，导致银行投资组合价值的更大降低。

银行可以采取一些方法来规避风险。最明显的是，银行可以选择将其投资组合的绝大部分用于持有安全的资产。

除了储户以外，如果银行能够吸引投资者作为银行的股东，那么即使银行的资产是具有风险的，储户也可避免遭受损失。这样组织起来的银行拥有一个正的净值 W，如图 13.4 资产负债表所示。

资产		负债	
准备金	γH	存款	H
附息资产	$(1-\gamma)H+W$	净值	W
总资产	$H+W$	总负债	$H+W$

图 13.4　一家银行的资产负债表

存款受到银行正净值的保护，避免受到银行资产价值变化的影响。银行股份的持有者在储户得到偿付以后，持有银行价值的剩余份额。储户对银行的资产有优先索偿权，并且必须在任何股东之前得到偿付。这种储户的优先索偿意味着银行资产价值的变化首先影响净值。如果银行遭受突然损失，它将减少银行净值而不是存款。只有在净值降到 0 以下后，储户才会受到损失。当然，如果银行资产价值增加，银行净值也将增加同样数额。储户只对自己的存款及对其存款承诺的利息有相应的权利。

所以银行的股东承受了很大的风险。考虑下面的例子，图 13.5 描述的银行拥有 2 000万美元（或＄20M）的存款、10% 的准备金率及＄4M 的初始净值。假设银行由于一个意外的贷款违约风潮损失了5% 的附息资产（＄1.1M），现在银行的财务状况如图 13.6 所示，尽管银行仅损失了 5% 的附息资产，但是股东损失了其在银行投资的 27.5%。因为所有的损失都要从净值中扣除，如果股东是风险厌恶的，这种风险放大的可能性将导致银行避免投资于风险性资产。

---

① 另一个办法是在账户中保持大量的充足的余额，以便即使是账户资金价值确实出现波动（归因于银行资产组合价值的波动）也有足够的资金来兑付所有支票。货币市场共同基金的价值随着基金投资组合价值的波动而波动，因此要求一个很大的最低余额水平。

资产		负债	
准备金	2	存款	20
附息资产	22	净值	4
总资产	24	总负债	24

图 13.5　一家银行的资产负债表（百万美元）

资产		负债	
准备金	2.0	存款	20
附息资产	20.9	净值	2.9
总资产	22.9	总负债	22.9

图 13.6　一家银行的资产负债表（百万美元）

13.6　存款保险的道德风险

如果一家银行没有保险，它必须仔细选择其资产，在资产的平均收益和风险之间权衡，以期吸引股东和储户。一家承担了太多风险的银行将无法吸引股东和储户（一旦净值降到0，储户将承受风险）。然而如果一家银行全部或部分对损失进行了保险，那么将改变人们对风险和收益的仔细考察。①

如果政府向储户的所有损失提供保险，储户将不再关注银行的风险程度，他们关注的将只是高回报率。② 正在寻找储户的银行必须向储户提供他们能得到的最高的回报率。

从哪里可以得到高回报率呢？为了吸引风险厌恶者，风险性资产的回报率一定要高（平均而言）。银行因此可以通过持有风险性资产而提高他们的投资组合的平均回报率。这使储户感到满意，他们喜欢高回报率，同时并不关注银行的风险，因为他们的存款已经保险。在这种情况下，存款保险将使银行比没有存款保险时（所有风险都由银行股东和储户承担）冒更大的风险，这是保险中的道德风险（moral hazard）问题：向人们的损失提供保险使人们丧失了采取行动以降低损失风险的动机。

政府怎样才能限制采取存款保险所产生的风险呢？最直接的方法是以法律规定银行持有安全的资产。③ 然而很多值得投资的计划都是有风险的，允许持有更多高风险的资产又不助长风险的一个途径是，根据银行的风险暴露水平来确定保费，这样是银行

---

① 参见 Kareken（1983）关于放松对已保险金融机构管制的危险的明确警告。该文写作于最近储贷协会经营失败浪潮之前。关于与加拿大存款保险相关问题的详细研究，参见 Carr、Matthewson 和 Quigley（1994）。

② 高回报率可以通过两种方式支付给储户，一是向储户支付高的利息，另一种是向储户提供更多的便利和更高水平的服务，这两者对于银行来说成本都是很高的。

③ 从某种程度上讲，对银行持有资产类型的管制普遍存在。比如说，美国的银行被禁止持有股票。这种管制的设立很明显是为了减少银行的风险暴露。

而不是纳税人承担了风险的成本。这样一项政策的困难在于建立一种评估银行资产组合风险的方法。另外一种把保险费建立在银行资产风险基础上的方法是允许银行自行选择：接受保险，同时接受对其持有资产的管制；或者是不接受保险，也不接受管制。

13.7 资本要求的重要性

对银行资本的强制性要求是减少银行持有高风险资产的另一个途径。对资本金的要求迫使银行保持不小于其资产一定比例的净值，这种方法在存款人或存款的保险人承受损失之前，为吸收资产损失提供了更大的缓冲，因此股东将更注意他们的资产选择是否使他们的风险扩大了。

再看一些例子，再来考虑图 13.5 中的银行，银行的股东有兴趣参加一个 400 万美元的掷硬币赌博吗？不（如果他们是风险厌恶的）。尽管如果他们赢了可以使其净值翻番，但是如果输了则损失掉他们全部的 400 万美元净值。现在假设银行最初的净值只有 100 万美元，银行的股东现在是不是对抛硬币更有兴趣了呢？如果他们赢，他们将像前面一样得到400 万美元，然而如果他们输，他们将只损失 100 万美元，因为股东以其投入银行的净值为限承担损失。他们的潜在收益是潜在损失的 4 倍，当然，股东将会更倾向于采纳高风险的建议。

13.7.1 对投保银行的资本要求

如果银行股东只损失其100 万美元净值，那么谁来承担另外300 万美元的损失？如果存款人是没有保险的，那么他们将承担损失，由于风险较大，储户不愿意在只有很少净值的银行存钱。

如果存款是已保险的，存款人将不再关心银行的净值及银行持有高风险资产的倾向，最终是保险人（政府）在银行因风险产生损失时承担损失。在这种情况下，是政府而不是别人有意要求银行拥有足够大的净值，来促使股东不在经营中承担过高风险。

作为对20 世纪80 年代美国金融中介机构倒闭经历的回应，最近美国的立法机构已经采取步骤提出这些问题。1989 年的《金融机构改革、重建及加强法》将储贷协会的核心资本要求从全部资产的3%提高到8% 。1991 年的《联邦存款保险公司改进方案》制定了以资本/资产比率为基础的存款保险费率水平，并且建议设立基于银行资产组合风险的资本要求。到1992 年12 月，对商业银行以风险为基础的资本要求全部分阶段引入，《金融机构改革、重建及加强法》规定储贷协会最终必须遵守那些强制要求银行执行的、以风险为基础的资本要求。

13.7.2 关闭无清偿能力的银行

同样的原因可以解释为什么政府关注于揭露和关闭无清偿能力的银行（净值为负数或存款超过其资产的银行）。考虑一下如果一家投保银行的储户和股东发现银行丧失清偿能力会有什么反应？储户不会在意，因为他们是已保险的。如果无清偿能力的银行倒闭，那么股东将失去其所有。投资于安全的资产将只是慢慢地减少他们已经是负值的净值。因为相对于他们必须支付利息的存款而言，他们拥有的可以获取利息收益的资产太少了。除此之外还可以有什么样的选择呢？股东重新取得正净值的唯一机会是做一次大的赌博。如果他们赢得足够多可以使其净值为正，那么他们的股票将重新获得价值。如果他们输，银行的净值下降得更多，但是股东不承担更多的损失，股东的责任被限定在其投资于银行的金额上，即银行的初始净值。一旦已经失去了这些，股东不会失去更多，既然进行高风险投资和发放高风险的贷款对于股东而言不会失去什么，而且有可能得到一切，所以无清偿能力的银行将绝望地进行一次次赌博，直到它们赢的足以使其净值为正，或者被迫关闭。

这个场景听起来和美国储贷协会（S&Ls）危机的情况一样。1980 年的《存款机构放松管制和货币控制法》及 1982 年的《戈恩—圣杰曼法》使得这些中介机构有可能持有比以前风险更高的资产。① 许多储贷协会的贷款变成坏账，储贷协会在 1981 年遭受了 46 亿美元的损失，而且其很大一部分成员丧失了清偿能力。就像我们已经提到的，这种情况刺激了这些无清偿能力的银行，使其接受更高风险的资产。

图 13.7 描述了 20 世纪 80 年代早期不断增加的丧失清偿能力的储贷机构的数目；图 13.8 显示出储贷机构净值的下降，表明了这类储贷行业净值与资产的比率。

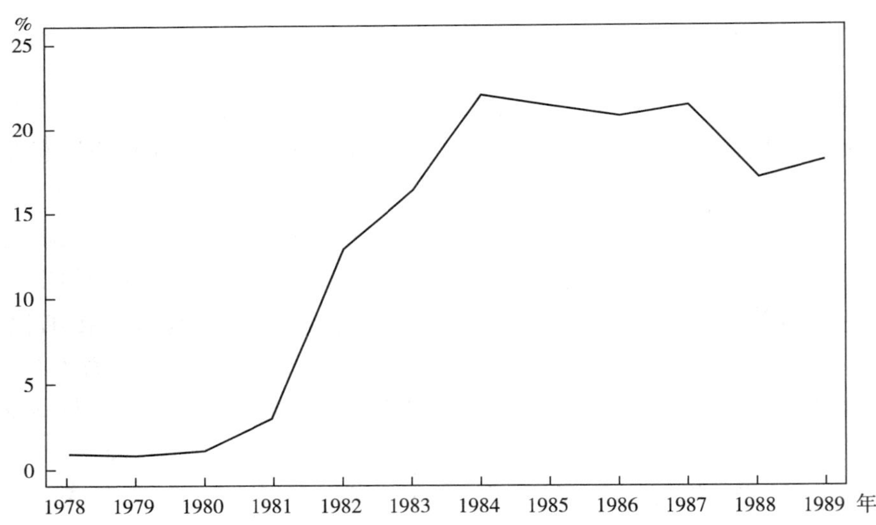

注：这张图描述了 20 世纪 80 年代早期明确无清偿能力的储贷机构的比例上升的情况。储贷机构包括储贷协会及互助储蓄银行。其中储贷协会是其主要组成部分。如果一家储贷机构的净值除去商誉是负值的话，那么它就是有形无清偿能力的。

资料来源：Federal Home Loan Bank Board and Office of Thrift Supervision date cited by White（1991，Table 2 –6，P20）。

图 13.7　有形无清偿能力的储贷机构占全部储贷机构的比例

① 与这种放松管制的趋势相反，1989 年的《金融机构改革、重建和加强法》再次建立了对储贷协会可以持有资产类型的严格管制。

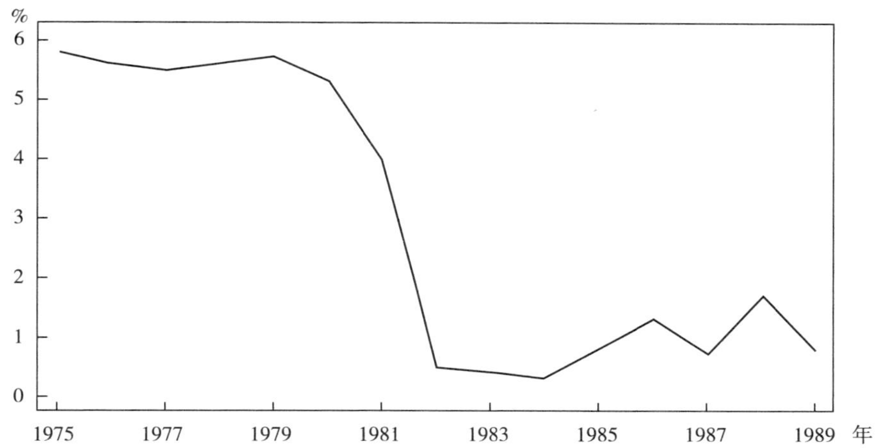

注：储贷机构净值的下降反映在净值与资产的比率上。在 20 世纪 80 年代早期，有形净值占总资产的比重下降到 1% 以下。由 FSLIC 保险的储贷机构是指那些存款由 FSLIC 提供保险的储贷机构。1989 年的《金融机构改革、重建和加强法》用一个新的保险基金取代了 FSLIC。

资料来源：Federal Home Loan Bank Board and Office of Thrift Supervision data cited by white（1991，table2 - 5，P19）。1989 年的情况是对那些由新建立的储蓄协会保险基金提供保险的储贷机构进行考察得到的。

图 13.8　由联邦储贷保险公司（FSLIC）保险的储贷机构有形净值占总资产的比重

1991 年的《联邦存款保险公司改进法》采取步骤处理那些资本不足的金融机构，该法规定联邦存款保险公司必须采取行动关闭那些资本/资产比率低于 2% 的银行。该法还制定了一些条款，要求联邦存款保险公司在发现有问题的金融机构时迅速介入。此外还严格限制联邦存款保险公司执行“太大而不能倒闭”政策。20 世纪 80 年代由于这个政策，联邦存款保险公司自动地将国内最大的银行从那些因资本不足而关闭的事件中排除出去，这个政策在未来，只有在特殊环境下才可以使用。①

13.8　本章小结

在这一章中我们考察了银行倒闭的两个原因——银行挤兑和银行持有风险性资产。

银行存在的一个原因是通过银行人们能够投资于流动性差的长期资产，也能够在需要时提取资金。银行在有需求时随时可能需要支付现金，而其资产却不能随时变现，银行提供这种服务也是银行不稳定的原因。如果银行因为意外的存款提取而被迫在未到期前将资产变现，那么银行在出售资产时将被迫承受一定的损失。意识到他们的存款可能存在风险，储户将试图在银行的资产耗尽之前提取存款。

注意到这些和银行挤兑相联系的问题，我们分析了一系列有助于防止挤兑的措施，

---

① 联邦存款保险公司采取“太大而不能倒闭”政策要求取得联邦储备委员会及联邦存款保险公司 2/3 以上多数董事和财政部部长的同意。

包括银行间借款，辨别非必要提取，暂停支付以及政府存款保险。

如果银行可以投资于风险性资产，政府存款保险将导致道德风险。在有存款保险的情况下，顾客不再关注银行持有资产的风险。银行为了吸引存款人，有意持有风险性资产，因为风险资产比安全资产提供更高的平均回报率。为了解决这个道德风险问题，政府必须限制银行可以持有的资产类型，或者根据相关风险确定保费。

资本要求管制向股东提供一个监控银行资产选择的理由，也可以减少银行持有风险资产的动机。资本要求越高，在银行持有的资产回报率低的情况下，股东遭受的损失越多。我们论述了当银行的净值下降到 0 时，股东们没有什么更多的可以损失，因而他们可能在银行持有风险性资产上下更大的赌注。

13.9 练习

13.1 假设你是一个存款为 120 万美元、资产为 100 万美元的储贷机构的单一股东，不存在准备金要求，法律规定你对储贷机构的义务限于你的投资（如果倒闭你不需要补偿储户的损失）。你是风险中立的。

a. 储贷机构的净值是多少？

b. 假设在审查人员审计你的账簿前，你可以将你的资产投资于下面计划中的一个，而且仅仅是一个：

计划 A：取得 7% 的固定收益；

计划 B：有 50% 的机会取得 21% 的净收益，有 50% 的机会取得 −21% 的净收益；

计划 C：有 10% 的机会使你的资产翻番，有 90% 的机会失去一切。

按照你自己的利益偏好给三个计划排序。

c. 如果储贷机构的资产是 120 万美元，你的排序会有什么样的变化？

d. 如果储贷机构的资产是 200 万美元，你的排序会有什么样的变化？

e. 如果你有一个机会携带 10 万美元潜逃，代价是失去储贷机构的所有权，你会这样做吗（不考虑道德问题）？你的回答怎样依赖于储贷机构的净值？

f. 如果储贷机构被政府存款保险所覆盖，为什么政府一发现储贷机构经营失败，便在关闭失败的储贷机构过程中扮演一个积极的角色？参考本练习的例子来回答这个问题。

13.2 假设每一期都有 200 个年轻人出生。且每个年轻人被赋予 200 件商品，但是中年或者老年时都没有。存在一种存储技术，对于当期入库的每件商品，一个人可以在下一期获得 1 单位的消费品。另外，资本是可用的。对于第 t 期获得的每一单位资本，在 $t+2$ 期能够获取 1.25 个单位的消费品。如果一个人选择将资本持有一期，那么在下一期将只能获得 0.8 个单位的消费品。假设 10% 的人希望在中年时消费，其余的人希望在年老时消费。

a. 银行将选择持有多少商品？多少资本？

b. 如果不存在银行挤兑，中年人会消费多少？老年人会消费多少？

13.3 假设每一期都有100个年轻人出生。且每个年轻人被赋予250件商品，但是中年或者老年时都没有。存在一种存储技术，对于当期入库的每件商品，一个人可以在下一期获得1单位的消费品。另外，对于第 t 期获得的每一单位资本，在 $t+2$ 期能够获取1.2个单位的消费品。如果一个人选择将资本持有一期，那么在下一期将只能获得0.75个单位的消费品。假设10%的人希望在中年时消费，其余的人希望在年老时消费。现在，考虑一种情形，银行未预料到发生挤兑，但是每个人都在中年时期取款。老年消费者也会提取存款并获得他们的储藏商品。

a. 假定最初10%的人能获取他们存款的全部价值，那么这些人能消费多少？

b. 假定接下90%只能平分其余的资产，那么这些人能消费多少？

13.4 使用与13.3相同的环境：

a. 假定银行将其所有资产都用于偿付存款人，并将所有存款均分，那么每个存款人能消费多少？

b. 假定银行预料到会发生挤兑并将所有资产以库存形式持有，那么每个存款人能够消费多少？

第 14 章　流动性风险和银行恐慌

14.1　本章概览

在第 13 章中，我们研究了可能出现银行破产的经济模型，但这个模型中却并没有出现任何类似货币的东西，从某种意义上而言，这个模型中并不存在明确的交易。银行持有的是实物资产，它们来自年轻一代存入并将在未来某一日取出的消费品。银行可以在存货与资本二者中进行抉择。虽然存货比资本具有更强的流动性，即存货是在一个时期而非两个时期内到期的，但在第 13 章的模型中，人与人之间并不存在任何代际交易的理由。

在本章中，我们将重新建立一个存在代际交易的经济模型，并且货币能够在这一模型中充当执行代际交易的媒介。通过引入法定货币，货币因素将在银行倒闭中发挥明显的作用。我们构建这个模型的动机来自对现实经济的观察。在实际经济活动中，货币往往与银行倒闭存在密切关系。换言之，流动性短缺，即银行留存的现金过少，通常与银行倒闭存在普遍联系，这就可能导致银行恐慌。显然，在本章经济模型中，货币与银行恐慌具有显著的相关性。通过构建这个模型，我们可以研究不同监管架构的作用；特别地，我们可以解释说明，为何一些国家会经历银行恐慌，而另一些国家却不会。而在这其中，一个关键的监管功能似乎是对私人银行发行货币的限制。

此外，我们还可以重新审视最优货币政策问题。在第 4 章和第 6 章中，我们曾谈到过最优政策，但这两章是不存在相互竞争的价值贮藏手段的。而资本的出现，使我们又从第 7 章开始了解到，一旦资本回报率大于资金回报率，那么持有现金就存在机会成本。而这是否应当是设定长期货币政策时唯一需要考虑的因素呢?

14.2　沟通受限时的货币

虽然本章在一定程度上改变了模型的物理环境，但其仍与其他章节模型具有明显的相似之处。在本章模型中，非流动性是以空间隔离的方式表达的，而并不是指资本有更长的到期期限，因此这就导致，相对于法定货币而言，资本是不具有流动性的。

本章模型的物理环境是由两个不同地区所构成的，经济体内居住着的是两期寿命的代理人。由于在模型设定中，我们限制资本在这两个地区之间进行移动，因此本章模型中的资本是不具备流动性的。正因为资本是不可流动的，也就是说资本将不可能在物理环境中进行再分配，并且这两个地区之间还存在沟通受限的问题，所以，在本章模型中，资本并不是法定货币的完全替代品①。此外，本章模型还设定，人们在出生时是相同的，并且他们的参数在一生中也是不变的。而人与人之间的区别在于，变老之前，人们将会被划分为移民与非移民。一旦一个人收到移动命令，其他人将都会得知谁是移民而谁不是。因此，与第 13 章中的模型不同，本章经济模型中是不存在私人信息的。我们在之后将会给出一个更为详细的解释，说明为什么存在竞争银行时人们获得的收益，要比人们自己分配投资组合时更好。其中主要原因是银行可以利用大数定律来选择有效的投资组合，正如我们最初引入银行时一样。

14.2.1 随机迁移模型

我们首先建立一个模型，模型中最先取出存款的存款人需要现金，这里现金是一种交易媒介。由于人们从一个地区搬到另一个地区，因此他们需要法定货币进行交易②。模型的物理环境具体如图 14.1 描述，这里也包括了移动者在两个地区之间的移动模式。

假设存在两个岛屿。在每个岛上，每个时期都有 N（大量）个两期寿命的人出生。在第一时期，每个岛屿也有 N 个人（初始阶段的老人），这些人只生存在第一个时期。

每个出生的人都在年轻的时候被赋予了 y 个单位易腐烂的消费品禀赋，但在年老的时候不会赋予，而每个人都想要在生命的两个时期内进行消费。此外，如果消费品在岛屿之间运输，那么它也会腐坏。

为了能够在年老时期进行消费，每个人都需要资产。法定货币与资本都可以进行利用。资本能够在一个时期内到期，但不能在地区之间移动。此外，跨地区之间的不完全信息，使得对资本的索取权毫无价值。换言之，位于岛屿 1 上的资本不能用于维持岛屿 2 上的消费。对于本期以货币形式存储的每单位消费品，将在下一期得到$\frac{v_{t+1}}{v_t}$单位的消费品。同样，本期为资本形式存储的每单位消费品将在下一期获得 x 单位的消费品。我们设定 $x > \frac{v_{t+1}}{v_t}$。

在每个岛上有一个控制货币存量的中央银行办公室。此外还有美联储一样的中央

---

① 具体参见 Townsend（1979）经济模型的描述，在该模型中，货币因为有限沟通而变为有用的。

② 这个经济模型是在 Champ、Smith 和 Williamson（1996）基础上的一个修改版本。

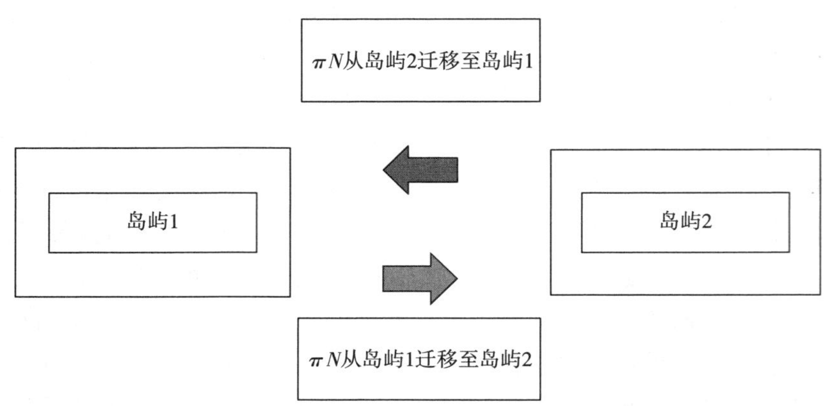

注：由于每个地区的出生人口数量相同，且移民数量也相同，因此岛屿1的人口数量总是等于岛屿2的人口数量。

图 14.1　随机迁移模型中物理环境的描述

货币当局，会在各个办公室之间协调一致的行动。货币存量的变化被用来向年轻人进行一次性转移支付。政府的预算约束是 $v_t(M_t - M_{t-1}) = N\tau_t$ 。如果货币供应量扩大，每个年轻人就会得到相当于 τ 单位消费品的一次性转移支付。相反，如果货币供应量紧缩，每个年轻人都要支付相当于 τ 单位消费品的一次性税负。换言之，当货币供应量扩大时，以商品计量的扩张价值会分配给每个年轻人；而如果货币供应量紧缩，将从每个年轻人处征收这个紧缩份额，而 τ 在这种情况下是负的，衡量的是货币供应紧缩的消费品价值。这两个岛屿的货币是相同的，所以不完全信息（有限沟通）问题不适用于货币，即这两个岛上的货币是可以互换的。

在两个独特的岛屿间，跨越岛屿的运动是可能的。这种模型经济被称为随机搬迁模型，这是因为，当一个人出生时，每个出生的人面临着他将在另一个岛上度过老年的风险。顺序如下：(1) 一个年轻人出生在家乡岛上；(2) 收到禀赋；(3) 消费—储蓄决定是不可撤销的；(4) 每个年轻人都被告知他是会在本岛还是外岛度过老年。一旦被告知，迁移者将被搬迁，在新岛开始老年生活。设 π 为一个刚出生的年轻人意识到他们将被迁移的概率。我们假设这两个岛屿的搬迁概率是一样的。每个岛上有如此多的年轻人，一个人移动的可能性也可用于计算两个岛屿之间的移动人数。因此，πN 是从岛屿1移动到岛屿2的人数，反之亦然。①

请注意，沟通受限（不完全信息）提供了法定货币有价值的理由。例如，假设这种沟通在岛上是无成本的。通过公开沟通，每个年轻人将会只选择资本。如果一个年轻人从岛屿1迁往岛屿2，他可以携带一张书面凭证。这张凭证可以写明，岛屿1的移

① 这是大数定律的应用，意味着 N 足够大以满足两个条件：第一，人数足够大，没有一个人有市场力量。第二，人数足够大，任何一个人移动的概率能够确定整体的移动人数。Bencivenga 和 Smith（1991）利用大数定律来分析随机搬迁经济。

民拥有 k 个单位的到期资本。因为验证这个凭证是无成本的，所以年老的岛屿 1 移民将可以从一些年老的岛屿 2 移民处存取 k 个单位的资本。相反，假设沟通是有限的。现在沟通成本太高，不允许居住在不同岛屿的人员核实书面凭证是否准确。更具体地说，年老的岛屿 1 移民想提出一个凭证写明："我在另一个岛上有货。我想利用凭证来获取一个岛屿 2老年人的资本回报。"我们有限沟通的假设，限制了岛屿 2 非移民验证凭证的准确性。因此，凭证是无用的。

综上，随机迁移和沟通受限解释了为什么货币有价值。这是因为，移民不能将认可凭证从一个岛屿携带到下一个岛屿，也就是不能使用凭证来维持年老时期的消费，所以需要使用货币作为年老时期消费的付款媒介。这里，货币具有典型的交易职能。货币作为一种普遍可接受的交换媒介，因为它可以跨岛屿运输。现在来自岛屿 1 的移民可以用货币购买被岛屿 2 移民留下的商品。

14. 2. 2 个人投资组合决策

我们首先回顾最初第 8 章中提出的一个问题。银行如何改善福利？在第 8 章中，资本缺乏流动性是因为它两期之内并没有到期。我们在第 8 章中已经证明，银行是有益的，因为它分配其投资组合以满足存款人需求的能力要好于存款人自己。而在这章中，资本不具备流动性的原因是它不能从一个岛屿迁移至另一个岛屿。本章我们同样将证明银行提升个人福利，这表明在某一时点由空间摩擦定义的非流动性，同时也可视为刻画跨期摩擦所定义的非流动性的另一种方式[①]。本章模型的主要特征是无法交易个人持有资本的私人凭证。

既然我们了解人民的生活环境，那么我们可以来表示一个年轻人的决策问题。当人们出生的时候，他们拥有 y 单位的易腐坏消费禀赋，这部分禀赋将会被分为消费、货币或资本。因此，年轻人的预算约束表示为

$$y + \tau = c_1 + v_t m_t + k_t$$

而老年人的预算约束则取决于他的迁移状况。例如，如果一个年轻人迁移，我们则假设资本被遗留且遗弃。这就意味着年老移民必须在外国岛上寻求年轻人，用其积攒的货币换取消费品。老年移民的消费可表示为

$$c_2^m = v_{t+1} m_t$$

其中，c_2^m 代表老年移民的消费量。最后，非移民可以实现年轻时所获得的任何资本投资回报，并可用其积累的货币余额交换年轻人销售的消费品。令 c_2^n 表示老年非移民的消费数量，则老年非移民的预算约束表示为

① 这是根据 Arrow 和 Debreu（1954）构建的经济模型所提出的。在他们的分析中，一个人可以购买 Arrow－Debreu 证券，该证券保证交付一单位未来消费品。在这种情况下，所有交易均在第 0 期发生，然后通过交付商品结算证券。在一个存在着所有必须的 Arrow－Debreu 证券的经济体中，现货交易经济体的均衡状态与连续交易经济体相同。因此，我们在这里提出了一个微妙的观点，即跨越空间在同一时期发生的摩擦与跨越时间在同一空间发生的摩擦之间存在等同性。

$$v_{t+1}m_t + xk_t = c_2^m$$

年轻人的问题是选择在年轻时消费多少，积累多少货币以及购买多少资本。换言之，每个年轻人都要按照三个预算约束来最大化其预期终生效用：一个适用于年轻人，另外两个分别适用于年老移民和年老非移民。在选择年轻时期的消费数量后，每个人都面临着如何在货币和资本之间分配其储蓄的抉择。每个年轻人都存在一个关于货币和资本的组合。因此，阐明典型年轻人的权衡选择是很有必要的。当年轻人制订终生消费的计划时，他们将面临着可能会移民的风险。移民风险与该投资组合的选择有关，这是因为移民必须要放弃任何资本的投资回报。

我们从一个年轻人选择零资本投资的例子开始阐述。假设一个年轻人选择只持有货币来维持年老时期的消费。这要保证无论是否移民，此人都能够具备消费能力。实际上，年老时期的预算约束由 $v_{t+1}m_t = c_2$ 表示。如果资本回报率大于法定货币回报率，那么只持有货币就会存在机会成本，即由于 $x > \frac{v_{t+1}}{v_t}$，则将所有积蓄全部投入到货币中是有代价的。例如，如果该人被指定为非移民，那么老年时期的消费原本能够变得更高。事实上，每一单位的储蓄投入资本都会产生 x 单位年老时期的消费。

接着我们考虑年轻人将其所有积蓄全部都投入资本的情况。如果该年轻人是一个非移民，那么他将会得到消费品 xk_t。但是，如果此人恰好成为移民，那么，此人年老时期的消费将会为零。由此可见，将储蓄全部投入资本也是有代价的。

因此，年轻人面临着带有失败风险的资产配置决定。如果购买资本且成为移民，那么将不会获得回报；而如果持有货币则不存在此类风险，但若不移民，则也将会因持有低回报资产而被迫放弃一些消费。当然，一个风险规避型年轻人将在风险与更高年老时期消费回报之间进行权衡，选择持有一部分资本和一部分货币。

年轻人接下来会评估两种权衡。一种权衡是年轻时的消费与年老时的消费之间的权衡。这是典型的世代交叠模型。年轻人放弃今天的消费以获取未来的消费。

另一种权衡是将商品以货币形式还是资本形式储存。资本回报较高但风险较大。因此，边际决策将在货币收益乘以本岛或外岛消费的预期边际效用与资本收益乘以本岛消费的预期边际效用二者之间进行平衡。每个年轻人会令每种资产的预期边际价值相等，从而决定货币和资本的持有规模。

本岛内消费品的总供给是由总禀赋和非移民数量决定。这些商品将被年轻人、移民和非移民所消费。因此，对于某一特定岛屿，其商品市场的出清条件可表示为

$$Ny + (1 - \pi)Nxk_{t-1} = Nc_1 + \pi Nc_2^m + (1 - \pi)Nc_2^n$$

方程式左边第一项是总禀赋，第二项是非移民的资本总收益。右边第一项是年轻人的消费总量，其次是老年移民和老年非移民的总消费。我们同样也需要货币市场出清条件。货币是有需求的，因为它是可被移民交易使用的无风险资产。货币市场的市场出清条件表示为

$$v_tM_t = N(y - c_1 - k)$$

这表明货币供应的实际价值等于总储蓄减资本投资。

14.2.3 加入银行的资产组合配置

让我们重新考虑基本的随机迁移模型，并允许每个岛屿上都有一个第三方机构存在。你们之前已经很熟悉银行的基本操作了，银行接受存款并以此收入获取资产。而我们的模型中这些资产可以是货币或资本。

时间的设定很重要。一个年轻人出生在两个岛屿之一，当年轻人收到易腐坏的消费禀赋后，他将会在消费与储蓄之间进行选择。现在模型中加入银行，年轻人的储蓄存放于银行。目前，我们假设储存在银行比自己储蓄更好。

收到存款之后，银行选择分别获取多少货币和资本。各个银行之间要为接收居民存款而相互竞争。完全竞争的结果是，所有银行的存款回报率都相同。因此，对于每个岛屿，竞争都会导致全部地区的回报一致。这当中不存在信息问题，所以每个银行都可以识别谁是移民，而谁是非移民。

年轻人会被通知他们是否必须移动。在得知需要移民后，该移民会根据银行和存款人之间的协定，取出其存放于银行的存款。与第 13 章模型不同，银行可以看到谁是移民而谁不是。这里不存在鉴定识别的问题，不像早期消费者和晚期消费者那样无法区分。年轻人将会接受货币，迁移然后在外国岛上购买商品。非移民则在其老年时期，取出由银行持有的资本。如果我们假设在银行接受了年轻人的存款之后，老年移民进行消费，那么交易顺序就变得十分简单。移民在其年老时期将钱带到银行，并获得消费品；非移民则将从银行提取存款并进行消费。

银行的问题也很简单。银行必须拥有足够的货币以满足移民的流动性需求，并将剩余的货物进行存储。银行的资产配置需要做到使年轻存款者的预期效用最大化。银行具有一个重要优势：不会面临任何的不确定性。因为它可以无成本地区分移民和非移民，银行精确掌握有多少人需要货币，有多少人不会提前取出存款。没有不确定性意味着银行将做两件事：其一，存款合约将会区分移民和非移民。需要流动资金的人们会妨碍社会获得资本。而由于这种社会成本的存在，移民将不会得到与非移民相同的回报。

其二，银行不承担风险，因此不需要风险保障。事实上，银行正为年轻存款者提供流动性保险。由于没有任何风险，银行将把更多的商品转化为资本。

在第 t 期出生的人们将会消费一部分他们的禀赋，并将其余部分存入银行。这样，一个人生命第一期的预算约束可写为

$$y + \tau = c_1 + d$$

其中，d 代表存入银行的商品数量。

银行准确地知道一些存款者将不得不提早取出存款，而其他存款人在下一时期才会取出。并且，银行可以确定谁是谁。换言之，银行不存在识别问题。这里也没有人会愚弄银行家而提早取出存款。同时，银行家可以自由查看人们的移动通知，并有权拒

绝兑现非移民的提款要求。

银行能够区分移民和非移民是有价值的，因为它从银行的角度去除了所有的不确定性。然后，银行可以向移民和非移民提供不同的合约。因为这些合同是在年轻人知道他们是否迁移之前签订的，所以合同是状态依存的。这就意味着，合约的设计需要最大化一个年轻人的预期效用；与此同时，如果此人是移民，那么合约就支付特定的取款数额，如果此人是非移民，那么合约就支付另一个回报额。

对于存放于银行的货物，银行需要做以下三个决定：第一是确定如何配置货币与资本的比例；第二是确定向在年轻一期就需要取出存款的存款人支付多少存款利息；第三则是确定向下一期才取出存款的存款人支付多少回报。我们首先来描述银行在第 t 期的资产负债表约束：

$$d_t = v_t m_t + k_t$$

接下来的两个问题有助于我们了解银行的可行选择。换言之，银行能够承受向移民与非移民支付多少。为了简单起见，定义存款准备金率是有必要的。令 γ 表示银行持有的货币占存款份额，$\gamma_t = \frac{v_t m_t}{d_t}$。银行能够承受支付给移民的上限是银行拥有的实际货币余额。这些货币余额的回报率取决于货币的时间价值。存款回报可能取决于一个人是移民还是非移民。因此，符号 r^m 和 r^n 分别是移民（上标 m）和非移民（上标 n）的存款利率。移民的存款合同表示为

$$r^m \pi d_t = \frac{v_{t+1}}{v_t} m_t$$

等式左端是移民的存款利率乘以被移民取出的存款数额。银行能够承受的最大限额是货币余额的总回报。

银行同时还面临着一个关于非移民的特定约束。这里，在下一期被非移民取出的存款数量将是 $(1 - \pi) d_t$。因此，约束被表示为

$$r^n (1 - \pi) d_t = x k_t$$

如果我们用存款准备金率替换，这两个约束式可以改写为

$$\pi r^m = \frac{v_{t+1}}{v_t} \gamma$$

$$(1 - \pi) r^n = (1 - \gamma) x$$

然后银行确定存款准备金率，支付给移民和非移民的利息，以最大化年轻人的预期效用。

每个年轻人按照给定的存款利率收取回报，并寻求他一生的预期效用最大化。在年老的时候，移民的预算约束表示为：$r^m d = c_2^m$，

非移民面临的约束为：$r^n d = c_2^n$。

市场出清条件不变。当满足 $Ny + (1 - \pi) Nxd = Nc_1 + \pi N c_2^m + (1 - \pi) N c_2^n$ 时，商品市场出清；同样，当 $v_t M = \gamma N d$ 时，货币市场出清。

那么，包含银行的随机迁移模型的均衡具有何种性质？首先，银行允许每个年轻人避免老年时期的灾难。不再有一部分人的投资组合产生零回报的结果。年轻人的预期收益是 $\pi r^m + (1 - \pi)r^n$ 。我们可以进行进一步的分析。假设存款准备金率等于年轻人是移民的概率，即 $\gamma = \pi$ 。在这种情况下，$r^m = \frac{v_{t+1}}{v_t}$ 。如果政府遵循货币存量恒定的规则，那么我们知道 $r^m = 1$ 。这能够保证移民获得货币回报。非移民将实现资本回报 $r^n = x$ 。对于这种特殊情况，存款的预期收益是 $\pi + (1 - \pi)x$ 。

与没有银行存在的模型进行比较。存在银行时，每个年轻人的投资组合的预期回报是 $[\pi + (1 - \pi)x]d$ 。相比之下，当没有银行存在时，期望收益为 $\pi m + (1 - \pi)(m + xk)$ 。即使两个经济体的存款是相等的，老年人的预期消费也会因银行的加入而增加。注意到 $\pi m < \pi d$ 以及 $(1 - \pi)(m + xk) < (1 - \pi)xd$ ，所以当不存在银行时，是存在损失的。显然，当银行存在时，总预期收益更大。数学运算证明，持有存款不变，存在银行的预期收益比不存在银行时更大。记住银行不会面临任何总体不确定性。因此，银行通过为移民提供更高的回报而提供了防范个体风险的保险。银行可以从资本聚集回报。银行能够提供这种保险，因为它不会面临任何不确定性。它知道移民需要多少流动性，并可以将其余部分投资于资本。[①]

由于保险的特点，相比于自行储蓄，年轻消费者实际上将会在银行中存储得更多。总储蓄增加，使得更多的商品被投入资本。与无银行业的经济相比，有银行业时经济的总货物是增加的。

更重要的是，每个年轻人意识到其预期终身效用的增加。当银行存在时，年轻时的消费价格相对于年老时的消费价格发生了变化。这种变化使得年老时期的消费变得相对便宜，从而导致年老时消费更多，年轻时消费得更少。从表面上看，对福利的影响似乎含糊不清。但是，预算集扩大了；也就是说，有一些年轻和年老时期的消费组合在银行存在时是切实可行的，而当没有银行存在时，就变成了支付不起的消费组合。结果是，由于银行提供的流动性保险，年轻人将实现更大的预期终身效用。

这个结果建立在以前关于银行角色的结论基础上。在这里，银行在提供流动性保险方面起着特殊的作用，而这种流动性保险是其他机构无法提供的。此外，我们证明了，存在银行的经济中其预期福利比不存在银行的经济体的福利要高。因此，银行在改善人们的境况中发挥关键作用；事实上，它能够在这个经济环境中，产生与规划者一样的分配机制。在前几章中，银行被赋予特殊的权利以解释其存在性。相比之下，在本章中，银行是作为增加福利的实体内生出现的。

还要注意的是，这里银行持有存款准备金并不是因为任何法定约束。在第 8 章中，我们研究了具有存款准备金法定要求的银行模型。事实上，在资本收益率高于货币收益率的经济体中，这种法律限制对于法定货币有价值而言是必要的。在这个经济模型

① Bencivenga 和 Smith (1991) 在增长模型中正式进行了论证。

中，依据假设，货币克服了有限沟通的摩擦。在没有法律要求的情况下，银行准备金是为了满足人们在面临交易摩擦时的预期流动性需求。因此，在类似加拿大那样缺乏存款准备金要求的经济体中，银行也将持有存款准备金。[①]

14.2.4 只有二期消费

以上的模型中，竞争性银行代表每个年轻人决策。问题有点复杂，因为决策问题是沿着两个维度进行的。首先是决定在年轻时和老年时是否消费。其次是决定如何分配年轻人投资组合，即如何选择货币和资本的配置。在这里，我们剥离年轻消费与年老消费之间的决定。通过这样做，我们能够更清楚地看到银行如何改善年轻人的终生福利。

考虑一个经济模型，在这里年轻人在年轻时不重视消费商品[②]。因此，年轻人简化的预算约束为

$$y + \tau = s$$

当不存在银行时，这里 $s = v_t m + k$。而当存在银行，预算约束是

$$y + \tau = d$$

显然，在两种经济体下，年轻人所储蓄的商品数量与年轻人存入银行的商品数量完全相同。问题是，平均而言，在哪一个环境下（一个存在银行，一个没有）年老时期能够产生更高水平的消费？由于资本收益率比货币高，那么如果将更多的商品投入资本是否能够提供更高的老年消费，从而提高预期终生福利？

我们通过看两个关键问题来处理这个问题。第一，是否为移民提供充裕的流动性？第二，假设有足够的流动资金，哪个投资组合的资本比例更大？第一个问题的答案直接关系到移民在年老时是否有货币购买消费品。第二个问题的答案则与年老消费者可用的商品总量有关。

出生时，所有年轻人都得到了禀赋，并且收到了一次性转移支付。当没有银行存在时，年轻人将把用于资本与货币的储蓄分开。通过向老年人出售部分禀赋来获得货币。记住，移民和非移民都将为年老时期保留一部分货币，以防止移动的风险。到达老年之前，所有年轻人都会注意到他们的移民状况。移民迁移，非移民留在本地。老年时，移民用货币交换商品，而非移民用货币交换商品的同时，还能通过他们的资本投资获取收益。关键是每个人都面临着风险，并且必须通过选择其投资组合来应对这种风险。

存在银行的时候，每个年轻人在银行中存入了包括转移支付的消费品数量。银行不会面临任何风险。这是因为，其一，银行拥有大量的存款客户；其二，银行是在掌握移民人数和非移民人数基础上，选择货币和资金数量的。另一个重要特征是，银行

① 具体内容参见 Bhattacharya 等（1997）关于银行准备金的详细讨论。

② Bhattacharya、Haslag 和 Martin（2005）研究了这种随机迁移模型。

可以无成本地将移民与非移民区分开来。这种识别过程使银行能够轻松地设定与个人类型相关的不同回报的存款合同；也就是说，移民将获得不同于非移民的存款回报。

接受存款后，银行也提供零售消费品功能。年老的移民到达银行，希望用货币交换消费品。这就是银行如何获得其投资组合中的货币部分。与年老移民交易后剩下的存款数量将会被投资于资本。接下来，所有年轻人都知晓他们的迁移状态。移民将前往银行，提取货币余额，等待搬迁到外国岛屿。对于出生在第 t 期的年轻人来说，价值 $v_t m_t$ 单位消费品的货币，在第 $t+1$ 期等于外国岛上价值 $v_{t+1} m_t$ 单位消费品。因此，移民对于其在年轻时存入银行的 d_t 商品，将最终获取 $v_{t+1} m_t$ 单位消费品。年老时，非移民将会提取其价值为 xd_t 单位商品的存款。移民迁移，变老，花掉手中的货币，这些货币在第 $t+1$ 期的价值为 $v_{t+1} m_t$ 的消费品。

通过对这个经济体发生事件的全面介绍，我们可以回答两个关键问题。竞争性银行将向存款人提供流动性，竞争过程将确保给予移民的收益是银行所能承受的最高金额。我们的第一个问题的答案，主要取决于银行业竞争程度。

关于投资组合，相比于银行，人们自己理财时，总是将其储蓄的更一大部分放在货币上。每个人在资本和货币之间选择时都面临着风险。只要人们有风险厌恶，他们会通过将更多的储蓄投入无风险的资产（货币）中来确保未来的消费。相比之下，银行并没有面临任何风险。由于存款人数量众多，它知道如何最大化存款人的预期效用。在这样做的时候，银行更多地投资于资本，产生更大数量的总商品，因此能够允许年轻储户产生更大的预期消费。

14.3 最优消费集

回想一下，在第 2 章以及在第 6 章中，我们曾考虑了什么是最优的货币政策。在那两个经济模型中，不变的货币存量就是最优的货币政策。随着时间的推移保持固定的货币存量，使货币回报率等于边际转换率，也就是计划者将第 t 期商品转换为第 $t+1$ 期商品的比率。然而，当经济模型中存在生产资本时，资本的边际产出等于边际转换率。那么，额外价值贮藏手段的存在会影响最优货币政策吗？

要了解什么是最好的货币政策，我们从计划者的基准问题开始探究。为了便于分析，以下我们将继续研究人们只在年老时期才重视消费的经济模型。

在这种情况下，计划者的资源约束包括禀赋与前期资本收益的总和。这些资源将基于移民的消费、非移民的消费以及这一时期投入资本的商品而重新分配。我们专注于稳态分配，以便随着时间的推移，消费和资本的数量是恒定的。

规划者知道人们的分布。换句话说，规划者知道移民与非移民的比例。所以对于这个时期出生的人来说，目标是最大化：

$$\pi U(c^m) + (1-\pi)U(c^n)$$

并使其服从资源约束：

$$\pi c^m + (1-\pi)c^n + s = y + xs$$

这里 πc^m 是被移民消费的总数量，$(1-\pi)c^n$ 是被非移民消费的总数量。[①] 换言之，资源约束告诉我们，移民的消费（左端第一项）加上非移民的消费（左端第二项）加上总储蓄等于总禀赋加上由前一时期累积的资本所产生的商品。在这里，规划者没有从事市场活动，所以不需要为移民获取货币。规划者只对提供货物感兴趣，所以，规划者将所有储蓄都拿去投入资本，然后在下一时期获取商品，这样做是有意义的。

在重新整理资源约束等式之后，我们可以得到 $\pi c^m + (1-\pi)c^n + s = y + (x-1)s$。

通过关注那些只想要在年老时期消费的人们，对比将变得比较容易。在选择给予移民和非移民消费的数量时，了解规划者是否会偏向其中某一类型是非常重要的。两者在计划者的眼中是平等的。此外，从规划者的角度来看，在处理移民和非移民方面没有成本差异。因此，计划者会平等对待他们，设定 $c^m = c^n = c^*$。换句话说，计划者分配商品，从而实现完美的风险分担。在这里，完美的风险分担是指一种均衡，即移民和非移民在年老时期的消费数量是完全相同的。不管你是什么类型的老人，计划者都会给你相同的消费量。

很容易看到有多少资本将支持这一消费水平。在将消费数量代入资源约束式之后，我们得到 $c^* = y + (x-1)s$。如果我们将每一水平的储蓄与其对应的年老时期消费组合图画出，我们将得到如图 14.2 所示的直线。线上的每个点代表给定水平资本可以支持的消费量。在纵轴上，如果我们将资本设为零（$s = 0$），那么 $c^* = y$。因为 $x > 1$，所以直线是向上倾斜的。

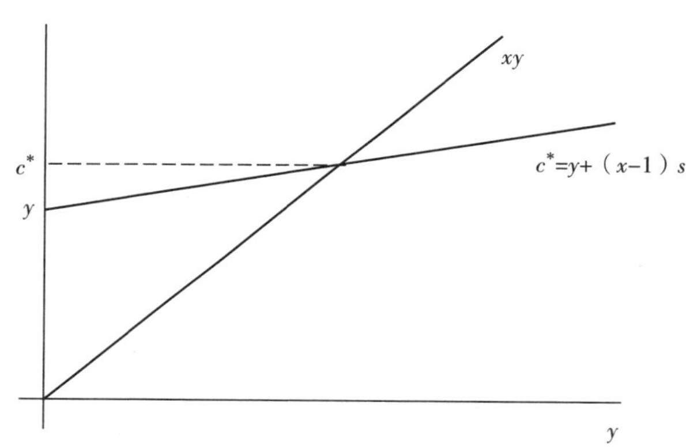

注：当每个人的储蓄投入资本时，我们可以发现每个老年人的第二期消费量。这将是直线 $y+(x-1)s$ 上的一个点。这条线绘制了可负担的消费组合。我们包含了 xy 这条线，因为这表示如果全部禀赋投入资本，消费可以达到的最大水平。这两行的交点表示最大风险分担集在哪里。

图 14.2　移民和非移民的最佳消费分配

① 因为人们只在年老时期消费，所以我们把消费的下标去掉。终身消费和老年消费在此设置中是等价的。

当然，投入的资本规模是有限的。规划者的资本不能超过禀赋的大小。这样做会违反基本的资源约束。因此，我们在图 14. 2 中包括了禀赋等于资本数量的商品组合。xy 这条线代表着将禀赋全部投入资本的最大消费数量。如图 14. 2 所示，可行的最大消费数量出现在 c^* 与 xy 线的交点上。因此，规划者的分配为 $c^m = c^n = c^*$ 以及 $s = y$。在有效分配中，移民和非移民将从计划者那里获得相同数量的消费，而规划者将把人们的禀赋拿走，全部储蓄，并利用该资本的总回报来为移民和非移民提供消费。

例 14. 1 考虑本章中代表的随机迁移模型，其中对于每一代人而言都是只有老年消费提供效用。人们在年轻时被赋予了 50 个单位的消费品且年老时将不再被赋予任何消费品。资本的总实际回报率为 1. 25。假设在 t 时期 10% 的年轻人将搬迁，那么：

a. 计算规划者为每个年轻人投入的最大资本量。

b. 在规划者的配置中，年老移民将消费多少？

c. 在规划者的配置中，年老非移民将消费多少？

14. 3. 1 最优货币政策

为了实现规划者的分配，货币政策需要是什么样子的？回想一下，移民将消费存款合同所提供的规模——也就是说，$r^m d = c_2^m$。类似地，非移民将消费 $r^n d = c_2^n$。为了实现完全的风险分担，我们知道当且仅当 $r^m = r^n$ 时，有 $c_2^m = c_2^n$。货币政策可以通过设定货币收益率等于资本收益率，从而实现两种收益率相等。货币收益率是 $\frac{v_{t+1}}{v_t}$，等于稳态条件下的货币增长率。因此，如果 $M_t = zM_{t-1}$，那么货币的总实际收益率是 $\frac{1}{z}$。由于 $x = \frac{1}{z} > 1$，这意味着货币必须随着时间推移而收紧，才能达到完全的消费风险分担水平。[①] 否则，$x > \frac{1}{z}$ 将导致移民的消费减少；如果货币增长“太快”，那么移民的消费将少于非移民。

正如我们刚刚所阐述的，规划者将执行完全的风险分担分配。尚存争议的问题是在分散化决策的经济中，风险分担均衡是否是最优的货币政策。[②] 如果假设货币供给不变，那么持有货币的机会成本为零。但是，由于随着时间推移，货币供给紧缩，政府正在从每个年轻人那里收取一次总付的税款。在现在和未来的几代人中，一次总付税款的价值被最初的老年人（也就是唯一持有货币的人）持有的货币余额价值增加所抵消。通过令货币供给紧缩，货币的收益率增加。所以，货币需求增加，最初的老年人所持有的货币余额的价值增加。那么，谁在为最初的老年人所增加的财富埋单？当前和后代的每个成员都在一点点地为此支付费用。因此，为了实现完全风险分担的货币

① 实现收益率相等的货币政策被称为弗里德曼规则，具体参见 Friedman (1969)。

② Haslag 和 Martin (2007) 对随机分配模型的最优货币政策有完整的阐述。

政策选择实际上也产生了当代与后代向最初老年人的财富转移效应。除非这种转移已经被消除，比如说通过一个相应的财政政策，即向最初老年一代收税并将这部分资源转移给当代与后代，或是开放市场的销售，减少最初老年人的货币持有量，以配合货币价值的增加，否则弗里德曼规则并不是最优政策。

更加简洁地说，货币当局面临着权衡。如果它消除了持有货币的机会成本，它将货物从不持有货币的人转移到持有货币的人手中。① 如果货币当局持有货币存量不变的话，就是持有货币存在机会成本但没有转移成本。一般来说，令所有世代（包括最初的年老一代，当代与后代）的效用最大化的货币政策，就是保持货币存量不变。即使每一代的转移价值都很微小，这一点也是如此。

例 14.2 考虑随机迁移经济模型，其中每个人在年轻时获得的货币禀赋为 100，并且他们的喜好使他们只希望在年老时消费。令总实际资本收益率为 1.1，即 $x=1.1$。那么，在这个经济体中，非移民在年老时期消费是多少？在这个经济体中，为实现完全的风险分担，货币供应量的变化率（z 的大小）是多少？

使现代和后代福利最大化的货币政策是保持货币存量不变。理由与本教科书第 2 章相同，但这里可以做如下补充说明。当货币不变时，价格水平不变，这意味着最初的年老者不会从当代和后代接收任何财富转移。当代和后代都更愿意承担与迁移相关的年老时期的消费风险，而不愿意将财富转移给最初的老年人。

14.4 银行风险

在前几节中，我们将重点放在没有任何总体不确定性的模型上。每个人都受限于他们的迁移的不确定性。这种个人风险被称为非系统性风险。非系统性风险是可以被保险的，实际上，当货币收益率等于资本收益率时，银行的投资组合可以使用大数定律有效地消除个人层面的风险。相比之下，总体风险涉及影响每个人的结果，如生产力冲击或干旱。对总体不确定性的保险是不存在的。

所以我们考虑对货币需求的总体冲击。在知道移民比例的情况下，移民对货币的总需求是已知的，银行能够提供适量的流动资金。然而，如果某件事的发生概率将导致移民比例或高或低的变化，那么我们的分析必须解决货币总需求量不确定的情况②。在本节中，我们假设资本收益率大于货币收益率，也就是 $x>\frac{p_t}{p_{t+1}}$。

二者的主要区别在于移民的比例服从某个存在多种可能结果的分布。换句话说，π 是一个随机变量。这个设定更符合银行面临的实际环境。银行必须作出关于为应对

① Bhattacharya、Haslag 和 Martin（2005）显示，对于货币分配在人们之间不统一的经济模型而言，财富的转移是它们的普遍特征。假设有两种类型的人：拥有小额资金的人和拥有大量资金的人。若按照弗里德曼规则操作，财富将从持有小额货币的人手中转移到持有大量货币余额的人那里。

② 本节依据 Champ、Smith 和 Williamson（1996）展开。

取款而保留的货币数量的决定。当人们的流动性需求会受到各种各样冲击时，实际的取款水平也会随机变化。

银行的决策问题依然存在。面对不确定的需求，银行需要确定储备金的数量。由于资本提供较高的收益率，所以持有太多货币是存在机会成本的。确实，与取款需求确定的环境相比，银行将选择保留更多的货币余额，但是银行所保留的储备金还是会少于出现最高可能移民比例时所需的储备金。边际条件将额外的货币余额与为应对不确定需求而持有低收益货币而不是高收益资本的机会成本进行平衡。结果是，在一些情况下，由于未预期到的大量储户提取资金，导致银行所持有的储备金太少，以至于无法满足实际的流动性需求。当这件事发生时，银行无力偿债。记住，没有银行股权。所以出乎意料的大额提款要求资本必须以低于面值的价格清算。在这种情况下，非移民将承受低回报。或者，银行可能根本不会兑现超出预期水平的提款，所以移民或者至少是未及时提款的移民也将承受低回报。

为了说明银行面临的问题，考虑移民比例或高或低的情况。令 π^H 表示所占比例较高的那一部分是移民，令 π^L 代表所占比例较低的那一部分是移民。概率 ε 表示所占比例较高的那一部分是移民发生的概率，$1-\varepsilon$ 表示所占比例较低的那一部分是移民发生的概率。我们假设移民的预期比例数等于前面确定性环境中的比例，即 $\pi=\varepsilon\pi^H+(1-\varepsilon)\pi^L$。这样构造的随机数量的移民意味着，此时的随机环境是前面确定性环境的均值保留展型[①]。由于货币存量恒定，可以将确定性经济模型的均衡与随机经济模型的均衡进行比较。增加不确定性有一个重要的含义：移民分布发生上述变化后，预期福利变低。银行将持有更多的货币余额用于自我保险，避免了更多移民出现带来的风险，这意味着存款准备金率将高于确定性情况。从期望角度讲，每个年轻人都会看到投资组合从高回报资本转向低回报货币。因此，老年消费的商品总额变少。

第二个含义涉及实现后的移民随机比例。如果移民比率大于存款准备金率，银行将如何履行与存款人的合约义务（尤其对于移民）？一方面，当移民的比例大于存款准备金率时，银行可以暂停提款或清算资本。我们称银行恐慌是指存款在短时间内不足以支付取款数量的情况。因此，银行挤兑只是银行恐慌的极端情况。我们在接下来的两个小节中将分析讨论几种特殊情况。

14.4.1 监管与银行恐慌

银行恐慌被定义为一系列大规模的突然提款。在第 13 章中，我们将银行恐慌定义为存款人全部撤回的情况，因为银行必须借出或出售其资产才能进行支付。如果银行无法快速借款或者不能快速没有亏损地售卖资产，即使银行有资源可以应对逐步取款的存款人，也可能没有足够的资源来履行承诺。如果所有的存款人都担心别人的提款

① 均值保留展型（mean - preserving spread）指对某一随机分布的变形结果，变形后的分布满足期望值或均值与原始分布相同，但方差大于原始分布的方差。

会让他们什么都没有，那么所有人都会理性地加入取款浪潮。这种经济模型有两个明显差异。第一，流动性与持有法定货币或银行储备金有关。第二，银行必须出现大量提款，耗尽资源，才能倒闭。换句话说，经济体中的许多银行支付了取款，这减少了银行持有的流动性资产。提款必须足够大，以至于银行的流动资金消失，甚至出售其他银行资产也不能确保取款人员得到支付[①]。处理银行恐慌的一种方法是暂停付款。在这样做时，银行至少暂时停止了流动性的外流。然而，暂停付款并没有解决导致银行恐慌的根本因素。

研究人员，特别是当代学者，提出了几个不同的针对银行恐慌的解释。有证据表明，银行恐慌在不同的监管环境中具有不同的特征。人们总是用加拿大和美国的经验来说明监管结构在银行恐慌中的作用[②]。在 20 世纪 30 年代，加拿大比美国享有更大的金融稳定性。一个原因是加拿大对银行分支的限制较少；也就是说，单一的银行公司可以在银行管理层认为合适的任何地理位置开设分行。直到20 世纪80 年代，美国才取消了银行分支限制。当代学者认为，随着更多的资金集中在更少的银行，分支机构之间进行更多的合作有利于维护银行的健康。因此，加拿大对银行分支限制较少的经验，已经向我们提供了一个重要的监管案例。

有趣的是，在这些解释中，货币没有任何作用。本章的经济模型体系展现了一种机制，在这种机制下货币创造和银行的流动性供给是相关联的。在随机迁移引发流动性需求的范围内，我们可以修改这个经济模型，从而探讨监管结构，银行流动性供给和银行恐慌是如何联系在一起的。此外，还有至少四个理由要求我们研究银行恐慌与货币角色之间的关系。第一，货币量在恐慌的大多数操作中扮演中心角色。例如，当付款被暂停时，存款人清算账户有更大的困难。由于现金储备短缺和货币溢价，付款暂停。由于存在着这些以及其他一些应急措施来减少流动性从银行流出，因此，货币问题在银行恐慌中起着关键作用。

第二，许多关于美国银行和货币体系改革的建议是建立在货币体系与恐慌有关的观点基础上的。在 1893 年的银行危机之后，“巴尔的摩计划”提出了解决流动性问题的具体措施。特别是在 1893 年危机期间，票据的流通受到限制。巴尔的摩计划意欲给予银行更大的发行货币自由。政策设计者们认为，若货币供给弹性增加，这场危机本不会那么严重。在当时的其他改革文件中，也认为应当让货币供给更加具有弹性。由于加拿大的环境较为稳定，有些提案认为美国的银行体系应该效仿加拿大的结构。一个关键的方面是，加拿大的结构采用了更加具有弹性的货币。这些观点通过《爱尔兰/维兰德法》和《联邦储备法》，获得立法效力。二者都明确地将弹性货币供给视为货币和银行改革的重要组成部分。

第三，当代学者强调，银行券发行的相对重要性对任何监管改革都是至关重要。

---

① 该定义摘自 http://financial - dictionary. thefreedictionary. com/Bank + Panic。

② 参见 Williamson（1989）和 Haubrich（1990）所做的研究。

许多人认为银行券发行问题比银行分支更重要。银行分支作为分散风险的手段是有价值的，但这些改革者将流动性视为根本问题。银行分行不能解决流动性问题。

第四，经验证据表明货币变量与银行恐慌具有相关关系。例如，Friedman 和 Schwartz（1963b）以及 Miron（1986）研究了在恐慌发生期间货币、信贷、存款准备金率、现金与存款比率和名义利率的行为。经验证据表明货币因素与恐慌发生相关。因此，证据进一步促使我们将货币因素纳入解释银行恐慌的经济模型中。

14.4.2 无弹性的货币供给

一个无弹性的货币体系由两个部分组成。一个涉及法定货币。在一个无弹性的货币体系下，有一个固定的货币供给。即使是固定的货币供给，银行券发行也可以提供人们需要的流动性。在美国，银行无法发行针对一般性资产的票据。此外，用作发行准备的联邦政府债券是银行券发行的主要操作限制。

令 η 表示每个储户持有的已发行银行券的实际价值。在非弹性货币制度中，我们假设 $\eta=0$。唯一可用的流动性是银行以货币余额的形式积累的流动性。由于移民的比例或是 π^L 或是 π^H，银行必须在确定移民比例之前作出其流动性决策。令 γ^* 表示这种经济模型中银行的准备金比例。因为 $\pi^L<\gamma^*<\pi^H$，所以存款人有风险。

假设移民的比例是高的，那么移民的总流动性需求是 $\pi^H Nr^m d$。但是，银行实际能提供的流动性是 $\gamma^* Nr^m d$。没有足够的流动性来满足这个经济体中高比例移民的需求。换句话说，银行将用尽其全部的现金储备。这个事件可以解释银行恐慌的概念。提取存款的人数太多，超过了可用货币数量。由于资本是不具备流动性的，非弹性的货币供给制度与发生了较高的货币需求结合在一起，会成为造成银行恐慌的关键因素之一。

在这个经济模型中，存款人是被按次序服务的。银行恐慌并不要求货币实际上全部用尽。付款暂停是保证流动性不被耗尽的一种方式。

发生银行恐慌时也会出现货币溢价。这种溢价可能出现在轻微变化的经济模型中。假设非移民可以随时取款。在第 t 期货币出现高度需求，非移民能够在第 t 期取出货币。在无弹性的货币体系下，银行将不会有足够的货币来满足所有想要取款的存款人的需求。因此，非移民愿意向在流动资金用尽之后到达银行的移民提供现金，以换取寻求货币的移民所持有的存款权益。

为了进一步说明这一点，请注意，非移民在日期 t 取出存款的利率为 r^m，小于 r^n。则对于想要在第 t 期取出存款的非移民而言，必然存在一个套利条件，即非移民将向移民提供货币溢价。只要货币溢价满足套利条件，非移民将愿意提前提取存款。如果货币可以交换 q 单位的消费品，则套利条件必须满足 $q=\frac{r^n}{r^m}$。由于$\frac{r^n}{r^m}>1$，货币交易存在溢价。

14.4.3 弹性货币供给

在这种制度下，银行可以发行银行券。通过允许银行券发行，银行的恐慌就被避免了。可创造银行券的制度被称为“弹性货币制度”。

考虑移民是高比例的情况。当存在很多存款者取出货币时，由于银行可以通过发行银行券满足移民的流动性需求，因此银行不会用尽法定货币。在迁移之后，移民使用银行券去交易消费品。因此，纸币在发行后一个时期被赎回。由于银行可以赎回移民的所有存款权益，银行恐慌不会发生。更具体地说，所有的移民都在提取存款时实现了收益 r^m。相比之下，在高移民比例国家，由于流动性短缺，某些移民无法赎回存款权益，或者由于存在货币溢价而收益少于 r^m。因此，纸币发行是保证人们应对流动性风险的关键。

两种不同的货币制度对银行和银行的恐慌产生了非常不同的影响。更重要的是，我们在实践中观察到加拿大采取更有弹性的货币制度，而美国实行更无弹性的货币制度。根据我们在本章中的研究，一个非弹性货币制度可能导致银行面临流动性短缺。短缺不是因为银行管理不善，而是因为未预期的流动性需求以及没有相对的应对机制。相比之下，弹性货币制度提供了一种机制——发行银行券——来处理意外的货币需求。换句话说，当存在流动性问题时，银行要么依靠中央银行提供流动性，要么有权暂时发行银行券，以满足存款人的流动性需求。

总而言之，由于存在发生银行恐慌的可能，监管制度十分重要。本章所讨论的经济模型可以解释一些货币作为交换媒介，并在银行恐慌中起着至关重要作用的历史事件。

14.5 货币、银行和零下限

在第 12 章中，我们讨论了 2007 年金融危机如何破坏了结算过程。这些机构虽然在运作，但由于债权人无法获得偿还其借据所需的流动性，因此结算也就被破坏了。

本章的经济模型提供了一个更广阔的视角来解读 2007 年的金融危机。通过设定一个不确定的移民比例，经济模型可以用于描述 2007 年的金融危机事件。特别是 2007 年的金融危机的特征包括资产价值下降、流动性上涨以及利率触及零下限。

对 2007 年金融危机的完整描述超出了本书的讨论范围。然而，这是最重要的经济事件之一。经济理论在帮助我们组织关于这个事件的想法方面发挥着重要的作用。因此，如果我们想用经济模型来描述 2007 年的金融危机，那么对事实的简要概述是至关重要的。

要了解 2007 年的金融危机，首先我们需要明确，此次的银行挤兑与大萧条时期所发生的银行挤兑并不相同。2007 年，银行挤兑仍然与流动性错配有关，有一方试图获取流动性。然而，排队提款者出现在所谓的影子银行体系中。我们了解商业银行的挤兑是如何产生的：流动性存款转化为流动性证券和非流动性贷款的组合。影子银行主要在回购协议的范围内进行，这也是流动性转化。假设银行 A 提供一种证券，它比法定货币的流动性低，以换取银行 B 提供的货币。回购协议声明，银行 A 将在预先设定的未来某一日以稍高的价格从银行 B 回购这个证券。银行 B 自然会很乐意，因为它可以通过自身拥有的流动性赚取利息。像任何存款关系一样，银行 B 提供存款流动性，银行 A 接受存款并且承诺偿还。换句话说，银行 B 的存款由银行 A 转变为流动性较低的资产。由于这种操作是在银行之间，且该行业的监管比对商业银行的监管少，所以才出现影子银行。在影子银行业中，当出现大规模未预期的流动性提取时，挤兑发生。或者，在我们的例子中，银行停止与其他需要流动性的银行订立回购协议。

本章的经济模型不能解释房屋价值下降的原因。为了达到说明目的，我们认为外部冲击导致了房价的下降。然而，通过追踪冲击在金融中介间的传播路径，我们可以描述初始的外生冲击是如何被放大的。对于这种设定，可以考虑每个时段具有两个移动日期。一个人可以被指定早期进行迁移或迟些进行迁移。

讨论的背景是房价下跌，抵押担保证券的价值下降。在经济模型中，外部冲击导致资本价值初步下降，资本回报率下降。让我们继续假设总的房地产或者资本存量回报为在下一期支付 x 单位的消费品。然而，冲击之后，资本价值下降。令资本存量的初始（冲击前）价值由 k_0 表示；冲击之后的价值由 k_1 表示，其中 $k_0>k_1$。在冲击前所购买的资本回报由总收益 x 加上资本损失 k_1-k_0 来衡量。由于 $k_0>k_1$，实际的资本回报小于 x。仅从这一步就可以部分地解释净利率是如何不断接近零下限的。

随着金融危机爆发，继续考察我们的代表银行 A 和银行 B 发生了什么。银行 A 向银行 B 卖出抵押担保证券，并承诺在早期迁移结束后偿还一笔金额，以便一个晚期移民可以把货币带到另一个岛上。银行 A 希望转而使用抵押担保证券进行回购协议，承诺在第一期结束时偿付。银行 B 认为，由于房价下跌，抵押贷款支持证券的价值降低。在这种情况下，银行 B 在早期迁移结束后拒绝同银行 A 订立抵押担保证券逆回购协议。实际上，银行 B 撤回并选择持有流动性而不是持有抵押担保证券。所以在早期的迁移结束时，银行 A 出现挤兑。

在经济模型方面，我们可以将银行 B 的行动视为未预期的移民比例的增加；所需的流动性金额相对于持有的资本规模更大。银行 B 的决定意味着银行 A 若要获得流动资金，需要清算更多的资本。资本的清算价值为 φk_1，其中 $0<\varphi<1$。这里 φ 告诉我们，例如，当银行 A 在生产前清算资本时，将以低于 1:1 的比例转换为消费品的单位。现在，最初为 $x+(k_1-k_0)$ 的实际资本回报更低了，已经降到了 $x+(\varphi k_1-k_0)$。因此，银行 B 的决定放大了初始冲击对资本价值的影响，实际利率朝着零下限又迈进了一步。

所以我们观察到的是，房价下跌导致抵押支持资产的价值下降。资产价值下降，这些资产的收益率下降。与第 12 章的讨论相比，我们现在允许资产价值下降。在这种设定下，影子银行对于抵押担保证券的价值不如以前的风险作出反应。当提早出现提取存款时，影子银行业也会出现挤兑。

在 2007 年金融危机期间，美联储通过提供法定货币来解决流动性需求——也就是银行挤兑。同时中央银行向市场注入大量流动性，利率接近零下限。一种观点认为，美联储通过提供大量的法定货币，将利率维持在零下限附近。这是经典的流动性陷阱观点。所谓陷阱是指货币的回报与资本回报基本相同，因此，没有激励资本积累的动机。

另一种观点认为，资本回报率本就接近于零下限，并一直留在那里。因此，零下限反映的是内在的基本面。资本回报率的外生性增长将终止目前的零下限。美联储并没有因为增加货币数量而导致利率接近零下限。相反，货币数量的增加是对流动性需求的反应，这种需求恰好与资本回报率接近零下限同时发生了。

14.6 本章小结

在本章中，我们构建了一个经济模型，研究了货币在中介过程中的作用，特别关注了提取货币与银行恐慌的关系。经济模型与第 13 章发达国家的经济状况非常相似。在这种情况下，我们改变了流动性的概念；在第 12 章中，资本在时间上是缺乏流动性的，具体是指当它的价值在两个不同的时间点进行评估时，其价值会发生变化；而在本章中，资本在空间意义上是缺乏流动性的，具体是指当它的价值在两个不同的地点进行评估，其价值会发生变化。在这个经济模型，我们假定不存在关于每个人消费类型的私人信息。我们解释了货币需求来自其可以作为跨地点交易的手段。通过分析银行准备金，我们显示未预期的货币需求和银行破产之间的明确关系。

通过将货币的角色纳入金融体系，我们看到流动性风险与银行恐慌之间的联系。与第 12 章经济模型一样，中介为人们所承担的风险提供了保障作用。因为银行不会面临任何的总体不确定性，银行的存在允许人们达到更大的效用；该银行在没有牺牲消费的情况下配置其投资组合并满足了流动性需求。换句话说，与个人进行投资组合选择相比，当银行存在时，人们可以享受更高的预期终身消费。

为了考虑未预期的货币需求增加，我们扩充了基本的经济模型，以考察流动性不确定性的作用。在不同国家层面，允许银行应对未预期的流动性需求的方式也不同。例如在大萧条期间，加拿大允许银行在流动性需求过高的时候发行银行券。这样就大大避免了银行的恐慌，人们可以在高流动性需求事件中得到更多消费。

相比之下，像在 20 世纪 30 年代美国这样的非弹性货币体系下，一旦流动性需求高涨，流动性短缺可能会对存款人的消费行为产生不利影响。

14.7 练习

14.1 考虑本章所研究的随机迁移模型。每个人在其年轻时期接收到 500 单位的禀赋，在年老时期将无法接收任何禀赋。人们只想在其年老时期进行消费。对于每一期 t 而言，都令 $M_t = 1.1M_{t-1}$。资本的净利率为 15%。

a. 写出竞争性银行向移民提供的存款合同。

b. 写出竞争性银行向非移民提供的存款合同。

c. 这个模型中是否存在完全的风险分担？简要解释你的答案。

d. 为了实现完全的风险分担，货币供给增速需要是多少？完全风险分担的货币政策是否是最优的货币政策设定？

14.2 在一个简单的随机迁移模型中，每个人在年轻时被赋予 50 单位的禀赋，年老时为 0。货币存量是固定的，且为 1 000 000 美元。每个岛屿都具有固定的人口数量，且每一期 t 都新出生 500 人。假定移民比例只存在两种可能：低比例移民情况出现的概率为 0.5，此时 5% 的人口数将移民到其他岛屿；高比例移民情况出现的概率为 0.5，此时 20% 的人口移民到其他岛屿：

a. 计算低比例移民事件发生时，移民的总货币需求。

b. 计算高比例移民事件发生时，移民的总货币需求。

假定银行将存款的 15% 持有为货币，换言之，即 $\gamma^* = 0.15$。那么在高比例事件中，银行是否持有充足的流动性以应对移民的需求？

c. 请描述弹性货币体系将如何影响问题 b 的答案。

14.3 考虑一个经济模型，每个年轻人将接受 200 单位的消费品，每一期都有 50 个年轻人出生。法定货币的总存量是固定的，且为 10 000 美元。假定一个人只想在其年老时期消费。我们设定一个人迁移的概率为 10%。资本总回报率为 1.10. 一个银行可以从全部年轻人手中吸收存款。

a. 写出这个经济中的货币市场出清条件。

b. 计算这个经济中货币的均衡价值。

14.4 考虑与 14.3 相同的经济模型。

a. 每个年轻人将存款多少？存款中有多少将以货币形式存在？多少以资本形式储蓄？

b. 写下移民的预算约束，移民在年老时期将消费多少？

c. 写下非移民的预算约束，非移民在年老时期将消费多少？

第Ⅲ部分

政府债务

第 15 章　赤字和国债

15.1　本章概览

到目前为止，我们构建的模型中都包含一个创造法定货币、向经济中的个人征税或为经济中的个人提供转移支付的政府。尽管这些内容是当今世界各国政府财政活动的重要方面，我们仍然忽略了一个关键因素，即政府经常通过借款为当前的财政赤字提供融资。

在本章中，我们将提出两个问题。首先，对于政府而言，发行多种类型的金融证券的收益是什么？答案很简单：因为经济中存在不同类型的个人，政府（中央银行和财政部）可以利用价格歧视获得更高的收入。其次，被看作资本的完全替代品的国债对均衡结果会有什么样的影响？我们重点关注两个方面的影响：国债对政府收入的影响以及货币政策对国债的影响。

15.2　大额政府债务

我们观察当今大部分经济体，会发现政府通常会发行两种形式的债务，即由公众持有的资产——一种称为货币（如现金），一种称为政府债券（如国库券）。尽管看起来它们一样安全，而且都可以流通，但它们的回报率不同。现金的净名义回报率是零，但持有到期的国库券的回报率是正的。显然，从回报率的角度来看国库券优于现金。那么当有一种同样安全的资产能提供更高的回报率时，为什么每个人仍愿意持有现金呢？这两种资产本质上有什么不同，可以解释这种回报率上的差异呢？

两种资产的一个差别是提供时的面额不同。现金面额比较小以便于交易，而国库券的面额都很大。试想如果你用一张面额为 10 000 美元的国库券来支付你 50 美元的商品账单，收款员会是什么表情。

现在现金的回报率和面额为 10 000 美元的附息国库券的回报率之间有很大差距。与前面各章的分析一样，回报率的巨大差异使人想到对于金融中介而言，是否存在某种方法可以通过套利而赚取利润。金融中介机构可以买入大面额的债券，同时发行小面额的票据。如果持有债券的回报超过发行票据的成本，金融中介机构就可以通过这种操作赚取利润。

假定开展这种金融中介活动的成本可以忽略不计，那么这两种资产的回报率会有怎样的变化呢？为尝试回答这个问题，让我们先来考虑以下情形。假定你可以购买目前回报率为20%的债券。作为一家金融中介机构的管理者，你试图通过吸引储户的方法来筹集购买那些债券的资金。开始时你向存款支付的回报率为零。假定潜在的储户也可以购买同样的债券，获得的回报率要比你向存款提供的回报率更高，这时你基本上不会有客户。为了吸引更多的存款，你开始为存款提供越来越高的利息率。当你这家金融中介机构（以及可能还有的其他金融中介机构）进入债券市场，债券价格上升，债券回报率下降。我们可以注意到存款和债券的回报率之间的差距开始缩小。只要存款和债券的回报率不相同，就可以通过上述操作获取利润，因此，随着时间的推移，伴随着债券价格的上升，债券回报率下降，同时由于金融中介机构试图吸引更多储户，存款的回报率上升。如果这种金融中介活动没有成本（或成本很小），我们可以预期这一过程将持续到债券和存款的回报率之间没有差异（或差异很小）为止。

金融中介活动的成本可以合理地解释两种资产回报率之间的差距吗？如果可以，我们将不得不认为，在高通胀的20世纪70年代，名义利率是由于出纳人员工资或其他银行运营成本急剧上升而迅速提高的，直到近几年才又降下来。

如果金融中介活动不是政府债券的利率高于现金的回报率的合理解释，那其他可能的解释是什么？一种可能是对金融中介机构进行管理的各种法律规定导致了这一现象的出现。禁止私人发行银行券就是这种管制的一个例子。①

既然在监管金融中介机构的同时还要支付债券利息，那为什么政府仍愿意发行这种大面额资产呢？这种资产不利于流通的大面额和对相关金融中介活动的诸多限制表明，这种资产的发行不是为了提供一种方便使用的交易媒介。

15.2.1 分离资产市场模型

现在让我们考虑一个简单的模型，在这个模型中除发行法定货币外，政府希望通过发行大面额的债券来为财政赤字融资。② 试想有这样一个经济，其中有两类人——年轻时拥有禀赋 Y 的富人和年轻时拥有禀赋 y 的穷人。令 Y 远远大于 y，任何人年老时都不再拥有禀赋，年轻的富人和年轻的穷人的人数都随时间以速率 n 增长。

我们假定存在如下的线性资本技术：如果 k 单位的消费品在 t 时刻被作为资本投入，资本在 $t+1$ 时刻将有 $x \cdot k$ 单位的产出。但是为了利用这一技术，单个人的投资必须大于 k^* 单位。一方面我们假定 k^* 远小于 Y，所以富人在做资本投资时实际上不会面对任何限制。而另一方面，k^* 大于 y，所以单个的穷人不能独立地进行投资。如果投资

① Wallace（1983）给出了一个本科生能够理解的对相关问题的论述。

② 这个模型改写自 Bryant 和 Wallace（1984）提供的一个模型。

是个人进行的，那么资本的投资是政府无法观察到的。

法定货币的供给每期按照以下规则增长：$M_t = zM_{t-1}$，其中 $z > 1$。

首先，假定我们允许存在这样一个中介行业，它可以将穷人的禀赋汇集起来，这样他们就可以进行资本投资了。这一中介过程可以无成本地运行。通过中介，经济中的所有个体都有进行资本投资的渠道，从而获得 x 的回报率。

考虑货币均衡的情况。个人在两种资产——资本和法定货币之间进行选择。按照之前的分析，如果货币供给增长率为 z，货币需求的增长率（由人口增长率得出）为 n，则持有法定货币的回报率将是 n/z。要使人们自愿持有货币，法定货币的回报率至少要和它的替代选择资本的回报率一样大。换句话说，对于货币均衡而言，我们必然得到

$$\frac{n}{z} \geqslant x$$

如果上式无法满足，法定货币将成为劣等资产，个人投资于资本将是更好的选择。注意前面的方程意味着：

$$z \leqslant \frac{n}{x}$$

这个条件在缺乏法律约束的情况下给法定货币供给增长率设定了一个上限。如果法定货币的供给增长率超过了 n/x，个人将拒绝持有法定货币。我们看到如果 $z \geqslant n/x$，货币均衡将不存在。当然，如果 z 严格小于 n/x，那么持有法定货币将比持有资本获得更高的回报率。在这种情况下，个人将不投资于资本。

现在我们考虑制定一系列法律，这些法律明确禁止任何中介机构汇集人们的禀赋进行资本投资。这意味着穷人将没有利用资本技术的渠道。在这种情况下，穷人将只有一种资产——法定货币可供选择。在这种情况下，法定货币的发行速度可以大于 n/x。无论法定货币的回报率为多少，穷人都会持有它，因为它是唯一可以提供第二期消费的手段。

然而，如果 $z > n/x$，富人将投资于资本，因为它的回报率更高。因为富人不持有法定货币，政府无法从他们那里得到铸币税收入。注意富人拥有穷人所没有的一个替代选择——他们可以进行政府观察不到的个人资本投资。如果政府可以观察到所有的投资，它可以取消富人的这一选择权而强迫他们也持有法定货币。

15.2.2 引入政府债券

我们看到，通过将法定货币的供给增长率提高到 n/x 以上，政府可以从穷人那里获得更多的铸币税收入，但同时失去了所有源自富人的铸币税收入。是否存在某些办法能够使政府同时从穷人和富人那里获得收入呢?

假定政府发行债券作为富人资产组合中资本的替代品。我们假定这些政府债券的期限是一期。换句话说，债券在一期结束后还本付息，在偿还原有债券本息的同时政

府可以发行新的债券。

为了使富人愿意持有政府债券，债券的回报率必须至少与资本的回报率一样高。因此，若政府想要发行政府债券来作为资本的替代品，那么 x 就是该债券回报率的下限。

但是如果持有债券能得到和资本相同的回报率，那些原本只能持有低收益法定货币的穷人，会不会使用债券而不是法定货币在第二期进行消费呢？如果穷人确定只持有政府债券，政府将失去所有的铸币税收入。那么政府如何才能既利用债券从富人那里获取收入，又不放弃从穷人那里取得的铸币税收入呢？一个急于增加收入的政府必须找到一个方法使持有债券对富人可行而对穷人不可行。

假设政府发行的债券最低价格为 k^* 单位商品，并且禁止所有金融中介活动。这一最低价格可以有效地阻止单个穷人购买这些债券，因为单个穷人的禀赋 y 小于 k^*，同时禁止金融中介活动，使得任何人都无法将穷人的资金汇集起来购买债券。现在我们可以理解为什么政府会采取措施降低其债务的流动性。政府的意图是使债券成为资本的替代品，而不是法定货币的替代品，这样政府既可以利用债券增加收入，又不会失去源自法定货币持有的铸币税收入。

15.3 连续的债务发行

显然政府可以诱使富人借款给政府，从而增加政府在该期的收入。但是不同于法定货币的是，这些债券必须在未来某一期连本带息地偿还。在这种方式下，政府只是推迟了而不是永久地解决了增加收入的问题。

政府是否可以永久性地推迟债务的偿还呢？为了在每一期都做到这一点，政府必须筹借足够的资金来偿还之前一期债务的本息。如果这样做可行，政府债券可以永久性增加财政收入——也就是说，永远不必用未来的税收来偿付债务及其利息了。

我们首先利用一个关于政府债券发行和偿还的数值例子来说明这个问题。假定每一代有 10 个年轻的富人，并且在每一期政府向每个年轻的富人发行价值 100 单位商品的债券。这意味着在每一期政府发行总价值为 1 000 单位商品的债券。由于前文提到的原因，政府必须对这些债券支付 x 的实际回报率。这意味着政府必须向每个老年人偿付 $100x$ 单位的商品，总计 $1\,000x$ 单位的商品。政府再次发行总价值为 1 000 单位商品的债券。显然如果 $x<1$，政府新的债券发行使政府能够偿付原有的债券，并产生 $1\,000\ (l-x)$ 单位商品的实际收入。例如如果 $x=0.9$，政府偿还债务 900 单位商品（$=1\,000x$），并获得相当于 100 单位商品［$=1\,000\ (1-x)$］的实际收入。表 15.1 详细显示了在取以上参数值时政府债券发行和收入的情况。

表 15.1　　当 $x=0.9$ 并且 $n=1$ 时的政府债券发行和收入情况

时期	实际债券发行	实际债券偿还	实际净收入
1	1 000		1 000
2	1 000	900	100
3	1 000	900	100
4	1 000	900	100
…	…	…	…

显然，政府可以永远维持这一水平的债券发行，并每期获得 100 单位商品的实际收入。因此债券发行可以为政府提供一种收入来源。

我们也可以理解为什么追求收入最大化的政府希望发行最小面值为 k^* 的债券。因为这样做可以使政府通过债券发行和货币创造两条渠道获取收入。在政府债券面值很大的情况下，穷人只能持有法定货币而别无选择。这使政府可以通过对他们持有的货币征税来获得收入。如果与我们的设定相反，政府债券以小面值发行并提供 x 的回报率，穷人会选择持有政府债券而不是法定货币（如果 $z > 1/x$）。政府的法定货币的发行率和铸币税收入的数额将因此受到极大的限制。

然而这个数值例子中，通过发行债券获取收入显然是因为我们假定了一个资本的回报率，事实上净回报率 $x-1$ 是负的。在更现实的实际净回报率为正（也就是说，$x > 1$）的情况下，政府是否还可以通过重复发行债券来永久性地获取收入呢？在这种情况下，为了偿还之前的债务，政府每一期发行的债券数量不得不持续增加（见表 15.2）。

表 15.2　　当 $x=1.1$，并且 $n=1.2$ 时的政府债券发行和收入情况

时期	实际债券发行	实际债券偿还	实际净收入
1	1 000		1 000
2	1 200	1 100	100
3	1 440	1 320	120
4	1 728	1 584	140
…	…	…	…

只有当人口持续以足够高的速率增长时，政府才有可能通过连续发行政府债券来永久性获取收入。回到我们的数值例子中，假定现在 $x=1.1$ 且 $n=1.2$。如前例，在第一期有 10 个年轻的富人。政府仍在每一期向每个年轻的富人发行价值 100 单位商品的债券。但是，现在每一期总的债券发行量都将增加，因为人口是增长的。在这个例子中，政府将在第二期发行总额为 1 200［$=10\times1.2\times100$］单位商品的债券。为偿还第一期的债务，政府必须支付实际总量为 1 100［$=10\times100\times1.1$］单位的商品，这意味着产生了 100 单位商品的实际收入。表 15.2 详细显示了取以上参数值时的结果。注意从第三期开始，政府通过债券发行取得的实际收入以 n 的比率增长，n 也就是人口的增长率。显然，政府的总借款和实际债务偿还额也以同样的比率增长。

有很重要的一点值得注意，前面的例子中总是假定 $x<n$。接下来我们将要看到，如果 $x \geqslant n$，政府将无法通过发行债券来永久性地获得收入。

15.3.1 债务的滚动发行

为了了解对政府永久性增加收入的能力的限制，我们来看另一个数值的例子。假定政府每一期发行的债券数额仅仅足够偿还前一期发行的债券（包括利息），而不是通过发行债券获取收入。我们将这种活动称为“债务的滚动发行”。使用之前例子中的参数值，我们得到表 15.3。

表 15.3　当 $x=1.1$ 和零债券收入时的政府债券发行和收入情况

时期	实际债券发行	实际债券偿还	实际净收入
1	1 000		1 000
2	1 100	1 100	0
3	1 210	1 210	0
4	1 331	1 331	0
…	…	…	…

在这个政府从债券发行中获得零收入的例子中，政府债券的发行总额以 x 的比率增长。我们已经提出了解释政府债务出现的原因，以及政府债务如何改变政府预算约束的理论。我们发现今天政府债券的发行，会改变政府明天的各种可行选择。永续的债务融资是不可行的，这是因为政府债务的增加最终将迫使政府减少开支或在未来增加税收。

政府可以选择的一种征税方式是债务货币化。如果中央银行不向其发行的货币的持有者支付利息，中央银行将获得利润，这些利润会交还财政当局（财政部）。在这种情况下，政府先发行债券弥补政府开支、然后将债务货币化这两个步骤的净效果，与政府不发行债券而是直接印制货币来应付开支完全一样。

我们来比较一下政府借款能力与政府债务的时间路径。政府能够借到的最大额度为富人的全部禀赋。现在我们来确定这个债券发行上限的时间路径。我们注意到如果人口数量以比率 n 增长，年轻富人的总禀赋（简化起见，我们将第 t 期年轻富人的总数记为 N_t）遵循以下规则：

$$N_1 Y = n N_0 Y$$

$$N_2 Y = n N_1 Y = n^2 N_0 Y$$

$$N_3 Y = n N_2 Y = n^3 N_0 Y$$

$$\cdots$$

$$N_t Y = n^t N_0 Y \tag{15.1}$$

如果我们对方程两端取自然对数，将得到：

$$\ln(N_t Y) = t\ln(n) + \ln(N_0 Y) \tag{15.2}$$

我们将第 t 期政府债券实际发行总量记为 B_t，我们知道，如果政府没有通过债券的发行获得收入，B_t 会以比率 x 增长。利用推出式 15.1 和式 15.2 的方法，我们可以得到：

$$B_t = x^t B_0 \tag{15.3}$$

$$\rightarrow \ln(B_t) = t\ln(x) + \ln(B_0) \tag{15.4}$$

我们之所以对式 15.1 和式 15.3 取自然对数，是因为由此得到的式 15.2 和式 15.4 是时间 t 的线性方程，从而容易用图形表示。图 15.1 描述了 ln（B_t）和 ln（N_tY）的时间路径。该图描绘的是 $x>n$ 的情况。这张图重要性何在呢？在时间 T，实际政府债券的发行总量超过了经济中年轻富人的实际总禀赋，这是不可行的。[①] 如果人口的增长率（n）小于政府债券发行的增长率（x），那最终政府将无法为其债券找到买主。政府债券的供给将超过对它的需求。在 $x>n$ 的情况下，永续的政府债券发行将是不可能的。最终政府不得不发行的债券数量将超过人们愿意持有的数量。我们注意到这种情况实际上在时间 T 之前就会发生，因为年轻富人不愿意储存其全部禀赋。更一般地，我们得到这样一个重要结论，如果政府债券的实际利率超过了经济增长率，永续的债务融资是不可能的。

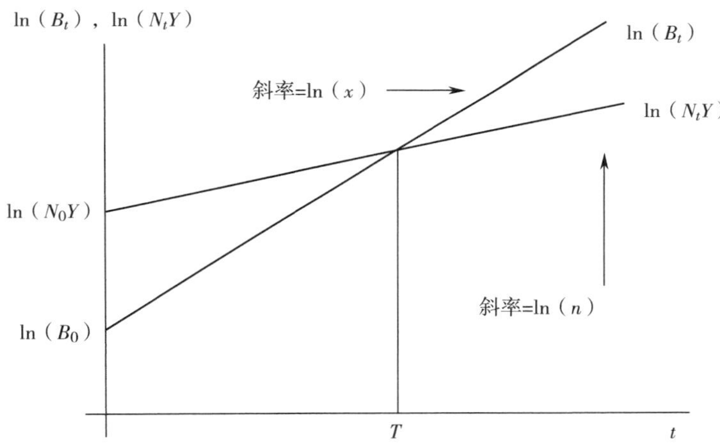

注：如果政府滚动发行债务，未清偿债务总额以 x 的比率增长，x 是政府必须为其债务支付的利息率。用对数表示时，时间路径表现为斜率为 ln（x）的一条直线 ln（B_t）。另一方面，经济中的总禀赋以人口的增长率 n 增长，图中用直线 ln（N_tY）表示。在时间 T 之后，政府债券的实际价值超过了经济中的总禀赋。这是不可行的，同时表明当 $x>n$ 时滚动发行债务是不可能的。

图 15.1 政府债券发行的时间路径和经济禀赋（$x>n$）

同样重要的是，我们注意到 $x \leq n$ 时永续的政府债券融资将是可能的。在图 15.2 中，代表年轻富人总禀赋的直线的斜率大于代表债券发行总量的直线的斜率，这样最终清算的 T 时刻永远也不会到来。事实上，滚动发行的债务在总禀赋中所占的比例是

① Sargent 和 Wallace（1981）特别强调了这个结果。

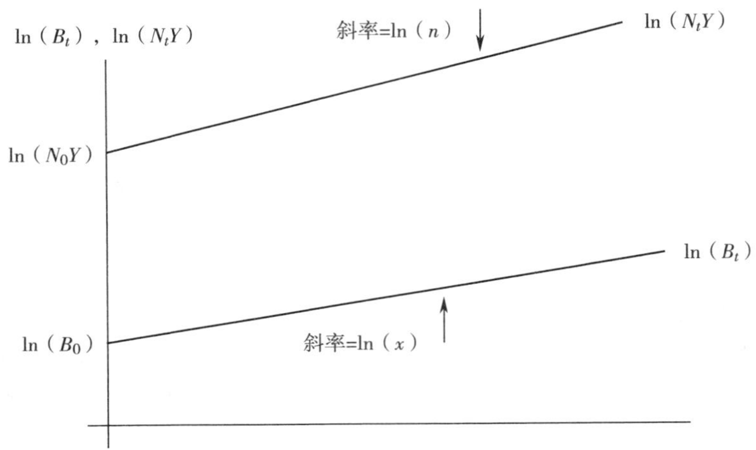

注：当实际利率 x 小于经济增长率 n，政府债券总存量的增长率低于经济增长率。在这些条件下永续的债券融资是可行的，因为经济的持续增长提供了足够的资源来吸收数量不断增长的政府债券。

图 15.2　政府债券发行的时间路径和经济禀赋（$x \leq n$）

不断缩小的。

例 15.1　*假定除人口增长之外，每个年轻富人的禀赋也会增长，$Y_t = aY_{t-1}$，其中 $a > 1$。画出富人总禀赋的对数值的时间路径。当参数 x、n 和 α 如何取值时，政府可以滚动发行其债务?*

通过这一讨论，我们发现关于政府滚动发行债务可行性的两个重要事实。首先，我们认识到，政府发行债务的能力与经济吸收债务的能力相关。在我们考察的第一种情况下，即 $x > n$ 时，我们注意到相对于经济中的总禀赋［国内生产总值（GDP）］，政府债务的数量随时间推移不断增长。事实上如果我们测算这个经济中的债务—GNP 比的话，它将趋近于无穷大。但是在 $x < n$ 的情况下，债务—GDP 比将随时间的推移下降。我们可以把债务—GNP 比看作决定债务是经济的多大负担的一个重要因素。与债务—GNP 比率较低的经济相比，债务—GNP 比率较高的经济偿还债务要困难得多。根据这一观点，我们来看一些数据。

图 15.3 描绘了加拿大和美国的未清偿政府债务占 GNP 的比例。两个经济体的债务—GDP 比例看上去很接近。第二次世界大战刚结束时，两个国家的债务—GNP 比都超过了 1，因为当时政府都发行了大量的国债以应付战时的支出。尽管战后两国的债务—GNP 比都表现出下降的趋势，但这种趋势在 20 世纪 80 年代发生了逆转。2000 年以后两国的债务—GNP 比的变化出现了巨大的背离。在加拿大继续执行推动债务—GNP 比下降的政策的同时，美国的情况出现了反转，债务—GNP 比开始上升，并在 2014 年再次达到高于 1 的水平。

我们也已经发现，政府滚动发行债务的可行性依赖于经济中实际利息率和经济增长率的相对大小。

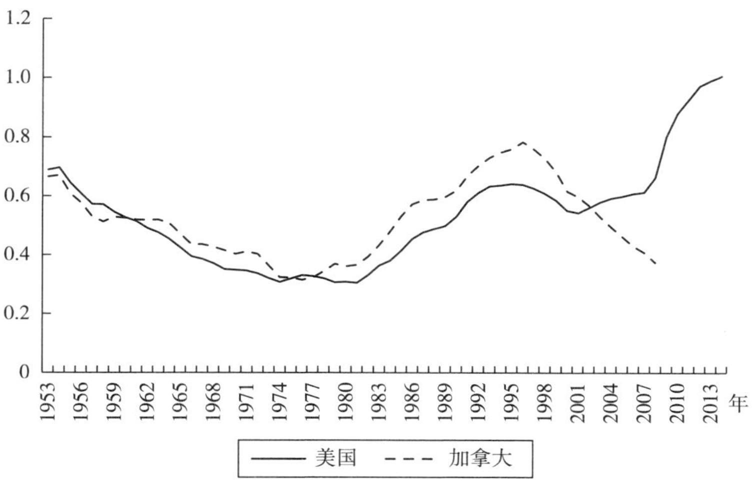

资料来源：美国的数据来自圣路易斯联邦储备银行的 FRED 数据库（http：//www/stls. frb. org/fred/index. html）。加拿大的数据来自《加拿大银行评论》各期。每个国家的数据都是季度数据。对美国而言，用 FRED 序列“gap”与 FRED 序列“gfdebt”相除。对加拿大而言，用序列 D20056（GNP）与“Cansim series B2400”（加拿大政府未清偿债券）相除。

图 15.3　加拿大和美国的未清偿政府债务占 GNP 的比例

图 15.4 描绘了反映美国经济增长率和实际利率这两个变量的数据。[①] 图 15.4 表明两个变量的变动趋势是一致的。然而经过更进一步的观察，我们发现 x 和 n 的相对大小随时间的变化而变化。根据最新的观察数据，美国经济的增长率一般都高于实际利息率。但是，明显在某些时期（如 20 世纪 80 年代初期和“大萧条”时期）确实出现了相反的情况。正像我们在第 17 章中将要说明的，一个选择保持较大财政赤字的政府会使实际利息率升高，这种情况使得永续的赤字融资政策渐趋不可能。[②]

例 15.2　回忆之前第 8 章描述的三期寿命模型。在这个模型中，资本投资只是在两期之后才获得 X 的回报率。所有人拥有相同的禀赋——年轻时有 y 单位商品，但在中年和老年时没有任何禀赋。在每一期，人口的总增长率都为 n。假定中介活动（或借据发行）是无成本的，但可以被政府观察到，而资本创造不会被政府观察到。

a. 描述经济中政府如何才能既通过铸币税获得收入，又通过债券发行获得收入。着重说明债券的形式和任何对金融市场的法律限制。

b. X 取什么值时政府才可以滚动发行债务？

---

① 如何计算一个经济中的实际利息率是个困难的问题，这里我们回避这一问题。这一计算要求选择一个名义利息率，和一个用来计算通货膨胀率的价格指数。名义利息率和价格指数的不同选择会改变图 15.4 的形态，但不会改变文中的基本结论。

② 关于这个问题的深入讨论，参见 Sargent 和 Wallace（1981）、Darby（1984），以及 Miller 和 Sargent（1984）。这些论文对永续赤字融资可行性进行了全面的分析。

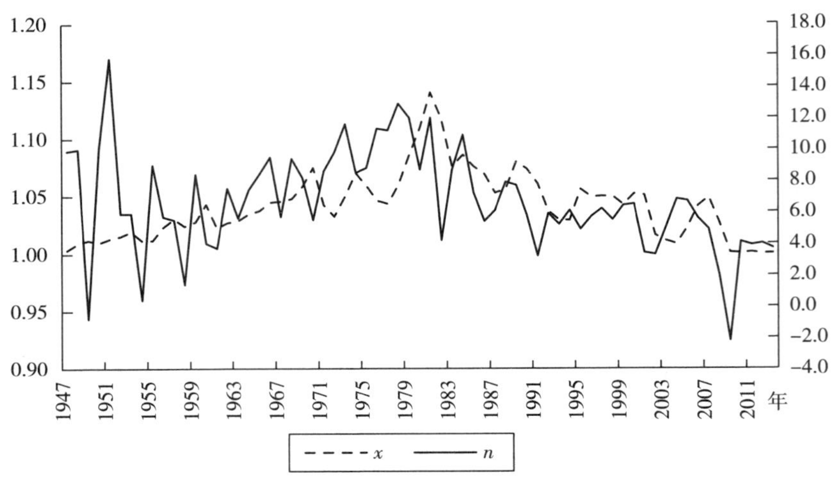

注：对美国实际利息率（x）和经济增长率（n）季度数据的考察，揭示了这两个变量之间随时间的变化而变化的关系。“大萧条”时期实际利率高于经济增长率，但是最近几年经济增长率高于实际利率。

资料来源：所有数据来自圣路易斯联邦储备银行的 FRED 数据库（http://www./stls.frb.org/fred/index.html）。利用 GNP 平减指数（序列 gnpdef），将 3 个月期国库券名义利率（FRED 序列 tb3ms）转化为实际利率的估计量。计算方法见式 7.7。经济增长率用实际 GNP 的增长率计量（序列 gnpc96）。

图 15.4　美国的实际利息率和经济增长率

15.4　国债的负担

引入“政府预算约束”的概念有助于讨论政府开支问题。和任何个人的预算约束一样，政府预算约束明确说明政府能够使用的商品不能多于他得到的商品。在第 4 章中，我们推导出了一个简单形式的政府预算约束，这种形式的政府预算约束说明政府支出不能超过政府的铸币税收入。但在这一章，我们已经分析了除总量税之外政府收入的另一个来源——政府债券的发行。由于存在这一新的收入来源，第 4 章中的政府预算约束必须进行修改。新的政府预算约束不仅会概括前述数值例子的结论，并且也将有助于我们细致地设定政府所面临的各种选择。

15.4.1　政府预算约束

债券通过两种方式影响政府的预算约束。债券在发行时为政府提供了一个收入来源，但在偿还本息时，债券代表了政府支出的一部分。为了使债券的形式简单化，我们假定每单位政府债券价值一单位的消费品，并且期限为一期。第 t 期发行的债券将在第 $t+1$ 期到期并得到偿付，到那时政府将偿还本金和利息。

我们先来看一个例子，我们来考察一个所有个人都相同的经济中（不同于本章前面讨论的富人/穷人经济）政府的预算约束。另外在这个经济中，人们既持有债券又持有货币；债券是资本的替代品而不是货币的替代品（例如，只有持有法定货币才能满足准备金要求的情况）。我们将时期 t 对每一个年轻人发行的债券数量记为 b_t，将债券的实际总回报（本金加利息）率记为 r。政府也可以向每个年轻人征税，向每个年轻人征收的税额记为 τ_t。另外在每一期，政府向每个年轻人购买 g 单位的消费品。

政府收入有三个可能的来源——债券发行、印发新货币的铸币税收入和税收。从总量来看，t 时期的总税收为 $N_t\tau_t$，铸币税收入总额为 $v_t[M_t - M_{t-1}]$，通过债券发行产生的收入总额为 $N_t b_t$，这意味着政府从这三个收入来源获得的总收入为 $N_t\tau_t + v_t[M_t - M_{t-1}] + N_t b_t$。

在政府支出方面，政府在时期 t 购买 $N_t g$ 单位的消费品。在此前一期，即 $t-1$ 期，政府发行了数量为 $N_{t-1}b_{t-1}$ 的债券。这些债券在第 t 期到期，成为政府额外的支出项目。这些债券必须连本带息进行偿付。因此偿还前一期发行债券需要的支出总额为 $rN_{t-1}b_{t-1}$。

现在我们可以写出政府的预算约束了，它只是描述了政府的总收入等于总支出的情形。根据我们的定义，政府的预算约束是

$$N_t g + rN_{t-1}b_{t-1} = N_t\tau_t + v_t[M_t - M_{t-1}] + N_t b_t \tag{15.5}$$

如果我们将等式两边同除以 N_t，可以得到

$$g + r\left[\frac{N_{t-1}}{N_t}\right]b_{t-1} = \tau_t + v_t\left[\frac{M_t - M_{t-1}}{N_t}\right] + b_t \tag{15.6}$$

令 z_t 表示在时刻 t 法定货币存量的增长率（$M_t = z_t M_{t-1}$），我们注意到 $(N_{t-1}/N_t) = (1/n)$，并且 $M_{t-1} = \left(\frac{1}{z_t}\right)M_t$，我们可以将式 15.6 重新写为

$$g + \left[\frac{r}{n}\right]b_{t-1} = \tau_t + \left[\frac{v_t M_t}{N_t}\right]\left[1 - \frac{1}{z_t}\right] + b_t \tag{15.7}$$

或者

$$g + \left[\frac{r}{n}\right]b_{t-1} = \tau_t + q_t\left[1 - \frac{1}{z_t}\right] + b_t \tag{15.8}$$

其中，$q_t = (v_t M_t / N_t)$ 是在时期 t 每个年轻人的货币余额的实际价值。

15.4.2 政府的跨期选择

我们来看政府在经济的初始阶段的状态。在第一期，政府的预算约束为

$$g + \left[\frac{r}{n}\right]b_0 = \tau_1 + q_1\left[1 - \frac{1}{z_1}\right] + b_1 \tag{15.9}$$

其中，$[r/n]b_0$ 代表政府的初始债务，b_1 代表转移到未来各期的债务。为了简化我们的分析，假定政府在未来各期（$t>1$）将对每个年轻人的债务保持在这一水平（$b = b_1$）上。此外，政府征收的税额（τ）和铸币税政策保持不变（$q_t = q$ 并且$z_t = z$）。将来的税收和铸币税可能与当前的水平不同，但在第一期之后将不再改变。这样我们可以把未来表示为一种稳定均衡状态，以便于和当前状态进行比较。那么当 $t>1$ 时，政府的预

算约束简化为

$$g + \left[\frac{r}{n}\right]b = \tau + q\left[1 - \frac{1}{z}\right] + b$$

$$g = \tau + q\left[1 - \frac{1}{z}\right] + b\left[1 - \frac{r}{n}\right](t > 1) \tag{15.10}$$

注意政府的这两个预算约束（式 15.9 和式 15.10）是相联系的，因为式 15.9 中的 b_1 就是式 15.10 中的 b。换句话说，在第一期发行的债券正是那些利息在未来必须得到偿付的债券。

通过考察式 15.9 和式 15.10，我们可以分析政府支出决策改变所产生的影响。假定政府希望在不增加第一期的税收或不提高第一期货币供给增长率的前提下，增加第一期的政府支出 g，这种想法如何才能实现呢？参考式 15.9 可以很容易找到答案。回忆一下，b_0 的值是在第 0 期决定的，在第一期政府无法控制。在这种情形下政府选择不提高 τ_1 或者 z_1，那么剩下的唯一选择是提高 b_1 ——在第一期发行债券来应付增加的政府支出。

回忆一下，式 15.9 中的 b_1 就是式 15.10 中的 b。换句话说，第一期债券发行的增加会影响政府以后各期的可行选择。如果 $r > n$，b 的提高会导致式 15.10 的右边减小［因为（$1 - r/n$）在这种情况下是负的］。为了保持等式成立，式 15.10 必须有所变化，或者是 τ 提高，或者是 z 提高，或者是两者同时提高。这个结果的另一种表述是，如果政府要实行这种政策，未来的税收或者通货膨胀率必然会提高。

在 20 世纪 80 年代，美国经历了高预算赤字的时期，当时美国政府通过发行政府债券来为赤字融资。这种债券发行的增加导致相应的债券应付利息的增加，如图 15.5 所示。在 90 年代初，政府债务的利息支出总额已经超过政府支出总额的 14%。随后在 90 年代美国政府的财政盈余达到创纪录的水平，如图 15.5 所示，利息支出开始下降，下降幅度超过 10 个百分点。到 21 世纪初期这种趋势再次出现反转。2009 年政府支出的大规模增加，确实有助于解释为什么利息支出占政府支出总额的比重会下降。经济危机开始以来即使政府支出不断增加，低利率环境也有助于避免利息支出占政府支出总额的比率出现上升的趋势。

这意味着一个重要的教训，政府今天作出的关于支出、税收、借款和货币创造的决定会影响政府未来的可行选择。在这个例子中，第一期增加支出的决定意味着未来更高的税收和/或更严重的通货膨胀。如果政府决定增加当前支出，那就不能期望在未来既减少税收又降低通货膨胀水平。如果 $r > n$ 就不存在这种选择。

即使在 $r > n$ 的情况下，政府仍可能有模型中没有明确提出的合理理由，通过维持赤字水平以暂时性地延迟征税。政府可能希望维持赤字水平以帮助不幸为战争或萧条所累的一代人。他也可能希望使未来各代人都能为一些可持续性的政府项目做贡献，如使不止一代人受益的学校、水坝等项目。最后政府可能希望在一个较长的时间内分

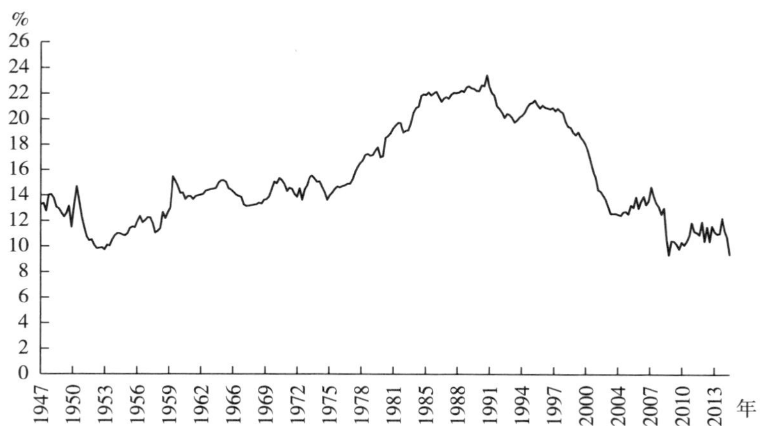

注：这里我们可以看到 20 世纪 80 年代美国的财政赤字对政府支出中必须用于偿还国债部分的影响。

资料来源：所有时间序列数据来自圣路易斯联邦储备银行的 FRED 数据库（http：//www/stls. frb. org/fred/index. html）。美国联邦政府的净利息支付（FRED 序列 afceneti）表示为美国联邦政府支出总额（序列 fgexpnd）的一定比例。

图 15. 5　净利息支付占美国政府总支出的百分比

摊由非一次总付的税收，例如收入税所带来的扭曲性影响。[①] 政府预算约束并不是说政府永远不能存在赤字；它是说（如果 $r>n$）今天较低的税收和铸币税意味着未来更高的税收和铸币税。政府可以在战争时期和经济衰退时期理性地选择赤字政策，但政府预算约束要求政府在和平时期和经济繁荣时期保持盈余，政府不能总是存在赤字。

另一个重要的教训是财政政策和货币政策之间存在非常紧密的联系——不能被忽视的联系。关于税收（τ）、政府支出（g）和借款（b）的决定通过政府预算约束和货币政策（z）联系起来。这为货币政策和财政政策的协调配合提供了一个有力的证据。[②]

例 15. 3　利用政府预算约束（式 15. 9 和式 15. 10）来回答以下问题。假定$r>n$。

a. 假定政府每年都维持相同的赤字水平，$g-\tau$。如果中央银行试图降低目前的通货膨胀水平，那么未来的通货膨胀水平必将发生怎样的变化？

b. 假定中央银行非常独立，并承诺永远不提高货币供给增长率。如果政府今天减税，那么未来的税收必将发生怎样的变化？

c. 假定政府承诺永久性地减税，同时中央银行也承诺永久性地降低货币供给增长率。在政府支出不减少的情况下，他们可以同时信守这两个承诺吗？

---

① 参见 Barro（1989）关于赤字政策的综述。

② 关于货币政策和财政政策缺乏协调的成本的研究，参见 Sargent 和 Wallace（1981）及 Sargent（1980b）。

15.5 公开市场操作

大部分经济发达国家的货币当局在货币发行权方面的制度安排，不像刚刚展示的这么直接。通常不允许财政当局随意印制货币以进行政府购买。印制货币的权力一般授予中央银行，中央银行只能通过“公开市场买入”政府债券来发行货币。这样的中央银行的资产负债表，如本书第 11 章的图 11.1 所示，但如果将政府债务作为附息资产，则中央银行资产负债表如图 15.6 所示。

资产	负债
附息资产（政府债券）	中央银行货币（通货和准备金）

注：以政府债券作为货币发行准备的中央银行的资产负债表。

图 15.6　中央银行资产负债表

这种类型的中央银行实施的货币存量扩张会产生什么样的影响？是和假定财政当局可以自己印制货币来购买他想要的商品一样，最终成为对货币持有者征收的通货膨胀税（见第 4 章）呢？还是和政府印制货币以购买生产性资产一样，影响完全中性（见第 11 章）呢？为了作出回答，我们首先必须详细说明，中央银行利用其资产获得的利息会发生怎样的变化。

如果中央银行利用其资产获得利息收入，但不对其负债（货币）支付利息，那么中央银行将得到利润。在美国和其他任何国家这些利润都会被转交给政府。在这种安排下，当中央银行通过印制货币将政府债券全部买进时，它减少了政府的债务负担，将政府的债务“货币化”了。所有付给中央银行持有的政府债务的利息都表现为中央银行的利润，这些利润又会上缴国库。货币存量的增加仍然是对那些持有货币的人征收的一种税（铸币税）：财富从货币持有者那里转移到了政府手中。

唯一的区别是，通过公开市场业务得到的铸币税为政府提供的是未来的收入，而不是现在的收入。因为政府将货币存量的扩张全部用来购买资产（减少了政府必须支付利息的债务），而不是购买现在的商品。因此如果政府不对货币支付利息，我们可以将一次公开市场购买看作两种政策行动的组合——对货币余额征税和政府购买资产。要记得的是，尽管这些资产记入中央银行账簿，但这些资产实际为政府所拥有，因为利用这些资产获得的利息最终会上缴政府（在满足中央银行开支之后）。回忆之前推导出的政府在 $t=1$ 和 $t>1$ 时的预算约束：

$$g+\left[\frac{r}{n}\right]b_0=\tau_1+q_1\left[1-\frac{1}{z_1}\right]+b_1 \tag{15.11}$$

$$g+\left[\frac{r}{n}-1\right]b=\tau+q\left[1-\frac{1}{z}\right](t>1) \tag{15.12}$$

从式 15.11 中可以发现，对于给定的货币需求 q，第一期法定货币存量的增加式 15.11中 z_1 变大），会减少必须在未来融资偿还的实际债务，$b_1 = b$。如果 $r > n$，那么 b 的下降使得在稳态均衡状态下，未来所有时期偿还债务 $[(r/n) - 1]b$ 所必须支付的利息减少。因此未来政府的开支可能增加，或税收可能减少。

可以直接用于购买商品（如第 4 章中所述）的铸币税，使得政府可以在当期增加支出或减税，因此公开市场操作只是改变了这些影响出现的时间。此外，如果政府可以依靠中央银行将其债务货币化，就可以通过发行债务来增加支出或减税。发行债务和债务货币化结合起来的净效应，与政府直接印制货币来购买商品的净效应完全一样，即政府在当期以持有货币余额的人的利益为代价获得商品。尽管政府可以通过限制中央银行的公开市场操作对这一结果加以掩饰，但是只要中央银行从其持有的政府债务组合中获得利润，并将这些利润上缴国库，那么公开市场操作的收入效应实质上与扩大货币存量购买商品的收入效应是一样的。

（在第 11 章中，我们研究了中央银行将赚取的利息用于向持有货币的人支付利息的情况下货币扩张的含义。在这种情况下，中央银行货币是货币持有者资产组合中内在货币的完全替代品。中央银行货币的增加会使人们减少他们持有的内在货币，以保持他们的总货币余额不变。将政府债务作为中央银行货币发行准备的附息资产这一条件不会改变上述分析的结果。）

15.6 政治策略和国债

我们已经看到，政府现在作出的关于财政政策和货币政策的决策，会影响未来这些政策的可行选择。政治家可否充分利用这一点，对未来执政党的政策的可行选择制造不利影响呢?①

为了回答这个问题，让我们考虑一个例子。为了简化起见，假定人口数量不变。假定政府在取得收入的能力方面面临如下约束：每一期政府通过包括铸币税在内的所有税收能够得到的最大收入是 1 000 000 单位商品。同时假定数量不变的人口愿意持有的实际政府债务受限于他们的禀赋，最多为 950 000 单位商品。政府债务的实际回报率是 1.2。第一期政府支出为 900 000 单位商品。最后，假定在前一期没有债务发行（$B_0 = b_0 = 0$）。

如果现任领导人主张削减政府开支，而且知道下一期他们将失去执政权。我们来看他们如何利用对于当前税收和政府债务的决策权，迫使他们的继任者减少政府支出。

现任领导人在时期 1 面临的政府预算约束是

$$Ng_1 + rNb_0 = N\tau_1 + v_1[M_1 - M_0] + Nb_1$$

或者

$$Ng_1 = N\tau_1 + v_1[M_1 - M_0] + Nb_1 (\text{因为} b_0 = 0) \tag{15.13}$$

① 关于这一问题的更完整的讨论，参见 Persson 和 Svensson（1989）。

根据我们的假定，当前政府支出是 $Ng_1 = 900\ 000$。为了严格限制下一期政府的选择空间，现任领导人选择不通过税收和铸币税来取得收入。换句话说，他们通过发行债券来为全部政府支出提供资金。如果 $N\tau_1 + v_1[M_1 - M_0] = 0$，根据式 15.13，可以求出必须发行的债务总额为

$$900\ 000 = Nb_1 \tag{15.14}$$

发行这个数量的债务是可能的，因为它小于社会公众愿意持有债务的最大量。现任领导人迫使下一任领导人继承政府债务，这些债务需要连本带息地偿还。

现在我们来看，这对于在时期 2 上任的新领导人意味着什么。我们知道如果这些领导人对这些未清偿债务置之不理，债务将以 r 的比率增长。我们也知道如果 $r > n = 1$，这正是这个例子中的情况，政府不可能永久性地滚动发行债务。

时期 2 的政府预算约束是

$$Ng_2 + rNb_1 = N\tau_2 + v_2[M_2 - M_1] + Nb_2 \tag{15.15}$$

把 $r = 1.2$ 和 $Nb_1 = 900\ 000$ 代入式 15.15，我们得到

$$Ng_2 + 1.2 \times 900\ 000 = N\tau_2 + v_2[M_2 - M_1] + Nb_2$$

$$Ng_2 + 1\ 080\ 000 = N\tau_2 + v_2[M_2 - M_1] + Nb_2 \tag{15.16}$$

如果时期 2 的领导人最大限度地通过税收和铸币税获取收入，式 15.16 变为

$$Ng_2 + 1\ 080\ 000 = 1\ 000\ 000 + Nb_2 \tag{15.17}$$

我们也曾假定社会公众愿意持有的政府债务最大数量为 950 000 单位商品。如果这些领导人选择发行等于这一数量的债务，根据式 15.17，我们得到

$$Ng_2 + 1\ 080\ 000 = 1\ 000\ 000 + 950\ 000$$

$$Ng_2 = 870\ 000 \tag{15.18}$$

我们看到前任领导人迫使新任领导人将政府支出从第一期的 900 000 降到了 870 000。如果新领导人没有最大限度地征税和发行债券，政府支出会下降更多。

这个例子政治上的结果是很明确的。无论正常情况下他们想怎么做，偿还政府债务利息的开支迫使新领导人减少政府支出。通过这一方法，前任领导人可以迫使新领导人选择前任领导人所希望的较低水平的政府支出。当然，未来的领导人也会继承时期 2 的领导人发行的债务，他们的可行选择同样也会受到限制。

15.7 本章小结

本章一开始我们指出政府债券和法定货币在回报率方面存在很大的差距。第 8 章分析了关于回报率差异的一种可能的解释——法定货币的流动性优于其他资产。本章的模型集中说明政府债券的大面额是其流动性不足的原因。我们发现，政府希望发行流动性不足的债券作为资本的替代品，而不是法定货币的替代品。通过这种方式，政府可以通过铸币税和债务的发行两个渠道来获取收入。

本章另一个重要的主题是永续债务融资，即通常所说的债务滚动发行的可行性。

一方面我们发现，如果政府债务的实际利息率超过经济的增长率，永续债务融资是不可能的。在这种情况下，持续增长的政府债券数量将超过经济吸纳债券能力的极限。另一方面，我们发现如果实际利息率低于经济的增长率，则永续债务融资是可行的。

本章详细考察了政府债务的存在如何改变政府预算约束。我们发现，现在政府债务的发行会改变政府未来的可行选择。如果永续债务融资是不可行的，政府债务的增加最终会迫使政府支出下降或未来的税收增加。

一种税收选择是将债务货币化。当中央银行不向货币持有者支付利息时，中央银行将获得利润，这些利润会交回财政当局（财政部）。在这种情况下，先发行债券弥补政府支出然后再将债务货币化，这样分两步进行的政策操作的净效应，和不发行债券而是直接印制货币来应付政府支出的净效应是一样的。

15.8 练习

15.1 假定政府通过包括铸币税在内的各种税收能够得到的最大收入是 5 000 单位商品，而且债务的最大数量为 6 000 单位商品。实际总市场回报率为 1.2。当前政府支出等于 4 500 单位商品。当前的政府领导人反对政府开支，但知道下一期他们将不再执政。这些领导人怎样控制当前的税收、补贴和政府债，以迫使他们的继任者将稳态下的政府支出减少到 4 500 单位商品以下？使用政府预算约束给出你的答案。

15.2 考虑一个代际交叠经济，其中资本的净回报率为 25%。每代人的人口按照每期 10% 的比率增长。在初始时期（时期 1）有 100 个人和预先存在的法定货币存量 M_0 = 100 万美元。因为陷入政治僵局，对每个年轻人而言，每一期政府支出比（不包括铸币税的）税收收入多 50 单位商品。无论通货膨胀率是多少，每个年轻人都愿意持有价值 200 单位商品的实际货币余额。[①]

a. 利用政府预算约束，求为政府支出超过税收收入的部分提供融资而必需的法定货币创造率。求出时期 1 和时期 2 的法定货币存量和价格水平。

b. 假定在初始时期，货币当局犹豫是否发行新的货币，迫使政府以市场利息率发行债券。在第二期货币当局变得温和，发行足够的新货币来清偿政府债务并支付第二期政府支出超过税收的部分。求出时期 2 的法定货币存量，并将答案与问题 a 的答案进行比较，解释两者的差异。

c. 假定在初始时期，你预期到了问题 b 中描述的货币当局的行为。你预期通货膨胀率会是多少？如果（与我们的假定相反）预期到的通货膨胀会减少法定货币的使用，为什么尽管没有发行法定货币，时期 1 的价格水平也将会上升？

15.3 假定每期有 100 个年轻的富人出生，政府债务和资本的实际净回报率都为 25%。法定货币存量是固定的。每个年轻的富人希望在每一期储蓄 50 单位商品。在时

① 这个练习描述了 Sargent 和 Wallace（1981）提出的一个观点。

期 0，政府发行总量等于 2 000 单位商品的实际政府债务。政府试图在接下来各期滚动发行其初始债务。

a. 在时期 0 和时期 1 每个年轻的富人实际持有的资本和债券是多少？

b. 在哪个时期，政府继续滚动发行债务开始变得不可能？

c. 现在假定每期出生的年轻富人数量以 10% 的净增长率增长。在时期 0 有 100 个年轻的富人出生。重新计算 b。解释你的答案的变化。

15.4 假定一开始经济中没有未清偿的政府债券。令每一期平均到每个年轻人的政府支出是 100 000 单位商品。在时期 1 和时期 2 既没有税收也没有铸币税可以使用。因此所有政府支出所需资金只能通过发行债务来解决。

a. 令 $r=1.2$。写出平均到每一个年轻人的时期 2 和时期 3 的政府预算约束，解出时期 1 和时期 2 未清偿政府债券的数量。

b. 如果只有税收可以用于满足政府支出和债券利息支付的需要，时期 3 每个年轻人需要交多少税？

c. 如果只有铸币税可以用于满足政府支出和政府债券利息支付的需要，每个年轻人的铸币税是多少？

15.5 对于一个处于稳态的经济，假设政府债券的总实际利率等于人口增长率，也就是说 $r=n$。假设政府向每个年轻人购买 1 000 单位商品。未清偿政府债务总量等于每个年轻人 250 单位商品。政府征税来满足政府支出的需要。

a. 这个经济中每个年轻人要缴纳多少税？

b. 在未来的某一个时点 t，假设 $r=2n$。假设利率的变化是永久性的。如果税收保持不变，计算为了满足 $t+1$ 时点上政府支付利息的需要，必要的铸币税数额是多少（假设每个年轻人的实际货币余额需求量始终为 100 单位商品）？

c. 根据你对问题 b 的回答，接下来一期的货币增长率是多少？

第16章 储蓄和投资

16.1 本章概览

在之前的各章中，我们将代际交叠模型作为一个货币模型来研究。人们需要货币来获得市场商品，不管这种货币是法定货币、商品货币还是内在货币。我们不能按字面含义把这里的商品理解为年老时的消费品，因为货币余额只是为退休而准备的储蓄的一个微不足道的来源。我们将代际交叠结构用作构建交换模型的一种简单方法，而没有非常严格地考虑模型之中人的年龄问题。

本章我们将致力于研究决定总储蓄和总投资的因素，我们将更严格地考虑代际交叠模型中的年龄结构。在这个研究过程中，我们将政府债券和资本作为我们的研究重点。这两种价值储藏手段是人们一生储蓄的重要组成部分。

本章我们从实际商品和劳务的角度研究基本的消费—储蓄决策。通过将研究聚焦于经济的实际一面，我们可以考察发生在一个人一生中的各种事件，以及这些改变如何影响消费—储蓄决策结果。我们将税收看作是影响税后财富的一种方法。加入对代际交叠经济的年龄结构的考虑以后，我们可以直接分析征税时间的改变是否会影响消费行为和储蓄行为，或者影响一生的财富。

如果政府提供一项养老金计划为老年时的消费提供资金，实现这项计划的一种方式特别引人关注，政府通过将年轻人交的税作为一种强制储蓄加以管理的方式为养老金计划积累资金。另外一种方式是向现在的年轻人征税，然后提供给现在的老年人用于消费，这种方式也被称为现收现付制。

16.2 储蓄决策

现在我们来看个人如何选择其储蓄水平，我们将在具有两期寿命的代际交叠模型框架下考察这个问题，在该模型中人们必须选择其年轻时和年老时的消费数量。在特定方式下，我们考虑更一般化地设定人们年轻时有 y_1 单位商品的禀赋，年老时有 y_2 单位商品的禀赋。我们可以认为禀赋是劳动收入。我们假定年轻人面对的总实际利率为 r，并相应选择他们愿意储蓄的商品数量 s_t 。

现在可以描述在 t 时刻出生的某人的预算。当他年轻时通过劳动得到 y_1 单位商品，他可以将其用于消费或用于储蓄。我们将这个人年轻时的预算约束写作：

$$c_{1,t} + s_t \leqslant y_1 \tag{16.1}$$

当他年老时，他可以消费他年老时的禀赋/劳动收入以及来自储蓄的回报（本金加利息），这意味着年老时的预算约束如下：

$$c_{2,t+1} \leqslant y_2 + rs_t \tag{16.2}$$

从式 16.2 中解出 S_t 并代入式 16.1，我们可以得到一生的预算集：

$$c_{1,t} + \frac{c_{2,t+1}}{r} \leqslant y_1 + \frac{y_2}{r} \tag{16.3}$$

这一预算集见图 16.1。注意预算线过点（y_1, y_2），因为个人总是可以选择在每一期只消费其禀赋而不进行储蓄。

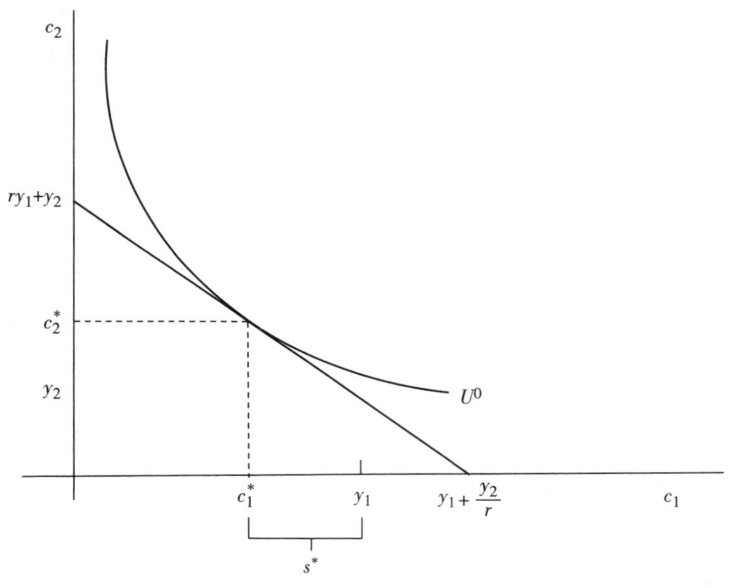

注：一个年轻时和年老时都有禀赋，能够以实际利率 r 储蓄的人，面临上图刻画的一生的预算线。储蓄水平 S^* 由个人第一期的禀赋和第一期效用最大化的消费量之间的差额决定。

图 16.1 储蓄选择

在给定预算的条件下，使效用最大化（达到最高可能的无差异曲线）的储蓄水平s^*，是由定义预算集的直线与无差异曲线的切点确定的。如图 16.1 所示，使效用最大化的储蓄选择满足条件 $s^* = y_1 - c_1^*$ 。值得注意的是，c_1^* 和 y_1 的相对位置取决于个人偏好。如图 16.1 所示，$s^* = y_1 - c_1^*$ 是正的。对于一个与此不同的偏好集，无差异曲线与预算线相切得到的 c_1^* 可能落在 y_1 的右侧，这意味着储蓄是负值。试着自己画图描述这种情况。我们将在本章后面的部分中解释负储蓄的情形。

16.2.1 财富

从式 16.1 和式 16.2 中可以看到，如果没有储蓄（$s_t=0$），个人在每一期的消费将完全由其当期的“收入”（他的禀赋）决定。储蓄使得个人可以选择一个仅受其“财富”约束的消费组合，财富 y_1+y_2/r 是对其一生全部收入的度量。

注意个人的财富不是各期收入的简单加总，第二期的收入要除以利息率。为了解释在确定财富总量时，对一生中第二期收入的处理方式为何与一生中第一期收入的处理方式有所不同，我们必须理解现值的概念。

16.2.2 现值

商品的价值和时间无关吗？你是愿意今天拥有 10 单位商品，还是愿意在未来拥有 10 单位商品？为了回答这一问题，假定今天你拥有 10 单位商品。你可以通过储蓄将今天的商品转化为未来的商品。如果储蓄的实际净利息率为正（总利息率 r 大于 1），今天储蓄的 10 单位商品在未来将转化为多于 10 单位的商品。所以 10 单位今天的商品比 10 单位未来的商品更有价值。

这一分析同样适用于借款人的问题。如果一个人借入 100 单位商品并且 r 为 1.10，那他在下一期必须偿还 $1.10\times100=110$ 单位商品。换句话说，给定这一利息率和借款计划，100 单位今天的商品与 110 单位未来的商品是等值的。

现在反过来看这一分析。如果一个人在下一期要偿还 110 单位商品，那么当期借入的数量应该是多少？答案当然是 100。在这个简单的例子中答案是明显的，但有必要知道它是如何推导出来的。答案 100 是用 110 除以实际总利息率得到的，即 $110/r=110/1.10=100$。今天通过贷款得到的 100 单位商品通常称作贷款的“现值”。相应地，代表下一期贷款应偿还数额的 100 单位商品被称为贷款的“终值”。在这个简单的单期贷款的例子中，两个价值概念之间的联系如下面的等式：

$$\text{现值}=\text{终值}/r \tag{16.4}$$

或者，我们可以将这一关系式写为

$$\text{终值}=r\times(\text{现值}) \tag{16.5}$$

在我们构建的很多经济模型中，个人只存活两期，所以刚刚提到的关于现值概念的简单描述就足够了。这里所有贷款都只是单期的。

但是，如果贷款期限超过一期将会怎样？假设一个生存三期的人借入 100 单位消费品，借入时单期总利率为 $r=1.10$。在下一期贷款必须偿还，与先前的分析相同，偿还总额为 110 单位商品。假定这个人以同样的利率借入 110 单位商品来偿还第一次的贷款，那么在再下一期（第三期）贷款偿还总额是多少？当然是 $1.10\times110=121$。注意这个数量是 $(r)(r)(100)=(r^2)100$。另外一种表述方法是，贷款的现值（100）是终

值（121）除以 r 的贷款期数次幂得到的。一般地我们可以写为

$$现值 = \frac{终值}{r^T} \quad (16.6)$$

或

$$终值 = r^T(现值) \quad (16.7)$$

其中 T 代表贷款偿还或到期之前的期数（通常称为贷款的“持续期”）。一般而言，将终值转化为现值，我们称之为用一个贴现率（r^T）将终值“贴现”。注意式 16.6和式 16.7 与式 16.4 和式 16.5 是一致的，因为在后两个方程中 T 实际上等于 1。

有了关于现值概念的知识，我们可以理解一生预算约束中 r 的存在了。再来看一生的预算约束（式 16.3）：

$$c_{1,t} + \frac{c_{2,t+1}}{r} \leqslant y_1 + \frac{y_2}{r} \quad (16.8)$$

被 r 除的项为 y_2 和 $c_{2,t+1}$，因为年老时的消费和禀赋在未来一期发生，我们必须用 $r^1 = r$ 将其贴现为现值。因 $c_{1,t}$ 和 y_1 在一生中的第一期发生，它们已经是现值，不需要贴现。①

因为现在所有的变量都是以现值的形式表示，我们称式 16.8 的左边为一个人一生消费的现值，式 16.8 的右边为他一生中禀赋的现值。我们将一生禀赋的现值作为个人财富的度量，或简单地称为他的“财富”②。我们将 t 期出生的一个人的财富记为 w_t：

$$w_t = y_1 + \frac{y_2}{r} \quad (16.9)$$

例 16.1 假定一个生存三期的人只能在他一生中的某一期得到禀赋。他可以在下列方案中选择：年轻时获得 90 单位商品、中年时获得 100 单位商品或年老时获得 115 单位商品。如果实际净利息率是 10%，他将如何选择？如果实际净利息率为 20%呢？（提示：将式 16.9 中对财富的定义推广到三期）

16.2.3 财富和消费

如果将我们对财富的定义应用于图 16.1 中描述的一生预算约束，我们发现一个人的消费束将完全取决于他的财富 w_t 和利息率 r。现在我们来看如果他的财富增加，那么其消费束将如何变化。个人财富的增加可以使他在一生中消费得更多，这一额外消费在不同时期的分配依赖于他对年轻时和年老时消费的相对偏好。

如果随着个人财富的增加，一个人对某种商品的消费减少，这种商品称为“劣等

---

① 聪明的学生很可能会问：为什么我们直到本章才考虑未来发生数量的贴现问题？事实上，我们一直在进行适当的贴现。例如在第 1 章，唯一可供选择的资产是法定货币，并且人们只在年轻时拥有禀赋。在那一章一生预算约束是 $c_{1,t} + (\frac{v_t}{v_{t+1}}) c_{2,t+1} = y$，我们将终值 $c_{2,t+1}$ 用法定货币的回报率 v_{t+1}/v_t 进行了贴现。

② 个人财富的真正测度是他可以负担得起的效用，但我们需要一个用商品表示的财富测度方法。

品”。汉堡包和公共交通可以看作是劣等品的例子。当我们的财富增加时，我们购买的这些物品减少，而代之以牛排和跑车。

年轻时的消费和年老时的消费看起来不可能是劣等品。我们预期随着财富的增加，一个人在年轻时和年老时都会消费更多。那些消费随着财富的增加而增加的商品称为“正常商品”。我们假定年轻时和年老时的消费都是正常商品。财富的增加使得个人同时增加 c_1 和 c_2，如图 16.2 所示。从图 16.2 中我们发现，当个人可以自由地选择其储蓄水平时，他们选择的消费模式只取决于他们的财富和利息率。特别要注意的是，在一个给定的财富水平下，消费模式的选择不依赖于获得财富的时间。例如，假如一个人的财富是 100 单位商品并且实际（总）利率为 1.1。禀赋 y_1 和 y_2 的许多不同组合与这 100 单位商品的财富是一致的。表 16.1 给出四种这样的组合。

表 16.1　　财富为 100 的禀赋组合（当 $r=1$ 时）

组合	y_1	y_2	财富 $= y_1 + \frac{y_2}{r}$
A	50	55	100
B	100	0	100
C	70	33	100
D	0	110	100

注：对于组合 C，年轻时的收入为 70，年老时的收入为 33，所以一生的收入总和或财富是 100。正式地计算，应该是 $70+\frac{33}{1.1}=100$。

在表 16.1 所列的四种组合中，财富是相同的，因此人们将选择相同的基于一生财富水平的消费束（c_1^*，c_2^*）。获得收入的时间不重要，但是由于我们假设个人可以自由地借入和贷出，收入的现值是很重要的。对于这四种组合，一生的预算集都是相同的。因此区分收入和财富是很重要的。“收入”代表个人在任意的单个时期生产或获得的商品。相对应的是，财富是个人一生中收入流的现值。财富是在一个时点上度量的，然而收入则是在一段时期内度量的。[①] 决定消费的是财富，而不是收入。

例 16.2　假定一个生存三期的人只能在其生命中的某一期获得禀赋。他可以在年轻时获得 95 单位商品，或者在中年时获得 100 单位商品，又或者在老年时获得 105 单位商品。假定实际净利率为 10% 并且所有商品都是正常商品。哪种禀赋可以使他在中年时消费最多？

16.2.4　收入和储蓄

如果一个人在某些时期的收入不足以满足他在这些时期的消费需求，那么他该怎

① 因为财富是在某一个特定的时点上度量的，所以通常被称为“存量”。另外，在一定时期内度量的变量，比如收入，被称为“流量”。

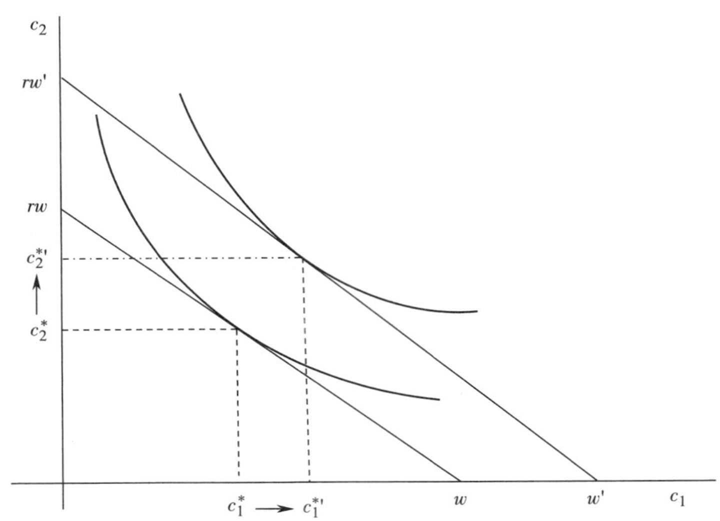

注：当一个人的财富从 w 增加到 w' 时，一生的预算约束向右平移。假定 c_1 和 c_2 都是正常商品，一生中两期的消费都增加。

图 16.2　财富增加对一生消费的影响

么办呢？他可以调整他的储蓄以满足那个时期超过收入的消费需求。

例如，假定实际净利率为 10%（$r=1.1$），一个人的财富为 100 单位商品（现值形式），他通过在年轻时消费 50 单位商品，在年老时消费 55 单位商品，而获得了最大可能的效用［检查一下就会发现这一消费束满足个人一生的预算约束（式 16.8）］。注意表 16.1 中的四种禀赋模式，除了它们的时间安排不同以外，它们都代表了 100 单位商品的财富。这意味着拥有这四种禀赋模式中任意一种的个人，都会选择在年轻时消费 50 单位商品，在年老时消费 55 单位商品。那么这个人应该怎样实现这一消费模式？

如果一个人拥有表 16.1 中的禀赋模式 A，他可以直接在得到禀赋时进行消费。但如果他的禀赋模式为 B，即当 y_1 为 100 而 y_2 为 0 时，那该怎么办？他年轻时的禀赋收入超过了他的消费需求，而年老时的禀赋收入又少于他的消费需求。他该如何协调其收入和消费呢？他可以在年轻时储蓄 50 单位商品，当他年老时这 50 单位商品将产生 55 单位的商品，这正是他希望消费的数量（回想一个人年轻时的预算为 $s_1 = y_1 - c_1$，在这个例子里等于 100－50）。一个禀赋模式为 C 的人（$y_1=70$，$y_2=33$）只需要储蓄 20 单位商品就可以实现希望的消费模式（$s_t=70-50$）。注意储蓄的水平根据年轻时的收入水平做调整，以得到希望的消费束。消费不会随收入的变化而变化，它由财富（和利息率）决定。

最后考虑禀赋模式 D（$y_1=0$，$y_2=110$），这时个人仅在年老时拥有禀赋。在这种情况下，利用年轻人的预算约束 $s_t = y_1 - c_1$，可以发现，为得到希望的消费束储蓄必须

等于 -50。个人可以储蓄数值为负的商品吗？可以，如果他借入商品就可以。[①] 借入 50 单位商品与储蓄 -50 单位商品是相同的（有时称为“反储蓄”）。表 16.2 总结了表 16.1 中所列的各种禀赋模式下的储蓄行为。

表 16.2　　财富为 100 并且 $r=1.1$ 时的消费和储蓄

组合	y_1	c_1	$s=y_1-c_1$	$c_2=rs+y_2$
A	50	50	0	55
B	100	50	50	55
C	70	50	20	55
D	0	50	-50	55

注：我们以第三行的组合 C 为例说明这张表是如何使用的。此时年轻时的收入为 70，这个人希望在年轻时消费 50 单位商品，所以储蓄是年轻时的收入和年轻时的消费之间的差额。在组合 C 的情形下，一个年轻人会储蓄 20 单位商品。表格的第五列计算了年老时的消费。如果个人在年轻时获得 70 单位商品，我们从表 16.1 中可知老年时的收入是 33 单位商品，即 1.1×(100-70) =33。所以老年时的消费为 (1.1×20) +33。

这里我们总结一下关于消费和储蓄的决定我们得到了哪些结论：

1. 消费由财富决定。特别地，财富的增加会导致一生中每期消费的增加（假定正常商品的情形下）。

2. 储蓄根据收入调整。年轻人的储蓄等于他们的当前收入和他们的意愿消费之间的差额。

16.3　税收对消费和储蓄的影响

现在利用这些结论研究某些税收政策对消费和储蓄的影响。为了集中探讨税收对储蓄的影响，我们将只考察两种一次总付的税，一种是对每个年轻人征收 τ_1 单位商品的税，另一种是对每个老年人征收 τ_2 单位商品的税。

为了了解这些税收如何影响个人财富，我们把它们加入个人的预算约束中：

$$c_{1,t}+s_t \leqslant y_1-\tau_1 \tag{16.10}$$

$$c_{2,t+1} \leqslant y_2-\tau_2+rs_t \tag{16.11}$$

从式 16.11 中解出 s_t 代入式 16.10，我们得到下列方程表示的一生的预算集，该预算集如图 16.3 所示：

$$c_{1,t}+\frac{c_{2,t+1}}{r} \leqslant y_1-\tau_1+\frac{y_2-\tau_2}{r} \equiv w_t \tag{16.12}$$

式 16.12 的右边代表纳税人税后禀赋的现值。这是纳税人（私人）消费（式 16.12

① 尽管单个个人可以通过借入商品实现数值为负的储蓄，但经济作为一个整体却不能这样做，因为个人只能从另一个愿意贷出（正的储蓄）商品的人那里借入（负的储蓄）商品。

左边）的现值的上限，并且这是纳税人（私人）财富的真实测度。[1] 注意年老时交的税是终值，所以要用总利息率（r）贴现。

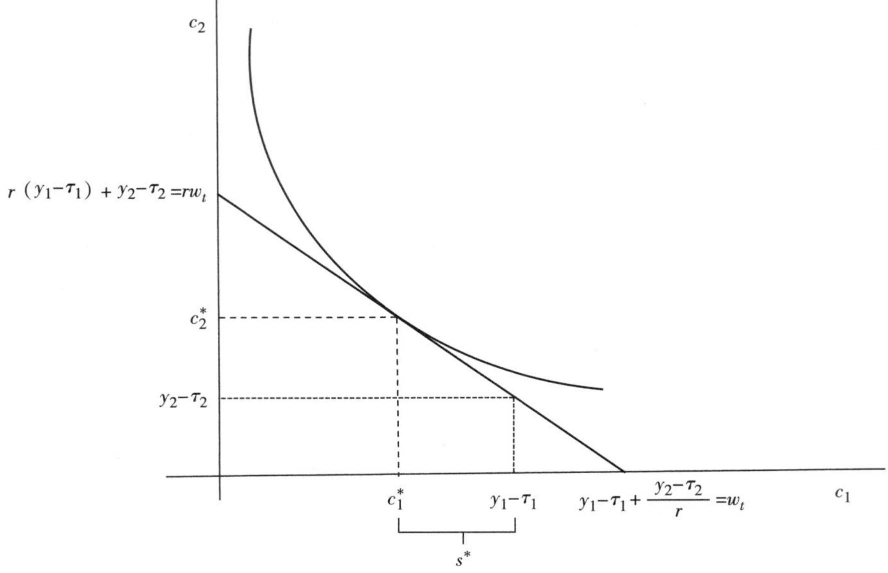

注：当一个人在一生中的每一期都会被征收一次总付税时，一生的预算约束如图所示。一生的消费组合取决于偏好、实际利率和税后收入流的现值。

图 16.3　存在一次总付税时的储蓄决策

16.3.1　财富中性的税收变化

我们接下来要分析税收对个人消费和储蓄决策的影响。首先我们考虑不影响纳税人个人财富的税收变化。令 τ_1^* 和 τ_2^* 分别代表对年轻人和老年人的初始征税额。现在假定我们把对年轻人的征税额增加 10（增加到 $\tau_1^* + 10$），但把对老年人的征税额减少$10r$（减少到 $\tau_2^* - 10r$）。

这一税收变化会对纳税人的财富产生影响吗？为了回答这一问题，我们把新的税收水平代入式 16.12 中定义的财富的表达式：

$$y_1 - \tau_1 + \frac{y_2 - \tau_2}{r} = y_1 - (\tau_1^* + 10) + \frac{y_2 - (\tau_2^* - 10r)}{r}$$
$$= y_1 - \tau_1^* - 10 + \frac{y_2 - \tau_2^*}{r} + \frac{10r}{r} \tag{16.13}$$
$$= y_1 - \tau_1^* + \frac{y_2 - \tau_2^*}{r}$$

① 这里我们加上“私人”这个形容词，是为了强调我们忽略了个人可能从政府支出中得到的任何收益，而政府支出正是由税收来支付的。

从式 16.13 中我们看到纳税人的财富没有改变。以现值形式表示，年老时减少的纳税额恰好抵消了年轻时增加的纳税额。因为这一税收改变没有影响纳税人的财富，所以他的意愿消费组合也不受这一改变的影响。个人的消费取决于他一生中缴纳的税的现值，而不取决于缴税的时间。在这个例子中，一生中缴纳的税的现值没有改变。这与之前一个人的消费模式不受禀赋获得时间影响的结论是相似的。

我们注意到纳税人年轻时的税后收入下降了 10，那么这个年轻人的储蓄将如何变化？分析年轻人的预算约束（式 16.10），他只有通过减少 10 单位储蓄来抵消税收的增加，才能保持年轻时的消费不变。如果他这样做，当他年老时将会受到什么影响呢？分析老年人的预算约束（式 16.11）：他从储蓄中得到的收入将下降 $10r$，但这正是他减少的纳税额，从而使他年老时的消费保持不变。

16.3.2 财富效应

假定现在我们的纳税人面临年轻时税收的增加，同时不存在年老时抵消性税收减少的情况，这将如何影响消费和储蓄？像往常一样，我们首先确定他的意愿消费水平，然后分析他如何通过储蓄来实现这一消费水平。

纳税人一生中税收负担的增加减少了他的财富。因此，他必须在一生中减少消费。如果按照我们的假定，一生中每一期的消费都是正常商品，他将把消费的减少分摊在整个一生当中；也就是说，他将在一生中的每一期都减少消费。

他的储蓄怎样才能适应这些改变？纳税人在一生中的每一期都减少消费，但他的收入下降只发生在一生中的第一期。因此为了减少他在年老时的消费，他必须减少他的储蓄。这样，年轻人收入的下降由消费和储蓄的下降共同分担。

16.4 社会保障

这个包含了代际结构的关于储蓄和投资的模型可以作为一个很好的工具，来分析当今社会一个更为重要的问题：政府管理的养老金计划，如美国社会保障体系或加拿大的社会保险计划的影响。

老年人养老金计划的结构是引起社会广泛关注和激烈辩论的议题。社会保障体系承诺在达到既定年龄后支付给人们养老金。目前存在两种类型的养老金筹资模式。完全积累制的筹资模式，是政府对年轻人征税，并为了他们的利益将资金储存起来，在这群人年老时利用产生的收益向他们支付养老金。完全积累制的养老计划类似于政府担保的或强制的储蓄。另外一种模式是现收现付制，即政府对年轻人征税，并利用税收收入对当期的老年人支付养老金。美国的社会保障是现收现付制养老金计划的典型例子。我们接下来分析每一种养老金计划的影响。

16.4.1 完全积累制政府养老金

一项完全积累制的养老金计划为老年人支付的养老金，源自他们年轻时的强制性缴款。我们在模型中用下面的方法代表这个计划，即对每个年轻人征收 τ 单位商品税收，当他们年老时向他们支付一笔 δ 单位商品的养老金。之所以这个计划被称为完全积累制，是因为年轻人的缴款以市场回报率 r 储蓄起来，将来用于为那些之前提供缴款的人支付养老金。为了简单起见，我们假定没有其他的政府收入或政府支出。这由下面的政府预算约束来表示：

$$N_t \tau r = N_t \sigma \Rightarrow \tau r = \sigma \tag{16.14}$$

个人年轻时和年老时的预算约束分别为

$$c_{1,t} + s_t \leqslant y_1 - \tau \tag{16.15}$$

$$c_{2,t+1} \leqslant y_2 + r s_t + \sigma \tag{16.16}$$

如果 s_t 任意取值，可正可负（负储蓄代表借款）。我们可以解式 16.16 得到 s_t，代入式 16.15 得到一生的预算集：

$$c_{1,t} + \frac{c_{2,t+1}}{r} \leqslant y_1 + \frac{y_2}{r} - \tau + \frac{\sigma}{r} \tag{16.17}$$

式 16.17 的右边是存在完全积累制社会保障计划时的个人财富。

从政府的预算约束（式 16.14）中我们知道 $\sigma = \tau r$，这意味着财富：

$$y_1 + \frac{y_2}{r} - \tau + \frac{\sigma}{r} = y_1 + \frac{y_2}{r} - \tau + \frac{r\tau}{r} = y_1 + \frac{y_2}{r} \tag{16.18}$$

这一财富不受政府养老金计划的影响。因为财富不变，人们可以自由地选择与不存在政府养老金计划时的选择一样的消费组合。政府的养老金计划对人们的消费和福利没有影响。

完全积累制养老金计划会对储蓄有什么影响呢？如果政府将年轻人的社会保险税缴款从 0 增加到一个正值 τ，个人如何才能实现他的意愿消费模式呢？分析一下预算约束（式 16.14 和式 16.15）。为了保持年轻时的消费不变，储蓄必须减少 τ，因此年老时源自储蓄的回报减少 $r\tau$。但这部分储蓄回报的减少，恰好等于年老时源自政府养老金计划的收入的增加，使得老年时的消费也不变。政府养老金计划的影响如图 16.4 所示。这里政府的作用和私人养老金计划一样。因此当政府告诉人们将提高他们对政府养老金计划的缴款时，人们仍然可以通过减少对他们的私人养老金计划的自愿缴款（在我们的概念中是通过减少 s）来实现他们的意愿消费模式。通过这种方式，完全积累制养老金计划只会导致从一个养老金计划到另一个由政府管理的养老金计划的转变。如果两个养老金计划都提供相同的回报率，人们实际不关心他们的养老金由哪个计划来管理，只有它的总金额才是重要的。

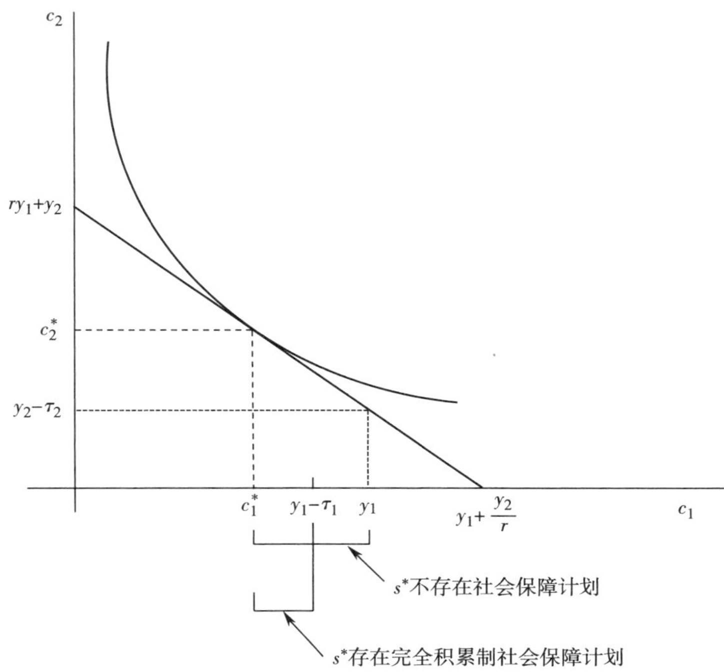

注：不存在社会保障计划时，个人的储蓄选择取决于第一期的禀赋 y_1 和个人第一期的消费选择 c_1 * 之间的差额。这一储蓄水平在图中用 s^* 表示。正如我们看到的，在完全积累制社会保障计划下个人的财富和消费选择是相同的。但是根据个人第一期的预算约束（式 16.15）可知，存在社会保障计划的情况下储蓄是不同的，此时的储蓄是税后禀赋与第一期消费的差。这一更低水平的储蓄在图中用 $s^{*\prime}$ 来表示。

图 16.4 完全积累制社会保障计划对储蓄的影响

16.4.2 现收现付制的养老金计划

政府养老金计划的另一种筹资模式是，向时期 t 的老年人支付的养老金来自同一时期年轻人的缴款，也就是"现收现付"体系。政府不代表老年人进行任何投资，而是依赖于资金的代际转移，如图 16.5 所示。

现收现付体系下的政府预算约束要求在每一个时期 t，对老年人支付的养老金总额等于 t 时期年轻人缴纳的税收缴款总额，即

$$N_{t-1}\sigma = N_t\tau \tag{16.19}$$

或

$$\sigma = \frac{N_t}{N_{t-1}}\tau = n\tau \tag{16.20}$$

从政府的预算约束（式 16.20）中可以发现，人口的持续增长（$n>1$）意味着年轻人多于老年人，所以在给定税额的情况下，每个老年人得到的养老金大于每个年轻人的缴款。年轻人缴纳的总税收在人数相对较少的老年人之间分摊。

将这个新的政府预算约束（式 16.20）代入我们从一生预算约束（式 16.17）中得

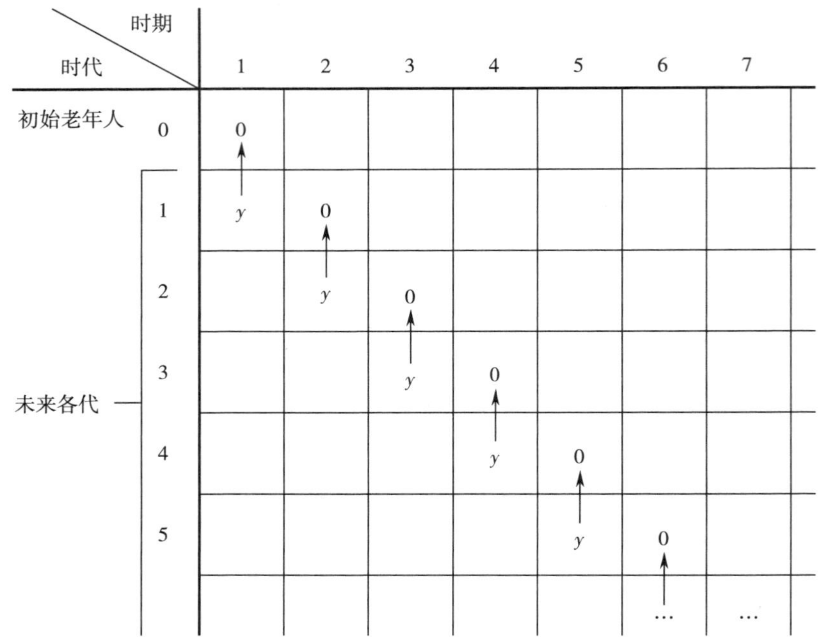

注：箭头代表现收现付制政府养老金计划下的代际转移。

图 16.5　现收现付制社会保障体系

到的个人财富的表达式，可以得到

$$y_1 + \frac{y_2}{r} - \tau + \frac{\sigma}{r} = y_1 + \frac{y_2}{r} - \tau + \frac{n\tau}{r} = y_1 + \frac{y_2}{r} + \left[\frac{n}{r} - 1\right]\tau \qquad (16.21)$$

未来的各代人会喜欢现收现付保障体系吗？从式 16.21 中我们看到，只有在 $n > r$ 时现收现付保障体系才会增加未来各代的财富，在那种情况下式 16.21 中的最后一项是正的，因此增加了个人的财富。如果 $n < r$，为什么此时未来各代不喜欢现收现付制的政府养老金计划呢？为了理解这一点，假定年轻人获准可以选择退出计划，取消他们的税收形式的缴款和养老收益。如果一个年轻人将原本税收形式的缴款（τ）进行投资，他将从投资中得到 $r\tau$ 的回报，同时失去 $n\tau$ 的养老收益。显然如果 $r > n$，他自己进行投资将使他的状况变得更好，如果 $n > r$，他将变得更差。

那么如果政府允许年轻人选择不参与现收现付制政府养老金体系，谁会对此持反对意见呢？是当期的老年人，那些在现收现付制被放弃时处于老年时期的人。无论这些人年轻时自己是否有过缴款，他们从今往后将是现收现付代际转移中的最大受益者，因为他们应该缴款（如果有的话）的时间已经过去了。

16.5　本章小结

在这一章，我们更细致地考察了代际交叠模型中的年龄结构，以便研究与储蓄和投资相关的经济决策。我们的目标是理解影响这些变量的因素。

一方面我们发现财富——一生收入流的现值——是决定消费的一个重要因素。财富的增加会导致一生中各期消费水平的提高。另一方面，储蓄随收入的变化而变化。两期间收入的转移不影响消费，但确实会影响储蓄。

我们也考察了税收对消费和储蓄的影响。不影响财富水平的征税时间的改变，不会影响一生的消费模式。为了维持消费水平我们可以对储蓄作出调整。但是，使财富发生变动的税收变化会改变储蓄和消费。这些结论对我们将在第 17 章中讨论的政府债务发行的经济影响这一主题有重要意义。

16.6 练习

16.1 考虑老年人缴纳的一次总付税的税额提高的情形。分析它对财富的影响，对年轻时和年老时消费的影响和对年轻人储蓄的影响。假定资本是经济中的唯一资产，税收增加对产出有什么影响？

16.2 假定人们生存三期。如果政府对中年人减税，这对年轻人的消费和储蓄有什么影响？对中年人的消费和储蓄有什么影响？

16.3 假定我们在代际交叠经济中引入如下的完全积累制政府养老体系，该经济中资本提供固定的总回报率 x，政府对每个年轻人征 τ 单位商品的税并将该税收投资于资本（并且只投资于资本），年老时每个人得到他年轻时交的税所产生的全部回报。

a. 对于一个年轻时拥有禀赋 y，年老时禀赋为零的人，求他的预算约束。证明当 τ 的值很小时，τ 的值对均衡消费路径没有影响。

b. 利用个人和政府的预算约束说明，只要消费不改变，私人和政府的资本总和就不会改变。

c. 分析当 τ 的值是多大时能够影响消费。

16.4 考虑一个现收现付制的社会保障计划，从每个年轻人那里征收 10 单位商品，并将其平均分配给老年人。分析以下几种情形下这一计划对未来各代财富的影响，对年轻时和年老时消费的影响，对年轻人私人储蓄的影响，以及对年轻人投资的影响。尽可能详细说明变化的大小。

a. 人口不变并且 $r=1$。

b. 人口不变并且 $r>1$。

c. 人口增长率为 n，且 $n>r$。

16.5 考虑一个禀赋随时间的推移而提高的代际交叠经济。令 $y_t = \alpha y_{t-1}$，其中 $\alpha > 1$。年轻人得到禀赋，同时老年人不会获得任何禀赋。个人消费偏好是年轻人总是希望将一半的禀赋用于消费。政府唯一的活动是管理一个老年养老金计划。政府选择现收现付制的养老体系，利用从年轻人那里征得的税收向老年人支付养老金。假设人口保持不变。

a. 写出年轻人的预算约束。

b. 写出老年人的预算约束。

c. 推导一生的预算约束。

d. 写出政府的预算约束。假设政府每一期都保持预算平衡。

e. 老年人喜欢现收现付制养老金计划，还是喜欢不存在养老金计划的均衡状态？

第 17 章　国债对资本和储蓄的影响

17.1　本章概览

2009 年美国通过了《美国复兴与再投资法》，目的是在经济危机时期刺激美国经济。伴随着税收收入的下降，美国政府只能依靠财政赤字来为不断增加的政府支出提供融资。媒体、政治家和经济学家的注意力高度集中在关于旨在刺激经济活动的政府支出一揽子计划的有效性上。学者们的研究继续拓展我们对于政府支出的改变如何影响经济活动的理论认识。例如在经济下滑时期，政府只能依靠发行政府债券来满足由政府支出增加所产生的资金需求；例如我们必须理解与未来的税收负债相结合的政府支出是否会影响当前和未来的 GDP 水平。很明显，这些问题的答案是非常重要的，这些问题是值得关注的。

在本章中我们希望阐明这些重要的问题。为此，我们将利用上一章学到的关于财富、消费和储蓄的知识来研究国债的影响。假设因为 $n > r$ 所以政府不能简单地永久性滚动发行其债务。对于政府来说，为了偿清其债务，未来的税收必然增加。我们在第 16 章学到，税收的增加会导致一生税后财富的减少。所以对于那些比如会活 75 年的人来说，在他们的一生中未来的税收是否会增加是很重要的。换句话说，国债对人们行为的影响分析，关键取决于政府未来偿清债务的速度以及政府的计划与眼光长远的个人规划是否吻合。

我们利用第 16 章中提出的一生预算约束的方法开始我们的研究。然后我们拓展基本的分析框架来研究一个名义货币能够影响人们决策的经济。此外，通过假设模型中的个人关注未来各代的情况，我们扩展了个人规划的范围。即使你只生存两期，你的行为也好像你的规划范围已经扩展到了永远一样。

17.2　国债与资本挤出

政府债券和资本都是人们用于储蓄的资产形式。如果政府增加债券存量，这是否意味着人们对于资本的投资会减少呢？我们通过对两个例子的分析来讨论这个问题：一个例子中政府赤字引起资本投资的减少，另一个例子中政府赤字对资本没有影响。这两个例子只是在一个假设条件上有所不同。这个假设最终将被证明是理解国债规模何种情况下对资本存量的规模非常重要的关键所在。

很容易理解为什么政策分析是很重要的。图 17.1 描绘了美国财政盈余和财政赤字占 GDP 的比例。1990 年以来你可以看到几个政府支出明显增加的时期。图中很明显有一个时期财政赤字占 GDP 的比重明显下降，甚至数字符号改变显示财政出现盈余。财政盈余维持的时间很短暂，到 21 世纪初期财政赤字开支开始增加。我们看到一个财政赤字占 GDP 的比重持续升高的时期。在 21 世纪前五年财政赤字占 GDP 的比重保持在 2.5% 左右，此后我们看到财政赤字占 GDP 的比重急剧上升，到 2009 年已经接近 10%。到本书写作时，财政赤字占 GDP 的比重又降回到了 2.5%。

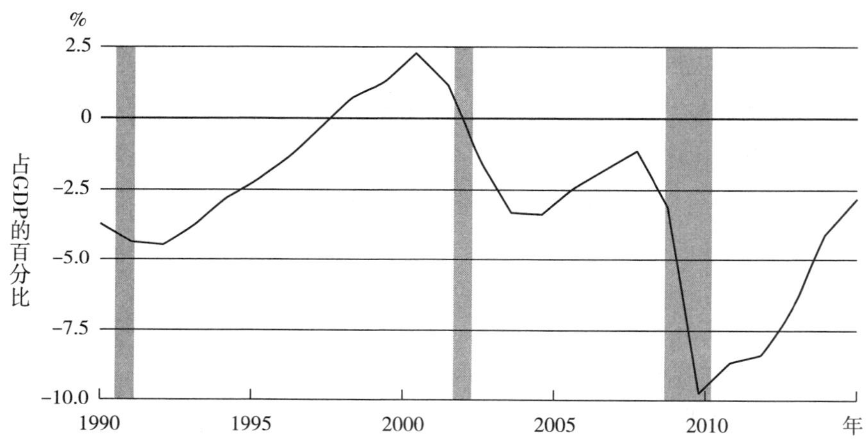

注：在这 25 年间，你可以发现一个正在形成中的周期。1990 年到 2001 年这个比例上升，此后紧接着的是持续到 2009 年的下降。自那以后好像又开始进入一个上升期。

资料来源：圣路易斯联邦储备银行、美国预算管理办公室。阴影部分表示美国经济衰退时期—2015 research. stiouisfed. org。

图 17.1　1990—2015 年联邦政府财政盈余/赤字（+/-）占 GDP 的百分比

在两个例子中，我们都会考察第 16 章中提出的代际交叠经济，其中代理人生存两期，每个人年轻时拥有 y_1 单位商品禀赋，年老时拥有 y_2 单位商品禀赋。为了简化分析，我们假设人口数量不变。这个经济中资本提供的一期回报率恒定为 r。不存在货币，但如果政府需要，它可以发行回报率与资本相同的债券。在 t 时刻，每个年轻人缴纳 τ_1 单位商品的一次总付的税，同时每个老年人缴纳 τ_2 单位商品的一次总付的税。税后一生的总财富用于一生中消费品的购买。一生的预算约束为

$$c_{1,t} + \frac{c_{2,t+1}}{r} \leqslant y_1 - \tau_{1,t} + \frac{y_2 - \tau_{2,t+1}}{r} \equiv w_t \qquad (17.1)$$

每个时期政府的预算约束可以写为

$$g_t + rb_{t-1} = \tau_{1,t} + \tau_{2,t} + b_t \tag{17.2}$$

式 17.2 表明，每一期政府要购买 g 单位商品，同时要偿还上一期发行的债务的本金和利息。为了完成这些支付，政府向年轻人（τ_1）和老年人（τ_2）征税，剩余的部分用借款解决，这样保证每一期预算约束都能得到满足。

现在考虑在 t 时期政府支出保持不变的情况下，对每个年轻人减税 100 单位商品的影响。从政府的预算约束中我们可以发现，只有在每个年轻人持有的政府债务增加 100 单位商品时，减税才能实现。我们假定这些债务将在未来某一时刻由另外的某一代人偿还。这将被证明是一个关键的假定。

面对这一减税人们将如何改变他们一生的消费计划，即 $c_{1,t}$ 和 $c_{2,t+1}$ 呢？现在得到减税而未来税收不增加的人（税后）财富增加了。如果我们假设 $c_{1,t}$ 和 $c_{2,t+1}$ 都是正常商品，每一期的消费都将随财富的增加而增加。

这将如何影响这一代人中一个成员的储蓄呢？为了在年老时能够有更多消费，每个人的储蓄必须增加。不过要在年轻时消费更多，增加的储蓄只能少于 100。换句话说，由于第一期的消费增加，个人无法将减税总额都储蓄起来。

既然我们知道了储蓄会如何变化，我们就可以明确资本会如何变化了。经济中有两种人们可以用于储蓄的资产——资本和政府债券。因此：

$$s_t = k_t + b_t \tag{17.3}$$

我们用符号 Δ 表示由于政策改变所导致的变量变化。更正式一点的说法是，令 $\Delta x_t = x_t - x_{t-1}$。基于此由式 17.3 可得

$$\Delta s_t = \Delta k_t + \Delta b_t \tag{17.4}$$

为了给减税融资，政府债券必须增加 100（$\Delta b_t = 100$），但储蓄的增加额是小于 100 的某一个数字（$\Delta s_t = 100 - \Delta c_{1,t} < 100$，因为 $\Delta c_{1,t} > 0$）$_D$由式 17.4，资本必须减少：

$$\begin{aligned}\Delta s_t &= 100 - \Delta c_{1,t} = \Delta k_t + 100 \\ &\rightarrow \Delta k_t = -\Delta c_{1,t} < 0\end{aligned} \tag{17.5}$$

我们发现年轻时消费的增加将引起资本的减少。尽管资产存量的增加额与债券发行的数量相同——也即减税的规模——但人们不会将全部减税额用于增加储蓄。因此只有当人们减少他们持有的资本时，才会持有债券。由于政府债务的增加而导致的资本减少通常被称为资本挤出，因为在个人储蓄中债券替代了资本。[①]

例 17.1 在代际交叠模型中考虑一个人们生存两期的经济。假设存在回报率为 x 的资本，为了简化分析假设不存在法定货币。

在 t 时期政府对每个年轻人减税 100 单位商品并发行等额的政府债务，这对一个年轻人的财富、储蓄、消费和资本投资会产生怎样的影响？假定在下一期（$t+1$ 期），政

---

① 如果劳动的边际产量是资本存量的增函数，资本的任何减少也将使工资降低。参见 Diamond（1965）。

府债务将通过对下一代的年轻人征税来偿还。使用一生的预算集来回答。

17.2.1 赤字和利率

由于回报率相等，（实际）利息率等于资本的边际产量，为了简化分析我们假定资本的边际产量不变。如果我们转而假定资本的边际产量递减，我们可以确定政府债务对利息率的影响。正如我们在第6章中所讨论的，回报率相等和资本的边际产量递减意味着资本存量和利息率之间的反向相关关系。因此继续前面的分析，如果政府债务的增加减少了资本存量，这将提高资本的边际产量，并使利率上升。

对模型的另一个解释有助于我们理解债务和利息率之间的关系。在之前的例子中，国债的增加会使意愿储蓄增加，但意愿储蓄的增量要小于债券的增量。换言之，对于任何给定的利率，储蓄供给的增加小于资本家和政府对储蓄的需求。在自由的市场环境下，供给不能超过需求，那么政府（或其他储蓄的“需求者”）如何吸引人们持有其债券呢？它可以提供更高的利率。因为资本的边际产量低于利率，所以政府债券较高的利率将使储蓄者减少资本投资，由此导致了资本挤出。

17.3 中性的政府债务

对这一政策做一个关键性的改变，我们就可以得到一个赤字不会挤出资本的例子（见表17.1）。现在假定 t 时期发行的债务不是通过向未来各代征税而得到偿付，而是通过在 $t+1$ 期对老年人征税而得到偿付。在这一假定下，用于偿付债务的税收落在了享受减税政策的这代人身上。我们通过比较两个财政计划下个人的一生预算约束来分析这种情况，这两个财政计划对每一个年轻人提供相同水平的政府支出 g_t。在A计划中，t 代人的每个成员只在年轻时缴纳一项等于 g_t 单位商品的税。不存在政府债务，因为政府支出完全由税收提供资金。在B计划中，这代人年轻时不缴税，政府通过向每个年轻人发行价值 g_t 单位商品的债务来为政府支出提供资金，所以 b_t 等于 g_t。政府利用在 $t+1$ 期向老年人征的税连本带息地偿还这些债务。因为政府债券的总回报率为 r，所以每个老年人必须缴纳数量为 rb_t 的税。

表17.1 可供选择的政府融资计划的比较

计划A	计划B
$\tau_1 = g_t$	$\tau_1 = 0$
$b_t = 0$	$b_t = g_t$
$\tau_2 = 0$	$\tau_2 = r b_t$

注：计划A是一个平衡预算计划，此时政府既没有财政赤字也没有财政盈余。计划B是一个赤字融资计划，此时政府对外借款并在一期后偿还。

一般地，一生预算约束可以写为

$$c_{1,t} + \frac{c_{2,t+1}}{r} \leqslant y_1 - \tau_{1,t} + \frac{y_2 - \tau_{2,t+1}}{r}$$

将表 17.1 中列出的每个计划的变量值代入这一约束条件，我们可以比较两个计划下人们的预算（见表 17.2）。

表 17.2　可替代的政府融资计划下个人预算约束的比较

A 计划	B 计划
$c_{1,t}+\frac{c_{2,t+1}}{r}=y_1+\frac{y_2}{r}-g_t$	$c_{1,t}+\frac{c_{2,t+1}}{r}=y_1+\frac{y_2-rg_t}{r}$

表 17.2 显示，两个计划下的一生预算集是相同的。赤字融资的减税计划不会改变这代人的财富，因为年轻时减税带来的收入增加被偿还债务时由于缴税而减少的收入的现值全部抵消。在两个计划中 t 代人都为全部政府开支提供资金。当他们为此缴纳税收时，他们的财富不受影响。

因为无论赤字存在与否财富都是一样的，所以人们将在生命的两期中都选择同样的消费。人们年轻时不会将由于减税而增加的收入的任何部分用于消费，因为预期到未来政府会为了清偿赤字而增加税收，他们会将全部减税额储蓄起来。通过这样做，他们年老时将拥有适宜数量的资金缴纳更高额的税。

这一赤字对资本存量有什么影响呢？再一次强调储蓄等于资本加债券，所以储蓄的变化一定等于资本的变化和政府债券的变化的总和：

$$s_t = k_t + b_t \Rightarrow \Delta s_t = \Delta k_t + \Delta b_t \tag{17.6}$$

虽然债券的增加量等于减税的数量，但是因为全部减税额都被储蓄起来了，所以债券的增加量等于储蓄的增加量（$\Delta s_t = \Delta b_t$）。这意味着赤字对资本没有影响（$\Delta k_t = 0$），不存在资本的挤出，因此也没有影响资本的边际产量和利率。意愿储蓄的增量恰好等于政府债务的发行额，所以政府不必为了吸引人们持有债券而提供更高的利率。

我们在这个例子中看到，赤字融资的减税方案对消费或资本这些实际变量没有影响。这个结论通常被称为“李嘉图等价定理”，该定理以大卫·李嘉图的名字命名。李嘉图是一位著名哲学家和古典经济学家，是他第一个考虑了这种情形。

我们已经考察了两个结果完全不同的例子。在第一个例子中，赤字融资的减税方案改变了消费、储蓄和资本持有量。在刚考察过的例子中则不存在这些影响。这两个例子之间最重要的差别是什么呢?

在第一个例子中，减税改变了实际变量，因为从减税中受益的个人不必承担为偿还债务而增加的税收。正是由于这一点这些人的财富增加了，从而使他们的消费增加。在第二个例子中，个人在一生的第二期缴纳更多的税收以偿还债务本息。这些人的财富没有发生变化，所以也不会改变其消费。显然，债券融资的减税方案的影响，取决于那些得益于减税的人是否存活，并缴纳为了偿还债务而相应增加的税收。

例 17.2　假定在减税后立即对当期的老年人征税以偿还债务，回答例 17.1 中的问题。解释你对这两个练习所给出的答案的差别。

17.4 法定货币和资本的挤出

法定货币和附息政府债券一样，是政府债务的一种形式。问题是这另外一种形式的政府票据如何影响均衡结果。特别是，法定货币的变动会挤出资本吗?

为了回答这一问题，我们再次将法定货币引入我们的模型。人们持有法定货币，是因为政府要求每个年轻人必须持有价值 φ 单位商品的法定货币。从本质上看这是一种总量型的法定准备金要求，无论他的储蓄总额或银行余额是多少，每个人都必须持有这些数额的准备金。① 与第 8 章的部分准备要求一样，这样的准备金要求不会影响储蓄或银行余额的回报率。我们假定人们是为了满足政府的要求而持有法定货币，不是为了降低交易成本或出于其他动机而持有法定货币，这样我们可以将货币对财富的影响从其对交易的影响中分离出来。

假设法定货币的存量保持不变。在初始期，法定货币存量平均分配给初始的老年人（$m_0 = M/N_0$）。与之前的模型一样，我们假定存在一期总回报率为 r 的资本，而且 $r > n$。资本和法定货币是经济中仅有的可供选择的资产。

未来各代中每个成员的预算由以下两个式子给出:

$$c_{1,t} + v_t m_t + k_t = y \tag{17.7}$$

$$c_{2,t+1} = v_{t+1} m_t + r k_t \tag{17.8}$$

如果其中的 k_t 是正的，可以得出一生的预算约束为

$$\begin{aligned} c_{1,t} + \frac{c_{2,t+1}}{r} &= y - v_t m_t + \frac{v_{t+1} m_t}{r} \\ &= y + v_t m_t \left[\frac{v_{t+1}}{v_t r} - 1\right] \end{aligned} \tag{17.9}$$

当持有法定货币只是为了满足法定要求时，货币供求出清的条件是

$$v_t M = N\varphi \tag{17.10}$$

在稳定均衡状态下（正如我们已多次看到的），不变的货币存量意味着货币的价值按照人口的增长率 n 增长。因此，当 $v_t m_t = \varphi$ 时，我们有 $v_{t+1} m_t = n\varphi$。由此预算约束（式 17.7 到式 17.9）可以写作:

$$c_1 + \varphi + k = y \tag{17.11}$$

$$c_2 = n\varphi + rk \tag{17.12}$$

$$c_1 + \frac{c_2}{r} \leqslant y + \varphi\left[\frac{n}{r} - 1\right] \tag{17.13}$$

我们可以很容易地发现实际货币余额对式 17.13 右半边所反映的未来各代财富的影响。举例来说，如果像我们所假定的那样 $r > n$，那么实际货币余额水平 φ 的提高，

① 这个模型描述的经济中的法定准备金要求是一个货币余额水平。第 8 章中我们关注的是货币余额占存款的比重。参见 Champ 和 Freeman（1990）。

意味着一生财富的减少。式 17.13 右半边的第二项是负的，所以实际货币持有量越大意味着这一项的值越小。或者换一种方式来说，人们被迫持有法定货币来替代资本，导致他们的储蓄回报率降低，从而使得他们的财富减少了。①

这些财富到哪里去了呢？如果像我们假设的一样，初始法定货币的存量由初始时期所有的老年人平均拥有，那么初始时期每个老年人的消费为

$$c_{2,1} = rk_0 + v\left[\frac{M}{N_0}\right] = rk_0 + n\varphi \qquad (17.14)$$

其中 k_0 是一个给定的非负数，代表初始时期每个老年人持有的资本存量。由于对货币 φ 的需求的增加导致的单位法定货币价值 v 的提高，通过提高初始法定货币存量的价值增加了初始一代人的财富。②

实际货币余额对资本和产出有什么影响呢？回想一下，在稳定均衡状态下未来各代人老年时的预算约束是 $c_2 = n\varphi + rk$（式 17.12）。

对于任意给定的意愿消费水平 c_2，实际法定货币余额 φ 的增加，会在老年时提供更多的收入，因此减少了利用资本进行储蓄的需求。通过这种方式，法定货币余额的增加挤出了资本。另外，如果 c_2 是正常商品，老年时的消费将随财富的减少而减少，进而利用资本进行的储蓄意愿减少。更低的稳态资本意味着更低的实际产出。

17.4.1 抵消财富的转移

本书中研究的政策变化通常会影响货币需求，并因此影响初始时期老年人拥有的任意法定货币余额的价值。例如准备金要求的下降提高了存款的回报率，这有利于未来各代，但它同时也降低了初始期法定货币余额的价值，从而伤害了初始时期的老年人。如果一项政策变化涉及财富在不同代人之间的转移，从客观的角度上来评价这样一项政策是很困难的，政策改变的必要性依赖于政策制定者更重视哪一代人的福利。

本章中我们已经看到，政府债务可以通过改变税收的影响方式在不同代人之间实现财富的转移。这意味着当一项政策改变了初始法定货币余额的价值时，我们可以利用政府债务来抵消由此产生的财富转移。特别是我们可以考虑 Auernheimer（1974）的建议：如果某项政策通过降低法定货币的需求，使得初始法定货币余额的价值降低，政府可以减少一定数量的法定货币供给，以使法定货币的价值（从而也使价格水平）恰好保持不变，这样来抵消任何源自初始老年人的财富转移。

这种法定货币存量的减少当然必须通过某种方式获得融资。对初始老年人增税将使帮助初始老年人的目的无法实现，所以考虑通过政府债务的发行为法定货币存量的

① 对这一结果直观的理解要回顾现值的概念。对于未来各代来说，法定货币既是一笔支出也是一笔收入：年轻时它是价值 φ 单位商品的一笔支出，因为未来各代必须放弃这些商品以获得货币而不是资本。法定货币确实会产生一笔价值 $n\varphi$ 单位商品的老年期购买的流量，不过因为源自法定货币的老年期的商品流量是在费用发生之后一期才收到的，所以它必须以总利率 r 为折现率贴现。由于 $r > n$，老年期的商品流量的现值小于支出的现值。正是由于这一原因，当 $r > n$ 时持有法定货币的净收益 $\varphi[(n/x) - 1]$ 是负的。

② 我们注意到这是同一类型的发生在初始老年人和未来各代之间的财富转移，正如我们在第 13 章中看到的。

减少进行融资。每个人持有的债务是固定的，并且债务的利息是用未来各代交纳的税收来支付的。由法定货币需求下降导致的财富从初始期老年人向未来各代的转移，现在已经被国债的增加所抵消，国债的增加将财富从未来各代（他们必须缴税以满足支付利息的资金需求）转移回给初始期老年人（他们从法定货币存量的减少中受益）。

旨在减少法定货币存量的债务发行，表现为在公开市场上售出政府债券以回笼法定货币。同样的方式，通过法定货币存量的扩张实现的政府债券的公开市场买入，可以在政策引致法定货币需求增加的情况下，保持法定货币的价值不变。政府买入债务减少了政府为支付债务利息所需要的税收收入。由于通过这些公开市场操作将初始老年人的财富保持在初始水平上，所以我们只要考察货币政策对未来各代的影响，就可以对货币政策的效果作出判断。①

17.5 具有无限生命的经济主体

在本书中，我们的讨论一直致力于构建包含有限生命经济主体的经济模型。我们利用代际之间的交易来解释为什么人们愿意持有价值储藏手段，这种价值储藏手段也可以用作交易媒介。换句话说，我们提出了对构建一个货币模型来说十分必要的一系列假设条件。我们的分析表明本质上没用的法定货币，只有在终止日不明确的经济中才有价值。

聚焦于代际交叠模型是建模的一个选择。对于构建关于永远延续的经济模型，我们可以在两个框架下进行选择——具有永远生存的个人（或者家庭）的模型，或具有有限生命个人的无限代际交叠模型。为了完整起见，我们现在来考察另一种研究框架，以便了解我们的选择在哪些方面对已经得到的结论有影响。

对于我们已经进行研究的大部分主题，决策者是否永远生存并不重要。但是这个假设对于我们现在要讨论的这个主题，即国债和货币余额对财富和资本的影响是很重要的。

17.5.1 包含无限生命个人的模型

考虑一个只有一代人的经济，其中有 N 个完全相同的具有无限生命的个人，每一个人在其生命中的每一期都拥有 y 单位商品的禀赋。我们将一个无限生命个人一生的效用，写为无限期中每一期消费所带来的即期效用的加权总和：

$$u(c_1)+\beta u(c_2)+\beta^2 u(c_3)+\cdots=\sum_{t=0}^{\infty}\beta^t u(c_t) \tag{17.15}$$

这里 β 代表未来各期获得的效用所适用的“贴现因子”。我们假定 $\beta<1$。这一假

① Auemheimer 构建了一个只包括一代人的模型，利用这个模型来研究公开市场操作。他研究的公开市场操作在代际交叠模型中的应用，参见 Bacchetta 和 Caminal（1994）以及 Freeman 和 Haslag（1995，1996）。

定意味着，在衡量一生的总效用时，未来得到的即时效用的“权重”小于现在得到的即时效用。例如，在时期 1 额外增加的一单位即时效用会使一生总效用也增加一单位。但是在时期 3 额外增加的一单位即时效用只会使一生总效用增加 β^2 单位，这显然小于 1 单位。[①] 注意因为这个模型中没有人口的增加，模型中只有一种类型的人，这种每一个人都相同的模型被称为“代表性个人模型”。

假定存在资本和政府债券，两者的一期总回报率都是 $r > 1$ 。[②]

17.5.2 财富、资本和附息政府债务

回顾上文的结论，如果在将来缴纳税收用于偿还债券本息的人正是从减税中受益的人，那么由增发政府债券提供融资的政府（一次性）减税方案对个人财富没有任何影响。如果个人财富没有发生变化，他就不会改变其消费和投资。在包含同质的无限生命个人的单独一代人的模型中，不论在未来什么时候增加税收，未来多缴税的人总是那些获得减税的人。所以，赤字融资减税方案就其影响而言总是中性的。

对一个无限生命个人的一生预算约束的考察可以证明这一点。我们从个人 t 时期的预算约束出发来建立其一生的预算约束。在任意时期 t，个人为了获得消费和资产（这里是政府债券和资本）的开支不能超过他的税后收入，包括之前获得的资产所产生的回报：

$$c_t + s_t \leqslant y - \tau_t + rs_{t-1} \tag{17.16}$$

其中在前三期 $s_t = k_t + b_t$ ，我们有

$$c_1 + s_1 \leqslant y - \tau_1 + rs_0 \tag{17.17}$$

$$c_2 + s_2 \leqslant y - \tau_2 + rs_1 \tag{17.18}$$

$$c_3 + s_3 \leqslant y - \tau_3 + rs_2 \tag{17.19}$$

为了建立这个人的一生预算，我们解式 17.18 得出 s_1 ，并将其代入式 17.17 从而得到

$$c_1 + \frac{c_2 + s_2 - y + \tau_2}{r} \leqslant y - \tau_1 + rs_0$$

或

$$c_1 + \frac{c_2}{r} + \frac{s_2}{r} \leqslant y - \tau_1 + \frac{y - \tau_2}{r} + rs_0 \tag{17.20}$$

现在重复这些步骤，解式 17.19 得出 s_2 ，并将其代入式 17.20：

$$c_1 + \frac{c_2}{r} + \frac{1}{r}\left[\frac{c_3 + s_3 - y + \tau_3}{r}\right] \leqslant y - \tau_1 + \frac{y - \tau_2}{r} + rs_0 \tag{17.21}$$

---

① 如果不对未来的效用进行贴现（也就是说，在 $\beta \geqslant 1$ 的情形下），对于任意给定的不变消费水平，无穷多项相加会得到无穷大的效用。

② 由于贴现的一生总效用（式 17.15）是有限的（也就是说，讨论效用最大化问题当然是必要的），所以 r 不能太大。对于“不能太大”的确切含义的解释参见 Jones 和 Manuelli（1990）。

同样不断地重复这些步骤，我们会得到无限生存个人的一生预算约束：

$$c_1+\frac{c_2}{r}+\frac{c_3}{r^2}+\frac{c_4}{r^3}+\cdots\leqslant y-\tau_1+\frac{y-\tau_2}{r}+\frac{y-\tau_3}{r^2}+\frac{y-\tau_3}{r^3}+\cdots+rs_0 \quad (17.22)$$

无限生命个人的一生预算约束实质上与任何其他人的一样（尽管更长），一生消费的现值不能超过一生税后收入（财富）的现值。还要注意到式 17.22 恰当地对未来的价值进行了贴现。例如，发生在未来三期之后的第四期消费，用 r^3 贴现。因为 s_0 在过去的一期发生，所以它必须要乘以 $r^1=r$。

现在考虑在时期 1，执行一项由增发政府债务提供融资的 10 单位商品的减税方案。这一债务在 T 期之后（在 $T+1$ 期）通过增加征收 $10\ r^T$ 的税收偿付本息。用现值形式表示，增加的税收价值 $10\ r^T/r^T=10$ 单位商品，恰好是减税额的现值。财富没有发生改变，所以消费也将保持不变。

这对资本会有什么影响呢？由定义可知 $s_t=k_t+b_t$，所以 $\Delta s_t=\Delta k_t+\Delta b_t$。因为他们的财富没有发生改变，人们在未来税收增加的预期下，将减税所得的收益全部储蓄起来。储蓄的增加额等于政府债券的增加额（$\Delta s_t=\Delta b_t$），所以资本没有被挤出。[$\Delta k_t=0$]。

例 17.3 考虑一个包含同质的无限生命个人的经济。假定在时期 3，对每个人减税 50 单位商品。这一减税方案由增发国债提供融资，这些政府债务在时期 7 通过增税来偿还。时期 7 的税收将增加多少？多少减税额将会被用于储蓄？时期 3 的消费是多少？请加以解释。

17.5.3 财富、资本和实际货币余额

在货币余额对财富和资本的影响方面，包含无限生命个人的模型与代际交叠模型的结论也有所不同。为了了解这一点，我们来考察具包含无限生命个人的模型中总量型准备金要求对财富和资本的影响。

令法定货币的存量保持不变，在初始期，法定货币的存量在所有人之间平均分配（$m_0=M/N$）。持有法定货币是为了满足政府关于每个人必须持有价值 φ 单位商品法定货币的要求（$v_t m_t=\varphi$）。

为简化起见，我们假定没有政府债券。任一时期 t 的个人预算集可以写作：

$$c_t+v_t m_t+k_t=y+v_t m_{t-1}+r k_{t-1} \quad (17.23)$$

式 17.23 的右半边告诉我们，在时刻 t 个人可得到的全部资金来源包括个人的禀赋、个人上一期持有的货币的实际价值和上一期资本形式的储蓄所产生的回报。这些资金来源被用于消费和获取资产（货币和资本），这些资产接下来又将成为 $t+1$ 时期的资金来源。

和往常一样，均衡要求在任一时期 t 法定货币的名义供给等于名义需求，即

$$M=N m_t$$

或者

$$m_t = \frac{M}{N} = m_{t-1} \tag{17.24}$$

这样我们通过消掉含有货币的两项，可以简化预算约束（式 17.23）：

$$c_t + v_t\left[\frac{M}{N}\right] + k_t = y + v_t\left[\frac{M}{N}\right] + rk_{t-1} \quad \rightarrow \tag{17.25}$$

$$c_t + k_t = y + rk_{t-1} \tag{17.26}$$

按照得到式 17.22 所使用的重复迭代的步骤，可以证明式 17.26 意味着一生预算约束为

$$c_1 + \frac{c_2}{r} + \frac{c_3}{r^2} + \frac{c_4}{r^3} + \cdots \leqslant y - \tau_1 + \frac{y - \tau_2}{r} + \frac{y - \tau_3}{r^2} + \frac{y - \tau_3}{r^3} + \cdots + rk_0 \tag{17.27}$$

注意一单位法定货币的价值 v_t 不影响典型个人的预算。法定货币价值的提高，会等额地提高他已经拥有的货币余额（m_{t-1}）的价值和他为下一期而获取的货币余额（m_t）的价值。因为在每一期所有人都必须取得新的货币余额来代替他们花费掉的任意货币余额，所以货币价值的提高不会引起财富、消费或投资的增加。因为法定货币需求的改变（由于 φ 的改变）不影响他们的消费和资本面对的约束（式 17.26 或式 17.27），也不会影响他们对消费或资本的选择。

由于同样的原因，在一个代表性个人模型中不存在托宾效应。通货膨胀率的上升会减少法定货币的使用，这和代际交叠模型中的情形一样。但在代表性个人模型中，无论它可能造成怎样的扭曲，法定货币使用的减少都不会导致财富的转移。对消费和资本的约束（式 17.26 或式 17.27）不会改变，因此也不会导致资本使用的增加。但是必须明确的是，无论我们假设人们是有限生命的还是无限生命的，通货膨胀率的上升都会使法定货币的使用减少，降低效用水平。[①] 两种情形下，因为都要求金融机构按照存款的一定比例持有准备金，通货膨胀也会对金融机构的中介活动产生负面影响。

在代际交叠模型中，任何提高法定货币价值的活动，都会把财富从未来各代转移给拥有初始货币存量的初始一代。这一转移在无限生命个人模型中不会出现，因为这种模型中只存在一种类型的人。如果人们具有无限生命，货币价值的提高会使源自原有货币余额的收入增加，同时也使对新货币余额的购买增加相同的数量，从而使个人的预算保持不变。如果个人的预算和偏好不变，他的行为也就不会改变，这意味着无限生命个人的消费和投资选择不受实际货币余额规模改变的影响。

例 17.4 假设法定货币存量按照以下规则改变 $M_{t+1} = zM_t$，其中 $z > 1$。假定增加的货币存量作为一次性补贴发放给具有无限生命的人们。证明个人在时期 t 的预算方程不受影响。提示：需要利用政府的预算约束来分析。

---

① 和代际交叠模型中固定法定货币存量的黄金法则相比，在具有无限生命个人的模型中通货紧缩是最优的货币政策。关于两者差别的研究参见 Freeman（1993）。

17.5.4 父母、遗产和无限生命

人不会永远活着，所以自然有人会问为什么我们要研究假定包含无限生命个人的模型呢？如果有限生命个人的行为看上去就像他们具有无限生命一样，那么这一研究就是有意义的。从某种意义上讲，难道人们不能通过他们的子孙，以及子孙的子孙永远生存下去吗？Barro（1974）提出，如果父母关心他们后代的效用，并通过预留遗产的方式为后代提供效用，这些父母的行为就好像他们通过他们的子孙永远生存下去了一样。决策单位是家庭，尽管家庭中每个成员的生命是有限的，但家庭可以永远存在下去。

在这一部分中，我们构建一个关于某种经济的例子，这个经济中有限生命个人的行为看上去就像他们具有无限生命一样，因为他们重视其子孙后代的效用。我们将详细描述一个包含无限生命个人的模型，然后建立一个包含有限生命个人的模型，其中有限生命个人具有和无限生命个人相同的偏好和预算，所以两者的行为也是相同的。这个例子改编自 Barro（1974）的著名模型。①

17.5.5 关于父母的简单模型

是否存在某些偏好能够使有限生命个人的行为看上去就像他们具有无限生命一样呢？考虑一个人们生存两期的经济，其中每个人老年时有一个孩子。每个在 t 时期出生的人只关心他自己老年时的消费（c_{t+1}）和他的孩子效用（U_{t+1}）。② 尽管每位父母都关心自己孩子的福利，但我们假定他对自己消费所得到效用的评价，至少高于他对自己孩子效用的评价。一个人的总效用中自己的效用和他的孩子的未来效用的相对贡献，通过将孩子的未来效用乘以一个贴现因子 β 来体现，这里 $0<\beta<1$。我们可以把这个人的总效用 U_t 表示为，这个人自己消费所带来的效用 $u(c_{t+1})$ 和孩子的总效用的贴现值 βU_{t+1} 的和，即

$$U_t = u(c_{t+1}) + \beta U_{t+1} \tag{17.28}$$

因此初始一代每个成员的效用是

$$U_0 = u(c_1) + \beta U_1 \tag{17.29}$$

他的孩子的效用同样可以写作：

$$U_1 = u(c_2) + \beta U_2 \tag{17.30}$$

他的孙子的效用可以写作：

$$U_2 = u(c_3) + \beta U_3 \tag{17.31}$$

如果我们把式 17.30 的表达式代入初始一代每个成员的效用表达式，可以得到

---

① 对这个模型更为完整而且仍然易于理解的处理，参见 Aiyagari (1987)。

② 为了说明这个例子，我们假设人们只重视他们自己年老时的消费。在这一假设下，在任意一个给定时期只有一代人在进行消费。这样做简化了分析但不改变任何重要的结论。

$$U_0 = u(c_1) + \beta[u(c_2) + \beta U_2] \tag{17.32}$$

如果我们把式 17.31 中 U_2 的表达式代入式 17.32，可以得到

$$\begin{aligned} U_0 &= u(c_1) + \beta\{u(c_2) + \beta[u(c_3) + \beta U_3]\} \\ &= u(c_1) + \beta u(c_2) + \beta^2 u(c_3) + \beta^3 U_3 \end{aligned} \tag{17.33}$$

注意，因为父母关心他们孩子的效用，所以他们也会关心孙子的效用，这是因为他们的孩子也关心自己的孩子的效用。按照这个思路无限重复迭代下去可以发现，初始一代每个成员的偏好可以表示为他的子孙从消费中获得的效用的无限加权总和：

$$\begin{aligned} U_0 &= u(c_1) + \beta u(c_2) + \beta^2 u(c_3) + \beta^3 u(c_4) + \cdots \\ &= \sum_{t=0}^{\infty} \beta^t u(c_{t+1}) \end{aligned} \tag{17.34}$$

我们从式 17.34 中可以看出，初始一代每个成员的偏好确实和无限生命个人的偏好一样，尽管他们不会永远活着。

只有当偏好和约束条件都相同时，有限生命个人的行为才和无限生命个人的行为一样。我们已经发现他的偏好可能和无限生命个人的偏好一致，现在来考察他面临的约束条件。和之前的分析一样，我们考虑年轻时拥有 y 单位商品禀赋的人们，他们选择持有名义货币余额 m_t 和回报率为 r 的资本 k_t 。另外，t 时期的每一个老年人选择其个人消费，并预留价值为 ψ_t 单位商品的遗产给他们的孩子。在 t 时期活着的年轻人和老年人的预算集分别是

$$k_t + v_t m_t = y + \psi_t \tag{17.35}$$

$$c_t + \psi_t = r k_{t-1} + v_t m_{t-1} \tag{17.36}$$

回顾个人在年轻时不消费的假设，这解释了年轻人的预算集（式 17.35）中为什么没有消费项。注意在这些预算约束中，遗产 ψ_t 对年轻人而言是一项收入来源，对老年人来说则是一项支出。

老年人决定遗产的规模。他们做决定时，会在他们从自己的消费中获得的效用和他们从孩子的消费中获得的效用之间进行权衡。如果他们决定留下的遗产是一个正数，我们可以从式 17.35 中解出 ψ_t ，然后将其代入式 17.36，从而得出他们面临的预算约束。最终得到的预算约束与无限生命个人的预算约束（式 17.24）是相同的：

$$c_t + k_t + v_t m_t - y = r k_{t-1} + v_t m_{t-1} \tag{17.37}$$

如果利他的父母面临与无限生命个人相同的偏好和约束，那么他们会按照完全相同的方式行事。比如说由于 $m_t = M/N = m_{t-1}$ ，预算约束可以简化为

$$c_t + k_t = r k_{t-1} + y \tag{17.38}$$

其中货币余额不会影响一个人的预算，和式 17.24 所描述的它不影响无限生命个人的预算的情形一样。

17.5.6 不留遗产的父母

利他的父母的行为与无限生命个人的行为一致这一命题，存在一个重要的例外情

形。假定父母在自己的消费带来的效用和孩子的消费带给他们的效用之间进行权衡时，父母认为他们的孩子非常富有（或非常不招人喜欢），以至于希望能够从孩子那里获得资源以增加自己的消费，这实质上意味着父母希望留下负的遗产。[①] 由于某种形式的法律限制，所以不存在强制性地将财富由一个人转移给另一个人的方法。这种情况下父母为自己考虑能采取的最好的办法就是不留遗产。在这个例子中就是 $\psi_t = 0 = \psi_{t+1}$，那么 t 时期出生的人的预算约束是

$$k_t + v_t m_t = y \tag{17.39}$$

$$c_{t+1} = rk_t + v_{t+1} m_t \tag{17.40}$$

每一代人只为他们老年时的消费作储蓄，不留任何东西给其子孙。在这种情况下，一生预算约束可以简化为一个有限生命个人的预算约束，即

$$\frac{c}{r} = y + v\left[\frac{M}{N}\right]\left[\frac{1}{r} - 1\right] \tag{17.41}$$

其中货币余额会使个人财富减少，这和之前我们在式 17.13 中所得到的结论一致。

17.6 本章小结

本章考察了政府债务的存在如何影响消费、储蓄和投资的决策。研究结论很大程度上取决于政府债务发行和还本附息的时机选择。为了说明这一点，我们考察了两个性质不同的例子，一个例子中政府债务的发行具有实际影响，另一个例子中则不存在这种影响。

我们首先分析了第一个例子，其中政府债务的存在确实对经济变量产生了重要影响。在这个例子中，我们假设政府对所有人实施债务融资减税方案，由此产生的债务将通过向未来某代人征税来偿还。这会使享受减税的个人财富增加，由此我们在第 16 章中所发现的所有影响都会出现。这时生命中每一期的消费都增加，而且人们会减少他们持有的资本。由于资本的边际产量递减，资本存量的下降也就意味着实际利率的提高。

第二个例子与第一个相似，我们也假设政府对所有人实施债务融资减税方案。但这个例子中不同的是，政府通过增加对那些享受减税的人的征税来偿还债务的本息。我们发现，如果人们将他们的所有减税额都储蓄起来，未来他们将恰好足够缴纳增加的税收。这项政策对个人财富没有影响，这意味着一生的消费模式不会改变。因为储蓄完全吸收了税收的减少，所以不存在资本的挤出。这种情形下政府债务的发行是中性的。

---

① 在稳定均衡条件下，如果由于低的回报率或低的利他程度（β）导致 $r < 1/\beta$，此时父母希望留下负的遗产。

17.7 练习

17.1 假定政府在 t 时期发行 100 单位商品的债务，这笔债务的发行不是为例 17.1 中那样的减税方案提供融资，而是为一个在下一期（$t+1$ 期）会产生 $100r^g$ 单位商品回报的政府资本项目提供融资，到时政府会偿还债务本息。假定资本项目产生的回报用于对 $t+1$ 期的老年人减税。

a. r^g 为多大时，下一代才能够不为偿还债务本息而缴纳额外的税收？

b. 如果 $r^g = r$，通过债务融资的资本项目会对消费、储蓄和第 t 期出生的人私人拥有的资本产生什么影响？

c. 如果 $r^g > r$，通过债务融资的资本项目会对消费、储蓄和第 t 期出生的人私人拥有的资本产生什么影响？

17.2 考虑一个代际交叠经济，其中人们年轻时拥有 100 单位商品的禀赋，年老时没有禀赋。人口增长率为 n。资本的总回报率为 r。效用水平由 $\ln(c_{1,t}) + \ln(c_{2,t+1})$ 给出。如果人们年老时没有收入，这意味着年轻人希望在年轻时将其税后收入的一半用于储蓄。

a. 假定不存在政府支出，税收或政府债务。在时期 1 出生的年轻人预算约束是什么样的？时期 2 的老年人的预算约束呢？将这两者结合起来写出在时期 1 出生的年轻人的一生预算约束。

b. 利用效用函数，求每个人选择的第一期的消费、第二期的消费、储蓄和资本持有额。

c. 写出第二期国内生产总值（GDP）的表达式。

d. 现在假定，政府在第一期决定对每个年轻人发行价值 10 单位商品的期限为一期的债券，发行所得将被作为礼物送给一个遥远国度的国王。在时期 2 政府支出重新回到 0，并且未清偿债务（连本带息）滚动成为新的债务发行。在时期 1 出生的年轻人的预算约束是什么样的？第二期的老年人的预算约束呢？将这两者结合起来写出在时期 1 出生的年轻人的一生预算约束。

e. 将这种情形下这代人的消费模式、储蓄、资本与问题 b 的答案进行比较。

f. 写出时期 2 的 GDP 的表达式。为什么这里的 GDP 和问题 c 的答案不同？时期 2 对每个年轻人发行的债务的实际价值是多少？

g. 在未来各代的消费都不受影响的情形下，以同样的方式为一次性的政府支出提供融资的政策可行吗？参数取什么值时这是可能的？

h. 作为问题 d 中债券融资的一个替代选择，假设政府通过在时期 1 对每个年轻人征收 10 单位商品的税来为一次性的政府支出提供融资。时期 1 出生的年轻人的预算约束是什么样的？第二期的老年人的预算约束呢？将这两者结合起来写出在时期 1 出生的年轻人的一生预算约束。

i. 将这种情形下这代人的消费模式、储蓄、资本与问题 b 的答案进行比较。

j.（附加题）使用微积分和问题 a 中得出的预算约束证明如下论断：如果人们年老时没有收入，那么年轻人希望在年轻时将其税后收入的一半用于储蓄。

17.3 考虑一个包含利他的两期生存的个人的经济，每个人都关注他们的孩子的效用。孩子们并不关注他们的父母的效用。父母当前预留了价值 50 单位商品的遗产。对于以下的每一项政策，求出时期 1 遗产的规模以及该政策对资本存量的影响。

a. 在时期 1 每个老年人向政府缴纳的税收减少 40 单位商品，政府维持一个赤字水平，该赤字将在第三期通过对当期的老年人征税结清。

b. 在时期 1 每个老年人向政府缴纳的税收增加 40 单位商品，政府维持一个赤字水平，该赤字将在第三期通过对当期的老年人征税结清。

c. 在时期 1 每个老年人向政府缴纳的税收增加 70 单位商品，政府用以减少政府债务，该政府债务将在第三期通过对当期的老年人征税全部得到偿付。

17.4 考虑一个包含同质的无限生命个人的经济。假设在时期 1 政府对每个人减税 d 单位商品，这项减税方案由长期政府债务提供融资，该债务永远不会到期但每一期会支付利息，每一期的净实际利率为 $i = r - 1$ 。利息的支付由每一期的一次性税收提供融资。

a. 写出时期 1 和时期 $t \geqslant 2$ 的政府预算约束。

b. 证明这项减税和债券发行方案不会改变无限生命个人的财富水平。提示：你需要用到以下等式：对于任意满足 $0 < i < 1$ 的 i 都有 $\sum_{t=0}^{\infty} i^t = \frac{1}{1-i}$ 或 $\sum_{t=1}^{\infty} i^t = \frac{1}{1-i}$。

17.5 考虑一个有大量同质的无限生命的个人生活的经济。假设政府决定对资本存量征税，但只是在时刻 1 征税（在这个时期仅存的资本存量为 k_0）。

a. 如果政府将税收用于为时刻 1 的人们提供一次性的转移支付，那么一生的财富会受到怎样的影响？

b. 证明如果政府的税收收入用于购买回报率和私人资本相同的政府资本的话，资本税将不会影响一生的财富。

c. 证明如果政府税收收入被白白浪费的话，资本税将会影响一生的财富。

第 18 章　通货膨胀的诱惑

18.1　本章概览

在本书的最后一章，我们将深入地考察对于中央银行来说保持独立性意味着什么。我们已经证明当通货膨胀率出现未预期到的上升时，名义债务的持有者将会承受由于债务实际价值下降所带来的损失。那么如果中央银行可以和财政部串谋，我们可以想象政府会受到通过实施通货膨胀政策来摆脱其国债负担想法的诱惑。各个国家已经作出了很多的努力以确保中央银行相对独立于财政部，但是事实上不存在有足够约束力的承诺，能够使潜在的债券持有者始终完全相信政府不会实施通货膨胀政策。

为了回答这些问题，本章考察国债违约产生的后果以及违约对政府的诱惑。然后本章的分析表明意料之外的通货膨胀与债务违约是等价的。最后本章研究货币当局如何使公众相信自己将不会屈从于通货膨胀的诱惑。

18.2　债务违约

如果政府债务会挤出资本，而且会迫使政府增加收入以偿付旧债的利息，那么为什么要容忍这一切，为什么不直接对债务违约而拒绝偿付本息？当然这对任何希望降低税负的政府来说都是一个非常有吸引力的想法。

假定政府出人意料地宣布对 t 时期所欠的债务实施一次性的违约。考察政府的预算约束（式 15.8）可以发现，这样做可以使政府增加支出，减税或降低铸币税，或减少转嫁给未来各代的债务。那么这一违约行为的后果是什么？

最明显的后果是这一违约将导致资源的再分配，资源从拥有初始债务的一代人那里转移到以后的各代人那里，因为以后的各代人不必再为偿还债务利息而缴税。因此就效果而言，违约类似于对债券的持有者征税。

如果 t 时期的违约确实是完全没有预料到的，那么它的影响和对 $t-1$ 期出生的一代人征收一次性税收的影响是相同的。也就是说，违约实际上是对

$t-1$ 代人征税而不影响其行为。$t-1$ 代人选择在 $t-1$ 期购买债券，这时他们并不知道政府事后会违约（如果事先知道违约，这代人将拒绝购买债券，迫使政府征税或减少开支）。当违约在时期 t 未预期地发生时，这一代人无法使时光倒流以拒绝购买债券。通过这种方法，政府吸引 $t-1$ 代人在 $t-1$ 期通过购买债券来为政府贡献收入，但在 t 期并不对这一贡献进行偿还。

对 $t-1$ 代人征收所得税也可以增加政府收入，但所得税会削弱这代人工作和投资的动机，因为缴纳所得税减少了从事这些活动的个人收益。因此必须依赖于类似所得税的非一次性税收的政府，就有可能受到通过发行债券增加收入，而后并不偿还债务的想法的诱惑。注意这种违约的诱惑即使对于以公众利益最大化为目标的政府来说也是存在的，因为一次意外的违约和一次性税收的作用相似，取得了收入同时又不会扭曲激励，即使是公众也更倾向于利用这一方法获取收入，而不是利用征收所得税的方法从相同的人那里获得相同的收入。

18.2.1　违约的不一致性

违约的作用只有在出乎人们预料的情况下才会和一次性税收的作用相同。政府是否可以通过在每一期都对债券违约，从而把违约作为一种永久性获得收入的方法呢？只有当人们都很傻，或对他们自己的福利漠不关心时才可以。理性的关心自己福利的人当然会发现，政府是有意不想偿还它发行的任何债券。于是他们将拒绝购买债券，因此违约不是一个满足政府收入需求的永久性解决方案。

如果政府只违约一次并承诺再也不会违约会有什么结果呢？人们会相信政府吗？假定政府在 t 时期违约，然后发行一些新的债务。你会购买这些债券吗？如果你知道政府在过去有违约的想法，你有理由相信政府将食言并再次违约。一旦你已经购买了债券，违约对政府的诱惑就和政府以前违约时一样大。

政府今天以一种方式行动（如违约），但承诺未来不再如此行动的动机被称为政府政策的时间一致性（time consistency）问题①。当存在时间一致性问题时，短期的最优政策并不是长期的最优政策。时间一致性问题是指，随着时间推移未来会变成现在，政府有背弃承诺而执行短期最优政策的动机。如果政府的政策是今天违约但未来不违约，那政府将总是违约，因为它将总是在今天。②

尽管当选择是或者偿付债务或者违约时说明激励问题更容易一些，我们仍能发现中央银行的激励问题会使经济出现通货膨胀倾向。换句话说，我们考察不同国家的情况发现，平均通货膨胀率是正的。为什么不是零？

---

① 对于“时间一致性”的含义及其对宏观经济政策制定的影响的认识，参见 Kydland 和 Prescott（1977）。

② 考试是用来说明时间一致性问题的很好的例子。考试的目的是使学生掌握一系列知识。在学期初老师会宣布考试时间。现在假设学生相信考试一定会进行而刻苦地学习，学生的努力得到回报，他们每一个人都掌握了相关知识。老师指导这个结果是真实会出现的。对于老师而言，批阅试卷耗费时间和精力，很无趣。于是在本应该考试的当天，老师宣布不考试。学期初老师的最优策略随着时间的推移将不再是老师的最优策略选择。

为了解释通货膨胀倾向，Barro 和 Gordon（1983）基于 Kydland 和 Prescott 的研究成果描述了中央银行和人们之间的博弈过程。在模型所描述的经济中，产出的决定方式和第 6 章中展示的卢卡斯模型一样，特别是产出与通货膨胀率的突然升高呈正相关关系。此外产出的正常水平低于其合意水平，所以经济中存在产出缺口。中央银行希望最大化福利水平，为了使产出趋近于其合意水平，政府需要在未预期到的通货膨胀的利益和通货膨胀的成本之间进行权衡取舍。在模型所描述的经济中，中央银行没有对特定的政策作出承诺。人们了解中央银行面对的权衡取舍，并基于中央银行会制定最优政策的理念形成（理性的）预期通货膨胀率。事实上，预期通货膨胀是会导致正的预期通货膨胀率的产出缺口的函数。中央银行选择将通货膨胀率设定为等于预期通货膨胀率的水平。这样做产出缺口不会变得更大。但正的通货膨胀率，即通货膨胀倾向是有成本的。

Barro 和 Gordon 的模型表明执行相机抉择政策的中央银行最后将带来正的通货膨胀，同时不会获得形成更高产出水平的好处。那么如何才能改进这一结果？为了说明权衡取舍的关系，我们研究相对极端的情形，政府要么偿付其债务，要么对其债务违约。在这个博弈中我们会发现，如果人们知道政府总是屈服于违约所带来的好处的话，他们将不会购买政府债券。为了吸引人们购买其债券，政府必须要使人们相信自己不会违约。与此相类似的问题是，中央银行如何才能使人们相信它不会为了刺激经济而实施通货膨胀政策。

18.2.2 承诺

使人们相信一个人未来行动的最有效方法，是使这个人事先就受到这些行动的约束。例如，债务人可以把一些贵重物品作为抵押物交给债权人，如果债务人不能偿还贷款，债权人就可以占有这些物品。正式作出这一安排的合同具有法律效力，于是债务人不会有违约的想法。由于偿还贷款最符合他的利益，债务人会坚定自己未来的行动，即偿还贷款。债权人现在相信债务人会偿还贷款，不是因为债务人天生特别诚实，而是因为债权人知道债务人将会偿还贷款以避免失去抵押物。

对于政府来说承诺并不容易，因为政府既是债务人又是合同的强制执行者。这样政府可以作出安排以使自己在不偿还贷款时也不受到惩罚。结果是，政府无法对自己承诺的未来行动提供保证，也就无法为贷款的偿还提供保证。与此相类似，想象一下如果法律禁止惩罚违约的债务人，将会产生什么后果。预期到债务人将不愿偿还其债务，不论他们作出什么样的承诺，债权人都将不愿提供借款。因此在这一法律下，债权人和债务人的福利都将受损。

为了使自己承担与自己承诺的未来行动相关的义务，政府必须放弃未来采取某些行动的自由。这样做的一种方法是建立一个独立的司法机构，它可以迫使政府信守承诺。关于政府约束自己未来行为的一个方法是将承诺写进宪法。如果政府以后想要食言，那将是困难的，因为修改宪法的过程很漫长。① 考虑一项禁止对国债违约的宪法修正案：撤销这一宪法修正案需要花很长时间，届时大部分政府债务可能已经偿还完毕了。

18.2.3 声誉

政府可以通过每次都偿还其所借债务来维持其声誉，以使人们相信它总是会偿还债务的。你或许会问，一个政府如何才能约束自己和未来所有各届政府，以确保承担未来所有债券的偿还义务。政府不是通过一项约束力的承诺，而是试图通过建立一个偿还债务的机制，来使人们相信政府未来的意图。

政府通过一直执行长期内的最优政策来表明它不会屈服于短期利益的诱惑。如果政府知道人们正在观察它目前的行为，并将其作为政府未来行为的一个信号的话，它会作出理智的决定，今天对债务违约获得的收益可能小于因为失去公众的信任而丧失未来借款能力的成本。

但是，建立偿还债务的声誉还需要人们相信政府将不会改变想法，并且政府相信违约的长期成本超过短期收益。因为这取决于公众的信赖，所以作为一种改变人们预期的方法，声誉的作用不如承诺的作用确定。

18.2.4 风险性债务的回报率

假定你认为仅存在一次违约的机会，此时如果债务的回报率足够高的话，你可能会购买这一债务。要多高呢？假定一项完全安全的资产确定的回报率为 x，如果政府承诺相同的回报率，你会购买政府债务吗？不会。因为政府有可能违约，所以政府债务的平均回报率低于安全资产的回报率。由于存在违约可能，有风险的政府债务的回报率必须大于 x 以得到与安全资产相同的平均回报率。例如，如果政府有50%的可能对自己的债务违约，政府必须对其债务承诺 $2x$ 的回报率，以便使其债务的平均回报率与安全资产的回报率相同。

如果其平均回报率与安全资产的回报率相等，人们愿意持有风险性的政府债务吗？风险厌恶者是不会的，因为相比于安全资产该债务的风险更大。只有当政府债务的平均回报率高于安全资产的回报率时，风险厌恶者才会接受这一债务。因此一个随意地对其债务违约的政府相对于从不违约的政府而言，其债务的平均回报率必须更高。因此，就为政府支出提供融资的问题来说，政府随意地对国债违约不是一个长期的解决办法。

---

① 通过宪法保证的承诺，在那些具有长期稳定的民主传统的国家更为有效。政治不稳定的国家会发现很难取得借款，不论是对内还是对外，因为在这样的国家即使宪法保证也没什么意义。

有些人指出修正案14的第4节正是对我们所讨论问题的宪法修正案。这一节中指出："美国公众债务的合法性，由法律批准，包括为支付养老金和为镇压叛乱和暴乱的工作支付政府奖金而产生的债务，是不能被质疑的。"关于这一内容的恰当解释的讨论已经超出了本书的研究范围。

18.3 通货膨胀和名义国债

作为国债一部分的国库券是承诺在未来某时刻支付特定数额美元的凭证。因为美联储可以按照自己的意愿印制美元，人们可能认为我们永远不必担心联邦政府丧失清偿能力。在任何时候，美联储都可以印制足够的美元，通过公共市场操作购买所有的国债。现在我们来评估这一观点，同时分析预期到的和未预期到的通货膨胀对国债实际价值的影响。

18.3.1 未预期的通货膨胀和实际国债

我们先来考察政府用美元表示的时期 t 的预算约束，在这个例子中，在时期 t 发行的国债总价值为 D_t 美元，总名义利息率为 R_t ：

$$p_tN_tg_t + R_{t-1}D_{t-1} = p_tN_t\tau_t + [M_t - M_{t-1}] + D_t \tag{18.1}$$

两边都除以 p_t ，得到实际值的政府预算约束：

$$N_tg_t + \frac{R_{t-1}D_{t-1}}{p_t} = N_t\tau_t + \frac{M_t - M_{t-1}}{p_t} + \frac{D_t}{p_t} \tag{18.2}$$

式 18.2 的第二项代表上一期政府债务当前的实际价值。

现在假定在时期 t 政府按照之前一期人们没有预期到的一个比率增发法定货币。如果这一通货膨胀是没有被预期到的，它不可能影响 $t-1$ 时期决定的变量，特别是初始的名义债务 D_{t-1} 和名义利息率 R_{t-1} 。对于给定的这些变量的数值，当前价格水平的上升降低了上一期国债本息的实际价值。式 18.2 左边上一期国债实际价值的下降，意味着政府可以将式 18.2 右边各项减少相同的数量，意味着税收、铸币税或政府新发行债务的减少。换句话说，现在我们“好像”有了一个管理政府预算的特别工具。通过增加法定货币存量，我们可以提高价格水平，这将降低政府对外所欠债务的实际价值（除了通过铸币税获取收入的一般效应之外，铸币税本身表明另一项政府发行的资产——法定货币的实际价值下降）。

有人认为拥有印制货币的权力意味着政府永远不必对其债务违约，因为既然债务是以美元计价的，它总是可以印制足够多的货币来购买全部债务。事实上未预期的通货膨胀与违约的效果是完全相同的。我们来看未预期到的通货膨胀使谁承受了损失。债券持有人购买债券是为了在将来获得实际的商品消费。如果未预期到的通货膨胀发生，债券的名义价值可以购买的商品数量，少于债券持有者购买债券时的期望值。债券持有者受骗了吗？即使债券持有者在未预期到的通货膨胀发生时得到了明确承诺的美元数量，但是他们并没有得到真正想要的，即购买债券时政府隐含承诺的商品数量。因此未预期到的通货膨胀的实际效应与违约完全相同：政府以债券持有人的利益为代价，减少或免除了自身的债务。

未预期到的通货膨胀对产出有什么影响？由未预期到的通货膨胀导致的国债实际

价值的降低将减少对资本的挤出。这增加了资本，因此将增加下一期的产出。如果资本的边际产出递减，资本的增加也会导致边际产出下降和（根据回报率相等条件）利率下降。这一分析表明，如果说名义法定货币存量可以刺激实际产出，这可能是间接效应。法定货币的意外增加降低了国债的实际价值，这又增加了资本和实际产出。[①]

18.3.2 预期到的通货膨胀和实际国债

现在我们来看预期到的价格水平的上升对原有国债的实际价值的影响。正如我们前面得到的，原有国债的实际价值可以表示为式 18.2 中的第二项，$(R_{t-1}D_{t-1})/p_t$。我们用之前一期发行的实际国债来表示，$B_{t-1} = D_{t-1}/p_{t-1}$，或 $D_{t-1} = B_{t-1}p_{t-1}$，得到

$$\frac{R_{t-1}\,D_{t-1}}{p_t} = R_{t-1}\left[\frac{p_{t-1}}{p_t}\right]B_{t-1} \tag{18.3}$$

$R_{t-1}[p_{t-1}/p_t]$ 这一项可以看作债券现在的实际回报率（也就是说，原有国债的当前实际价值必须等于它的初始实际价值乘以它现在的实际回报率）。

考虑 $t-1$ 时期个人考虑购买政府债券的情况。在那一时刻，大家不知道将来时期的价格水平（p_t）。令 p_t^e 代表大家对 t 时期价格水平的期望（预期）值，注意这一期望值是建立在 $t-1$ 时期大家可以得到信息的基础上的。

为了吸引储蓄者购买债券，政府提供的期望或预期回报率，必须与储蓄者从其他替代资产上可获得的回报率相同。我们假设政府债务与资本是完全替代的。所以对于总回报率为 x 的资本，政府债务将提供与资本相同的总回报率，即

$$R_{t-1}\left[\frac{p_{t-1}}{p_t^e}\right] = x$$

或名义回报为

$$R_{t-1} = x\left[\frac{p_t^e}{p_{t-1}}\right] \tag{18.4}$$

式 18.4 告诉我们，名义利率将随着 $t-1$ 时期预期通货膨胀率的提高（或降低）而上升（或下降），这意味着 $t-1$ 时期发行的旧债的当前实际价值不受预期通货膨胀的影响，因为债务的名义利率包括了所有预期到的通货膨胀。

通货膨胀是解决国债问题的方法吗？政府可以在每一期都发行债务，然后希望在下一期利用通货膨胀政策来削减债务吗？为了回答这一问题，必须说明如果政府总是试图利用通货膨胀政策来削减债务，名义利率将如何变化。

我们可以用式 18.4 求出净名义利率的表达式，$R_{t-1}-1$，正如我们在第 7 章所做的（式 7.7）一样。这里我们用人们预期的价格水平 p_t^e 代替 p_t：

$$R_{t-1}-1 = (x-1) + \left[\frac{p_t^e}{p_{t-1}}-1\right] + (x-1)\left[\frac{p_t^e}{p_{t-1}}-1\right] \tag{18.5}$$

---

① 关于这种货币/产出联系的正式模型，参见 Champ 和 Freeman（1990）。

净名义利率等于净实际利率加上预期的净通货膨胀率（再加上总是肯定可以被忽略的很微小的一项）。如果人们知道经济的增长率（n），那么预期净通货膨胀率 p_t^e/p_{t-1} 等于 z^e/n，其中 z^e 是预期的法定货币创造率。

例 18.1 假定时期 1 政府必须借入 10 000 单位商品。假设资本的总实际边际产出等于 1.05。假定人们总是希望持有价值 500 单位商品的法定货币余额，并且时期 1 的法定货币存量是 1 000 美元。假定人们预期政府将增加 10% 的法定货币存量，并且人口数量保持不变。

a. 名义净利息率会是多少？

b. 如果法定货币存量增加 10%，债务在时期 2 的实际价值将是多少？

c. 如果法定货币存量没有改变将会怎样？

d. 如果法定货币存量增加 20% 将会怎样？

e. 如果法定货币存量增加 20%，但是这一增加是大家预期到的，将会怎样？

18.3.3 理性预期

通货膨胀是解决国债问题的长期出路吗？政府可以在每一期都发行债务，然后指望在下一期利用通货膨胀政策消除债务吗？如果人们是理性的，这是不可能的。考虑以下的例子。如果资本的实际净回报率是 3%，在下面几种情况下，净名义利率是多少才能吸引理性的人持有名义债券？

1. 政府实施每年净通货膨胀率为 10% 的通货膨胀政策。

2. 下一年将进行大选，在每一个大选年政府会实施净通货膨胀率为 20% 的通货膨胀政策。

3. 政府试图通过每一期将通货膨胀率提高 5% 的方法领先于社会公众的预期，目前净通货膨胀率是 20%。

4. 政府公平地投硬币，如果硬币正面朝上，净通货膨胀率就是 10%，否则将没有任何通货膨胀。假定人们是风险中性的。

如果你对第一种情况的回答是 13%，对第二种情况的回答是 23%，对第三种情况的回答是 28%，对第四种情况的回答是 8%，你就已经使用了“理性预期”的概念。理性预期（最早在第 5 章引入）可以被定义为，给定目前可得的信息，可能作出的最准确的预期。这不是简单地假定人们预期未来通货膨胀等于过去的通货膨胀，就像第一种情况一样。在理性预期下，人们试图预期政府的行动，即使政府的行动适用更复杂的模式，像第二种情况和第三种情况一样。如果人们是理性预期的，以任何系统化的方法使公众感到意外或欺骗公众的政府政策是无法奏效的。理性预期假定人们洞察政府可能采取的任何行动模式，因为如果不能做到这一点，将使每一个人的福利受损。

只有当政府行动是随机的，理性人才无法正确推断政府的下一步行动。拥有理性预期的人们可能作出与现实情况有差异的预测，但这一差异只是由于某些无法预期的突变，某些上一期中无法得到的信息导致的，就如同第四种情况中掷硬币的方式。理性预期只是假定个人在形成对未来的预期时，不会犯可以避免的错误。但是即使政策是无法预测的，公众将形成的预期在平均意义上还是正确的（结果是他们持有债券的实际回报率与资本的实际回报率相同）。

例 18.2 如果资本的实际净回报率是4%，在以下每一种情况下，净名义利率是多少才能吸引理性人持有名义债券？

a. 政府实施每年净通货膨胀率为7%的通货膨胀政策。

b. 今年是大选年，在每一个大选年政府会实施净通货膨胀率为20%的通货膨胀政策。

c. 政府试图通过每一期将净通货膨胀率加倍的方法领先于社会公众的预期，目前净通货膨胀率是4%。

d. 政府公平地掷骰子，如果结果是6则实施净通货膨胀率为30%的政策，对于其他结果则没有通货膨胀。假定人们是风险中性的。

e. 政府公平地掷骰子，如果结果是6则实施净通货膨胀率为30%的政策，对于其他结果则没有通货膨胀。假定人们是风险厌恶的。

18.3.4 对卢卡斯批判的再考察

在此之前我们已经考察了通常被称为菲利普斯曲线（第6章）的名义工资和失业率之间的负相关关系，也考察了货币和产出之间的正相关关系（第10章）。在这两种情况下我们都注意到，当政府试图有计划地利用这些相关关系时，这些相关关系都消失了。

本章的名义政府债务模型提出了货币突变和产出增加之间的另一种可能的联系。假定在一个世纪的时间里，货币当局保持法定货币存量和价格水平相对固定，而现实发生的波动是无法预期的意外。正如在我们的模型中看到的，如果国债是以名义值计价的，一次未预期到的价格水平的上升将降低国债的实际价值，因此减少了对资本的挤出，进而增加了实际产出。

假定一些经济学家研究了这些相关关系，同时这些经济学家对导致数据上的这些模式形成的经济结构一无所知。他们可能倾向于推测认为在价格升高和实际产出之间存在此消彼长的关系。基于这种武断的信念，他们甚至可能向货币当局和社会公众建议，可以利用通货膨胀有计划地增加产出。

假定货币当局采纳了这一建议，并公开宣布实施基于不同通货膨胀率水平的通货膨胀政策。通货膨胀和产出之间的相关关系会发生什么变化呢？前面提到，因为政府必须支付更高的名义利率以吸引人们购买国债，被预期到的通货膨胀不会改变国债的实际价值，所以它对产出没有任何影响。

货币当局制造了通货膨胀，但是没有如期地增加产出。此消彼长的关系被证明只是幻想。

如果货币当局秘密地采取了这一政策，它可以暂时成功地刺激产出增加。在这期间，人们可能把观察到的通货膨胀看作是偶然偏离正轨的现象，只是一个世纪以来他们观察到的那些罕见的、随机爆发的通货膨胀中的一次而不予重视。但是如果货币当局以任何有计划的方式继续实施通货膨胀政策，理性的人们将洞察这一政策并相应调整他们对通货膨胀（和名义利息率）的预期。

为什么我们虚构的经济学家的建议会失败呢？因为他们观察到的相关关系是由未预期到的通货膨胀造成的，而与此同时政府执行的是保持货币和价格稳定的政策。当政府实施一项意在有计划地刺激产出的通货膨胀政策时，这种相关关系就消失了。显然，经济在一种类型的政策体制（价格稳定）下受通货膨胀影响所产生的数据，不能用来预测另一种类型的政策体制（有计划的通货膨胀）下经济对通货膨胀的反应。①

就货币政策的设计而言，我们的例子和最近的实践经验能够告诉我们什么呢？它警告我们，如果我们不理解产生那些数据的经济运行情况，只是简单地将数据间的相关关系作为制定政策的参考依据是危险的。如果我们虚构的经济学家理解我们构建的模型中的经济，他们会意识到只有未预期到的通货膨胀才会对实际产出有影响；任何有计划的通货膨胀政策都会被预期到，也就失去了其对实际产出的影响。只看数据他们无法知道这些，因为在他们获取数据的那一时期，货币当局并没有尝试实施有计划的通货膨胀政策。只有当他们有理由相信不论通货膨胀是否被预期到，通货膨胀的影响都相同时，他们才能确信地建议货币当局有意识地实施通货膨胀政策。为了给出合理的政策建议，只观察数据模式是不够的；你必须理解那些数据模式是如何产生的，然后才能确定经济对于一项政策的改变会有什么反应。②

例 18.3 考虑一个人口总量不变的代际交叠经济，人们生存两期并且只在年轻时拥有禀赋。假定资本的实际净回报率始终是 4%，并且年轻人总是储蓄总额为 5 000单位的商品，其中包括价值 1 000 单位商品的法定货币。上一期商品价格是 1 美元，人们预期净通货膨胀率为 10%，法定货币存量的价值为 1 000 美元，国债（一期的债券）价值 2 000 美元。本期政府将发行数量等于旧债本利和的新债券。在以下三种情况下，求旧债（本利和）当前的实际价值、资本存量和下一期资本的产出。

a. 与人们的预期一致，政府实施净通货膨胀率为 10% 的通货膨胀政策。

b. 政府未预期到地实施净通货膨胀率为 20% 的通货膨胀政策。

c. 政府未预期到地拒绝实施通货膨胀政策。

---

① 正如我们在第 5 章所学到的，在一种类型的宏观经济政策体制下发现的相关关系，在另一种类型的宏观经济政策体制下可能并不存在，这一观点通常被称为“卢卡斯批判”。进一步的分析，参见 Lucas（1976，1981）。

② 当然，如果一个经济学家对于经济的理解（模型）是错误的，那他的建议可能也是错误的。但是无论如何，建立在一些对经济认真细致的理解/建模基础之上的政策建议，相比那些只是基于观察到的无法解释的相关关系的政策建议，成功的可能性更大。

18.3.5 自我实现的通货膨胀预期

理性预期意味着社会公众甚至在政府开始实施之前就试图预期政府未来希望执行的政策。

在这一部分中我们将分析一种危险的情况，即社会公众对通货膨胀的理性预期本身就会导致或推动其预期的通货膨胀发生。①

在每一期，政府都试图利用通货膨胀来消除一部分国债的实际价值。由此理性的、有前瞻性眼光的人们可以预期通货膨胀，并要求一个足够高的名义利息率 $R_{t-1} = x(\frac{p_t^e}{p_{t-1}})$ ，以确保得到的实际回报率至少与资本提供的实际回报率相同。

现在假定现任政府真心地不希望利用通货膨胀来对其债务违约，并且公开宣布了这一政策意图。那么人们能否将这个政府与那些希望利用未预期到的通货膨胀来应对债务违约的政府区分开呢？不能。那些有计划实施未预期通货膨胀政策的政府，也会公开宣布不会实施通货膨胀政策。因此，如果人们不能区分真诚的和欺骗性的结束通货膨胀的承诺，他们可能预期会有通货膨胀并要求一个较高的名义利息率。

假设尽管人们存在通货膨胀预期，但政府仍拒绝实施通货膨胀政策。在这种情况下，政府面对较高的实际利息率，国债的实际负担将加重。考虑这样一个例子，一个经济中存在100万单位商品的实际债务，并且 $n = 1.1$, $x = 1.1$ 和 $p_t = 1$ 美元。假定人们预期政府将使法定货币存量增加一倍（ $z^e = 2$ ）。为了吸引人们持有政府债券，政府必须提供的名义利息率为 $x\left(\frac{z^e}{n}\right) = 2.2$ 。这意味着政府在 $t+1$ 期的债务为220万美元。如果政府确实不实施通货膨胀政策，这一名义利息率也就是实际利息率，政府会发现它自己背负一笔价值220万单位商品的实际政府债务。如果政府如人们预期的那样实施通货膨胀政策，220万美元的名义债务仅仅价值110万单位商品，因为法定货币存量增加一倍会使物价水平上升一倍到 $p_{t+1} = 2$ 。这样信守终止通货膨胀承诺的诚实的政府会发现，它的实际债务规模是如人们预期那样实施通货膨胀政策情况下的实际债务规模的两倍。

从这个例子中我们看到，面对通货膨胀预期的政府如果拒绝实施通货膨胀政策将使自己陷入不利境地。在人们已经形成通货膨胀预期时政府不实施通货膨胀政策，它会发现自己背负了更多的实际债务，最终这些债务要通过税收或政府开支的减少来偿还（假定 $x > n$ ）。这样就很容易理解为什么一个没有欺骗动机，但是面对不实施通货膨胀政策实际债务就会更多的局面的政府，可能选择如人们预期的那样实施通货膨胀政策。

在这个例子中，通货膨胀预期是自我实现的。通货膨胀的发生是因为人们预期会

① 参见 Calvo（1978）及 Barro 和 Gordon（1983）。

发生通货膨胀，因此要求一个较高的名义利率，这迫使政府实施通货膨胀政策以避免背负更大规模的实际债务。

18.3.6 恶性通货膨胀

尽管大部分国家每年的净通货膨胀率为 5%、10% 或 20%，但有些国家经历的是恶性通货膨胀，年通货膨胀率快速地提高到每年百分之几千、几万甚至几百万。近年来在拉丁美洲我们观察到这种引人关注的恶性通货膨胀情况，第一次世界大战后德国和其他中欧国家的恶性通货膨胀甚至更为严重，那么是什么原因导致恶性通货膨胀出现的呢？

图 18.1 描绘了 20 世纪 20 年代德国恶性通货膨胀时期的价格水平数据。在同一时期，奥地利、匈牙利和波兰的情况与德国相似。在德国恶性通货膨胀最严重的阶段，月通货膨胀率最高几乎达到百分之一万五。表 18.1 列出了 20 世纪 80 年代以来发生的历次恶性通货膨胀，以免人们会认为恶性通货膨胀是过去的事情。事实上表中列出的例子中有两个例子，报告的通货膨胀率甚至超过了德国恶性通货膨胀时期的通货膨胀率。

表 18.1 现代的恶性通货膨胀

国家	开始时间	结束时间	通货膨胀率最高的月份	最高月通货膨胀率	价格水平翻倍需要的时间
玻利维亚	1984 年 4 月	1985 年 9 月	1985 年 2 月	183%	20.3 天
阿根廷	1989 年 5 月	1990 年 3 月	1989 年 7 月	197%	19.4 天
塔吉克斯坦	1992 年 1 月	1993 年 10 月	1992 年 1 月	201%	19.1 天
南斯拉夫	1992 年 4 月	1994 年 1 月	1994 年 1 月	313 000 000%	1.41 天
津巴布韦	2007 年 3 月	2008 年 11 月	2008 年 11 月	7.96×10^{10}%	24.7 小时

注：这张简表列示了 1980 年以来在世界各国发生的恶性通货膨胀。注意其中南斯拉夫和津巴布韦两个例子，我们可以发现这两个例子中通货膨胀率都超过了第一次世界大战后德国恶性通货膨胀时期的通货膨胀率。

资料来源：Hanke 和 Krus（2012）。

经历恶性通货膨胀的国家的一个共同特点是财政困难。为了解释为什么会这样，假定政府已经积欠了巨额的债务，债务规模如此巨大以至于已经不可能通过征税和削减政府开支来支付利息了。即使以前从未实施过通货膨胀政策，也很容易预期政府现在必须转而依靠通货膨胀了，因为这是降低债务实际价值的唯一希望。因此公众在同意持有任何政府债券之前，都会要求更高的名义利息率，由此导致的沉重的名义利息负担要求政府以更快的速度印发货币。

我们从图 18.1 中看到，德国的恶性通货膨胀最终停止了。事实上是突然停止的。被自我实现的通货膨胀预期所推动的恶性通货膨胀是如何停止的呢？当然不能只是由政府宣布将停止实施通货膨胀政策。当人们知道政府持有巨额债务而且没有其他任何一种方式可以进行融资时，谁会相信政府的公告呢？只有当政府解决了财政问题，并因此消除了实施通货膨胀政策的动机时，理性的人们才会相信政府会停止印发货币。

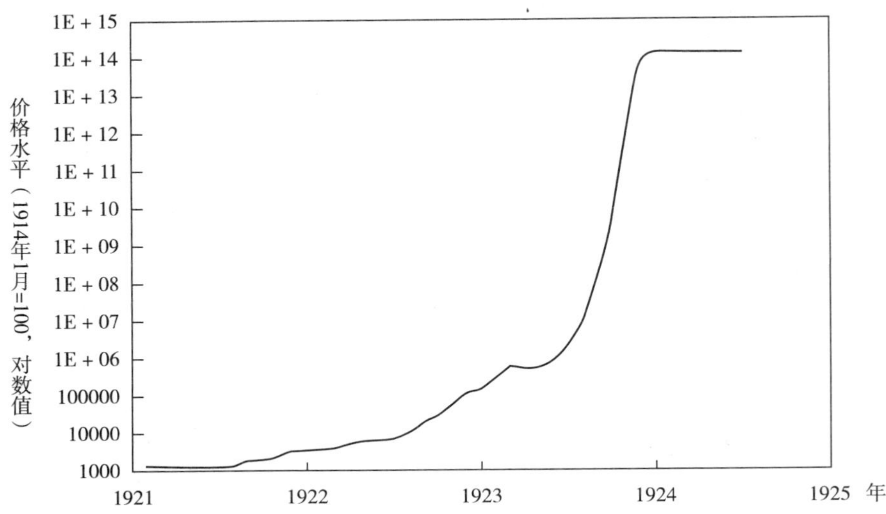

注：在20世纪20年代上半叶，德国、奥地利、匈牙利和波兰都经历了恶性通货膨胀。本图描述的是德国的情形。在德国恶性通货膨胀行将结束时，德国的价格水平超过第一次世界大战前价格水平的一万亿倍。

资料来源：Young（1925），由Sargent发表（1986a，表3.18，80－81页）。

图18.1 1921—1925年德国的恶性通货膨胀

因此，恶性通货膨胀的结束一定伴随着削减政府开支或增加政府收入的财政改革。①

18.3.7 货币政策的承诺

一项有约束力的避免通货膨胀的承诺，是政府使公众相信它不会利用通货膨胀减轻国债负担的最稳妥的办法。政府怎样才能使公众确信它在未来不能或不愿实施通货膨胀政策呢?

一个可行的办法是根据价格水平的变动将政府债务指数化，这样国债的实际价值在出现通货膨胀时也不会改变。政府债务的指数化消除了政府利用通货膨胀降低其债务实际价值的动机。

另一个办法是保持中央银行相对于政府的独立性，使其免于承受政治压力。如果一个独立的中央银行的管理者是反对通货膨胀的人士，例如那些一旦发生通货膨胀会承受大量损失的人士（如政府债务的持有者），那么政府就可以使公众确信，中央银行将不愿实行通货膨胀政策，尽管政府的其他部门希望更多地实施这一政策。

Alesina和Summers（1993）研究了多个国家中央银行独立性和宏观经济运行之间的关系。设计一个衡量中央银行独立性的指标是很困难的，而且提出的每一个衡量指标都必然会引起争议。即便如此，Alesina和Summers还是将由Bade和Parkin（1982），

---

① Sargent（1986a）深入研究了中欧恶性通货膨胀的成因和结局。他特别提出了实践中可以有效地帮助中央银行承诺实施非通货膨胀政策的各种政策工具。

Alesina（1988），Grilli、Masciandaro 和 Tabellini（1991）提出的其他测度中央银行绩效的指标作为出发点，来构建他们自己的指标。这一指标集中关注两个领域——政治上的独立性和经济上的独立性。政治上的独立性衡量中央银行独立于源自行政部门和立法部门的政治影响的程度。经济上的独立性描述的是中央银行在使用货币政策工具时不受约束的程度（这方面关键的因素是政府在为财政赤字融资时多大程度上依赖于中央银行）。利用这个反映中央银行独立性的综合指标，我们在图 18.2 中描绘了不同国家中央银行独立性指数与平均通货膨胀率的组合。图中的散点表明中央银行独立性较低的国家，平均来看通货膨胀率较高。

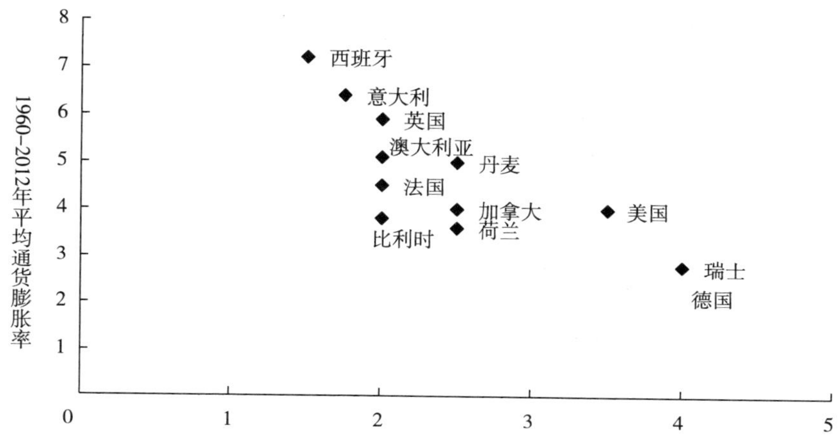

注：利用 Alesina – Summers（1993）提出的中央银行独立性指数将各国中央银行按 1（独立性最低）到 5（独立性最高）的等级排列。平均通货膨胀率利用美国劳工部提供的消费者物价指数计算得到。如图所示，中央银行独立性越高的国家，通货膨胀率往往越低。

资料来源：美国劳工部、劳工统计局、国际劳工比较司。

图 18.2　中央银行独立性和通货膨胀

一个更直接的使公众相信中央银行不会实施通货膨胀政策的方法是修订宪法，禁止货币存量的扩张。① 一旦这一修订案通过，希望利用通货膨胀减轻国债负担的政府要废除这一修订，将不得不经过长期的过程，这会使政府实施通货膨胀政策的意图暴露。当修订案被废除的时候，通货膨胀将不会使任何人感到意外。

18.4　铸币税的诱惑

按名义值计价的附息债务，不是政府面对的利用通货膨胀解决预算问题的诱惑的唯一来源。法定货币也是按名义值计价的，正如第 4 章所述，这使得政府可以通过印

① 如果在某些意外情况下实施通货膨胀政策是必要的，修订案可以特别规定很少的可以增加货币发行的例外情况。当然，这种修订削弱了中央银行应对无法预期的或没有事先规定的意外情况的能力。

制新货币，像征税一样将公众持有的法定货币余额的一部分价值拿走。

铸币税和债务违约类似，存在时间不一致性问题，因为最优的短期通货膨胀率不同于最优的长期通货膨胀率。初始期的铸币税等于：

$$v_1[M_1 - M_0] = v_1 M_1[1 - \frac{1}{z}] = N_1 q_1[1 - \frac{1}{z}] \tag{18.6}$$

即铸币税的税率 $[1-(\frac{1}{z_1})]$ 与铸币税的税基 $v_1 M_1 = N_1 q_1$ 的乘积。对于任意给定的法定货币的价值，政府可以通过印制额外单位的法定货币（$z_1>1$）来获取收入。法定货币存量的扩张意味着对那些已经持有法定货币余额的人征税。因为这些人已经持有货币余额，他们无法调整其货币余额以逃避税收。通货膨胀税是对当前的货币持有者，也就是时期 1 的初始老年人征收的一次性税收。

铸币税税基等式的实际价值依赖于对法定货币的需求，而对法定货币的需求又依赖于预期的未来法定货币增长率（z_2）。政府希望人们预期一个较低的未来通货膨胀率，以加强他们对法定货币的需求（从而加大铸币税的税基）。理想的情况下，政府希望今天（时期 1）发行法定货币，同时还能让人们相信未来（时期 2）政府不会实施通货膨胀政策。然而在时期 2 到来时政府希望实施通货膨胀政策，而不顾之前作出的任何承诺，并试图使人们相信在时期 3 政府不会实施通货膨胀政策。现在实施通货膨胀政策但承诺未来不会存在通货膨胀的想法又是一个时间不一致性问题。[①]

18.5 通货膨胀和私人债务

当私人债务按名义值计价时，如果政府希望牺牲债权人的利益来帮助债务人，也可能有实施通货膨胀政策的动机。例如，如果倾向于更平均地分配财富的政府把借款人看作是穷人，它就有可能希望利用通货膨胀来减轻借款人所负债务的实际价值。和政府债务一样，如果贷出者预期到了政府的想法，政府就不可能以任何习惯的方式利用通货膨胀来帮助借款人。贷出者将预期到政府会实施通货膨胀政策，因此只会按照已考虑预期通货膨胀水平的名义利息率贷出资金。

如果一个国家大量从国外借款（一些发展中国家很可能这样做），或取得外国债务为货币局所发行的货币提供支持，政府面临的通货膨胀诱惑会更大。一次意料之外的通货膨胀过程将牺牲外国人即贷出者的利益来帮助国内公民，也即借入者。贷出者当然知道这一通货膨胀诱惑的存在，因而不愿意签订以借款人所在国货币计价的合同。

以贷出者所在国货币计价的贷款引出了他们自己的激励问题。一个相对其他国家而言是净贷出者的国家，会希望利用一个意料之外的通货紧缩（价格下降）过程，来

① 参见 Auernheimer（1974）和 Calvo（1978）。

提高以其货币计价的贷款的实际价值。① 只有依据价格水平实现债务的指数化，或者以没有直接相关利益的第三国的货币来计价，才会不受通货膨胀或通货紧缩的诱惑。

18.6 本章小结

本章我们从对政府债务违约的讨论开始。此时我们面对着政府政策的时间不一致性问题，即最优的短期政策（这里指违约）不可能总是最优的长期政策。一个对其债务违约的政府会发现，它很难使人们相信它在未来不会再次违约。

本章我们也研究了通货膨胀对政府债务实际价值的影响。乍看起来，似乎政府可以通过实施通货膨胀政策减轻其债务的实际负担。但是我们发现，如果通货膨胀被人们预期到，政府债务的名义利率会上升，足以抵消通货膨胀对债务实际价值的影响。

只有当通货膨胀未被人们预期到时，通货膨胀政策才能成功地降低债务的实际价值。在这种情况下，通货膨胀的影响与政府债务违约的影响相同。债务实际价值的下降减少了对资本的挤出，并进而增加了产出。但是希望通过持续的通货膨胀来进一步减轻债务负担的政府政策最终将会失败。理性的个人终将预期到通货膨胀的发生，并要求政府债券提供更高的名义利息率。政府试图减轻债务负担的努力将会失败。

我们也发现，如果人们已经形成对通货膨胀的预期，政府将发现很难不使这些预期变成现实。因为通货膨胀预期已经在名义利率中体现出来了，一个不实施通货膨胀政策的政府会发现它的债务负担更沉重了。无论何时，当实际通货膨胀率低于预期通货膨胀率时借款人都会面临不利的境地。

18.7 练习

18.1 请解释为什么一个在接下来的几年中必须大量增发国债以应付额外开支的政府，会选择放弃货币创造的权力，并将其赋予政府无法控制的中央银行来行使。

18.2 如果政府试图每隔一年利用通货膨胀对国债违约一次，那么法定货币的需求、名义利率和实际利率将会发生怎样的变化？如果政府在随机选择的几年中这样做又会怎样呢？解释你的每一个答案。

18.3 假设政府在时期 1 必须借入 1 000 单位商品。令资本的实际总边际产量等于 1.07。假设人们总是愿意持有总量为价值 100 单位商品的法定货币余额，而且时期 1 的法定货币存量为 10 000 美元。假设人们预期政府将增加法定货币存量，增加幅度为 100%，同时人口数量保持不变。

a. 名义净利息率将会是多少？

---

① 美国的通货膨胀率从 1979 年的 20% 快速下降到 1982 年的 6%，无论有意与否，这都大大提高了以美元计价的未清偿债务的实际价值，从而使许多债务负担沉重的发展中国家陷入困境。

b. 债务的实际价值在时期 2 将会是多少？

c. 如果法定货币存量增加的幅度只有 10%，但是这次增加是人们未预期到的，结果又会是怎样的？

18.4 考虑一个实际货币余额总量一直等于 1 000 000 单位商品的经济。在这个经济中单独一期政府能够获得的最大可能的铸币税的数量是多少？

18.5 （附加题）考虑一个当货币存量保持不变时实际货币余额总量等于 1 000 000 单位商品的经济。不过对实际货币余额的总需求用等式 $Nq = 1\,000\,000 - z$ 表示。

a. 如果中央银行设定的货币增长率 z 等于 2，计算可能产生的铸币税的数量。

b. 当 z 的值是多少时不存在铸币税收入？换句话说，货币增长率是多少时实际货币需求总量等于 0？

18.8 附录：积极干预的货币政策①

如果以任何可预测的方式欺骗人们是不可能的，那么偶尔会使社会公众惊奇的积极干预通货膨胀的货币政策，对于降低国债的实际价值会有作用吗？在一个确定性的世界里，这样的政策看上去是愚蠢的。这将加大债券持有者面临的风险，从而使得政府不得不提高为其债券提供的平均回报率（因为存在风险溢价）。

为了说明这一点，考虑一个代际交叠经济，其中资本和一期的政府债券是仅有的两种资产。资本的实际回报率确定为 x，债券的风险性的实际回报率为 r_{t+1}。用效用函数 $U(c_{1,t}) + V(c_{2,t+1})$ 表示模型中每个 t 时期出生的风险厌恶的个人偏好，其中 $U(\cdot)$ 和 $V(\cdot)$ 是连续、可导、单增且严格凹的函数。每个人年轻时拥有 y_1 单位商品的禀赋，年老时拥有 y_2 单位商品的禀赋。

个人的预算约束可以写作：

$$c_{1,t} + k_t + b_t = y_1 \tag{18.7}$$

$$c_{2,t+1} = y_2 + xk_t + r_{t+1}b_t \tag{18.8}$$

把这些预算约束代入效用函数，就可以把个人的问题表述为选择 k_t 和 b_t 以最大化下式：

$$U(y_1 - k_t - b_t) + E_tV(y_2 + x\,k_t + r_{t+1}\,b_t) \tag{18.9}$$

其中，$E_tV(\cdot)$ 代表时期 t（在这一期个人必须选择他的资产组合）掌握的信息给定的条件下 $V(\cdot)$ 的期望值。按照与第 2 章附录中列示的相同步骤，我们将式 18.9 对 k_t 和 b_t 微分，得出使 t 时期出生的某人期望效用最大化的一阶条件：

$$-U'(c_{1,t}) + x\,E_t\,V'(c_{2,t+1}) = 0 \tag{18.10}$$

$$-U'(c_{1,t}) + E_t[r_{t+1}\,V'(c_{2,t+1})] = 0 \tag{18.11}$$

① 在这个附录中会用到微积分和简单的统计学知识——期望值和方差的概念。第 2 章附录中的材料也是理解这个附录必备的知识。

这两个等式合起来意味着，根据协方差的定义有①：

$$x=\frac{E_t[r_{t+1}V'(c_{2,t+1})]}{E_tV'(c_{2,t+1})}$$
$$=\frac{E_tr_{t+1}E_tV'(c_{2,t+1})+Cov[r_{t+1},V'(c_{2,t+1})]}{E_tV'(c_{2,t+1})} \tag{18.12}$$

在合并同类项并重新整理之后，式 18.12 变为

$$E_tr_{t+1}=x-\frac{Cov[r_{t+1},V'(c_{2,t+1})]}{E_tV'(c_{2,t+1})} \tag{18.13}$$

两个随机变量之间的协方差衡量的是两个变量如何共同变动。假设这两个随机变量中的一个变大了。如果协方差为正，那么另一个变量也将变大。如果协方差为负，那么另一变量将会变小。

如果政府债务回报的随机性是经济中随机性的唯一来源，因为边际效用是递减的，较高的 r_{t+1} 值会导致较高的 $c_{2,t+1}$ 值和较低的 $V'(c_{2,t+1})$ 值。在这个例子中，$Cov[r_{t+1},V'(c_{2,t+1})]$ 是负的。

因此式 18.13 告诉我们，为了吸引人们持有风险债券，风险债券的期望回报率必须大于安全资产的回报率。如果政府随机地确定其债券的回报率，最终它将支付更高的回报率。这称为“风险溢价”：

$$\text{风险溢价}=\frac{-Cov[r_{t+1},V'(c_{2,t+1})]}{E_tV'(c_{2,t+1})}>0 \tag{18.14}$$

注意：如果 r_{t+1} 和 $V'(c_{2,t+1})$ 的协方差是正的，风险溢价就是负的，这意味着政府债务必须提供的回报率小于安全资产的回报率。我们可以想象这种情况的出现吗？

假定经济中存在第二个随机性的来源，比如某一代人中所有老年人得到的禀赋 y_2 是随机的。给定的一代人中每位老人拥有的禀赋是相同的，但不同代人拥有的这一禀赋则是随机变动的。② 其他因素保持不变的情形下，老年时低于平均水平的禀赋，意味着老年时较低的消费水平，老年时的边际效用因此较高。

假定当人们老年时拥有的禀赋低于平均水平时，政府设定的债券回报率略高于平均水平（当禀赋高于平均水平时，回报率略低于平均水平）。那么在消费水平较低的情

---

① 式 18.12 依照两个随机变量的协方差的定义得出。假定两个随机变量 X 和 Y 的期望值分别为 $E(X)$ 和 $E(Y)$。它们的协方差（Cov）可以定义为

$$\begin{aligned}Cov(X,Y)&=E\{[X-E(X)][Y-E(Y)]\}\\&=E[XY-E(X)Y-E(Y)X+E(X)E(Y)]\\&=E(XY)-E(X)E(Y)-E(X)E(Y)+E(X)E(Y)\\&=E(XY)-E(X)E(Y)\end{aligned}$$

根据上式可以得到 $E(XY)=E(X)E(Y)+Cov(XY)$，式 18.12 是这一结果的应用，其中 r_{t+1} 相当于 X，而 $V'(c_{2,t+1})$ 相当于 Y。

② 如果一代人中老年人拥有的禀赋是随机的，那么这一代人的每个成员都可以利用与同代的其他人签订保险合同的方法来规避风险。如果一代人在下一代出现之前已经知道是否会得到或失去禀赋，私人保险合同不能消除代际间的风险。

况下，消费的边际效用提高，从而出现较高的回报率。这意味着回报率和边际效用之间的协方差为正，那么根据式 18.14，风险溢价为负。这样即使它们的平均回报率低于安全资产的回报率，人们也将愿意持有风险债券。尽管这样债券的回报率是随机设定的，因为当消费较低时回报率较高，债券持有者的消费变得风险更低。因此，为了使人们持有这些债券政府必须提供的平均回报率，事实上将低于债券本身支付一个固定的实际回报率时提供的回报率（也就是说，必须为这些债券支付的风险溢价将是负的）。① 通过这一方式，对于债券持有者来说债券可以看作某种形式的保险。这实质是一种政府通过减少对幸运一代的支付获得资金，然后增加对不幸一代的支付，以保证各代人的消费水平不会降低的方法。

在这个例子中，货币政策只是这样一种机制，通过货币政策政府债券的实际回报率可以根据经济冲击进行调整。当债券持有人面对正向冲击时，政府实施通货膨胀政策以降低名义债券的实际回报率；同样，当面对负向冲击时，政府实施通货紧缩政策。既然有名义债券，政府当然还是有动机找各种理由为实施通货膨胀政策开脱，而利用通货膨胀政府可以对其实际债务违约。

① 对政府债券的回报率依随机冲击进行调整的另一个证明，参见 Lucas 和 Stokey（1983）。

参考文献

打 * 号的文献表示适合本科学生阅读。大部分引自联邦储备银行的出版物现在都可以免费从其网上获取。

Abel, A. 1987. "Optimal Monetary Growth." *Journal of Monetary Economics* 19: 437 – 50.

*Aiyagari, S. R. 1987. "Intergeneration Linkages and Government Budget Policies." Federal Reserve Bank of Minneapolis *Quarterly Review* 11 (Spring): 14 – 23

*Aiyagari, S. R. 1990. "Deflating the Case for Zero Inflation." Federal Reserve Bank of Minneapolis *Quarterly Review* 14 (Summer): 2 – 11.

Alesina, A. 1988. "Macroeconomics and Politics." In *NBER Macroeconomics Annual*, S. Fischer, ed. Cambridge. MA: MIT Press: 17 – 52.

*Alesina, A. and L. Summers. 1993. "Central Bank Independence and Macroeconomic Performance." *Journal of Money, Credit, and Banking* 25 (2) (May): 151 – 62.

Arrow, K., and G. Debreu. 1954. "Existence of an Equilibrium for a Competitive Economy." *Econometrica* 22 (July): 265 – 90.

Auernheimer, L. 1974. "The Honest Government's Guide to the Revenue from the Creation of Money." *Journal of Political Economy* 82 (May/June): 598 – 606.

Avery, R. B., G. E. Elliehausen, and A. B. Kennickell. 1987. "Changes in Consumer Installment Debt: Evidence Form the 1983 and 1986 Surveys of Consumer Finances." *Federal Reserve Bulletin* 73 (10): 761 – 778.

Azariadas, C. 1981. "Self – Fulfilling Prophesies." *Journal of Economic Theory* 25 (December): 380 – 96

Bacchetta, P. and R. Caminal. 1994. "A Note on Reserve Requirements and Publ ic Finance." *International Review of Economics and Finance* 3 (1): 108 – 18.

Bade, R., and M. Parkin. 1982. "Central Bank Laws and Monetary Policy." Unpublished manuscript.

Bailey, M. J. 1956. "The Welfare Cost of Inflationary Finance." *Journal of Political Economy* 64 (April): 93 – 110.

Barro, R, J. 1974. "Are Government Bonds Net wealth ?" *Journal of Political Economy* 91 (November/December): 1095 – 1117.

Barro, R. J. 1982. "Measuring the Fed's Revenue from Money Creation." Economics Letters 10: 327 – 32.

Barro, R. J. 1989. "The Neoclassical Approach to Fiscal Policy." In *Modern Business Cycle Theory*, R.

J. Barro, ed. Cambridge: Harvard University Press.

Barro, R. J. and D. B. Gordon. 1983. "A Positive Theory of Monetary Policy in a Natural Rate Model." *Journal of Political Economy* 4 (August): 590 – 610.

Bencivenga, V., and B. D. Smith. 1991. "Financial Intermediation and Endogenous Growth." *Review of Economic Studies* 58 (April): 195 – 209.

Bernanke, B. S. 1990. "C1earing and Settlement during the Crash," *Review of Financial Studies* 3 (1): 133 – 51.

Bhattacharya. S., and A. V. Thakor. "Contemporary Banking Theory." *Journal of Financial Intermediation* 3: 2 – 50.

Bhattacharya, J., M. Guzman, E. Huybens, and B. D. Smith. 1997. "Monetary, Fiscal, and Reserve Requirement Policy in a Simple Monetary Growth Model." *International Economic Review* 38 (May): 321 – 50.

Bhattacharya, J., J. Haslag, and A. Martin. 2005. "Heterogeneity, Redistribution, and the Friedman Rule." *International Economic Review* 46 (May): 437 – 54.

Boyd, J. H., and E. C. Prescott. 1986. "Financial Intermediary – Coalitions" *Journal of Economic Theory* 38 (April): 211 – 32.

Bryant, J. 1980. "A Model of Reserves, Bank Runs. and Deposit insurance" *Journal of Banking and finance* 4 (December): 335 – 44.

Bryant. J. and N. Wallace. 1984. "A Price Discrimination Analysis Of Monetary Policy." *Review of Economic Studies* 51 (April): 279 – 88.

Cagan, P. 1965. *Determinants the Effects of Changes in the U. S. Money Stock*, 1875 – 1960, New York: National Bureau of Economic Research.

Calvo, G. A. 1978. "On the Time Consistency Of Optimal Policy in a Monetary Economy." *Econometrica* 46 (November): 1411 – 28.

Canzoneri, M. B., and C. A. Rogers, 1990, "Is the European Community an Optimal Currency Area? OPtied Taxation Versus the Cost Of Multiple Currencies." *American Economic Review* 80 (June): 419 – 33.

*Carr, J., F. Matthewson, and N. Quigley. 1994. *Ensuring Failure: Financial System Stability and Deposit Insurance in Canada.* Toronto: C. D. Howe institute.

Cass, D., and K. Shell. 1983. "Do Sunspots Matter?" *Journal of Political Economy* 91 (April): 193 – 227.

Cass. D.. and M. Yarri. 1966. "A Re – Examination of the Pure Consumption Loans Model." *Journal of Political Economy* 74 (August): 353 – 67.

Cham, B., and S. Freeman. 1990. "Money, Output and the Nominal National Debt." *American Economic Review* 80 (June): 390 – 97.

Champ, B., B, Smith, and S. D. Williamson. 1996. "Currency Elasticity and Banking Panics: Theory and Evidence. *Canadian Journal of Economics* XXIX (4) (November): 828 – 64.

Champ. B., S. Freeman. and W. Weber 1999. "Redemption Costs and Interest Rates under the U. S. National Banking System." *Journal of the Money, Credit, and Banking* 31 (August, part 2): 568 – 89.

Cooley, T. and S. heRoy. 1985. "A Theohocal Masmeconondcs—A Critique." *Journal of Monetary Economics* I 6. 283 – 308,

* Darby M. R. 1984. "Some Pleasant Monetarist Arithmetic." Federal Reserve Bank of Minneapolis *Quarterly Review* 8 (Spring): 15 - 20.

Diamond, D. W. 1984. "Financial Intermediation and Delegated Monitoring." *Review of Economic Studies* 51 (July): 393 - 414.

Diamond, D. W. and P H. Dybvig. 1983. "Bank Runs, Deposit Insurance and Liquidity." *Journal of Political Economy* 91: 401 - 19.

Diamond, P. A. 1965. "National Debt in a Neoclassical Growth Model." *American Economic Review* 55 (December): 1126 - 50.

Fama, E. 1980. "Banking in the Theory of Finance." *Joumel of Monetary Economies* 6: 39 - 57.

* Federal Deposit Insurance Corporation. 1998. *Managing the crisis: The FDIC and RTC experience.* http: //www. fdic. gov/bank/historical/managing/.

Feinman, J. 1993. "Reserve Requirements: History, Current Practice and Poentia1Reform." *Federal Reserve Bulletin* 79 (6): 569 - 89.

Fisher, I. 1926. "A Statistical Relationship between Unemployment and Price Changes." *International Labor Review* 13 (June): 785 - 92. Reprinted as "I Discovered the Phillips Curve." *Journal of Political Economy* 81 (March - April 1973): 496 - 502.

Fischer, S. 1982. "Seigniorage and the Case for a National Money." *Journal of Political Economy* 90 (April): 295 - 313.

Freeman, S. 1985. "Transactions Costs and the Optimal Quantity of Money." *Journal of Political Economy* 93 (February): 146 - 57.

Freeman, S. 1987. "Reserve Requirements and Optimal Seigniorage." *Journal of Monetary Economics* 19: 307 - 14.

Freeman, S. 1988. "Banking as the Provision of Liquidity." *Journal of Business* 61 (January): 45 - 64.

Freeman, S. 1989. "Fiat Money as a Medium of Exchange." *International Economic Review* 30 (February): 137 - 51.

Freeman, S. 1993. "Resolving Differences over the Optimal Quantity of Money." *Journal of Money, Credit, and Banking* 25 (November): 801 - 11.

Freeman, S. 1996a. "The Payments System, Liquidity, and Rediscounting." *American Economic Review* 86: 1126 - 38.

Freeman, S, 1996b. "Clearinghouse Banks and Banknote Over - Issue." *Journal of Monetary Economics* 38: 101 - 15.

* Freeman, S., and J. Haslag. 1995. "Should Band Reserve Pay Interest?" *Economic Review*, Federal Reserve Bank of Dallas, Fourth Quarter: 25 - 33.

Freeman, S., and J. Has1ag. 1996. "On the Optimality of Interest - Bearing Reserves in Economies of Overlapping Generations." *Economic Theory* 7: 557 - 65.

Freeman, Scott. and Gregory Huffman, 1991. "Inside Money, Output, and Causality." *International Economic Review* 32 (August): 645 - 67.

Freeman, S., and G. Tabellini. 1998. "The Optimal of Nominal Contracts." *Economic Theory* 11 (3):

545 – 62.

* Friedman, M. 1960. *A Program for Monetary Stability*. New York: Fordham University Press.

Friedman, M. 1969. "The Optimum Quantity of Money." In *The Optimum Quantity of Money and Other Essays*. Chicago: Aldine.

Friedman, M., and A. Schwartz. 1963a. "Money and Business Cycles." *Review of Economics and Statistics* 45 (February): 32 – 64

Friedman, M., and A. Schwartz. 1963b. *A Monetary History of the United States*. Princeton: Princeton University Press.

Greenwood, J., and B. Jovanovic. 1990. "Financial Development, Growth, and the Distribution of Income." *Journal of Political Economy* 98 (October, Part 1): 1076 – 77.

Grilli, V., D. Masciandaro, and G. Tabellini. 1991. "Political and Monetary Institutions and Public Finance Policies in the Industrial Countries." *Economic Policy* 13 (October): 341 – 92.

Gu, C., and J. Haslag. 2014. "Unconventional Open Market Purchases." *Review of Economic Dynamics* 17 (July): 543 – 58.

* Hammond, B. 1957. *Banks and Politics in America from the Revolution to the Civil War*. Princeton: Princeton University Press.

Hanke, S. H., and N. Krus. 2012. "World Hyperinflations." Cato Working Paper, Cato Institute, Washington, DC.

Haslag, J., and A. Martin. 2007. "Optimality of the Friedman Rule in an Overlapping Generations Model with Spatial Separation." *Journal of Money, Credit, and Banking* 39 (October): 1741 – 58. 380 References.

Haubrich, J. 1990. "Nonmonetary Effects of Financial Crises: Lessons from the Great Depression in Canada." *Journal of Monetary Economics* 25 (March): 223 – 52.

Jevons, W. S. 1875. *Money and the Mechanism of Exchange*. London: Appleton.

* Johnson, J. F. 1910. *The Canadian Banking System*, Washington, DC: U. S. Government Printing Office.

Jones, L. E., andR. Manuelli. 1990. "A Convex Model of Equilibrium Growth." *Journal of Political Economy* 98 (October, part 1): 1008 – 38.

* Kahn, C. M., and W. Roberds. 1999. "*The Design of Wholesale Payments Networks: The Importance of Incentives*." Federal Reserve Bank of Atlanta Economic Review 84 (no. 3): 30 – 9.

* Kareken, J. H. 1983. "Deposit Insurance Reform: or Deregulation Is the Cart, Not the Horse." Federal Reserve Bank of Minneapolis *Quarterly Review* 14 (Spring): 3 – 11.

Kareken, J. H., and N. Wallace. 1977. "Portfolio Autarky: A Welfare Analysis." *Journal of International Economics* 7 (February): 19 – 43.

Kareken, J. H., and N. Wallace. 1981. "On the Indeterminacy of Equil ibrium Exchange Rates." *Quarterly journal of Economics* 96 (May): 207 – 22.

King. R., and C. Plosser. 1984. "Money, Credit, and Prices in a Real Business Cycle." *American Economic Review* 74 (June): 363 – 80.

King. R., N Wallace. and W. E. Weber. 1992. "Nonfundamental Uncertainty and Exchange Rates."

Journal of International Economics 32: 83 – 108.

Kiyotaki. N. , and R. Wright. 1989. "On Money as a Medium of Exchange." *Journal of Political Economy* 97: 927 – 54.

Kocherlakota, N. 1999. "Money is Memory." Journal of Economic Theory 81 (August): 232 – 51. Krugman, P. 19.

Krugman, P. 1979. "A Model of Balance of Payments Crises." *Journal of Money, Credit and Banking* (August): 311 – 25.

Krugman, P. and J. Rotemberg. 1991. "Speculative Attacks on Target Zones." In *Target zones and Currency Bands*, P. Krugman and M. Miller, eds. Oxford: Oxford University Press.

Kydland, F. , and E, Prescott. 1977. "Rul es Rather than Discretion: The Inconsistency of Optimal Plans." *Journal of Political Economy* 85 (June): 473 – 91.

Lacker, J, 1988. "Inside Money and Real Output." *Economic letters* 28: 9 – 14.

Laidler, D. 1984. "Misconceptions about the Real – Bills Doctrine: A Comment on Sargent and Wallace." *Journal of Political Economy* 92: 149 – 55.

Leamer, E. 1985. "Vector Autoregressions for Causal Inference?" *Carnegie – Rochester Conference Series on Public Policy* 22: 255 – 303.

Littleman, R. , and L. Weiss. 1985. "Money, Real interest Rates, and Output: A Reinterpretation of U. S. Postwar Data." *Econometrica* 53 (January): 129 – 56.

Loewy, M. 1991. "The Macroeconomic Effects of Bank Runs: An Equilibrium Analysis." *Journal of Financial Intermediation* 1 (June, no. 3): 242 – 56.

Lucas, R. E. Jr. 1972. "Expectations and the Neutrality of Money." *Journal of Economic Theory* (April): 103 – 24. Also in *Studies in Business Cycle Theory*. R. E. Lucas Jr. ed. Cambridge. MA: MIT Press, 1981.

Lucas, R. E. Jr. 1973. "Some International Evidence on Output – Inflation Tradeoffs." *American Economic Review* 63 (June): 326 – 34. Also in *Studies in Business Cycle Theory*. R. E. Lucas Jr. ed. Cambridge. MA: MIT Press, 1981.

* Lucas, R. E. Jr. 1976. "Econometric Policy Evaluation: A Critique." *Carnegie – Rochester Conference Series The Phillips Curve* 19 – 46. Also in *Studies in Business Cycle Theory*. R. E. Lucas Jr. ed. Cambridge. MA: MIT Press, 1981.

* Lucas, R. E. Jr 1981. *Studies in Business Cycle Theory*. Cambridge. MA: MIT Press, 1981.

Lucas, R. E. Jr. anu N. Stokey. 1983. "Optimal Fiscal and Monetary Policy in an Economy without Capital." *Journal of Monetary Economics* 12 (July): 55 – 93.

Maeda. Y. 1991. "Fiat Money in a Pairwise – Trading Multi – Good, Overlapping Generations Model." *Journal of Economic Theory* 54: 84 – 97.

Metzler, L. A. 1951. "Wealth, Saving, and the Rate of Interest." *Journal of Political Economy* 59 (April): 93 – 116.

* Miller, P J. , and T. J. Sargent. 1984. "A Reply to Darby." *Federal Reserve Bank of Minneapolis Quarterly Review* 8 (Spring): 21 – 26.

Miron, J. A. 1986. "Financial Panics, the Seasonality Of the Nominal Interest Rate, and the Founding of the Fed." *American Economic Review* 76: 125 – 40.

Muth, J. F. 1961. "Rational Expectations and the Theory of Price Movements." *Econometrica* 29 (July): 315 – 35.

Persson, T., and L. E. O. Svensson. 1989. "Why a Stubborn Conservative Would Run a Deficit: Policy with Time Inconsistent Preferences." *Quarterly Journal of Economics* 104 (May): 325 – 45.

Porter, R., and R. Judson. 1996. "The Location of US Currency: How Much is Abroad?" *Federal Reserves Bulletin* 82 (10): 245 – 74.

Prescott, E. 1987. "A Multiple Means – of – Payment Model." In *New Approaches to Monetary Economics*, W. Barnett and K. Singleton, eds. Cambridge, MA: Cambridge University Press.

*Radford, R. A. 1945. "The Economic Organization of a P. O. W. Camp." *Economica* 12 (November): 189 – 201.

*Rolnick, A. J., and W. E. Weber. 1989. "A Case for Fixing Exchange Rates." *Federal Reserve Bank of Minneapolis* 1989 *Annual Report*: 3 – 14.

*Rolnick, A. J., B. D. Smith. and W. E. Weber 1998. "Lessons from a Laissez – Faire Payments System: The Suffolk Banking System (1825 – 58)." *Federal Reserve Bank of St. Louis Review* 80 (May/June, no. 3): 105 – 16.

Romer D. 1985. "Financial Intermediation, Reserve Requirements, and Inside Money," *Journal of Monetary Economics* 16: 175 – 94.

Salant, S. W. and D. W. Henderson. 1978. "Market Anticipation of Government Policy and the Price of Gold." *Journal of Political Economy* 86 (August): 627 – 48.

Samuelson, P. A. 1958. "An Exact Consumption – Loan Model of Interest With or Without the Social Contrivance of Money." *Political Economy* 66 (December): 467 – 82.

*Sargent, T. J. 1986a. "The Ends of Four Big Inflations." In *Rational Expectations and Inflation.* New York: Harper & Row, 40 – 109.

*Sargent, T. J. 1986b. "Interpreting the Reagan Deficits." *Federal Reserve Bank of San Francisco Quarterly Review* (Fall): 5 – 12.

*Sargent, T. J., and N. Wallace. 1981. "Some Unpleasant Monetarist Arithmetic." *Federal Reserve Bank of Minneapolis Quarterly Review* (Fall): 1 – 17.

Sargent, T. J., and N. Wallace. 1982. "The Real – Bills Doctrine vs. The Quantity Theory: A Reconciliation." *Journal of Political Economy* 90 (December): 1212 – 36.

Sargen, T. J., and N. Wallace. 1983. "A Model of Commodity Money." *Journal of Monetary Economics* 12 (July): 163 – 87.

Schreft, S. L. 1992. "Transaction Costs and the Use of Cash and Credit." *Economic Theory* 2 (April): 283 – 96.

*Sengupta, R., and Y Tam. 2008. "The LIBOR – OIS Spread as a Summary Indicator." Federal Reserve Bank of St. *Louis Monetary Trends November.*

Sims, C. 1972. "Money, Income, and Causality." *American Economic Review* 62 (September): 540 – 52.

Sims, C. 1980. "Comparison of Interwar and Postwar Cycles: Monetarism Reconsidered." *American*

Economic Review 70 (May): 250 - 75

*Smith, B, 1985. "American Colonial Monetary Regimes: The Failure Of the Quantity Theory and Some Evidence in Favour of an Alternate View." *Canadian Journal of Economics* 18 (3) (August): 531 - 64.

*Smith, B. 1988. "The Relationship Between Money and Prices: Some Historical Evidence Reconsidered." *Federal Reserve Bank of Minneapolis Quarterly Review* (summer): 18 - 32.

Smith, B. 1991. "Interest on Reserves and Sunspot Equilibria: Friedman's Proposal Reconsidered." *Review of Economic Studies*. 58: 93 - 105.

Sprague, O. M. W. 1910. *A History of Crises Under the National Banking System*, Washington, DC: U. S. Government Printing Office.

Tallman, E. W. and J. R. Moen. 1990. "The Panic of 1907: How Trusts Tipped the Scales." *Federal Reserve Bank of Atlanta Economic Review* 75 (May/June): 2 - 13.

Tobin, J. 1965. "Money and Economic Growth." *Econometrica* 33 (October): 671 - 84.

Tobin, J. 1970. "Money and Income: Post Hoc Ergo Propter Hoc?" *Quarterly Journal of Economics* 84: 310 - 7.

Tolley, G. 1957. "Providing for the Growth of the Money Supply." *Journal of Political Economy* 65: 447 - 84.

Townsend, R. M. 1979. "Optimal Contracts and Competitive Markets with Costly State Verification." *Journal of Economic Theory* 21 (October): 265 - 93.

Townsend, R. M. 1980. "Models of Money with Spatially Separated Agents." *In Models of Monetary Economies*, J. Kareken and N. Wallace, eds. Minneapolis: Federal Reserve Bank of Minneapolis: 263 - 303.

*Wallace, N. 1979. "Why Markets in Foreign Exchange Are Different from Other Markets." *Federal Reserve Bank of Minneapolis Quarterly Review* (Fall): 1 - 7.

*Wallace, N. 1980. "The Overlapping Generations Model of Fiat Money." *In Models of Monetary Economies*, J. Kareken and N. N. Wallace, eds. Minneapolis: Federal Reserve Bank of Minneapolis: 49 - 82.

Wallace, N, 1981. "A Modigliani - Miller Theorem for Open Market Operations." *American Economic Review* 71 (June): 267 - 74.

Wallace, N. 1983. "A legal Restrictions Theory of the Demand for 'Money' and the Role of Monetary Policy." *Federal Reserve Ball of Minneapolis Quarterly Review* 7 (Winter): 1 - 7.

*Wallace, N. 1984. "Some of the Choices for Monetary Policy." *Federal Reserve Ball of Minneapolis Quarterly Review* (Winter): 15 - 24.

White, L. J. 1991. *The S&L Debacle: Public Policy Lessons for Bank and Thrift Regulation.* New York: Oxford University.

*Williamson, S. D. 1987. "Recent Developments in Modeling Financial Intermediation." *Federal Reserve Bank of Minneapolis Quarterly Review* (Summer): 19 - 28.

Williamson, S. D. 1989. "Restrictions on Financial Intermediaries and Implications for Aggregate Fluctuations: Canada and United States, 1870 - 1913." In *NBER Macroeconomics Annual* 1989, O. Blanchard and S. Fisher, eds. Cambridge, MA: Cambridge University Press.

Young, J. P. 1925. *European Currency and Finance*, vols. 1 and 2, Commission of Gold and Silver Inquiry, United State Senate, serial 9. Washington, DC: U. S. Government Printing Office.

译后记

经过近两年的翻译、修订和润色，《货币经济学基础（第四版）》的编译和校订工作终于完成了。这本书沿袭了上一版对理论模型介绍的深入浅出，同时结合2007—2009年金融危机期间货币和经济层面的新变化，适时地添加了“金融危机中的中央银行贷款”“零利率下限”“流动性与2007年金融危机”等一系列新内容，通过对既有货币经济学理论模型的扩展和再解读，从金融危机层面，对本书上一版进行了重要的补充和修订。

该书由南开大学马君潞教授率先引进到国内，其中文版于2004年由中国金融出版社出版，所用书名为《构建货币经济学模型（第二版）》，并被包括南开大学等多所学校采用作为本科高年级或硕士研究生的货币经济学课程的教材，受到普遍的好评。

时隔十五年后，我们现在将该书的第四版翻译成中文，以飨读者。考虑到该书的内容与国内大学货币经济学课程的匹配度，此次出版时将中文名称定为了《货币经济学基础（第四版）》。本书的编译工作承袭了上一次的严谨态度，无论从内容的通俗易懂性还是专业用语的准确性层面，都经过反复斟酌，最终定稿。这本书第四版的面世，首先感谢全体编译校订团队的辛苦努力，更要感谢中国金融出版社的王效端主任和张菊香编辑为该书的翻译出版所作的卓越工作。这里还要特别指出的是，此次该书的翻译出版更是向已经故去的马君潞教授的致敬。

以下是编译团队各位成员具体负责的工作内容，我在此对各位高质量的工作深表谢意：

刘澜飚，南开大学金融学院副院长、教授，张靖佳，南开大学APEC研究中心副研究员，两位共同负责了全书校订工作。刘阳，太平洋资产管理有限公司研究部副总经理，和泽慧，西南财经大学金融学院博士，两位共同负责了前言、第1章至第4章的翻译工作。张靖佳，负责第5章至第9章的翻译工作。袁梦怡，首都经济贸易大学金融学院讲师，负责第10章至第14章的翻译工作。张庆元，南开大学金融学院副教授，负责第15章至第18章的翻译工作。此外，南开大学金融学院博士生李博韬、陈昂、张少东、郭亮、邹小备、李晶对全书进行了二次校订和补充翻译工作。

此外，还要感谢各位读者长期以来对本书上一版的肯定和支持，希望本书第四版的内容能带给读者更加酣畅淋漓的阅读和学习体验，并从一个简约的视角为读者们打开货币经济学理论模型构建的大门。

刘澜飚
2019 年 10 月 29 日